[日]佐竹靖彦 / 著
王勇华 / 译

刘　　邦

鼞
鼖

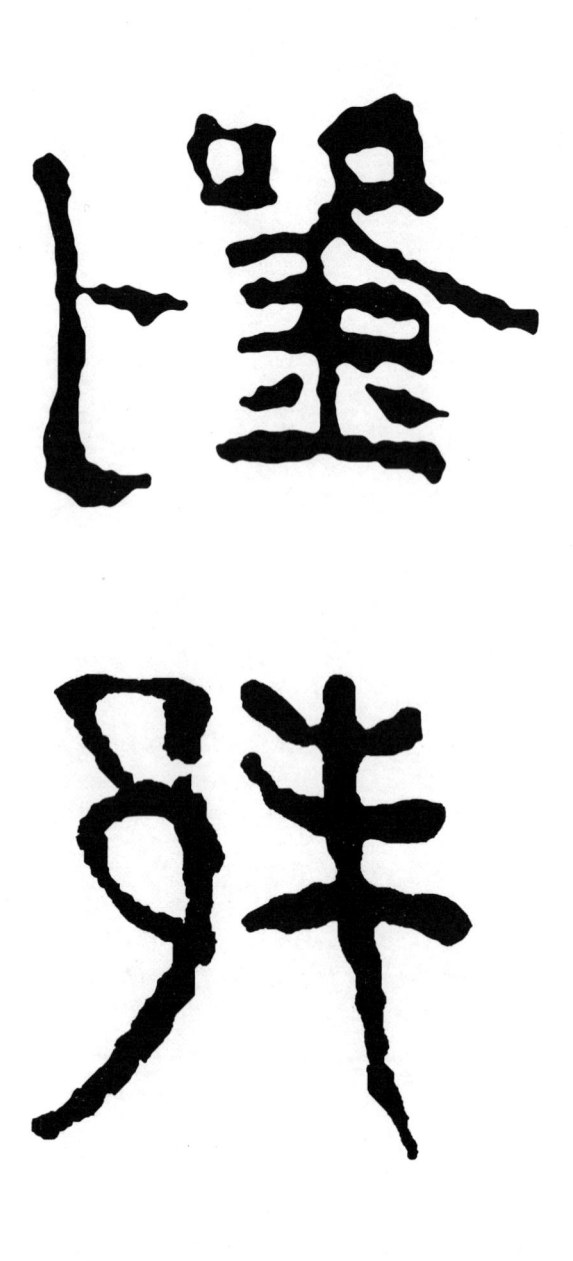

# 目 录

序章 《史记》入门
-001-

第一章 成长经历
-021-

第二章 性格与为人
-045-

第三章 从少年到青年
-059-

第四章 沛县亭长
-077-

第五章 结交夏侯婴
-097-

第六章 到咸阳出差
-109-

第七章　与吕雉的婚姻
-141-

第八章　芒、砀根据地的建设
-163-

第九章　陈涉、吴广起义
-177-

第十章　揭竿而起
-191-

第十一章　从地方割据到争霸天下
-213-

第十二章　怀王之约
-237-

第十三章　关中王刘邦
-259-

第十四章　鸿门之会
-279-

第十五章　西楚霸王项羽
-303-

第十六章　反　攻
-329-

第十七章　彭城大战
-345-

第十八章　韩信活跃的舞台
-375-

第十九章　荥阳的攻防
-397-

第二十章　陈下决战
-417-

终章　西汉王朝的建立与改写的历史
-445-

参考文献
-461-

后　记
-465-

# 参考地图（秦末楚汉抗争期）

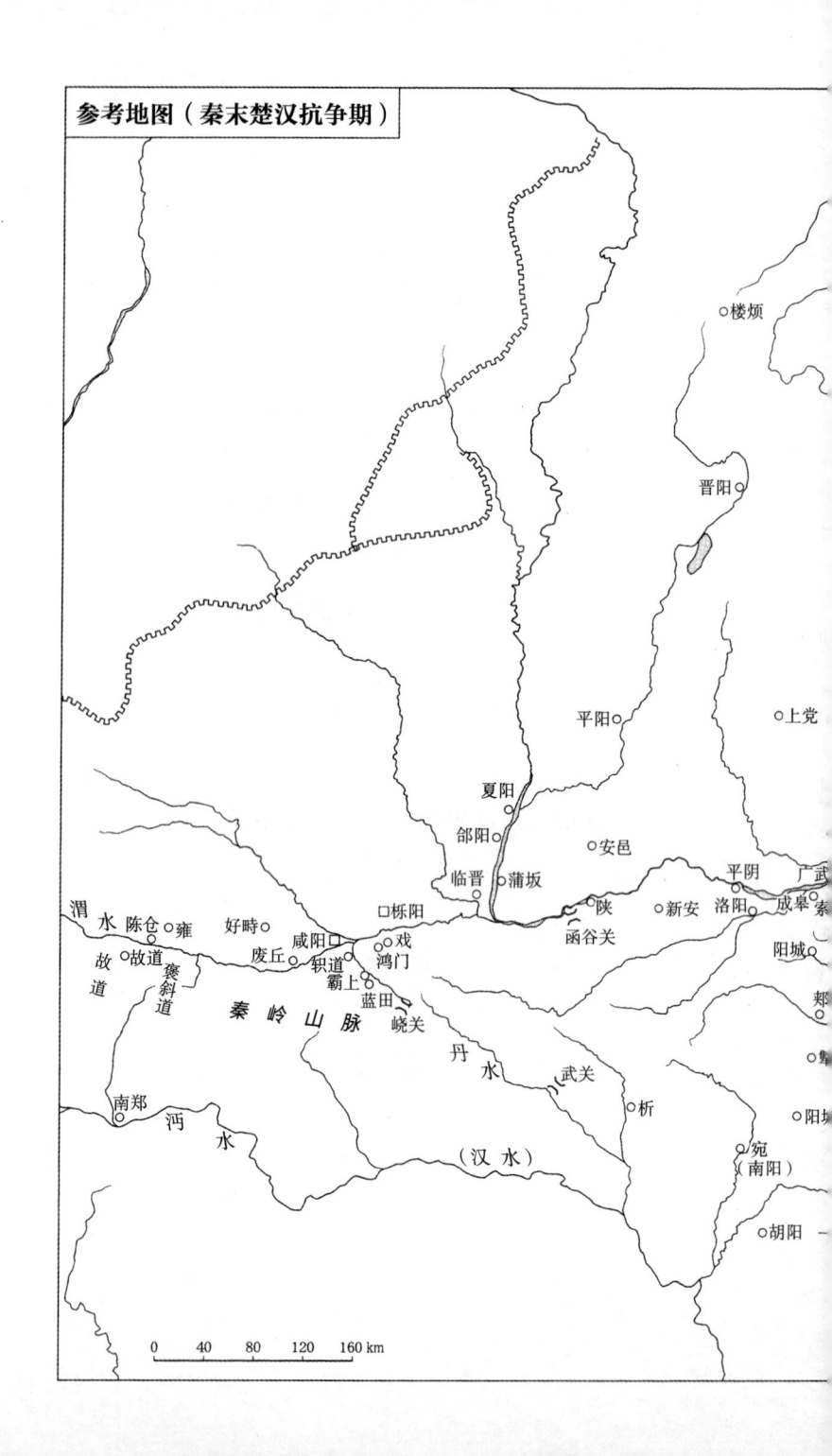

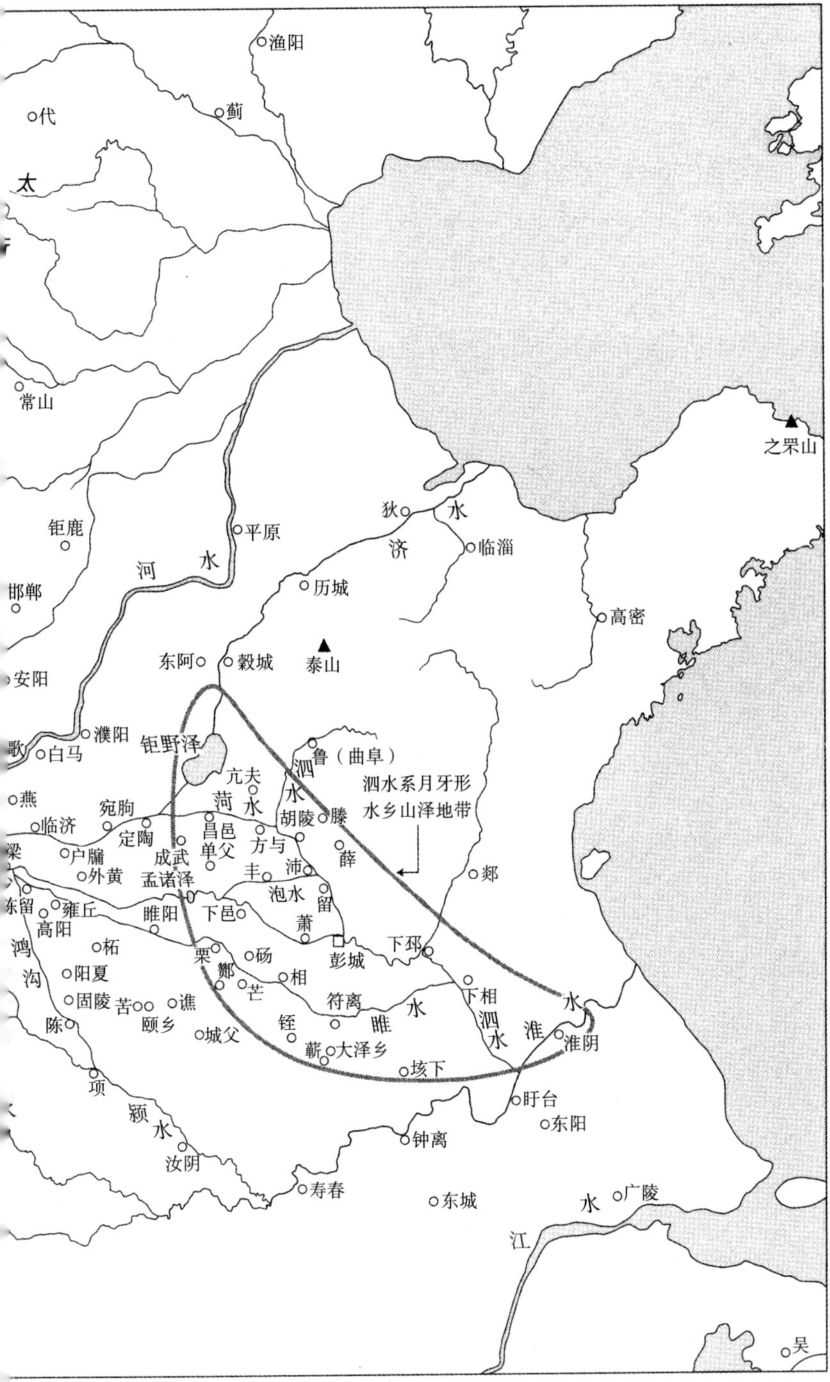

渔阳
代
蓟
太
常山
之罘山
狄
水
济
临淄
平原
钜鹿
河
水
历城
高密
邯郸
泰山
东阿
穀城
安阳
濮阳
钜野泽
白马
鲁（曲阜）
泗
亢夫
水
泗水系月牙形
水乡山泽地带
燕
菏
水
宛朐
胡陵
滕
临济
定陶
昌邑
方与
梁
户牖
成武
单父
薛
外黄
孟诸泽
丰
沛
郯
泡水
留
雍丘
睢阳
下邑
萧
高阳
柘
下邳
鸿
栗
砀
彭城
阳夏
酂
相
沟
芒
固陵
苦
谯
符离
下相
水
陈
颐乡
睢
水
泗
水
淮
城父
铚
淮阴
蕲
大泽乡
垓下
项
盱台
颍
东阳
水
钟离
汝阴
寿春
东城
广陵
水
江
吴

序章　《史记》入门

《史记》完成于西汉中期，即公元前1世纪初，是司马迁继承父业撰写的一部中国通史。

《史记》是我们现今了解项羽和刘邦金戈铁马、争霸天下，以及胜者刘氏建立西汉王朝这段历史最大，也是几乎唯一的线索。

当然，继《史记》之后，东汉时期班固撰写的《汉书》作为西汉全史来说具有比《史记》更完整的形式，但其内容却与《史记》基本一致，而且也没有补充《史记》中所欠缺的史料。而且，为维护汉王朝的正统性，《汉书》存在就《史记》中的部分表述加以些许篡改的情况，有时甚至会描绘出一种完全不同的历史样态。对此，我们会在之后的内容中有所涉猎。

《史记》的叙事非常率真直白，它如实地记述了当时人的真情实感。我们确信，通过阅读《史记》并对书中所叙述的内容加以正确理解，便能够把握中国古代的历史脉搏。从此种意义而言，《史记》是一部无与伦比的史书。

然而，此间也同时存在两个难题：一是如古代史的常见状况，《史记》保存的史料或记载的内容并不多；二是历史被篡改的问题，尤其是由于《史记》生动地描写了这一时期的历史，要想从中找出篡改的痕迹是一件非常困难的事情。

因此，从《史记》简洁的描述中，我们可以提取多少有价值的内容？在如此充满魅力的记述中，如何分辨何处有篡改？这都是我们不得不面对的问题。

但是，有两个事实给了我们面对困难的勇气。

刘邦出生在位于今江苏省的沛县丰邑，并在沛县度过了他的青年时代。邑是分布在华北至华中北部一带的大型村落，其规模远比我们一般理解的村的概念要大得多，而且四周还被典型的城郭所环绕。

刘邦在晚年（按本书推算，未届五十岁）衣锦还乡，重回沛县，与故友旧知、父老乡亲终日大摆酒宴至半月之久。沛县的父老乡亲连日饮酒娱乐，畅叙旧事，喜庆万分。

刘邦召集家乡孩童一百二十人，亲自击筑①，令其吟唱自创的诗句：

> 大风起兮云飞扬，
> 威加海内兮归故乡，
> 安得猛士兮守四方。

狂风吹起，乱云飞渡，一个从沛的田园小镇发迹的人最终登上了帝位。在整个世界都臣服于我强大的威严之时，我终于荣归故里，只愿网罗天下的勇猛之士永远守卫我的疆土。

---

① 一种小型弦乐器。

高祖乃起舞，慷慨伤怀，泣数行下。

好一幅游子悲情断肠的思乡场景。刘邦说："我虽将首都设在关中，但倘有一天客死他乡，沛依旧是我魂牵梦绕的地方。"这是他由衷的心声。因此，他将沛指定为自己的汤沐之邑，并免除其一切赋税负担。所谓汤沐之邑，是指该地的收成用于负担该地统治者的沐浴费用。这种负担实质上非常轻，但比这更重要的是，它赋予了沛作为支付天子沐浴之地的一种荣耀。

刘邦荣归故里，与家乡的旧知、父兄、诸母、子弟尽情欢笑，饮酒叙旧。在这里，年长的男子被称为父兄，年长的女子被称为诸母，对邑人按家族的辈分关系互相称呼。

他们终日纵情欢谈，饮酒怀旧，吟诗舞蹈。其间自然谈到一些刘邦过去的趣闻，对他们而言，皇帝刘邦的趣闻轶事才属于真正的历史。

鲁迅在《阿Q正传》中描写了一个不成器的男人，竟以遭村老爷漫骂殴打作为自己炫耀的资本。因为村老爷是整个村的中心，即使遭其殴打辱骂，也因为自己与村里的中心人物有着某种关联而成为值得炫耀的资本。

一个曾被视为顽劣不堪的人，如今却贵为皇帝，成为中华世界的中心人物，刘邦怎能不产生作为男人的一种成就感和自豪感？那些沛县父老乡亲中，曾经与刘邦相互欺骗的人、与刘邦厮打斗殴的人、被刘邦抢去女人的人、因刘邦喝得烂醉而代付酒钱的人、为刘邦平息纠纷或代为圆场令其躲过官府追究的人，均有着说不尽的趣闻、道不尽的欢乐。

那个讨厌儒雅之士，见了儒生便令其脱帽并朝帽子里撒尿的刘邦回来了。在这里，无须任何烦琐的礼仪，沛的男女老幼围坐在皇帝身旁，忘却时空，尽情狂欢，一醉方休。

十余日的狂欢终于过去，刘邦也该归朝了，但沛的父老乡亲们仍恋恋不舍，竭力挽留。据《史记·高祖本纪》记载，刘邦留下一句"吾人众多，父兄不能给"的话而离开，但是沛人却空其县随之而去，至县西又献酒菜，刘邦只好停留，并与之续开酒宴达三日之久。

刘邦对沛的父老乡亲表示给大家添了麻烦，这说明宴会的费用是由沛人支付的。实际上，此时的沛属于那个靠辛勤耕种农田来维持刘家生计的二哥刘仲之子刘濞的封邑（领地），沛县的财政属于刘氏家族财政的一部分。由如上状况来看，或许沛人私下也支付了酒肉钱。在当时沛人私人款待刘邦，也就是现代所谓的"请客"。

当然，刘邦因此将沛指定为自己的汤沐之邑，赐予它永久的恩典。但是，酒宴由沛人自行负担、刘邦也很爽快地接受之事，非常引人注目。在这十余天里，刘邦是客，沛人为主。

刘邦耐心聆听，并与大家开怀畅谈，在这十余天中所涉及的话题以及发生的事情，成为沛人怀念的永久记忆。

在具有历史意义的沛县酒宴上，人们围坐在皇帝身边所谈论的内容，即使停留在口述史和说书的水平，也应被断定是带有一定权威性的言论。

这意味着刘邦个人的历史和汉初的历史在较早时期就有了定论。在中国这个将历史与现实紧密结合在一起的国度，时常会根据现实的需要而去改写过去的历史。例如，本来不过是流氓组织的一员或塞外蛮族的头目，随着其势力的不断壮大，在文献史料中却被描写成一位生来便有王者风范的圣人明主，此类实例在中国史书中并不鲜见。

既然具有历史意义的沛县酒宴上的言论被作为一种权威性的认识而固定了下来，那么，即使其仅仅停留在口述史的水平，也对日后的改写历史事实表现出一种强烈的抗拒。

《史记》正是通过这种方式来保持着当时的历史真相，而确保其真实性的关键便是那些亲历当时历史的见证者们所提供的证言。正因为如此，《史记》记载的史实才有可能免遭后人草率地粉饰或加工。

然而，在此有个值得注意的问题，即早期便被视为汉初史实的沛县酒宴言论的性质问题。

刘邦确实是一个率真的人，他无意用儒家的道德观或过往统治者们的"至理名言"和价值观来装扮自己，因此可以肯定，他在沛县酒宴上的一言一行都是发自内心的。这是确保汉初历史免遭后人歪曲的基础之一。

那么，是否可以断定，在主要依据文献史料的同时，又收集了当时口头材料的《史记》就如实地反映了汉初的历史真相呢？或者说，即使其并非绝对真实，但也反映了汉初历史的基本状况呢？

遗憾的是，这里却存有些许疑问。刘邦的率真出于他对自己的利益与欲望的完全肯定，而沛县酒宴上的乡人所表现出的率真则出于他们对亲如兄弟的皇帝的赞美，以及对自己与皇帝具有这种特殊关系的骄傲，这属于一种再直率不过的率真。在这里，刘邦的一言一行都被正当化了。

在刘邦生涯的各个阶段，他的一切行为都会在短期内得到正当化。刘邦虽然是那种善于将自己行为正当化的天才，但毕竟许多正当化的过程都是在瞬间完成的，如果仔细阅读，自然能察觉出那些粗糙或不合情理的部分也同时被历史性地记载了下来。从沛县酒宴上的言行中发现如上问题的最大贡献，就在于我们有可能将常常被巧妙粉饰的刘邦的历史拨云见日。

这也同时防止了后人对以此种方式形成的汉初历史进行随意删减甚至改写，就此而言，其对历史学做出了巨大贡献，也因此使后人可以抛却个人主观臆测，而去接受《史记》对那段历史的记述，并折服于它的权威性。

由此可知，《史记》虽无法完全摆脱当时如说书般的口述史的痕迹，但基于上述原因的存在，它仍然具备完整且准确的要素。

这里有一个在汉初历史中很早就作为书面记载而确定下来的案例。这与一个名叫陆贾的人有着密切的关系。陆贾因多才善辩而为刘邦所用，时常被派往各地去游说诸侯。他曾乘机向刘邦大谈《诗经》《书经》等中国古典，未料却遭到刘邦的辱骂：

迺公居马上而得之，安事《诗》《书》？

这个"迺公"有时又写成"乃公""尔公""而公"等，一般被译为"老子"，从语感上很符合刘邦的口气。"乃""尔""而"等字都是"你"或"你小子"之义，"公"是"父亲"之义。这个"乃公"可以理解为"你爸爸"，这是与"竖子""小童"等相对的称呼。在注重家庭道德伦理的中国，这种自己是"老子"、对方是"小子"的称呼是一种十分轻蔑的说法。而这种把对方视为手下、自己则是老大的说话方式却淋漓尽致地反映了刘邦的性格。所以其意为："老子是在马上夺得天下的，不会打仗的胆小鬼们倡导的什么圣王仁义之道有何用处？"

这种自称"老子"的说法完全符合被部下称为"慢而侮人"的刘邦的性格。

但是，遭到当面折辱的陆贾却很平和地回答道："我非常清楚陛下是在马上夺得天下的，但是陛下能在马上治理天下吗？"然后，他继续说："如果在陛下之前统一天下的秦国奉行圣王仁义之道，陛下又岂能夺得天下呢？"

《史记》中记载刘邦对陆贾之言的反应非常引人注意：

> 高帝不怿而有惭色。

刘邦对陆贾的谠言十分恼火，因为陆贾之言切中了要害。如果不是秦朝采取残暴的苛政，自己也不可能奋起反抗。刘邦本人难道不是由于在修筑秦始皇陵墓的途中，因所率民夫逃亡，怕受到处罚而走上反秦之路的吗？如果不是在进入关中之后，废除秦的苛政，订立了"杀人者死，伤人及盗抵罪"的"约法三章"，由此得到秦人的欢迎和信赖，自己又何以夺得天下呢？如果项羽不是在一夜之间活埋了二十多万秦军俘虏，又在被刘邦占领的咸阳大肆掠杀并将其焚为废墟，"老子"又何以降伏强若鬼神的楚军呢？

刘邦感到羞愧，绝非因为自己缺乏教养或无知，而是意识到自己夺得天下并不完全仰仗武力。与秦朝和项羽不同，自己获胜的重要因素恰恰在武力之外，而现在却偏偏忘记了这一点。这说明自己还很幼稚，如此下去该是何等危险啊！这才是他当时的心境。

虽然书生们一向倡导的帝王之说十分乏味，但其在治理天下方面不是与"老子"同出一辙吗？古代帝王与"老子"难道不具有一定的共性吗？这种想法虽不十分强烈，但却搅乱了刘邦的心绪。

然而，在最短的时间内调整心态，并迅速恢复理性正是刘邦的一大本领。他对陆贾说："为我写一部秦何以失天下、我又何以得天下的书，当然，还要包括古代国家的兴亡之道。"

因此，陆贾撰写了一部论述国家兴亡的著作，名为《新语》。该书共分为十二篇。陆贾每完成一篇，便当着群臣的面读给刘邦听，刘邦每次听完总是连连称道，大赞文章引人入胜，左右群臣也随之高呼万岁。

在皇帝刘邦面前，陆贾首次披露了汉朝成立的历史，并得到了刘邦的肯定与赞赏。这表明从刘邦即位到八年后驾崩这段汉初时期，就已存在事实上的正史——钦定版的正史。

《新语》之所以受到刘邦的称赞并使群臣山呼万岁，是由于其记载的史实引起了大家的共鸣。

司马迁在《史记·陆贾列传》的最后写道：

> 余读陆生《新语书》十二篇，固当世之辩士。

因精彩地论述了汉朝的当代史而为司马迁所肯定的《新语》，应该对《史记》历史观的形成起到了先导作用。

因此，无论是口述，还是书面记载，有关秦朝灭亡、楚汉相争等相当一部分的历史内容都在当时还健在的见证人面前得到了证实。

鉴于如上原因，栩栩如生、扣人心弦地记述当时历史的《史记》应该极少存在为后人所改写的内容。

当然，这并不是说后人完全没有私改这一时期的历史。

例如，《史记》将未曾登基的项羽、吕后归入本纪之事时常为后世所诟病。按照后世的理念，西楚不过是项羽的僭号，他未即天子位就已人头落地了，所以不该列入本纪，而该被降至陈涉之流的世家之内。吕后也未曾即皇帝位，所以也不该撰写《吕太后本纪》。如果实在需要，也该先立《惠帝本纪》，而将吕后附于其后。这种将篡夺刘氏政权的吕后列入本纪的做法，不是对篡权者的一种嘉奖吗？

这些人的说法十分高明，当时项羽和吕后均已不在人世，他们如何毁谤，都不会影响自己的处境。

《史记》在《项羽本纪》《吕太后本纪》的历史描写与评价的问题上确实存在诸多不足与难解之处，这是因为与项羽、吕后同时代的人就对本该列入本纪的此二人带有强烈的抵触情绪。到两人死后，他们立刻开始对本具正统性的两人进行责难，出现了改写当时历史的强烈呼声。

如史书中有关项羽在鸿门之会上的表现、与吕后有关的"诸吕之乱"的真相，以及此二人的历史地位等，均具有极为典型的意义。

正如楚汉抗争的历史评价问题，一种以"唯我独尊"的方式改写历史的现象在刘邦荣归沛县的酒宴上的口述史中，或在陆贾撰写的《新语》中就已经出现了。

在当时，改写历史是基于刘邦集团这个弱小的地方任侠集团及追随其后的普通民众们的一种愿望。在那个动荡的历史时期，他们是豁出性命才夺得天下的，他们认为这一历程是为正义而战并顺应天意的结果。进而言之，这种历史改写是在任何时候都得保全刘邦集团光辉形象这一近乎朴素且不算过分的愿望如刘邦在沛县酒宴上与旧友所言的"朕自沛公以诛暴逆,遂有天下"中的"诛暴逆",就蕴含着一种胜利者的喜悦。

刘邦集团的智囊之一、"少时本好黄帝、老子之术"的陈平曾说:

> 我多阴谋,是道家之所禁。吾世即废,亦已矣,终不能复起,以吾多阴祸也。

在他的这番感言中可以略见刘邦集团是如何夺得天下的。刘邦集团一步步走向权力巅峰,但又如《陈丞相世家》所载:"奇计或颇秘,世莫能闻也。"刘邦集团的历史时常被合理化地记入史书之中,但从另一方面而言,这是由为刘邦策划"世莫能闻"的阴谋的陈平等人所引导的,其中还包含着非常手段和诡计权术。

我们在某种程度上可以推测出沛县的老百姓在酒宴上诉说了一段怎样的历史。在他们看来,敌人之所以中了刘邦的圈套是因为他们太愚蠢,会使用计谋是英雄的本事,这才是人们津津乐道的精彩场面。

可以想象,陆贾记述的内容也基本相同,但作为在刘邦和群臣面前宣读的作品,它应该使用了一些更精炼的表现技法。

《史记·陆贾列传》中记载了陆贾被委派出使南越的内容。

秦始皇曾征服岭南(即大庾岭等山岭的南部,今广东、广西等地区),设置了南海郡、桂林郡和象郡。然而,趁着陈涉起义而天下大乱之际,南海郡龙川县的官吏赵佗进入南海郡的中心地区——番禺(今广州),将三郡合为南越,自立为南越武王。赵佗是当时的冀州真定(今河北省石家庄市附近)人,他在天下风云变幻之时,进入少数民族地区，建立了独立王国，并成为该国的国王。

陆贾的使命是让成为独立王国的南越臣服于汉王朝。

赵佗问陆贾："我与萧何、曹参、韩信相比，谁贤能？"

陆贾答曰："好像大王贤能。"

赵佗又问："我与皇帝相比，谁贤能？"

陆贾回答道："皇帝陛下征讨暴虐的秦，灭亡了强大的楚，为天下除害兴利，继承三皇五帝的功绩，治理整个中国。中国的人口以亿来计算，其地方圆万里，集天下的膏腴之地，万物殷富，如此强大统一的局面更是亘古未有。而大王的百姓不过数十万，且都是住在偏远地区的少数民族，国土不过相当于汉的一个郡，大王岂能与汉相比呢？"

陆贾对与萧何、曹参、韩信相比的赵佗称"好像大王贤能（王似贤）"，显然此非陆贾之本意。按当时中国人的观念，这种提问简直是典型的夜郎自大，实在令人发笑。陆贾以"王似贤"的"似"字，非常巧妙地回避过去，但听了陆贾汇报的汉廷群臣必定报以哄堂大笑。

听了与皇帝比较优劣的问题之后，陆贾虽以无法相提并论来回答，但这里只是强调了汉与南越在国土面积上的悬殊，并未明确说刘邦"贤"于赵佗。

听到这个回答的赵佗也大笑起来："我没有在中国起兵，所以在此称王，如果我在中国，怎么就知道我一定比不上汉王朝呢？"

赵佗很喜欢陆贾，将其留下数月，以酒宴款待。陆贾最终让自立为南越王的赵佗接受了汉的册封，成为汉朝的南越王。

在外交手段上，陆贾非常精彩地将名与实、大义名分与现实利益分开使用。对于追求贤名的赵佗，陆贾先以附加"好像"的条件而给了他"名",然后,以强调南越与汉朝"实"的差距,而使"名"的问题自然消失。结果用册封为汉朝南越王的"名"控制了赵佗自立为南越王的"实"。刘邦听了汇报之后,"大悦"。

在《新语》一书之中,具有如此应变能力的陆贾在楚汉抗争的名分关系问题上,非常巧妙地将故事的主角置换成了刘邦集团。此问题已在前文提及,结果是《新语》"每奏一篇,高帝未尝不称善,左右呼万岁",刘邦集团将《新语》作为公认的内容全盘接受了。如果具体解释的话,就是以尽量正当化的手段来改写刘邦集团历史的工作在当时就已经完成了。

但是,这种改写既没有依据系统化的大义名分,对史实的抹杀也限定在最小限度。因此,当陆贾读到描写这些场面的内容时,刘邦连连点头,群臣也高呼万岁。这种记录历史的水平仅仅停留在非常简单朴实的阶段,且正是由于定格在这一阶段,才为我们提供了揭开当时历史真相的线索。

然而,据《史记》记载,《新语》共有十二篇,但到了七百年后的南朝梁代,却称陆贾撰《新语》二卷,现如今所存的陆贾著《新语》也的确为二卷。但福井重雅近期的细致考证表明,它与最初的《新语》相比,已是面目全非了。

这确属一大憾事,如果陆贾当初的《新语》得以保存,想必一定会给我们提供更多的重要史实。

另一部据说同样由陆贾撰写的著作,是《楚汉春秋》。从书名可知,该书记述了项羽的楚和刘邦的汉之间斗争的历史。该书原本共分九卷,现在遗留下来的却不过是在《史记》或其他史书的注释中所引用的一些片段而已。即便这些片段中还有后人从军事角度而改写的内容，但是从中确实可以断定含有出自陆贾之手的部分内容。如果对此问题进行研究，应该会为我们再现汉初的历史场面提供重要线索。

尽管也许会触及一些较专业的问题，但笔者还是想在此就同为陆贾撰写的《新语》和《楚汉春秋》之间的关系做一简单探讨。

《楚汉春秋》，顾名思义，就是楚汉斗争的历史，现存的遗文也证明了这一点。而我们现在所能见到的《新语》残卷中，却找不到任何可令刘邦及其部下喝彩称道的内容。

其原因可以推测如下：

汉初，按照刘邦的指示，陆贾撰写了秦楚战争和楚汉战争的讲稿，以作为宫中御前讲座的讲义。这是一部用传统的价值观难以表现的当代史，由于它从刘邦等人的角度出发，用全新的价值观和语言描写了刘邦集团如何夺得天下的鲜活历史，因此博得了众人的赞许。

按照刘邦的指示，《新语》中同时还包含论述古代国家兴衰的内容，但主要还是当代史。因此，在某一时期，陆贾从《新语》中抽选出有关楚汉战争的内容独立成篇，便完成了《楚汉春秋》一书。

现存的《新语》只剩残卷，因此已失去了原本的体系。《新语》最初以强调当朝史观的态度进行编撰，到了后代，又按照相同的态度做了进一步的改写与增补，如此一来，《新语》被改头换面，以面目全非的样貌残存至今。

如今，我们在现存的《新语》中所能见到最接近原著的内容，大概是秦朝的赵高在宫中将一只鹿牵至二世皇帝面前硬是戏称为马的故事。该故事是按刘邦的要求，为论述秦王朝失去天下的原因而列举的。

《史记》也引用了这段故事。只是《史记》着墨于赵高如何玩弄权谋，让那些对惊异不已的二世如实作答的官吏丢掉官职，从而巩固了自己的权势。《新语》则着重强调了不相信自己的眼睛而相信奸臣赵高谗言的二世是何等愚蠢。陆贾的这一皇帝愚昧、亡国丧邦的说法，浅显易懂，非常通俗。现存的《新语》残卷则是以将陆贾原本通俗易懂的文风更为体系化之后的增补内容为主。

从上文可见，当时历史记载的状况为我们研究汉初和刘邦个人的历史同时提供了有利和不利的两种条件。

在有利条件中，我最后想谈的是司马迁在历史学上的深度与卓见。

《史记》在撰写作为世界中心的人物的本纪时，还为与中心人物有某种瓜葛的人准备了形象生动的列传。《史记·樊郦滕灌列传》是樊哙、郦商、滕侯夏侯婴、灌婴等刘邦身边之人的列传，在文末，司马迁谈到自己亲自走访刘邦的故乡丰、沛等地，收集一些古老的传说，同时参观了萧何、曹参、樊哙、夏侯婴等人的故居，并了解了他们的生平事迹。

司马迁此行的具体时间与他的生年有着密切的关系。目前司马迁的生年有两种说法，一种是汉景帝中元五年（前145）之说，另一种是十年后的汉武帝建元六年（前135）之说。迄今为止，一向以前者的说法为主流观点，但本书却赞同藤田胜久的近期研究，认为后者的说法更为合理。因为司马迁在自序中称自己"二十而南游江、淮",所以此次旅行应发生在武帝元鼎元年（前116），即司马迁二十岁的时候。

司马迁于武帝元鼎元年游历江淮的时间大约是陈涉、吴广揭竿而起及项羽、刘邦继之而起的秦二世元年（前209）的九十三年之后。

在当时，书面语仅在社会的很小范围内发挥作用，历史的记忆基本是以口述史的形式传承下来。在普通百姓中间，对于这场前所未有的历史事件，尤其是以自己村里的一个年轻人为主人公的历史事件，即使过去了九十余年，也还是会在他们口中被栩栩如生地讲述出来。

司马迁到沛县，走访了萧何、曹参、樊哙、夏侯婴的出生地，向当地遗老打听他们的生平言行，此时距离沛县酒宴大约八十年。司马迁写道：

> 异哉所闻！方其鼓刀屠狗卖缯之时，岂自知附骥之尾，垂名汉廷，德流子孙哉？余与他广通，为言高祖功臣之兴时若此云。

通过与遗老们交谈，年轻的司马迁从汉初历史见证人的手中直接得到第一手材料，而让他感叹的是：这些真实的故事简直就像谎言一般，实在令人难以置信。

樊哙屠狗操刀、精力充沛，灌婴贩卖绢丝，遗老们谈到的都是他们极为普通且微不足道的早年经历。当时的他们又岂能料到，自己日后会附刘邦之骥尾，一跃成为汉朝功臣，创下造福子孙的家业？历史上发生了连他们本人都难以料想的奇迹。

这些原本极为寻常，甚至被人轻视的下层小民，忽然间变成高不可攀且令人生畏的汉廷重臣。汉初上演的这场传奇剧，使司马迁发出了"异哉所闻"的感慨。

司马迁又称自己与樊哙的孙子樊他广相熟，从而了解到樊哙等人的发迹史。而与司马迁有过交往的樊他广，也是一个命运多舛的人。

樊他广的祖父樊哙是汉代的一等功臣，也是刘邦的亲信。笔者在著名的鸿门之会的实情与意义问题上与现在通行的看法相左，具体会在后文详述，但当时如果没有樊哙的勇敢，刘邦将会性命危殆这一事实也是无可争辩的。

刘邦一生中有许多救命恩人，樊哙是其中值得大书特书的一个。他娶了刘邦夫人吕雉的妹妹吕媭，是刘邦的连襟。

被《史记》称为"为人刚毅，佐高祖定天下"的吕后在刘邦死后，辅佐惠帝掌管朝政，待惠帝死后，先后拥立年幼的少帝恭、少帝弘而把控朝局。由于与诸功臣和身处各地的刘氏一族的矛盾日趋加剧，在吕后死后，吕氏一族因军事政变而被斩尽杀绝。

樊哙死于惠帝六年（前189），他在刘邦死后以上将军的身份掌握军事大权，并辅佐惠帝和吕后。但在后人看来，这辱没了他一生的英名，对此，《史记·樊哙列传》却并未涉及。

在所谓的"诸吕之乱"后，舞阳侯樊哙的嫡子樊伉因受其母吕媭的牵连而遭诛杀。后来，文帝因追念樊哙的功绩，以特例让樊哙的庶子樊市人承袭了舞阳侯的爵位。市人死后，樊他广作为市人之子继承了舞阳侯位，却未料因此而节外生枝，引出了新的问题。

曾经遭受樊他广处罚的一位门下舍人因怀恨在心，向外揭发了他广出生的秘密："樊他广的父亲市人是个性功能障碍者，因怕断子绝孙，便令夫人与其弟发生关系，才生下了他广。他广非市人之子，不该继承舞阳侯爵位。"景帝中元六年（前144），他广终于因此被褫夺了舞阳侯位，被免为庶民。

按照藤田胜久研究的年表推算，此事发生在司马迁出生的九年前。而此时司马迁的父亲司马谈已在专心修史，司马迁本人也在寻访沛县的六年之后，继承父亲遗志，潜心致力于修史的工作。

曾经继承了创造过无比辉煌业绩的舞阳侯位，后又因出生秘密的泄露而被免为庶民，如此惨遭命运戏弄的樊他广，在这位醉心于历史研究的年轻人面前，应是毫无保留地倾诉了从汉初传续至今的樊氏家史吧。他提供的材料与遗老们的证言基本一致。

另外，从《史记·郦生陆贾列传》可知，司马迁与平原君朱建之子的关系也不错，因此对陆贾的往事"是以得具论之"。由此可见，司马迁在搜集素材时重视从当事人处传承下来的证言。

在口耳相传占据重要地位的年代，《史记》是司马迁不懈努力的成果。他尤其被沛县遗老的言语所感染，把自己对历史的深邃审视，通过对这段将一介庶民推上皇帝之位的宏伟历史的畅想表现出来，这也是《史记》具备后代史书罕见的新颖和感人之处的原因。

除了以上的有利条件，《史记》的不足在于它提供的信息量非常有限，而且在现存的历史记录之外很难再找到新的内容。

但是，通过如上探讨，我们可以意识到当时的史实与作为当代史而撰写的历史记录之间存在一定的距离，其中包含着有意粉饰和改写的内容。如果我们以这个前提重新阅读《史记》，或许会在眼前呈现出一段崭新的楚汉斗争史。在原始素材的基础上对该问题的重新探讨是本书的重要课题之一。

司马迁把《史记》的每一段记载都视为当时整个世界的一个部分来着意描写。

首先，我们必须正确理解这些记载是如何描写当时的历史状况的，但又不能满足于此。其次，假如司马迁的记载确实正确反映了当时历史状况的一个部分，而且我们也能正确理解这个记载与当时历史状况的一个部分之间的对应关系，那么，我们从中可以窥视到与此部分相关联的其他部分的概况。

这就如同如果我们能将猿人牙齿的化石确认为猿人化石的一个部分，就可以从中找出了解整个猿人状况的线索一样。

我们希望把刘邦个人的历史视为这一时期整个历史的一个组成部分。当然，目前我们还无法看清这个时代的全貌，但是相信随着本书内容的展开，它会在朦胧之中逐渐露出庐山真面目。

例如，刘邦在秦楚斗争或楚汉争霸时的具体年龄应该是了解当时历史问题的重要因素，但遗憾的是，当时并未记载他的出生年月。五百年后，出现了刘邦长于项羽十五岁或二十四岁的两种说法。

但是，如果将刘邦生涯的历程与当时的历史全貌联系起来，重新阅读《史记》的原始史料，便可以发现这是一种掩盖历史真相的说法，是一种刘邦是贵为天子的长者、项羽是注定失败的愣头小子的趋炎附势的说法。

从此种观点出发，本书提出了刘邦长于项羽五岁的看法，两人原本在年龄上就不相上下，是旗鼓相当的好对手。

总之，本书的目的是以史料为据，重新审视刘邦在各个历史时期被改写的历史，以期最大限度地接近历史真相。

刘邦是中国历史上第一位庶民皇帝。身为庶民却偏要以皇帝自居，自然将会以悲剧收场，但如果登上帝位后却仍然保有一副庶民相，那将会酿成更大的悲剧。刘邦是在从社会底层迈向顶峰的过程中，在意识与言行上逐渐发生变化的，而历史的记载却希望自然地消除这一矛盾，然后不留任何痕迹地掩盖这一变化的过程。

在撰写回忆录的过程中，与作为当事人的皇帝本人相比，臣子们则更怀有在一瞬之间点石成金的粉饰历史的强烈愿望，这种心态似乎不足为奇。

# 第一章 成长经历

刘邦出生在水乡沛县的丰邑中阳里,是父亲刘太公和母亲刘媪的第三个儿子。

《史记·高祖本纪》就此记载如下:

> 高祖,沛丰邑中阳里人,姓刘氏,字季。父曰太公,母曰刘媪。

沛县位于今江苏省的西北部,是大运河上微山湖西侧的一座城镇,但微山湖本身却属于山东省。而现在距离沛县城镇数十公里便是安徽省与河南省的省界。

如果在这类行政区划模糊的区域发生了什么棘手问题,各个行政机构往往明哲保身,互相搪塞推诿,直到近代也基本如此。

在秦代亦是如此。沛县虽属泗水郡,但同时又与山东的薛郡和河南的砀郡交界,具备了成为三不管地带的条件。

周振鹤的研究表明,按照汉代的方言区来划分,沛在处于汝颍（今河南、安徽）、淮（今江苏）、齐（今山东）三种方言交错区的同时，又属于广义范围的楚文化区的北部。如后文所述，项羽自不待言，连刘邦本人也认为自己是楚人。与地道的楚人项羽相比，刘邦出生在与中原接壤的楚文化边缘地区。

刘邦出生在沛县一个较大村落丰邑的中阳里。丰邑属于沛县，位于沛县城西约30公里之处。在中原地区，与丰邑相同规模的城市周围环绕着城郭，这城郭便是由门和墙壁环绕起来的里。沛县的丰邑位于中原的周边地区，中阳里大概也是由门和墙壁环绕着的吧。

在前文引用的《史记·高祖本纪》中，并未记载汉高祖的本名，只记载了他的字为季。因为在正史中只记载作为通称的字而不记载本名的现象非常少见，所以在本纪的注释中特意介绍了其本名为邦的一种说法。

季是由兄弟之间的年龄顺序伯、仲、叔、季而得名的。因为他的大哥叫刘伯，二哥叫刘仲，刘季是刘家末子之意，其字也由此而来。这种伯、仲、叔、季的顺序在父辈之间亦是如此，按年龄顺序分别有伯父、仲父、叔父、季父的称呼。在现代日语中仅保留了伯父和叔父这两种称呼。

在当时，按家庭伯、仲、叔、季的顺序而得字的现象很普遍，如：首揭反秦大旗的吴广，字叔；虽为项羽季父，却时常袒护刘邦的项伯，字伯，名缠。顺便提一下，这个项伯是项羽的季父，在父辈中间属于最小的弟弟，按字来说本来应该称为项季。这个项季被称为项伯的奇怪现象，会在后文中提及。

问题的关键是"刘邦"这个名字的由来。如前文所见，《史记·高祖本纪》中只记载他的字为"季",并未提到"邦"的名。

前文已提到《史记》的注释中称汉高祖的本名为"邦"。该注释的理由是在《史记》之后出现的正史——《汉书》中见到了这种说法。但是,这是该注的一个误解。因为这种说法并不见于《汉书》的正文,而只是见于该书的注释,且其出处也非《汉书》,而是东汉人荀悦的《汉纪》。

实际上,并不限于《高祖本纪》,就是在《史记》的全书之中,也从未出现过刘邦的本名。继《史记》之后的《汉书》亦是如此。

我们现今理所当然地称为"刘邦"的名字并不见于正史,却仅见于荀悦的《汉纪》。如果用传统史学的观点来解释的话,大概是他在幼年时期使用作为通称的"刘季",而即位之后才采用了"邦"的名讳。

然而,在这种解释之中却出现了一个奇怪的问题。如前所述,《史记》《汉书》等正史均未记载他"邦"的本名,如果"邦"是他即位后采用的名,那么,正史中应该明确记载才对。

与该问题有关的还有一个问题。继刘邦之后的第二代皇帝惠帝的名讳为盈,文帝为恒。但是,他们的名讳也未见于《史记》或《汉书》,而同样是从荀悦的《汉纪》中获知的。

我们似乎可以从封建礼法上得到一种解释,也就是说,当时皇帝的名讳应该是避而不谈的。可是,在比《汉书》更注重礼法的《后汉书》中,却堂而皇之地将东汉历代皇帝的名讳写入各卷的卷首。

因此,唯一能够解释通的,或许是刘邦这个名字的由来隐藏着某种不可告人的秘密,使得《史记》《汉书》采用了不记载西汉历代皇帝名讳的原则以回避这个问题。因为他们不可能避开刘邦，只记载第二代之后各皇帝的名讳。

有关此问题，值得关注的是司马辽太郎的看法。司马氏在《刘邦与项羽》一书中写道："'邦'是哥哥的一种方言，有时姐姐也被称为邦。刘邦就是'刘哥'。"即刘邦的"邦"字是将哥哥的一种称呼作为名字来采用了。

这是一种非常有趣的说法。遗憾的是，该说大概来源于清末人梁章钜的《称谓录》，不仅时代相距甚远，而且所谓的方言也是"真呼腊国"的语言。

"真呼腊国"大概就是真腊国，即今天的柬埔寨。梁章钜在书中举了日语中弟弟读为"阿多"的例子，也收集了许多其他国家的语言。

因此，司马氏的说法很难成立，但笔者却对其颇有留恋。司马氏认为秦汉时期楚的语言属于南方少数民族语言的看法，笔者也持赞成态度。

在进行史学研究的初期，笔者就对中国南方少数民族的汉化过程抱有浓厚兴趣，因此产生了在中国古代的长江流域及其以南地区原本就没有汉族的看法。

使这一问题得到重大突破的是，1986年在距离四川省成都市北部40公里左右的广汉市三星堆出土了大量与中原文化性质迥异的青铜器。

在针对这个遗迹而展开的各项研究中，最值得一提的是过去在史料中以"左言"相称的该地区的方言特征，即形容词置于名词之后，这是与汉语截然不同的语法现象。例如，在汉语中，雄鸡一般被称为"公鸡",雌鸡则被称为"母鸡",取"公为雄""母为雌"之义;而在四川方言中,雄鸡却被称为"鸡公",雌鸡则被称为"鸡母",即"雄""雌"这两个形容词被置于名词"鸡"的后面了。

据笔者推测,与四川有着千丝万缕联系的传说中的"西王母",或许是将汉语中的"母王"或"女王"颠倒过来的一种称呼。当然,这只是题外话。

三星堆的遗址虽然是在长江上游地带发现的,但是如果从现代少数民族的分布状况和历史的演变来考虑的话,可以推测,长江中游(即春秋战国时期的楚国地区)和长江下游(即春秋战国时期的吴越地区)的情况也基本相同。

由此可知,刘邦的故乡沛县使用的是一种非汉语系的语言,它地处广阔的楚文化圈的东北部。如此说来,当时的沛县地区很有可能使用的就是与柬埔寨语属同一体系的以"邦"为"兄、姐"之义的语言。

在据称由西汉人扬雄编撰的《方言》一书中,有"膊,兄也。荆扬之鄙谓之膊,桂林之中谓之蘕"的记载。当时的荆扬主要是从淮水南岸到长江中下游的地区,这一地区的语言与沛县的方言有相通之处。

"邦"和"膊"的发音很相近,且"伯"也有年长,即兄之义。由此类词还可能联想到更多的词。

从上文可知,刘邦的"邦"字有可能是将当时对刘季称兄长的称呼作为名字来使用了。本书就是按照这种理解来使用"刘邦"这个名字的。

据记载，刘邦，即刘季，除了有大哥伯和二哥仲之外，还有一个名叫交的弟弟。

《史记》称刘交是刘邦的"同母少弟"，即同一位母亲生下来的弟弟。

按照一般的理解，这个"同母"属于可有可无、画蛇添足之笔。但是，认真读起来，特意在此注明"同母"，就意味着刘邦与刘交为同母，即刘媪所生，其兄伯、仲是"异母"，即其父前妻所生。

《汉书》在这一部分则改写为"同父少弟"，在文后的注中解释为父亲相同，母亲不同。但是一般在这种情况下，通常直接写成"异母"，所以，如果这一注释正确的话，《汉书》的这种写法应该属于特例。

"同父"，即父亲相同，本来是相对于"异父"的一种说法。例如，秦昭襄王（前307—前251年在位）的母亲宣太后就有"异父"弟弟魏冉和"同父"弟弟芈戎。显然，这是宣太后的母亲与魏某生了魏冉，与芈某生了芈戎。

随着汉代儒家的道德思想受到尊崇，人们认为由女性与多夫生子而产生的"异父"和与之相对的"同父"的说法都不存在，于是"同父"的说法最终与"异母"作为相同的意思来使用了。因为在父亲相同的情况下，没有必要特意说明，特意注明的原因是母亲不同。

如果按如上的看法来理解《汉书》及该书注释的话，就变成了刘伯、刘仲和刘邦是太公与刘媪所生之子，刘交是太公与后妻所生之子。

如此一来，刘邦的兄弟问题便出现了三种说法。第一种是刘伯、刘仲、刘邦和刘交是同父同母所生；第二种是刘伯、刘仲和刘邦是刘媪的儿子，刘交是后妻的儿子；第三种是刘伯和刘仲是前妻的儿子，刘邦和刘交是刘媪的儿子。

在追溯刘邦出生及其整个生涯的过程中，其家庭关系构成具有十分重要的意义，然而，迄今为止却缺乏较深层次的研究。

河地重造在《汉高祖》一书中认为，刘季是刘太公和刘媪所生四子中的一个，这属于第一种说法。

尾形勇在《中华文明的诞生》(《世界的历史》第二卷) 一书中认为兄弟中有一人为异母弟，这属于第二种说法。另外，在一些论文中也提到了刘交是刘邦异母兄弟的说法，看来，现在日本史学界占主导地位的是第二种观点。

但是，没有人赞同最早且属于刘邦最基本史料的《史记》的说法，却是件不可思议的事情。

笔者虽相信《史记》的记载，赞成第三种说法，但从史料各字句的解释中却很难得出最终的结论。当然，也正是由于从字句的解释中无法得出结论，才导致了三种说法长期并存的状况。所以，具体分析刘邦实际的兄弟关系才是至关重要的。

汉六年（前201），即汉帝国建立的第二年春天，刘邦在陈平和吕后的帮助下，将曾在军事上为统一天下立过汗马功劳的韩信定为罪人，没收了他的领地。刘邦此举虽有多重目的，但其中之一是希望将广大的领土分给自己的亲属。

刘邦把从韩信手中夺回的楚国之地一分为二，东部分给了立过多次战功的自己的远亲刘贾，西部分给了弟弟刘交。值得注意的是，《史记》在此处记载："当是时也，高祖子幼，昆弟少，又不贤。"

"昆弟"即兄弟之意。在当时，大哥刘伯已死，刘邦只有二哥刘仲和弟弟刘交，兄弟的确不多。但问题是，《汉书》以"好书，多材艺"来形容这个弟弟刘交，而且对他的记载也多集中在其文化方面的作为。

那么，"不贤"之人就只剩下其兄刘仲一人了。但是，说仅有的两个兄弟"不贤"，实际的状况却是一人贤，另一人不贤。

我们在后文还会详细论述，在这一时期所谓的"贤"主要是指具有任侠的素质和以此为基础的统治能力。从这一点来说，不仅刘仲，就连刘交也属于"不贤"。

即便如此，刘邦还是给这个"不贤"的弟弟刘交赐予了幅员辽阔的领地，而对其兄刘伯、刘仲却只字未提。

实际上，刘邦此时并没有给其二哥刘仲和死去的大哥刘伯的儿子分封领地的意向。对此感到怜惜的太上皇刘太公亲自去找刘邦说情，问他是否忘了自己的兄长们，也应该给他们一些赏赐。为此，刘邦答道："我并未忘记授予他们领地，只是刘伯之妻是个小人，不值得施恩。"

刘邦年轻的时候经常因打架斗殴而受到通缉，因不敢回家，便带着一帮狐朋狗友闯入大哥刘伯的家中，并在大哥家里白吃白住。嫂子自然十分厌恶，一次，她想出了一个逐客的妙招，为了表明锅里已没有饭菜，故意将盛饭的锅底刮得叮当响。这帮狐朋狗友十分尴尬，只好知趣地离开刘家。等同伙们走后，刘邦去瞟了一眼，却发现锅中明明还有饭菜，因此开始记恨嫂子。

尽管如此，登上帝位的刘邦也表现出了他的"大度"。他答应了父亲的请求，将刘伯与嫂子生的儿子刘信也立为诸侯之一，只是他的封号为"羹颉侯"，就是"刮饭锅侯"。被授予带有如此羞辱之义的封邑，刘信虽得到了领地，却也丢尽了面子。

## 第一章 成长经历

刘邦此时也授予二哥刘仲代王之位，这也是父亲说情的结果。

但是，代的领地位于今北京西约150公里的地方，在当时属于与匈奴接壤的边境军事要塞地区。

刘仲被封为代王实际是在汉六年册封刘贾和刘交的下一年，即汉七年。但在此之前，刘邦刚刚率领三十万大军亲征匈奴，却被围困在与代直线距离约100公里的代地西部的平城地区，一连七日不得用餐，在九死一生之中勉强逃回长安。当时如果没有陈平的谋略和夏侯婴的沉着应对，恐怕刘邦只能向匈奴举手投降了。

平城在今大同附近，代县是现在的蔚县，两地均处于当时的治水，即现在的桑干河流域。当时的代地在樊哙的苦心经营下勉力抵御匈奴的入侵，是汉帝国的军事最前线。

直到汉帝国建立，刘仲都未曾加入刘邦军团，这个老实厚道的农民一直在乡里过着普通而平凡的生活。把憨厚老实的刘仲册封到位于国防最前线的代地，简直就是一种近乎欺凌的待遇。果然，在刘邦逃回长安后的第二个月，匈奴又开始大举入侵代地。刘仲当然不具备坚守这个军事要冲的胆识，只好弃城而逃，孤身一人逃回洛阳。就连挟汉帝国之威、猛将谋臣前呼后拥、浩浩荡荡带兵出征的刘邦都惨败而归，一个赤手空拳前去赴任的刘仲无法守住边境防线是理所当然的事情。

刘仲最终被褫夺代王之位，改封在黄河北岸的一个村县——郃阳，这是一块不齿于诸侯的领地。

从如上状况来看，我们认为《史记》记载的刘邦亲属关系应该是正确的，即刘伯和刘仲是刘邦的异母兄弟，刘交是刘太公与刘媪所生的刘邦的胞弟。

从刚才的逸闻中可以看出，或许是因为异母兄弟的关系，刘伯与刘邦很早就已分家别居了。刘邦时常带着同伙们闯进早已分家的异母兄弟家中，一方面表现了他不通人情世故的厚颜无耻，另一方面又反映了他坚持执着的可爱。

尽管刘邦曾给兄嫂添了如此多的麻烦，但他成了皇帝之后仍然记恨嫂子的无情。抛开刘邦的嫂子，从热情款待时常带着一帮任侠朋友闯入家中的刘邦这一点来说，大哥刘伯实属一个敦厚善良、充满人情味的人。也许正因为如此，才使十分憎恶丈夫这种态度的妻子采取了如此过激的行为。

二哥刘仲也是一位忠厚老实、勤勉肯干的庄稼汉。

作为两个憨厚兄长的异母弟，刘邦自由奔放，无拘无束，在与两个哥哥的争抢打闹之中，时常得到作为太公后妻的刘媪的庇护与偏袒。父亲太公也因刘邦继承了自己活泼开朗、胆大妄为的性格，虽对他时常训斥，却也格外偏爱。这个具备任侠气质、游手好闲的父亲才是刘邦内心中最亲近和钦佩的理想人物。刘邦这种因爱戴、崇拜父亲，竭力模仿父亲而养成的气质与性格，使他在家庭中的地位日趋重要。

刘邦正是在这样的家庭环境中羽翼渐丰，而且学会了笼络天下才俊的本领。刘邦所具有的那种能很快适应环境，并成为中心主宰的天才能力，正是在这里锤炼出来的。

通过阅读史料中的信息，我们可以依稀了解到迄今为止不为众人所知的刘邦私生活的一个侧面。

六百年后南朝的宋人裴骃在被称为《集解》的《史记》注释中，就迁徙至沛县的刘姓有如下记载：在中国的神话时代，有一位善于操纵龙的人，名叫刘累。他的子孙中有一位封邑在范、名

## 第一章 成长经历

叫士会的贤人，这位士会的子孙从秦迁至东部的魏国大梁，后又从大梁迁至东部的丰。

众所周知，刘邦为"龙颜"，具有贵为天子的容貌，因为从他闯荡江湖的任侠时代开始就不断有与龙相关的趣闻，因此称他是与龙有缘的刘累的子孙、是享受封邑的贤人的后裔等传闻，非常体面。但是，这种传闻却编得有些过火。倒是相信这种传闻并将其记之于注的裴骃所处的那个时代的状况更值得关注。

不过，刘家是从魏的大梁东迁至丰邑的说法却无法一概否定。因为在当时，确有一大批人，尤其是参加过反秦斗争的人由西东迁至此。

在当时，由西东迁至此最具代表性的人物应该是首揭反秦大旗的陈涉和吴广。为了证实这一点，我们有必要就他们本应被征赴的北方的渔阳、他们举行起义的蕲县大泽乡和他们的住所这三个地点的地理关系进行一番探讨。

渔阳位于今北京市东北部郊外约60公里，在现今世界闻名的慕田峪长城附近设置郡府的渔阳郡。

现在面临的问题是，陈涉和吴广所率领的队伍是在何处被征用的？如果是在陈涉的家乡阳城、吴广的家乡阳夏，或曾为楚的第二国都、后来成为他们起义所建立的张楚国的首都——陈的话，为了奔赴渔阳，他们应该采用先顺淮水（今淮河）而下，在河口乘船，然后环绕山东半岛进入渤海湾的路线。

尽管现存当时海运状况的史料很少，以致研究无法深入，但是，可以想象当时的政府在征用普通百姓服徭役时是不可能提供海船的。因此，他们很有可能是通过陆路或内陆的水运自费北上的。那么，从阳城或阳夏，经过蕲县而北上奔赴渔阳就需要绕很远的路。换句话说，陈涉和吴广所率领的队伍很有可能是直接在蕲县或其附近地区被征北上的。

如果这种推测成立的话，就意味着陈涉和吴广分别从各自的家乡迁到了东南地区。

同样，项羽祖先的本籍在魏的大梁东南约160公里的项姓发祥地——项邑，项羽本人则是位于该邑东北约280公里的下相人。项家的迁徙是因为项羽的祖父项燕在反秦作战中失败。

这一战发生在秦王政二十四年（前223）。根据《项羽本纪》的记载，秦二世元年（前209）项羽随其伯父项梁在会稽郡（今苏州）起兵的时候为二十四岁，那么，其祖父项燕率领楚国军队与秦军最后决战时，项羽只有十岁。

或许项羽当时就在祖父的军队之中。在这个战乱的非常时期，这位出生于楚国贵族之家，意志坚定、头脑明晰、身体健壮的十岁少年，必定少年老成，能以成人的眼光来观察事态并相机而动。因为这场战争，他同时失去了祖父与父亲。总算保全性命的他，不得不跟随伯父项梁离开了拥有悠久历史的家乡，定居在下相。

在秦与六国作战过程中由西向东移居的，还有一人值得关注，那就是张良。

张良是韩国的贵族。他的祖父张开地先后任韩昭侯、宣惠王、襄哀王三代的宰相，父亲张平历任釐王、悼惠王两代的宰相。张平死于悼惠王二十三年（前250），二十年后韩就被秦灭亡了。

在《史记》的《留侯世家》（即为纪念在留相识而被刘邦封为留侯的张良的传记）中有如下记载：

> 韩破，良家僮三百人，弟死不葬，悉以家财求客刺秦王，为韩报仇。

拥有三百名用人家业的大贵族张良不为弟弟举办丧事，而是倾家荡产力图暗杀秦王政，即秦始皇。由张良策划的博浪沙秦始皇暗杀未遂事件，发生在始皇帝二十九年（前218）秦始皇第三次巡狩的时候。暗杀失败之后，张良"亡匿下邳"。

下邳是坐落在泗水下游的一个县。泗水源于泰山山脉中部，向西流至鲁的曲阜，然后南折流至沛县。距离沛县约20公里处便是张良邂逅刘邦的留，再经过大约30公里就是彭城。从彭城向东不断蜿蜒蛇行，经过直线距离70公里左右便可到达下邳。再转向东南约35公里就是项羽移住的下相。泗水在下相一带与睢水汇流。睢水在魏的国都大梁与鸿沟分流，向东南经过芒县和砀县，再经符离东流至下相。下相距离淮水干流大约100公里。

据说张良曾行侠仗义，保护过因杀人而逃亡的项伯。两人同为被朝廷通缉的要犯。一位是抗秦英雄楚国将军项燕之子，一位是韩国宰相之子、秦始皇暗杀未遂事件的主谋。项伯和张良能够在这一近邻地区隐藏并萍水相逢，足可窥见在号称万能的秦法的高压之下，一种由任侠之风而维系起来的地下社会关系已暗中形成，并在逐渐扩大。

同样因参与伤害或杀人事件而东迁至泗水一带并在此藏身的，还有后来成为吕后的吕雉的父亲吕公。

《史记·高祖本纪》记载：

> 单父人吕公善沛令，避仇从之客，因家沛焉。

单父人吕公与沛的县令关系要好。从《史记·高祖本纪》后文所载沛县豪杰为县令的这位"重客"（贵客）举行欢迎宴会一事来看，吕公也是当时的一位豪杰。单父地处沛县以西约70公里，再往西大约150公里便是魏国的都城大梁。

综上所述，在秦末，关东地区（即函谷关以东的旧属六国之地）的大批人口因不堪秦朝廷的苛政而背井离乡，流落他处。

最易理解的原因是秦攻陷六国的都城而导致大量人口的流亡。

例如，楚国的都城从郢东迁至陈，再从陈迁至钜阳，最终从钜阳迁至寿春。更多的人则随着这场东迁而向更东更广的地区迁徙。本为陈近郊居民的陈涉和吴广向东部流亡也是在这种背景之下。

战国末期，作为关东地区商业和交通中心的魏都大梁十分繁荣，但由于秦军利用鸿沟实施水攻，使之在短时间内化为废墟。

这场流亡迁徙完全是由政治因素造成的，而普通民众在这场社会动荡之中扮演了主角。

尽管项梁、张良和吕公的东迁确实与秦征服东方而引起的社会动荡有着密不可分的联系，但三者却主要属于豪侠闯荡江湖而移住至此。

吕公的流亡生活是从投靠沛县县令开始的。项梁则是受到重大刑事案件的牵连，在即将被押送至秦的首都咸阳时，得到蕲县狱掾曹咎的协助而脱逃。沛县和蕲县都属于泗水郡，项梁等人能够隐藏在泗水郡的下相一带，不能不说是仰仗了这层深厚的社会关系。

豪侠们移住他乡，借助了相互间深厚的人际关系。这种关系既有属于民间范围内的，也有属于如沛县县令和蕲县狱掾等官府范围内的。

从现存极少的史料来看，这些情况与该地的地域特点密不可分，因为沛、下邳、下相等地都与泗水几乎处于同一条直线上。

众所周知，华北平原是以黄河流域为中心，北部为海河流域、南部为淮河流域而形成的一个大平原。其地形基本是西高东低，但在山东地区，以泰山为主峰而形成的山地地带有一部分却是东高西低。在这两个地区之间出现了一片由西北向东南延伸的低湿地带。贯穿这个低湿地带而绵延流淌的就是泗水。与"百川东注"的常情相悖，这一地带的河流却多由西北向东南流淌，甚至还有南北流向的河流。后来在隋炀帝时期最终完成的大运河，正是连接这种地形走向的各条河流而建成的。

泗水延至扬州与长江汇流，从西北到东南方向分布着今山东省的东平湖、南阳湖、昭阳湖、微山湖，江苏省的骆马湖、高邮湖等众多大型湖泊。其中多数湖泊的名称并未保存至今，绝非因为这些湖泊不复存在，而是由于它们地处一片沼泽地带，属于无法区分是平原还是湖泊的无用之地。而且，当时比现在更为高温潮湿，这种低湿地带的范围应该比现在更为广阔。

也许是一种比较极端的说法吧，在秦朝的统一支配下，存在着一种整齐划一的法制体系，而在这种体系之下，又存在着一种整齐划一的农耕社会的社会关系。图中所示的是20世纪30年代从空中拍摄的秦地照片。秦朝的统治体系建立在以这种大片整齐的耕地而形成的整齐划一的田制基础之上。同样从空中拍摄的华中稻田的照片却与之形成了鲜明的对比。在华中不存在那种大片整齐的耕地，相反，华中地区存在的耕地形状是依据水流和灌溉的规则而形成的，它具有典型的共同体体制特征。

水田可根据蓄水面的高低连成各种系列，而水路相连并具有共同的供水和排水系统才有可能确保稻米的生产。

秦国的旱田社会缔造了军队式整齐划一的组织形式，而楚国的稻田社会却造就了参差不齐、如葡萄般紧密相凑的伙伴型关系。在楚国稻田社会的边缘分布着靠小船连接的水路纵横的水乡地带。

土地利用状况的俯拍照片。上图为关中渭水流域的旱田划分，下图为长江流域的水田划分（Lossing Buck, *Land Utilization in China*, 1937）

当然，在这片水乡地带，一般民众仍以耕种稻米来维持生计，形成的是一种狭小的社会关系，但同时，这些耕种稻米的村落又由交错的水路相互连接，由此形成一种广阔的社会与人际关系，这种关系维持了此地区的社会秩序。项梁、项羽、吕公和张良这些豪侠们随着奔腾不息的河流，汇入了这一地带。

## 第一章　成长经历

之前，我们对《史记》成书很久之后出现的刘邦为古代望族后裔、其后来的先祖由魏都大梁迁至丰邑的说法进行了探讨。这种说法有一种刘邦生为贵族的附会之感，所以无法令人信服。但是，从这一地区的特点来分析，刘邦的上几辈先祖由大梁迁至丰邑的说法本身似乎有某种根据。

前面已经谈到，丰是刘邦的故乡。刘邦在起义初期占领丰之后，把它交给一个叫雍齿的人守卫，自己则与秦军作战去了。雍齿在任侠之中算是个老油条，后来他无视自己已经跟随刘邦的事实，竟然向陈涉派来的魏人周市的军队投降了。

当时，周市说服雍齿的一个理由是"丰，故梁徙也"。虽然就此问题，注释中存在许多混乱之处，但该文的大意是指在秦灭魏的时候，大梁的居民多逃至丰邑，所以丰是一个与魏国息息相关的地方。

周市劝说之言的奏效，证明了大梁居民曾移徙丰邑的事实。刘邦上几辈的先祖很有可能便是在这一时期由魏的大梁移居到丰邑的。这一事实之所以没有正式记入史书，是因为它不过属于一些普通民众或贫民们的迁徙活动而已。

以上，我们对移居到这个水乡地区的人才们进行了探讨。而作为这里的原住民，可以列举的有北部钜野泽的渔民彭越和南部淮水下游的淮阴人韩信。如果再加上丰人萧何、卢绾、雍齿、王陵，沛人曹参、曹无伤、周勃、周昌、周苛、樊哙、夏侯婴，泗水西侧单父的吕公、吕泽、吕释之，砀县的灌婴等人，可以看到这里几乎云集了刘邦集团和汉帝国建立初期的所有重要人物。

与之略有不同的是黥布。黥布原本属于项羽集团的一员，为楚将时以"常冠军"著称的他在归属刘邦集团之后，由于离开了淮水南部水乡这个他本来的地盘，似乎没有什么太大作为。

刘邦的先祖由战国时期魏的首都大梁迁至东部的丰邑，用后世的话来讲，丰邑属于客家村落。丰邑的来历，不仅对了解刘邦个人的历史，而且对了解秦楚斗争的历史都具有重要意义。可以想象，刘邦在学会外乡人之间圆滑交际的同时，又很积极地参与到跟当地原住民的各种斡旋争斗之中。

如果以泗水为弦，以穿过单父、砀县西侧的线为弧的话，正好可以画出一个月牙形（参卷首地图），而楚汉战争的英雄豪杰们几乎全部活跃在这一地区。本书将这一地区命名为"泗水系月牙形水乡山泽地带"。当时，淮水流域的低湿地带和更南部的地区正在经济开发中，大量中原地区的居民纷纷迁至这个开发区。而开发区边缘的水乡地带则成了当时群雄聚集的根据地。

与上述出生于水乡地区的人不同，在外交与谋略上表现出非凡才华的陈平、郦食其等人，在刘邦集团中属于另外一种特殊的人才。他们出生于属先进都市文化地区的魏国中心——陈留郡。

最后要探讨的是刘邦的出生年份。

刘邦创造了前所未有的丰功伟绩。他生活的秦末汉初社会与相隔两千年之久的现代中国社会有很多相同之处，他确立的统治体系框架也与现代中国的基本政治构造具有一些共通的要素。

在这一时期，可称得上一代枭雄的并不只有项羽和刘邦。彭越、黥布、韩信以及章邯等人都具有取代刘邦称雄一时的才能。刘邦之所以能够成就这番大业，完全是因为他占据了当时的天时、地利、人和。而他在多大的时候遭逢了这场波澜壮阔的历史场面应该是一个至关重要的问题。包括所处的人际关系在内，他个人的才能与见识不能说与年龄没有关系。

目前就刘邦的年龄问题存在两种说法,其依据均来源于后世的史料。

第一种说法源自《史记》注释中"高祖以秦昭王五十一年生,至汉十二年,年六十二"的记载。

第二种说法源自《汉书》注释中"帝年四十二即位,即位十二年,寿五十三"的记载。

两种说法都来自距当时五百年之后的注释,由于缺乏其他史料,几乎所有的史学家都依据于此。

但是,以笔者之见,两种说法都无实据。正如上文在谈论刘氏家族世系的记载时所见,在距当时五百年之后,往往会出现一些附会的说法。人们认为,刘邦夺取天下之时,不应太过年轻。

与刘邦不同,项羽的年龄在本纪中明确地记载道:"初起时,年二十四。"这个"初起时"就是秦二世元年(前209)。

项羽在汉四年(前203)想与刘邦一对一单挑,当时他三十岁。刘邦的年龄,按第一种说法是五十四岁,按第二种说法是四十五岁。史书在此处留下了项羽震慑汉军神射手楼烦的逸闻。汉楚对峙时,楼烦先后射杀了三名楚军壮士,盛怒之下的项羽亲自披甲上阵,站在楼烦的弓箭之下怒目而视,楼烦竟吓得逃回军营,不敢再战。很难想象视军人的名誉胜于一切的项羽,会要求比自己年长十五或二十四岁的刘邦单挑。此时,项羽与刘邦的年龄或许相差并不大。

我们无法把成就如此大业的刘邦的年龄问题视为无关紧要的琐碎小事。那种离开一个现实中活生生的刘邦而只去谈论他成就伟业的做法，可谓画龙却不点睛。本书拟以与刘邦有关的人物为线索，对这个问题提出一些看法。

与刘邦的年龄问题直接相关的是他的家庭生活。我们不妨先由此入手。

刘邦与父亲刘太公的关系似乎十分亲密。他成为皇帝之后，父亲自然喜出望外。刘邦与父亲脾性相投，特在宫中为父亲准备了最豪华的房间、最高级的食物，又选派殷勤乖巧的下人侍奉左右，可以说令他享尽了人间的荣华富贵。看着父亲心满意足的欢颜是刘邦的一大乐趣。

可是这种春风得意的好景不长，刘太公变得郁郁寡欢起来。因其"凄怆不乐"非同寻常，刘邦便暗中让人问个究竟，父亲答道："平生所好皆屠贩少年，酤酒卖饼，斗鸡蹴鞠，以此为欢。今皆无此，故不乐。"

江湖无赖与小痞子们露天饮酒、斗鸡蹴鞠之类的活动是太公平生最大的乐趣。在刘邦小的时候，看到幼子整日不务正业与一些地痞无赖闲逛玩耍，以身犯险，父亲虽也有些微词，但他本人就是一个游手好闲、喜欢凑热闹的浪荡之人，因此他们这对父子臭味相投。

为此，刘邦在长安的东郊为这个喜欢玩乐的父亲建造了一个酷似丰的邑。将丰邑的枌榆社移至此地，街道、房屋等均是仿照丰邑而建造的。

从丰邑被迁至此地的男女老幼刚踏入这片土地，便惊异地发现自己仿佛置身于那个熟悉的丰邑。对此，史料中记载，狗、羊、鸡、鸭被放到街道上之后，竟然准确无误地各归各家了。

新邑的居民基本都是从起义的中心地——丰邑迁徙而来的，因此即使到了后代，这里也是一群无赖和小痞子的聚集之地。刘太公死后，这个新邑被命名为新丰，即新的丰邑。

史书中对刘太公的年龄缺乏记载。从他说话的内容与语气来看，其年龄应该不超过七十岁，笔者认为应该在六十五岁以下。

古代社会中哺乳期的时长和在此期间的不孕问题是近期社会史研究关注的一个课题。以一年的怀孕和三年因哺乳抚育而造成的不孕期来计算，从怀上刘邦的大哥到二哥的断乳为止，最短需要八年时间。史书没有记载刘邦有无姐妹，但无法断言一定不存在。

如果假定刘太公的前妻十八岁与太公结婚，次年生子的话，其间即使没有流过产，也没有生过女儿，到刘邦的二哥断乳为止，她至少已经有二十六岁了。再假如刘太公与前妻同岁，他在失去前妻后不久就与刘媪结婚，并让刘媪马上怀孕，到刘邦出生的时候，刘太公也已有二十七岁了。也就是说，刘邦与刘太公的年龄最少相差二十六岁。

刘邦是在汉五年（前202）统一天下的。起初他拟将首都设在洛阳，但最终采纳了刘敬和张良的进言，于同年迁都至长安。假设是在这年立即兴建新丰，那么，按第一种说法来推算，则刘邦为五十五岁，刘太公为八十一岁；按第二种说法来推算，则刘邦为四十六岁，刘太公为七十二岁。

以上都是把年龄差距置于最小限度来推算的。即使如此，第一种说法也很难成立，而第二种说法也缺乏说服力。

如前文所述，在第二年，即汉六年（前201）刘邦将韩信定为罪人的时候，《史记》称"当是时也，高祖子幼，昆弟少，又不贤"。从第一说刘邦五十六岁和第二说四十七岁的角度来看，都不符合"子幼"的状况。按照刚才的假定，刘太公与结发妻子是在十九岁的时候生下了长子。刘邦是个身体强健、精力旺盛的大丈夫，如果将同样的情况放在刘邦身上，则此时他的长子按第一种说法已经三十八岁了，按第二种说法也有二十九岁了。

但是，如《史记》所述，在当时"高祖子幼"，所以刘邦的年龄应该比后人所说的要年轻得多。

《史记》记载过刘邦以王陵为兄的故事，而且这直接关系到起义时两人复杂的关系。也就是说，刘邦在四十六岁（按第一种说法）或三十九岁（按第二种说法）的时候，还在兄事沛县的任侠王陵，即两人是以王陵为兄、刘邦为弟的兄弟关系，这样的人夺得天下的可能性应该相当低。

鉴于以上原因，本书暂且估算刘邦年长项羽五岁，即秦二世元年（前209）刘邦举兵起义的时候，他二十九岁。本书之所以采用如此草率的数字，是因为想把第二种汉王四十二岁即位的说法订正为三十二岁。按照汉字原本的字形来说，十是一横一竖，二十是廿，三十是卅，四十是卌，由此可见，从十到四十的数字之间极易出现错误。

如果这种推测可以成立，那么，在汉五年（前202）建造新丰的时候，刘邦为三十六岁，父亲刘太公约为六十二岁。这个年龄与当时精力旺盛的刘太公非常相符。

其次，是刘太公与刘媪的称呼问题。"太公"和"媪"是普通的名词，目前有关"媪"的意思众说纷纭，莫衷一是。有的说是"母亲"之义，有的说是"老妇人"之义，还有的说是"大地之神"。虽然三说之间各有关联，但笔者认为对此无须深究，应该参考《史记》中将刘邦经常光顾的酒店老板娘称为"王媪"的例子，实际上，这与将阿姨称为"阿妈"的称呼最为接近。

与"媪"相对的称呼，是"翁"。但是，《史记》虽称"刘媪"，却不称"刘翁"而称"太公"。说起太公，不禁让人想起太公望吕尚。吕尚后来以齐太公成为齐国的创建者，显然太公是对老人的一种尊称。

此外，张良曾从一位神秘老人手中接过一部名为《太公兵法》的秘传之作，这里的"太公"指的就是太公望。顺便说一句，因为张良与吕氏家族的关系也很要好，这个逸闻说不定是张良死后吕氏为制造他是自己阵营一员的假象而编造出来的。

从上文可见，刘太公和刘媪称呼的等级不同，太公高，媪低。这或许会成为再现刘邦家庭史的一个线索。

在一本题为《陈留风俗传》的书中，有"沛公起兵野战，丧皇妣于黄乡"的记载。参阅其他史料可知，黄乡是魏国首都大梁近郊的小黄。刘邦的军队多次经过此地，从"沛公起兵野战"的说法来看，可以推测刘媪死于他最初在项梁手下与项羽一起进攻陈留之时。

在这一时期，刘邦不过是个前途未卜的起义军小头目而已，其身份也未达到何等高贵的程度，因此其母也就一直延续了以往的称呼。称其父为"太公"则是由于在记载刘太公的时候，刘邦已经登上了帝位。

最后，简单地总结一下刘邦的亲属关系。

刘邦是刘太公与其后妻刘媪所生。在此之前，太公与前妻已经生育了刘伯和刘仲两个儿子。后妻刘媪所生之子刘邦被称为刘季,是因为他与异母兄长之间年龄相差较大,故以末子之义相称。之后虽然又生了刘交,但到这个时候已无法将刘季再改称为"刘叔"了。

## 第二章 性格与为人

《史记》对刘邦的形象有如下描写：

> 高祖为人，隆准而龙颜，美须髯，左股有七十二黑子。

高祖鼻梁突出，长着一副威严似龙的容颜，两颊蓄着乌黑的长须。他的左大腿上有七十二颗黑痣。正如孔子有七十二名弟子一样，七十二是一个具有特殊意义的神秘数字。

刘邦的大腿上有许多黑痣，我们暂且不论这些数字的准确性，这种传闻能够流传下来未必完全是捏造的。或许是由于刘邦知道自己的左腿上长有很多黑痣，因有别于他人而引以为豪，时常将楚人服饰的短裙裤的裤管挽得高高，在朋友面前炫耀，在众人阿谀奉承的过程中，就有人编造出这是龙、王或是皇帝特征之类的传闻。

司马辽太郎曾写道：刘邦有时赤裸着身子，让同伙们数他身上的黑痣并吹嘘自己是赤龙之子，所以便有了七十二颗黑痣的描述。这是一种完全可以想象的情景。刘邦一向喜欢出风头，这种传闻在世间流传不久，其影响力便不断扩大，最终连他自己也在内心中开始信以为真了。

刘邦登上帝位之后，出现了大量与其有关的事后预言性书籍。在其中一部题为《合诚图》的书中有如下记载：

赤帝体为朱鸟，其表龙颜，多黑子。

在传说中，有一位代表赤德的赤色帝王（赤帝），其体状似赤色的鸟，面部为龙颜，身上有许多黑痣。因此刘邦就是在现世中现身的赤帝。

"龙颜"是一种既威严又从容不迫的面容。具体说来，是眉弓的骨骼粗大突出而显出双眼威慑力的一种脸型。

"体为朱鸟（即朱雀）"，就是像鸡胸一样，胸部突出，是胸脯厚实的意思。

在另一部题为《河图》的书中曾记载：

帝刘季口角戴胜，斗胸，龟背，龙股，长七尺八寸。

上文《河图》的记载引自《史记》的注释。

只是，意为"嘴两端"的"口角"也有可能是"日角"。因为在很多书籍中有以"龙颜日角"来形容帝王相貌的说法，"日角"被解释为前额突出。但是，"龙颜日角"是用来形容东汉王朝的缔造者刘秀的相貌之后，才成为描写帝王相貌的一种普遍说法的，因此这应该是"口角"之后的一种说法。如果"龙颜"本身就表示前额突出的话，再加上一个意思完全相同的"日角"，感觉并非原意。

嘴角两端有很深的窝，是大脸盘儿、表情丰富的人的特征。我们在日常生活中，往往用"大模大样""脸面很大"等词语来形容那些过着悠然自得生活的人，而从实际情况来看，这些人的脸庞看起来也很大。现代社会中，那些活跃在政经界的头面人物中，小脸盘儿的人似乎也真的不多。可以说，刘邦时常在伙伴中充当领袖的角色，在周围人对他的服从与尊敬之中，他的脸盘儿变得宽大了起来。

刘邦身高七尺八寸（约1.8米），比八尺（约1.9米）有余的项羽略矮一些。在现实中他或许会更矮，史料大概进行了一种看似体面、合理的设定。

以上的说法属于事后记载，所以其原本希望对刘邦体态的具体描写能符合他的身份，并没有想到这会成为我们想象刘邦形象的一个线索。

《史记》对刘邦的性情与为人有如下记载：

> 仁而爱人，喜施，意豁如也。

即刘邦富有爱心，充满人情味，慷慨大方，坦诚直率。

刘邦属于感性，而不是理性的人。说他慷慨大方，但丝毫不包括自我牺牲、委屈自己的成分。坦率地说，他慷慨大方的心境，就像我们为自己的宠物喂食，希望看到它们欣喜欢跳的心情一样。他时常在伙伴中发挥领袖的作用，因为自己处于领导地位会颇有成就感，才使他表现出了一种异常的慷慨。

百分之百的自信，及以此为前提的在与同伴团结合作时所表现出的慷慨大方和体贴入微，是刘邦重要的财富。从这个意义上讲，他是一个极端自私、以个人为中心的人，但在他的内心深处，还存有充满爱心、希望与他人心灵沟通的热心肠。

刘邦具备一种先验性地把周围人视作自己的同伙甚至部下的感性天资。如果有人违反了他的处世哲学，他要么毫不留情地加以调教，要么踢出团伙之外。如果暂时不具备立刻处置的条件，他也会等待时机。

善于等待时机，是刘邦的看家本领之一。对那个恨之入骨、恨不得立刻杀死的雍齿，他也能与之相伴至终的事例就是明证之一。

在《史记》的记载中，经常见到刘邦毫不留情地谩骂身边的人。

贝塚茂树曾在他题为《汉高祖》的论文中指出，《史记》中刘邦骂人的场景有十二次。我们不妨把遭受刘邦责骂的人列举如下：

首先是对刘邦忠心耿耿的萧何，其次是军事天才、为汉帝国的建立立有卓越功勋的韩信，再次是郦食其、侯公、张敖、魏豹、黥布、陆贾、刘敬、栾布等，这些也都是为汉朝开国立过汗马功劳的重要人物。与上述人物略有不同，还有一个挨骂的人是吕后。再加上一个无名的武将，挨骂的人确实达到了十二个之多。

《史记》对他的这种行为简单地概括为一句话——"轻士善骂"。陈平后来以"慢而少礼"来形容刘邦的举止。

《史记》的确记载了许多刘邦骂人的场景。但是，应该说《史记》并没有在有意识地收集，换句话说，刘邦骂人之事简直如同家常便饭。

用贝塚的话来说："说刘邦刁滑蛮横、傲慢无礼的人，不只有陈平，其他如萧何、王陵、魏豹等与刘邦有过接触的人都如此形容他。"

## 第二章 性格与为人

为了真正理解其中的含义,我们有必要了解一下骂人的行为在中国究竟意味着什么。

首先,从《史记》记载的事例来看,骂人是一件非同小可的事情,一般来说,必须冒着生命的危险。

一个是周苛骂项羽的场景。

刘邦在攻陷项羽西楚王国的首都——彭城之后,其五十六万大军被项羽的三万人马打得丢盔弃甲,一败涂地。刘邦本人在仓皇逃窜之中才勉强捡回了一条命。随后,刘邦又在坚守通往关中的门户——荥阳的时候陷入持久战,进退维谷之际,他把荥阳交给周苛和枞公守卫,自己从死地逃生。

楚军最终攻陷荥阳,并活捉了周苛和枞公。

项羽对在主公刘邦脱身之后仍长期死守荥阳的周苛的军人气概非常赏识。

"到我的军中做一名将军,怎么样?我会任命你为上将军,并封你三万户食邑。"

项羽虽然郑重其事地劝说周苛,但周苛却大骂道:"你赶快向汉军投降吧,否则将成为汉军的俘虏!你根本就不是汉军的对手!"

结果,周苛被项羽扔进沸水中烹杀了。

另一个是后期的例子。平原君朱建的儿子在出使匈奴的时候,因匈奴单于傲慢无礼而破口大骂,结果为匈奴所杀。

再一个是著名的荆轲刺杀秦王失败之后的例子。他在身上受到八处剑伤之后,"自知事不就,倚柱而笑,箕踞以骂"。

在以上场景中,骂人的结果,除了被杀之外别无其他,它是那些走投无路的大丈夫们临终之前最壮烈的生之证明。它是一种以死为代价来保全自身尊严的行为，其目的就是为了让对方丧失颜面。

我们再来看一看日常生活中"骂"的例子。

在比上述事例时间更晚一些的汉武帝时期，外戚窦婴和他的同党灌夫因受田蚡的谋害而被处以弃市（公开处刑之后抛尸示众）及灭族的刑罚。

事件的起因虽然是由田蚡为满足自己的权力欲而精心策划的，但是田蚡等人最初的口实却是灌夫在酒宴上因田蚡的无礼而生气大骂。另一次，灌夫辱骂了来向窦婴转达田蚡蛮横要求的使者。

这些在日常生活中发生的不平常的骂人事件，最终招来了杀身之祸。

以上诸例表明，在中国古代，"骂人"是一件非同寻常之事，是一件要冒生命危险的大事。

但是，刘邦骂人却几乎是家常便饭。这种家常便饭式的骂人行为，的确保全了刘邦的面子，可是对方的面子又该怎么办呢？

贝塚对此有如下解释："但是，我从他经常骂人的嗜好中感觉出他有着对人无限热爱的一种炽烈情感。我对这种情感进行了分析，发现这种骂人的行为是他情感的自然流露，如实地暴露出他人性中最素朴的东西，是对人不含任何芥蒂的结果。等暴风雨过后，他不对挨骂者留有任何成见或恶言，这种豁达爽朗的性格是刘邦颇受欢迎的秘诀。"

这种看法从感情表达的角度来揭示由庶民登上皇位的刘邦的性格，因为他自然明快地表达了自己的感情，所以即使他骂了人，也不会伤害到对方。

同样地,《史记》之后二百年,撰写《汉书》的班固对刘邦的性格与为人概括说:"高祖虽然没有多少文化素养,但他性格豁达开朗,有谋略,善纳谏,即使是守门戍卒那样的底层部下,他也能像多年的挚友一样善待他们。"

刘邦具有豁达开朗的性格特征,这已经是公认的看法。尤其是刘邦能够善待一些被人轻视的底层部下,是了解他待人接物的一个关键。豁达开朗地骂人和豁达开朗地待人是相辅相成的。他一方面能毫不留情地骂人,另一方面又能平易近人地对待最底层的下属。

我们由此得出了只有刘邦才拥有骂人特权的结论。的确,如果不是因为刘邦的这种性格,他每骂一次人,都会给对方带来严重的伤害。从这种意义上讲,班固、贝塚的说法可谓深刻透彻地揭开了刘邦性格的秘密。

但是,我们刚才已经探讨过,在中国,"骂人"是一件非同小可的行为,会带来非常严重的后果。因此,我们很难理解会带来严重后果的行为,仅仅因为豁达开朗的性格而被一笔勾销。换言之,刘邦豁达开朗的性格只能作为解决问题的必要条件,却并不能作为绝对条件。

在《史记》的记载中,刘邦绝对是"骂人"的主角。

下面想探讨一下,在《史记》中除刘邦之外,"骂人"的主角都是一些怎样的人物。

首先是暗杀秦始皇失败的荆轲。无须赘言,他是为了一句承诺便可豁出性命的任侠之士。将荆轲介绍给燕太子丹的田光,为了激励他的斗志,在荆轲面见燕太子之前就自杀身亡了。为了作为荆轲献给秦始皇的见面礼,自秦流亡至燕的樊於期将军刎颈自杀,将人头交给了荆轲。荆轲的"骂人"中承载着自己与这些人的性命。

其次是周苛。目前虽然没有留下直接记载周苛的史料,但从刚直强悍,连萧何、曹参之类的大人物都要畏惧三分的周昌来看,可以想象周苛、周昌这些沛县的周氏族人与任侠社会有着很深的联系。

再次是灌夫。《史记》明确地记载,他"好任侠",他结交的都是豪杰和任侠头目,家有数千万财产,每日的食客从数十到百人不等。

除此之外,《史记》记载有过骂人行为的还有贯高、袁盎、汲黯等人,他们都以具备任侠气质而著称。刘邦和这些人几乎包揽了《史记》中的所有"骂人"事例。

由上可知,"骂人"行为是任侠之徒的特征。

贝塚茂树最早对刘邦这类任侠社会的大人物称为"长者"一事所具有的重要意义进行了研究。之后,通过增渊龙夫一系列的研究,该问题成为战后日本中国古代史研究的一个重要课题。

但是,贝塚虽然在其研究中提出了这个重要问题,但最终他认为由于任侠世界里充斥着都市的"浮夸与虚荣",而没有丝毫虚荣心的农村出身的刘邦是一个彻头彻尾的现实主义者,对利害关系具有天才般直觉的刘邦"从本质上与任侠是水火不容的"。按照贝塚的观点,对于刘邦来说,长者是他的理想,也是他的一种姿态。

然而,按照本书后文所述,实际上,刘邦青年时期通过与王

## 第二章 性格与为人

陵、卢绾、夏侯婴所建立的任侠关系，年纪轻轻便成为沛县社会上的重量级人物，又仰仗大侠吕公的支持，在任侠社会中建立了更广泛的人际关系。任侠之风是构筑他精神世界的根基之一。

通过上述探讨，我们了解到"骂人"的行为与任侠之风有着深厚的关联。那么，两者之间存在怎样的内在联系呢？

在直接触及这个问题之前，我们不妨来看《史记》记载的"骂人"行为中唯一一个似乎与任侠之风无任何瓜葛的事例。

汉文帝时期，在齐的临淄有一位名叫淳于意的男子，因为是齐太仓县的县长，所以被称为太仓公。他有五个女儿，却没有一个儿子。

淳于意喜好医术，因前辈名医阳庆膝下无子而得到真传，自己也以医术著称。但是，他却只接受诸侯家的求诊，不但对自家的事不管不顾，而且普通病人即使百般恳求，他也置之不理，因此很受那些被拒绝的病人和家属们的憎恶。

后来，淳于意被人告发，即将被押送至长安接受肉刑（伤及肢体的刑罚）处罚的他怒骂泣涟涟的女儿们："生了孩子，却没有男孩，在关键时刻没有任何用场！"

因父亲的话而感伤万分的幺女缇萦，毅然陪父行至长安，并上书道："父亲为官时，齐国无人不认为他公正廉洁。现在，父亲将受到肉刑的处罚。人死不可复生，受了肉刑不可复原，即使希望改过自新，死者及受刑者均没有恢复的可能。我愿意替父赎罪，请将我收为官家的奴婢，使父亲得到一次改过自新的机会。"文帝为这位弱女子的诚意所动，不但赦太仓公淳于意免受肉刑，还废除了这些刑罚。

遭父亲责骂的缇萦以卖身为奴的条件救了父亲。一般来说，受到责骂的人会不择手段地向对方复仇，而上述的例子却相反，挨骂者恰恰拯救了对方。

这段逸闻成为一段传承至今的佳话。按照一般人的观念，父亲责骂女儿是天经地义的事情，被责骂的女儿则应该奋不顾身地去报答父亲的养育之恩。

这个事例与我们刚才所见的诸例似乎没有任何关联。在《史记》中，骂人的行为似乎是任侠之士的专利。但是，太仓公淳于意同样也是一位不顾家人、只忙于应付诸侯邀请的游荡之人，简直就有一种活灵活现的任侠之气。

结合上述两种要素，我们可以得出一种假设。即在一般的家庭中，父亲责骂孩子是天经地义的，而任侠集团的头目责骂下属也是理所当然的。只有当这些人因此而习以为常地去责骂他人时，才开始成为重大的问题。

刘邦的确是农村出身，但由于他很早就置身于任侠的社会关系之中，使他的社会地位得到提高，而重要的是，他又没有完全陷入任侠的社会之中。他自称"老子"，但对方未必都是任侠之徒。他把任侠社会中头目和下属的关系带进了人与人之间日常的社会关系之中。

刘邦"仁而爱人，喜施，意豁如也"，这表明他一向致力于建立这种人际关系。为了扩大自己的影响力并网罗下属，他的确不惜破费钱财。

刘邦粗野无礼是两千多年来的定论，但这仅仅表明他对世间呆板的传统礼仪表示厌恶，并不表明他真的不懂礼仪。

礼仪是一种调节人与人之间，尤其是上下级之间关系的文化。我们应该注意到，刘邦为了构筑自己在同伴间的优势地位，在无意之中创造出了一种独特的礼仪体系。

曾在项羽手下显赫一时的猛将黥布，几乎是被欺骗的手段拉拢入伙的，在投靠刘邦的时候，刘邦坐在凳子上张开腿，让人替他洗脚，并以这种大模大样的姿态召见了黥布。如此傲慢无礼的态度使黥布备感愤怒和耻辱，羞愧难当的他差一点自杀。对此，《史记》的记载如下：

> 淮南王（黥布）至，上方踞床洗，召布入见，布大怒，悔来，欲自杀。

黥布本来是项羽手下一员战功显赫的将领，因受到刘邦使者随何的蛊惑，在无任何准备之下仓促与项羽军队作战，以致一败涂地。惨败之后的黥布几乎无一兵一卒，简直就是单枪匹马地前去拜见刘邦。如果当时他的手下还有士卒的话，不堪受辱的黥布或许会率兵袭击刘邦，但此时留给他的只有自杀一条路。

然而，接受完刘邦的召见，黥布却被安顿在一间从室内装修到饮食，甚至连配备的扈从都与刘邦处于同一等级的馆舍：

> 出就舍，帐御饮食从官如汉王居，布又大喜过望。

刘邦在召见郦食其的时候，也同样是坐在凳子上张开双腿，令两名婢女替他洗脚。如此看来，先让对方受到羞辱似乎是刘邦的一种战术。

刘邦是楚人，他不穿着如北方胡人装束的裤子。这也许是史书中强调他"踞床洗"这种不礼貌做法的原因。

如果当时黥布是带着兵卒而来的，刘邦或许就不会采取如此傲慢无礼的态度，否则他将大祸临头，甚至危及性命。刘邦就是通过让对方充分了解到自己的弱势之后再给予很高礼遇的方法，让对方心悦诚服地处于自己的领导之下。

在刘邦与韩信之间也能见到这种关系。刘邦对韩信虽然有过数次背信弃义之举，但韩信却始终如一，从未背叛过刘邦。

在项羽和刘邦长期僵持对峙的时期，韩信以齐地为中心，构筑了足以与项、刘一争高下的势力，项羽向他提出了三分天下的方案，却遭到韩信的拒绝。其理由是自己无法背弃刘邦曾分享衣食和车马的恩情。陆贾的《楚汉春秋》对韩信之言有如下记载：

> 汉王赐臣玉案之食、玉具之剑。

身为汉王的刘邦将为王者才可使用的玉案之食和玉具之剑赐予了初来乍到的韩信。韩信因此感恩戴德，从此对刘邦忠心耿耿，守信至终。

从以上情况推测，刘邦在其势力日趋扩大的过程中，创建了一套独特的任侠礼仪体系。这是一种以刘邦为中心的礼仪体系，在他的"骂人"中包含更多的是慷慨大方，以及与对方毫无隔阂的亲密。"骂人"是一种身为任侠集团头目并最终升格为皇帝的刘邦方可使用的特权。

刘邦深爱着他的同伴们，因为他们既是自己的同伴，又是自己的部下。他真心愿为同伴和部下们提供一个宽松舒适的环境。但是如果有谁暴露了些许反叛的迹象，甚至只是具备反叛的条件，他又会毫不犹豫地斩尽杀绝。为了铲除异己，他会不择手段。

我们不能简单地以领导和被领导来诠释刘邦与同伴、部下之间的这层关系，否则将会背离真相。蕴含在领导与被领导深处的，是同伴间意气相投的诚挚情感。对于刘邦而言，身边的人是他珍贵的友人，与同伴同荣共存是他赖以生存的保障。但是，这种同荣共存必须建立在以他为中心的基础之上。

从年轻时代开始，刘邦就具备了笼络同伙、建立小集团的领导和组织才能。他的"骂人"与驯犬员的做法有些相似，其中包含了对同伴的热心关照和对小集团的舍身奉献。

随着刘邦地位的日趋升高，他的行事使身边人感到了一种巨大的宽容。当时有一句谚语称："渊深而鱼生之，山深而兽往之，人富而仁义附焉。""仁"是情深意长、通情达理的理想人格。"义"是公正合理的表现。随着刘邦集团队伍的壮大和权势的扩张，他们也开始标榜仁义，并以此来装扮其发展的过程。在这种仁义的内涵之中包含着刘邦对同伴的关照和对集团的奉献，这与他的权力欲是表里一致的。

刘邦一再指责项羽是悖逆仁义之徒，而且这种评价也作为定论被写进了史书。然而，我们会在后文谈到，至少从刘邦和项羽两人的关系上来看，悖逆仁义、多行不义的往往是刘邦本人。

刘邦隐匿了实情，欺世盗名，让自己仁义的形象成功地出现在史书之中。其中自然存在许多虚伪和伪善，但是我们却无法忽略刘邦个人的立场和主张，以及他为了达到这种目的所表现出的执着与坚韧。

《史记》中"仁而爱人"的描述主要是用肯定的态度将刘邦的性格简洁准确地勾勒出来。

但有趣的是，这种"仁而爱人"的描述同样作为项羽的性格评价出现在《史记》之中。在刘邦召集诸功臣庆贺初定天下的盛宴上，从年轻的任侠时代起就为刘邦兄长的王陵说："陛下慢而侮人，项羽仁而爱人。"即刘邦傲慢无理，侮辱他人；项羽仁慈有礼，博爱他人。而以王陵之见，刘邦之所以能夺得天下，是由于他慷慨大方，能与部下分享胜利的果实。

这说明两个问题：第一，刘邦和项羽都具备"仁而爱人"的品德；第二，在内涵上，两人却形成了鲜明的对照。在后面研究两人性格的过程中，这一点会渐渐明朗化。

# 第三章 从少年到青年

刘邦很瞧不起两位憨厚老实、辛勤操持家业的异母兄长。他是在仰慕父亲和他的莫逆之交——一位卢姓的任侠伙伴的过程中成长起来的。

刘邦从记事开始，就整日跟与自己同一天出生的卢家之子卢绾一起玩耍。在故乡沛县丰邑的南部，缓缓流淌着通往沛县县城的泡水，这里成了他们玩耍与冒险的绝好去处。当徒手或用自制的竹栅捕捉的鲤鱼、鲫鱼成为家人的美食之时，大概是他们最为得意和风光的时刻吧。

与卢绾有着深厚友情的刘邦，在召集了一些年幼手下的同时，有时又与一些性格软弱的大孩子们作对，在与年长的少年们的争斗中，渐渐形成了一个刘卢小团体。

在大人们往岸上拽拉船只的时候，少年们会簇拥到大人们的周围打下手。其报酬是允许他们提出一些有趣的问题，然后聆听大人们讲述有关大梁喧嚣繁华的传闻。

从沛县至大梁的水路——丰沛运河（笔者摄）

大梁是从丰地出发逆泡水而上至孟诸泽，然后再逆获水而上，行船约200公里才能到达的魏国国都。

在刘邦年届十三岁，开始准备步入成人行列的某一天，发生了一件意想不到的事情。

一个月前刚出发去大梁的船队返回了丰邑。然而，在一向满载犁、锄、锹等农具或衣物等手工产品的平底船舱之中，却乘坐着几家面带倦容的农民。

等船靠岸之后，船上的男人们无暇顾及远远围观的刘邦等人，忙着卸下了少得可怜的行李。其中一人从码头向通往丰邑中心的大道上飞奔而去。

在喧闹慌乱之中，时而可以隐约听到"秦军……""从未见过如此众多的大军……"之类的对话。一位肌肉发达、强悍精干的男子正在指挥船员，刘邦认出他就是父亲的年轻朋友王陵之后，开始慢慢地向他靠近。

"王大哥！"刘邦喊了一声。听到喊声，王陵才发现刘邦，并向他点了点头。王陵虽然年轻,却早已成为丰邑任侠中的大人物。他在平时就比较关照任侠伙伴刘太公的这位儿子。

年仅十三岁的刘邦当时已经显露出些许无法言状的恶习,对于与父亲同辈的人,他竟也可以泰然地直呼大哥。

王陵的年龄与兄长相符,而刘邦在以大哥相称的时候,更怀着一种独特的敬意,故王陵对此毫不介意。

《史记》在记载两人关系的时候,称刘邦"兄事"王陵。这里的"兄事"绝非现代意义上简单的称呼。由于是把外人尊为自己的兄长,这自然是一种非同寻常的关系。

在《三国志》中,张飞兄事关羽的故事已成为家喻户晓的佳话。刘邦与王陵的这种关系也基本带有两人举杯对天结拜兄弟的特殊意义。

"出什么事了,大哥?"刘邦问道。

"大梁被秦的重兵包围了!"王陵简短地答道,然后又像是刚想起来一样,瞟了一眼从船上陆续上岸的几户人家,命令道:"这是曹家的亲戚,赶快去通知刘公!"

曹家是当地一个有权有势的大户人家。曹参、曹无伤等人在县衙做事,又同时与刘太公、卢公(卢绾之父)、王陵等丰邑的任侠伙伴有着往来。曹家有一位与刘邦年龄相仿的女儿,这个女儿就像妹妹一样整日围在刘邦身边,两人青梅竹马,几乎喜结良缘。至于曹无伤,后文还会谈到,因受命运的戏弄,他最终成为一位从刘邦的丰沛集团中消失的悲剧战将。

曹家的亲戚们从被秦重兵围困的大梁逃脱,为投靠在丰邑的曹家而避难至此。

这条从大梁经过丰邑，在沛县汇入泗水，然后南下穿越彭城，在盱台（今江苏省淮安市盱眙县）略微下游的地区与淮水汇流的水路，由西北至东南，贯穿北部的秦赵和南部的吴越港口，是当时交通运输的干线之一。

人员和物资通过这条干线往来移动，各种信息与情报也通过这条干线传播互通，从而沿着这条干线形成了一个广阔的人际关系网。

这里有产于内陆盐田的盐，东部和南部沿海地区的盐和鱼干，南部地区的金、锡、丹砂和玳瑁等特产，同时还有产于各地周边地区的商品。位于水路西北部的魏是二次加工产品的集散地，从东南部的淮河下游到吴越一带是原材料的集散地。

我们在了解这一地区整体状况的同时，还应该注意到由这条水路而连接起来的各地冶铁和铁器制造业的发展状况。汉武帝时期在全国各地设置了冶铁和铁器制造的官署，即当时的铁官，这些铁官也设置在了刘邦曾为亭长的沛县、项羽的根据地彭城、张良隐匿藏身的下邳、彭越的家乡昌邑、范增家乡居鄛附近的皖县，以及陈涉的家乡阳城。

设置铁官的地方以前自然也是冶铁和铁器制造业的发达地区。而秦末众豪杰的家乡多位于铁器制造和流通的中心地区绝非偶然。

现将汉武帝时期铁官的所在地在地图上示意如下。从其分布倾向来看，除山东地区比较集中外，其他地区基本都分布在交通沿线上，且除太行山东麓为陆路外，这些交通线路大都是水路。

关野雄很早就对铁官制作的铁的种类问题进行过研究。他认为，西汉末期沛郡沛县的铁官曾记录当地发生了熔炉爆炸事故，

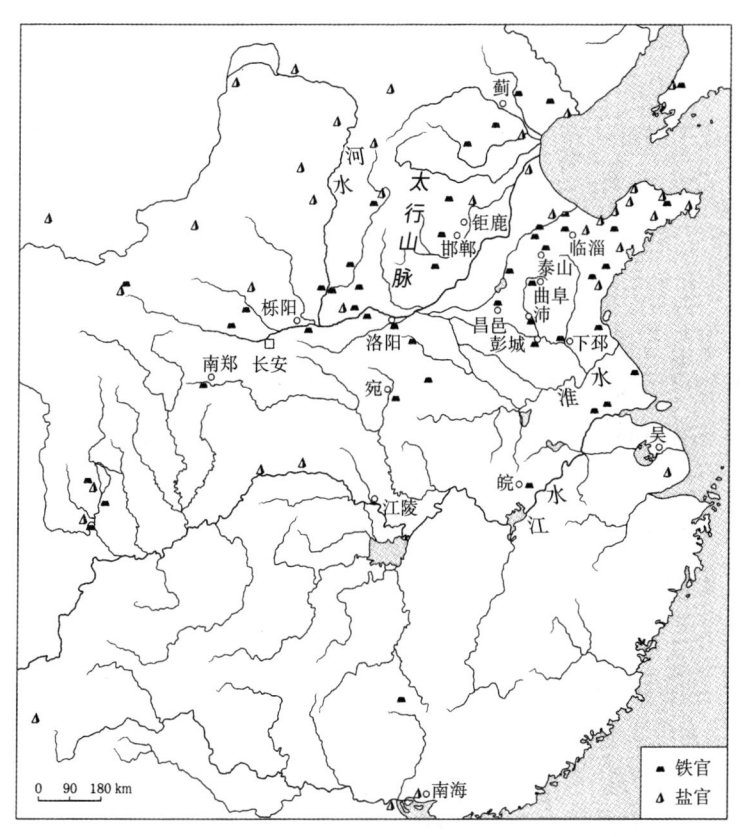

西汉时期铁官和盐官的分布（郭沫若主编《中国史稿地图集》，地图出版社，1979）

从这一记录可见，欧洲据说是从14世纪才开始通过熔炉生产生铁的工艺，中国人早在公元前就已掌握了。他同时还指出，当时生铁主要用来铸造农具。

沛县在秦代隶属泗水郡，到了汉代，根据沛县的名称，将泗水郡改称为沛郡。在当时的中国，用于农民农耕生产的铁器主要是沿着交通路线，尤其是水路而广为流通的。可以推测，秦末的众豪杰通过某种方式而参与其中。

正如谚语所云:"百里不贩樵,千里不贩籴。"在那个时代已经形成了按照商品的性质与用途而划分的贸易圈。反之,如果在百里(即35公里)之内贩卖柴火,在千里(即350公里)之内贩卖粮食,就应该有利可图。因此,有这样一种说法:"夫用贫求富,农不如工,工不如商,刺绣文不如倚市门,此言末业,贫者之资也。"

"十亿人民九亿商,还有一亿要开张",这尽管属于当代中国的一句戏言,但却是在从农业社会向工商业社会转型过程中时常出现的状况。而论及赚钱,其中不可或缺的就是人际关系和信息网。

由错综复杂的人际关系和信息网所构成的社会,对于那些生活在狭隘村落的农民来说自然是无缘的世界,但对那些"不事家人生产作业"的任侠兄弟们而言,则正是其充分展示才能的舞台。由于水路西北部的大梁位于这条扇形交通路线的要冲,因此,任侠社会的轴心也自然就设在了以大梁为中心的魏国一带。

《史记》中留下了司马迁"世之言梁多长者,不虚哉"的感言,梁就是魏国的首都大梁。

大梁和洛阳都属于地处水路交通网要冲的都市。洛阳连接了华北地区的交通和商品流通,而大梁则是华中和华南地区的重要枢纽。如果把视线放在丰沛地区,在普通民众眼中,以大梁为中心的魏国和丰沛地区又是用一条更为直接、更为重要的纽带连接起来的。

前文已经谈到,当时淮水流域的低湿地带和南部地区发展迅速,这条连接大梁和丰沛的水路经过低湿地带进而向南部延伸,因此成为将这一片地区与位于中原西部的洛阳、大梁等工商业中

## 第三章　从少年到青年

心连为一体的要道。中原地区的居民也是沿着这条要道而向经济开发区迁徙的，在第一章所见的包括刘氏家族在内的大梁周边的居民迁往丰邑的例子就是其中之一。

中国的移民史始于比汉代更早的时期，并且一直延续至今。所谓的移民虽以福建和广东人居多，但这是中原地区的居民以客家的身份向外不断移居的结果。

在古代社会，远离故乡移居他乡绝非一件简单的事情。在中国，同乡关系或以同乡关系为基础的任侠关系在人们移居他乡的过程中发挥着至关重要的作用，而在丰邑所结成的这种任侠关系，就隐含在他们从大梁移居于这一低湿地带的历史背景之中。

但是，当时在丰沛地区出现了一种新的动向。此前人们向外移居的动机都是想从人口压力较大的魏国中心地区去寻求新的天地，而现在大量流民的蜂拥南下却是由于秦国攻魏这一政治方面的因素造成的。

处于任侠们建立的信息网末端的曹家亲属在秦军包围大梁之前提早逃离战火，实属不幸之中的万幸。不久，秦军就利用鸿沟向城区灌注黄河之水，将天下的一大名都变成废墟。

秦军的这一暴虐之举，在给以大梁为中心而形成的交通与商品流通系统造成极大混乱的同时，还导致大量难民流离失所，也给淮水流域的居民造成了极大影响。尤其是对丰沛的农民们，大量亡国流民的南下已远远超出了当地所能承受的极限。

在这一地区的动荡转折中，刘邦迎来了由少年向青年蜕变的时刻。

沿曹家亲属逃难的泡水逆流而上，就到达了丰邑西郊的大片山泽。后来刘邦在率领壮丁前去修筑秦始皇陵墓的途中，因许多壮丁逃亡，刘邦放弃己任，隐身而去，而这片山泽，就是赤帝之子刘邦斩杀变为巨蛇的白帝之子这一传说诞生的地方。

在秦朝末期，为了建造皇帝陵、阿房宫和皇帝御用的驰道而大兴土木，对百姓征调严酷的劳役。大量壮丁因不堪重负而与刘邦率领的壮丁一样纷纷逃亡，而在这里广泛分布的山泽就是他们隐身藏匿的最佳场所。

青年时代的刘邦和卢绾就已开始结交活跃在丰邑西郊山泽的无赖之徒。以大梁的沦陷为契机，这些无赖之徒的性质发生了急速变化。

为了考察这一问题，我们有必要认真探讨一下山泽在当时所具有的社会意义。

与《水浒传》所描写的居住在梁山泊一带的居民一样，这些活跃在山泽地带的家伙们原本是一些一边经营渔业，一边从事航运，有时又会趁火打劫的无赖之徒。我们不用特意引用《水浒传》的内容，因为当时的彭越就为我们提供了一个绝好的实例，不过，有关彭越的例子暂且放在后文详述。

在刘邦十三岁的时候，大梁的沦陷已严重影响了山泽地带普通居民的日常生活。

此前，在以农业为生的丰邑居民和以渔业为生的山泽居民之间，已经暗中达成了一种互不侵犯的默契。从大梁经过丰沛去往吴越的旅客，在经过丰邑西郊山泽时，会给当地有权势者缴纳一定的过路费而获得通行的安全。渔民从不侵犯农民的水田和耕地，农民也不会祸害渔民的渔场。但是，随着魏国的灭亡，不但丰沛地区，就连丰邑西郊的山泽也涌入了大量难民。

难民们起初是通过丰沛和山泽居民的亲属关系来此落户的，而那些没有亲属可依靠的人，或即使有却由于难民的日趋增多而亲属也无力关照的人，却不顾当地人的限制，独自组建了自己的组织，凭借自己的实力在此安家落户。

从此，围绕丰沛农田的争夺战日趋白热化，山泽地带也开始进入充满野蛮掠夺与残暴杀戮的无政府状态。丰沛地区的居民原本也是通过武力镇服了原住民而移居至此的客家人，但是如何对付这些新客家人的蛮横霸道（尽管他们可能也是为了生存），开始成为他们面临的重要课题。

我们暂且将在此之前移居丰沛地区的客家人称为"原客家"，而将新迁来的难民称为"新客家"。

原客家主要是由任侠式的纽带关系组织起来的。他们在移居当地的过程中，一边在官场上掌握着县衙官吏的重要职位，一边又暗中在江湖上集结任侠组织以便解决移居过程中遇到的各种纠纷，同时还肩负着与原住民的抗争和与外界联络的重任。

在原客家人中，活跃在官场上的代表人物是沛县的功曹掾萧何和狱掾曹参。尤其是功曹掾，它相当于总务部长，主管县内的主要政务，是县内政务的实际负责人。

活跃在江湖上的头目是雍齿。王陵虽然年轻，但作为受到雍齿信赖的头目，也在江湖上占有一席之地。作为雍齿和王陵的前辈，刘太公和卢公也具有一定的发言权。

雍齿与以丰沛众多居民的原籍——大梁为中心的魏国一带的任侠组织有着很深的关联，而且是一位很有能力的人物。他后来与掌握起义大军领导权的后起之秀刘邦之间发生冲突，刘邦因此终生不肯宽恕雍齿,数次意欲杀掉他。雍齿在刘邦集团内一直处于十分危险的境地,但即便如此,每回又因为他多立战功而免遭诛杀,这足以证明他确实具有非凡的才能。

由萧何和雍齿建立的体系如何妥善处理由于大量难民涌入而带来的社会矛盾,成为此后数年间丰沛社会的最大课题。因秦军侵占魏国而导致大批难民南下所造成的社会动荡,以及为应对这一局面而备感棘手的大人们的状态,使刚刚步入青年行列的刘邦和卢绾受到了前所未有的冲击。

在魏国灭亡的第二年,即秦王政二十四年(前223),王翦将军率领秦军在蕲县击败了拥立由秦归国的楚公子昌平君的项燕军队,灭亡了在抗秦斗争中一直处于核心地位的楚国。随后又在下一年,即秦王政二十五年灭了燕国,二十六年灭了齐国,终于实现了统一天下的大业。当时刘邦年届十七岁。

与青年刘邦一起直面这个动荡时代的是他的莫逆之交——卢绾。《史记》中对卢绾有如下记载:

> 卢绾者,丰人也,与高祖同里。卢绾亲与高祖太上皇相爱,及生男,高祖、卢绾同日生,里中持羊、酒贺两家。及高祖、卢绾壮,俱学书,又相爱也。里中嘉两家亲相爱,生子同日,壮又相爱,复贺两家羊、酒。

卢绾与刘邦同为丰邑中阳里人。他们的父亲是志趣相投、关系莫逆的任侠兄弟,两家的孩子也在同年同月同日降临人间。村里人提着羊、酒特为两家举办了庆贺酒宴。两家的孩子到了记事的年龄便在一起读书识字,两人也十分友爱,情同手足。村里人为两家的父辈相爱如初，两家的孩子生于同日、长大之后也同样成为亲密的伙伴而深感欣慰，又提着羊、酒为两家大摆宴席，以示祝贺。

这里所谓的"相爱"属于同性之间相互倾慕、相互爱戴的情感。同性之间相爱的情感起到最大作用的是在他们的青春期，刘邦和卢绾一向情同手足，患难与共。处在动荡之中而形成的危难意识，使两人迅速成长，变得成熟。刘邦和卢绾共同盟誓，两人同年同月同日生，也要同年同月同日死。两人不畏任何危险，为所欲为。

《史记》中对此有如下记载："高祖为布衣时，有吏事辟匿，卢绾常随出入上下。"此事发生在魏国沦陷略晚一些的时候，这表明刘邦和卢绾豁出性命成了萧何和雍齿集团的先锋队。所谓吏事，就是官衙之事，即衙门的传唤、点名通缉等。受到通缉的刘邦在隐藏逃匿的过程中，卢绾像影子一样随行始终。刘邦正是在这个时期，常带着弟兄们到大哥家留宿寄食，烦扰兄嫂。

到秦国统一天下之后，刘邦和卢绾凭借勇敢和实干的能力，已经成长为被丰沛任侠们完全认可的年轻人。在刘邦临近二十岁成人，即将迎接加冠之礼时，他还得到了王陵的认可，与其结为兄弟。至此，刘邦和卢绾已经作为任侠之士而为乡里人所接受。

从秦军攻占魏国到秦国统一天下的四年间，丰沛的人口获得了迅速的增长，而人口增长最为急剧的是丰邑西郊的山泽地带。与原客家在迁徙和安家过程中培育出任侠关系一样，新客家也形成了同样的纽带关系。只是原客家移居的时间较长，任侠的纽带也是花费了相当长的时间才自然形成的，而新客家却截然不同。终于有一天，新客家的势力急速发展，开始动摇原客家的霸权地位。

幸运的是，萧何、雍齿集团应对这一状况的举措是合理正确的。他们首先与活跃在魏国地区的任侠集团取得联系，在充分利用以沛县为中心的官方机构机能的同时，进一步加固了原客家集团的体制。

活跃在魏国地区的大侠就是张耳。在作为抵抗秦国侵略前哨阵地的魏国誓死保家卫国的时刻，张耳曾作为"战国四公子"之首的信陵君的门客，积极投身于抗秦斗争。他是这样一名拥有如此辉煌经历的勇士。

后文还会谈到，张耳迎娶了魏国外黄的一位富家之女，在这位富人的援助下，他广结"千里客"，因此而得贤名。"贤"是当时的一个词语，用来形容他具有作为任侠社会头目的能力。

信陵君"仁而下士"，以谦虚和礼貌的姿态，招揽了"方数千里"的任侠之士。据说因为惧怕"食客三千人"、甚得天下贤名的信陵君，以秦国为首的诸侯们"不敢加兵谋魏十余年"。

张耳凭借贤名而被推举为外黄的县令。作为魏国地区的"小信陵君"，他在官府和江湖上都处于举足轻重的地位。后来因为秦军占领了魏国，他不得不辞掉外黄县令的职位。但是，他仍然留在外黄，并在魏国地区的任侠社会中保持着很大的影响力。秦国觉察到这种状况之后，欲悬赏千金捉拿张耳。张耳逃至楚国的旧都陈，摇身一变成为一名里的监门。监门就是被村里雇用的守门人。当然，这些都是后话了。

雍齿通过与张耳取得联系，意欲寻求拉拢新客家的可能。或许是得到了王陵的推荐，刘邦被选为正使长老的助手。

《史记》对此记载为："高祖为布衣时，尝数从张耳游，客数月。""为布衣时"，即刘邦任亭长之前，换句话说，就是他"壮"之前。

据《史记·高祖本纪》记载："及壮，试为吏，为泗水亭长。"这里的"及壮"本该成为判断刘邦出生年月的重要线索，可惜的是，《史记》中没有留下任何解释。因此，后代的研究者一般都简单地认为这就是指壮年，随之产生了刘邦年长项羽十五岁或二十四岁的看法。

然而，如果研究一下这个"及壮"在当时的用法，自然会对这种看法产生疑问。

首先，我们来看前文引用的《史记·卢绾列传》的记载："高祖、卢绾同日生，里中持羊、酒贺两家。及高祖、卢绾壮，俱学书，又相爱也。"这里所说的刘邦和卢绾"壮"应该是指他们成人之意。一个名副其实的任侠之徒，却在三十岁或更年长的时候才开始读书，并与朋友相互友爱，显然不合逻辑。

我们如果无视《史记》的这条记载，而探讨一下在一般情况下这个"及壮"所表示的意思的话，就会发现这里的"壮"是相对于"幼"的一种说法。

例如，《史记·刺客列传》中记载了战国时期一位名叫聂政的著名侠客的事迹。目前保存下来有关这一人物的故事有许多出入。其中之一是，聂政的父亲为韩王铸剑失败后被杀。当时聂政还未出生，"及壮"，他向母亲打探父亲的情况，母亲告知了事情的经过。这里的"及壮"显然是他成人的意思，实际年龄大概在二十岁左右。

外黄与丰邑的直线距离是150公里，而且当时还处在魏国灭亡之后的动荡时期。这绝不是一介农民，更不是一个未成年的小伙子可以轻松游玩观景的去处，张耳也不可能非常爽快地接纳一位游山玩水的年轻人居住数月不归。

张耳在当时已是著名的大侠，他痛快地接受了随丰邑长老前来的刘邦。后来活跃在赵国的陈馀此时父事张耳，由此可见，张耳具备吸引年轻人的胸襟与素养。

刘邦每次去拜访张耳，都会向他详细介绍自己所知道的丰沛地区的情况，以及泗水郡郡守和沛县县令的动向。面对年仅十七岁，却具有成熟男子般广阔视野的刘邦郑重其事的解说，张耳并没有特别的兴趣，但他对刘邦说的每一句话都能认真聆听，并频频点头，予以一定鼓励。

总之，丰沛和魏国地区任侠集团之间的合作似乎获得了成功，新客家集团慢慢开始屈从于原客家集团的掌控。同时，刘邦在多次走访魏国的过程中，增长了见识，扩大了视野。尤其是在张耳的好意与斡旋下，刘邦走访了外黄附近的各大都市，养成了他对瞬息变幻的世界最基本的判断能力。

来自魏国阳武县户牖乡的陈平和陈留县高阳乡的郦食其在后来先后投身于刘邦集团。就地理位置而言，两县毗邻外黄县。按照中国社会的常情，他们加入刘邦集团其中一定有某种人际关系的因素在发挥作用，应该说这与当时刘邦滞留外黄或许有着某种关联。

萧何和雍齿采取的对策获得成功的背后不能不说有着地理学因素。在综合论述富商和经济地理概况的《史记·货殖列传》中，记述了当时各地区的经济特征及利用这种经济特征而得以发迹的富商们的成功过程，其有关这一地区的记载虽很简洁，但观察却十分具体细致。

夫自鸿沟以东，芒、砀以北，属钜野，此梁、宋也。陶、睢阳亦一都会也。

这里将自鸿沟以东，芒县、砀县以北至钜野，即钜野泽这一具有共性的地区概括在一起了。梁是魏国首都大梁之名，一般即指魏国，由于这里是说鸿沟以东，大概是指作为魏国一部分的大梁附近的地区。此外，宋是自春秋至战国时期的一个大国，其范围是以外黄为中心，由菏水、睢水和泗水围成的一个椭圆形区域。

后来，由刘邦率领的丰沛集团就以梁、宋地区的东半部为其活动的主要舞台，这是以大梁或外黄为扇轴逐渐向外扩展开来的淮水支流的东半部流域。

大梁与外黄既是这一地区的政治、经济中心，又是人口向丰沛地区流动的起点，而丰沛既是政治、经济的边缘地区，又是人口流入的终点。

丰沛的萧何、雍齿与外黄的大侠张耳建立联系的决策是切实妥当的，这极大地影响了作为使者的刘邦未来的人生。

因秦国侵占魏国而造成大量难民的出现，虽然给丰沛地区带来极大的不安和混乱，并由此爆发了接二连三的斗争，但最终以新客家集团承认原客家集团的主导地位而告一段落。

这时的刘邦活跃在原客家和新客家集团的纷争之中。原客家集团以雍齿为首，而王陵率领的刘邦、卢绾以及樊哙等"少年"是任侠集团的具体执行者。

当时，有"子弟"和"少年"两种说法来表示年轻人。"子弟"

是相对于"父老"而言的用法。这是仿照村落中按年龄大小划分的父子、兄弟的血缘关系而产生的一种说法，这种"子弟"给人的是虚心听取年长者教诲的好青年的印象。与之不同，"少年"是相对于"长者"而言的用法。与作为任侠大人物而使用的"长者"不同，"少年"的说法却有"恶少年"的含义。他们在长者（即富有资历和指挥才能的大人物）的指导下，那些脱离国家法律和村落管制的"少年"组成了时聚时散的小团伙。在刘邦、彭越及黥布的身边，聚集了大量此类恶少年。

而帮助隐瞒并利用国法来袒护刘邦等人对抗政府的，是萧何、曹参等沛县的文吏。

前文也提到，《史记》对此简单地记述如下：

高祖为布衣时，（萧）何数以吏事护高祖。

刘邦在其出任亭长之前就投身到与新客家集团的斗争之中，萧何一直很留意这个有为的年轻人，并尽可能地利用其手中可以左右县政的职权，竭尽全力地袒护刘邦等人。

齐国的孟尝君在受到齐王器重的时候，曾有食客三千余人，但到他下台之后，"诸客皆去"。后来待他官复宰相之职，那些过去的食客又重新返回到他的门下。孟尝君怒不可遏，欲"唾其面而辱之"，但助其东山再起的冯骧以"富贵多士，贫贱寡友，事之固然也"的道理，劝说他一如既往地善待这些食客。冯骧认为，人如果富贵，就能建立广泛的人际关系；如果贫贱，人际关系便匮乏，这是理所当然的事情。

况且，这种人际关系，即使建立得再牢固，如果时运不济也派不上太大用场；如果没有在社会上确定一个合适的位置，也不能很好地发挥作用。不可能像只要是刎颈之交，万事就都能解决那么简单。

中国的传统观念认为，天时、地利、人和是决定历史运转的三大要素。人际关系是人和中间的一个要素，它与天时、地利两大要素共同运作方可发挥重要作用。

对于刘邦而言，所谓的天时，就是秦的统一天下及其迅速的瓦解；地利就是在大梁和丰沛之间已经建立起来的地域性的社会关系。大梁是魏国工商业的中心，丰沛是魏国民众的新开发区。具体而言，经过一个漫长的历史过程，在旧六国中站在反秦最前列的楚国的周边地区，已经形成了以大梁为顶部、丰沛为底边的网状任侠人际关系。通过父亲和王陵的关系而跨入其中的刘邦，在萧何、雍齿集团显露头角的过程中，逐渐建立了人和的局面。

刘邦就这样渐渐登上了历史的舞台。

第四章

# 沛县亭长

秦王政在二十三年（前224）派宿将王翦攻打楚国，给楚国以致命的打击，并活捉了楚王负刍。如前文所述，当时楚国的将军项燕，即项梁的父亲、项羽的祖父，拥立从秦归国的昌平君为楚王，率兵进行顽强抵抗。

秦王政二十四年（前223），秦军在泗水郡的蕲县击败项燕的军队，结果昌平王死，项燕自杀。此时，项羽十岁，刘邦十五岁。

两年之后，即秦王政二十六年（前221），秦国完成了统一大业。

在此之前，以秦国为首的各国国君都拥有自己的王号，国君下达的命令称为"命"，发布的布告称为"令"。但到了秦统一天下之后，秦王政为彰显其至高无上的地位，将王号改为皇帝，将下达的命令改为"制"，发布的布告改为"诏"，并认为自己建立的秦王朝将万世永续，代代相传，因此作为第一代皇帝，他自己取名为"始皇帝"。

秦始皇又将黑色指定为象征秦王朝神圣统治的颜色，天下百姓被称为黔首。同时指定六为神圣的数字，将全国分为神圣数字六的平方，即三十六个郡。没收了全国各地的所有兵器，将其熔制成十二金人，即青铜制的巨型人像。又将天下十二万户富豪集体迁至咸阳，这些都是六的倍数。

据《史记》记载，秦始皇统一了全国的度量衡。为使交通便利，道路畅通，又统一了车辆的轨距。为使信息传达准确无误，又将各国不同的文字统一。

根据近期出土的文物而进行的各项研究表明，这种整齐划一的国策得到了完全彻底的贯彻。

秦王政在这里追求的是一种形式上的整齐划一。它从原则上否定各国社会、经济、文化的多元性，宣称秦国模式是最佳的统治标准。秦始皇欲构筑的是一种量化的统治体系，他自身也对政务制定了工作量，其超常的勤勉众所周知。

这个以压倒性优势的军事力量统一天下的永恒帝国，实施了史无前例的土木工程。首先是修筑驰道（皇帝的御用国道）和长城等为了巩固其统治基础的工程，其次是建造位于骊山的始皇帝陵寝（从生前就开始建造的陵墓）和华丽壮观的阿房宫。秦始皇想利用具体的事物来彰显其至高无上的皇威，以便使广大民众心悦诚服地处于他的统治之下。

但是，由于这些庞大的土木工程必须动用成千上万的民众夜以继日地辛勤劳动才有可能完成，其结果与秦始皇的主观愿望大相径庭，反而因此播下了全国各地奋起反秦的火种。

在统一天下的第二年（前220），秦始皇沿着北方的长城开始第一次巡幸天下。在巡幸归来之后，秦始皇为能够继续便利快捷地巡幸天下，开始在全国修建驰道。

下一年，第二次巡幸是前往泰山和琅邪，其来回行程都选用了邻近丰沛地区的驰道。秦始皇的巡幸极大地冲击了密切注视秦朝整齐划一统治策略的当地上层人物和普通民众。

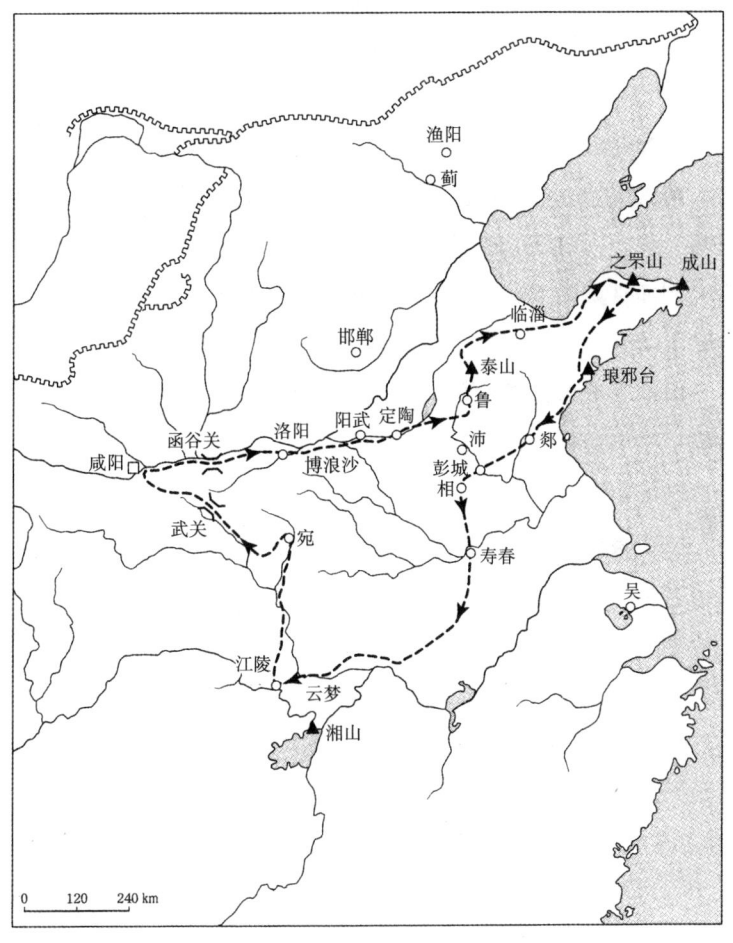

秦始皇第二次出巡路线图（稻叶一郎《秦始皇の巡狩と刻石》，《書論》第25号，1989）

当时，秦始皇登上了泰山，并在东海的琅邪台一带滞留了大约三个月之久。目前大概可以推测其选择的巡幸路线为：去程是洛阳→定陶→邹鲁→泰山，回程是琅邪→郯→彭城→相。去程经过了距离沛县北部约70公里的地方，回程经过了其南部同样也是约70公里的地方。丰沛地区夹在两路近乎中间的位置。

目睹皇帝巡幸这一壮观场面的百姓们的传言，通过泗水的水路如波浪般迅速传遍了丰沛地区。此时，刘邦和卢绾年届十九岁，风华正茂。

在这年的一个冬日，泗水岸边的芦苇和树木已近干枯，狂风呼啸，贩卖完由魏的外黄运来的货物的王陵，带着手下的几位年轻人到沛县城边王媪的酒馆去喝酒。他因为同姓之谊，非常偏爱这家酒馆。

由刘邦提起的秦始皇巡幸天下的话题成为席间的主要谈资。这时虽然秦王已经改称为皇帝，但在这一带仍然使用秦国之王，即秦王的称呼。

话题转到秦王马上就要抵达定陶了，其随行人员是如此浩浩荡荡，车马是如此奢侈豪华，实在令人叹为观止。定陶曾经是号称天下中枢的一大商业都市。

实际上，这个话题是先由卢公传给卢绾，再由卢绾传给刘邦的。但听着刘邦津津有味地大侃这一话题时，和往常一样，卢绾还是如第一次听说般，静静地侧耳聆听。

"据说仅车马就不知道有几百乘呢！"

听到刘邦近乎亢奋的语气，王陵好像是从别的渠道知道了这一消息，平静地回答："因为皇帝是千乘万马呀！"

"因为这次从泰山穿过琅邪，旅程要花费一年时间，所以这些大概也不过是几分之一的规模吧。"这是王陵个人的判断。

王陵向大家介绍了去年秦王到北方巡幸数月，后来为预备将来巡幸而决定修筑驰道，以及此次巡幸使用的便是突击抢建的驰道等相关之事。驰道宽为五十步，约70米，每隔三丈（五步，约7米）种植一棵树木，其外侧修筑了一道使外界无法窥视的望不见尽头的围墙。据说这道围墙是用金椎（即金属制作的大锤子）捶打制作的铁壁铜墙。巡幸的全程超过3000公里，但陆路却都要经由这样的驰道。听了这一席话，在座的所有人都惊得目瞪口呆。

自古及今，这一水乡地带的所有交通运输都是依靠船只，水田的畔边也不存在专供步行使用的小道。在人们的日常生活中，超过1米宽的道路都是十分罕见的。

当时在这一水乡地带，只在县与县、县内的大村落（乡）与县之间才铺设可以通行马车的道路。

在隶属于县的乡之中也有规模可与县城匹敌的大村落。乡里也有一定规模的行政机构，乡的行政长官称为"乡啬夫"或"乡部"。实力雄厚的乡的"乡啬夫"还给配备了马车，这种乡通过可以通行马车的大道与同样规模的乡和县城连接在一起。

在当时，官吏能否乘坐马车是一种悬殊的身份之别。尤其对丰沛水乡地区的居民来说，由车马承担的陆路运输，完全超乎他们日常生活的认知，会给他们以巨大的威严感和压迫感。

顺便提一下，虽然后来项梁和项羽揭竿而起的会稽郡吴县在现在的苏州一带，但当时丰沛地区的景观却与现在的苏州地区类似。由于当时不但气候温暖潮湿，农田也不如现在这般广阔，所以这一地区的景色与现在相差甚远。不能用现代淮水流域的景色

汉代的车马行列（《安平东汉壁画墓》，文物出版社，1990）

来推测当时的状况。

一旦遇到紧急情况，皇帝的驰道会立刻变成军用道路，这是任何人都十分清楚的。这使得超出以往数倍的人马可以在短时间内快速地调动转移。刘邦等人感到秦王宛若一尊高达数十米的巨大雕塑一样矗立在眼前，那种威慑力令人不寒而栗。

王陵手下的许多人也多少了解一些秦王率庞大仪仗从洛阳出发，向东视察完已被夷为废墟的魏国都城大梁后，又继续向东行进的相关传言。

席间的谈话一时间变成了针锋相对的辩论。最初引出话题，后来却以一种难以捉摸的神情认真聆听的刘邦忽然自言自语地说了一句："简直是个混蛋啊！"此言一出，众人突然安静下来，唯有王陵冲刘邦投以赞许的目光。

秦朝最新的军事战略迫近眼前，这对惯于水上作战的雍齿和王陵来说，不能不感到一种巨大的震惊与恐惧。同时，萧何和曹参在丰沛录用的下级官员们也被要求去安排当地的百姓承担修建大规模土木工程的严苛徭役，他们预感到地方财政濒临崩溃。

秦始皇继而进行的第三次巡幸是在次年（前218）。也就是在这一次，后来成为刘邦高参的张良在博浪沙策划了暗杀秦始皇的事件。在这一时期，张良已经接近全国的政治中心，而刘邦却仍滞留在边缘地带。

张良的父亲张平以宰相的身份辅佐韩国的悼惠王，他死于悼惠王二十三年（前250）。在张平死去的二十年后，秦灭亡韩国。韩国灭于秦王政十七年（前230），是时，张良应该早已超过二十岁。

在韩国灭亡的十二年之后，即张良策划暗杀事件的秦始皇二十九年，刘邦二十岁，张良比刘邦年长十岁以上。

《史记》中称萧何、曹参为县的"豪吏"。

萧何属于沛县的豪门望族。他后来在刘邦揭竿而起后动员了数十名族人加入起义队伍。曹参、靳歙等刘邦的亲信们在起义初期得到了侍奉左右的"中涓"之职，而萧何却是以"客"的身份参加起义的。

除萧何之外，以"客"的身份参加起义的还有王陵、吕公之子吕泽和吕释之，这些人都率有自己的兵卒。这表明萧何不但是沛县的名门望族，而且在起义初期建立了独立的军事力量。至于王陵、吕泽和吕释之等人，也可以说是保有了自己独立的军团。正因如此，他们在起义过程中往往可以根据自己的判断独自行动。

萧何是一名出类拔萃的政府官员。他在包括沛县在内的泗水郡所有官吏之中也堪称翘楚。他曾一度被提议征调到中央任职，但由于他无意远离家乡，断然推辞，此事只好作罢。作为沛县的豪门望族，他希望给沛县带来安宁，希望乡里的百姓们能过上安稳太平的日子。

有着如此抱负的萧何看重并袒护刘邦并不单纯是为了私利，他是想把沛县的未来托付给这个具有才能又坚毅果敢的人。

与萧何同样属于沛县"豪吏"的曹参，在刘邦起义时是以中涓的身份参加的。这不是因为他非豪门望族，而是因为对刘邦而言，曹参更为亲近而已。

萧何等人考虑将乡党的部分期待托付给这个羽翼迅速丰满、精力旺盛又无所畏惧的年轻人。等到刘邦年届可以为官的十九岁，萧何便迫不及待地决定录用他为沛县的亭长。当然，从名义上说，负责录用的是沛县的最高长官——沛令（沛县县令），但实际的策划者却是萧何。

有关秦末录用官吏的具体实例，可以在1975年11月于湖北省云梦睡虎地秦墓中出土的"云梦睡虎地秦简"中见到。在考古学史上，这是最早出土的秦代简牍，更重要的是，其中包含了大量秦的法律条文和与法律相关的各种文书。

在发掘的从战国晚期经秦代直到汉初的总共四十七座墓中，被命名为十一号墓的墓主是死于秦始皇三十年（前217），一位名叫喜的四十多岁的下级官吏。

从喜的墓中出土了逐年记载他生平大事的竹简，其中记述了喜在秦王政元年（前247）十七岁时达到了应承担赋税徭役的年龄，两年之后的十九岁时，他被提拔为一名下级官吏。从此例中能看出，在秦末，不满二十岁便为官的事并不罕见。

对于刘邦个人而言，他成为亭长意味着他将得到一份俸禄，从此可以自食其力、自立门户了。

进入青年时代的刘邦急切地盼望能早日成家立业。当然，他不会让婚姻束缚住自己，但是，结婚后要终生照顾对方的意识他还是有的。

实际上，嫁给刘邦，整日提心吊胆地与这个只会在外寻衅闹事的男人相伴终身，实在需要极大的勇气和胆量。前文提到的那个与刘邦青梅竹马、两小无猜的曹家之女，在他成人之前勇敢地与其结婚。

按照当时中原人的习俗，男子在二十岁行加冠之礼，从此正式进入成人的行列。因此二十岁结婚应该属于晚婚了。刘邦在二十岁之前结婚成家是一件很平常的事情，但是，两人在经济上应该非常拮据。

当初，萧何提出让刘邦出任亭长的目的之一，就是想在经济上给他们夫妻提供相对安定的生活条件。身为沛县豪门望族的萧何与同为豪族的曹家联手掌控县政，对于任命刘邦为亭长的提议，曹无伤和曹参也表示十分赞同。

刘邦和曹家之女所生之子就是后来的齐王刘肥。据史料记载，曹夫人（或曹姬）是一位朴实纯情的女子，在刘邦后来与吕公之女吕雉谈婚论嫁的时候，她主动隐身而去了。

吕公是在知晓刘邦已婚的情况下向刘邦提出女儿吕雉的婚事的，其结果，曹夫人断然离开了泗水亭。

《汉书》将曹夫人称为"外妇"。这个深爱着刘邦的女子，最终让吕雉成为正夫人,自己却并未与刘邦厮守终身。

尽管刘邦深戴曹夫人之德,但因此却遗留下与其哥哥曹无伤悲剧命运相关联的复杂问题。

出任亭长使刘邦的交友面更加广泛。享受官家俸禄之后,喜欢与哥们儿一起饮酒作乐的刘邦几乎将俸禄全都投进了酒馆。

刘邦经常光顾的酒馆有两家,一家是王媪的,另一家是武负的。

在就任亭长和结婚这样大喜的日子里,刘邦带着弟兄们在两家酒馆大摆宴席,狂欢痛饮。看着刘邦对比他年长许多的兄弟同样摆出一副老大的面孔,王媪和武负都感到万分惊讶。年轻的刘邦在任职不久就学会了摆官架子,但不可思议的是,在座的这些年长的人却都乖乖地听凭刘邦颐指气使。刘邦呵斥人的口吻磨炼得更为蛮横,总是在泰然自若的脸上摆出一副老大的神情。

但是,刘邦支付酒钱,这是第一次也是最后一次。从此之后,只要有空,他照样带着弟兄们来酒馆喝酒。但等酒足饭饱之后,他总是举起右手,说一句"记在账上",便扬长而去。

当时所谓的"记在账上",是将酒钱用符号的方式记在券或木牌上,但是,刘邦却从来没有收到过账单。

只要刘邦光临酒馆,这里就会热闹非凡,买卖自然也兴隆。因为其他人都是当场结算,所以对于王媪和武负来说,刘邦简直就是个招财进宝的大财神。

而且,这两个女人本身也很喜欢刘邦。刘邦一来到酒馆,店内便熠熠生辉,嬉笑逗骂,场面十分活络。对于这两个在市面上混饭吃的女人来说,刘邦多少也算是一种依靠。每到年末,两人就把记有刘邦赊账的木牌折断,将他的账一笔勾销。

有一天，刘邦手下的一个马屁精也模仿着刘邦的样子举起右手，丢下一句"记在账上"便准备出门，结果却遭到店主王媪的一顿臭骂。

这个整天追随在刘邦身后、像鹦鹉学舌般重复刘邦的每一句话来在弟兄们面前炫耀的人，名叫鳅生。这一回他可是看错了对象。王媪每痛骂他一句，大伙总报以哄堂大笑，反而更袒护这个女人。显然，在酒馆里已经形成了一种刘邦可以享受特别待遇的不成文规定。

刘邦的周围总不缺少像鳅生这类溜须拍马、阿谀奉承的小人。刘邦对这类人并没有什么特别的好脸色，但对他们的浅薄也没有过多指责。这些人奉迎刘邦，仅仅是希望能让自己在以刘邦为中心的世界里占有一席之地，如此他们便会感到万分荣幸。

有时，即使他们东施效颦，做得十分过火，刘邦也不会介意。但在这种情况下，往往是一些明白事理的，如王媪之类的人来教训一下这帮小子。

得到这帮小人奉承的一大效果，就是刘邦想要表达某种意愿，或者在以他所处的地位不宜言表的情况下，只要他流露出只言片语，甚至只在眉宇间做出微妙的表示，他们就会以最能美化刘邦名誉的方式帮他传遍天下。

我们会在下文一系列的历史画面中频繁地见到这样的场面，而刘邦让这些人崇拜得五体投地的能力是他在青年时代便修炼而成的。当然，刘邦的周围并不只有此类小人。

日后在刘邦的身边，汇集了如张良、陈平、萧何这样的文臣谋士，韩信、彭越、黥布这样的英雄，曹参、樊哙、灌婴这样的武将，王陵、夏侯婴这样的任侠之士。他们都竭力辅佐刘邦，并深信在他的手下效力才是自己最恰当的位置。

尤其是张良和韩信，他们在汉代群雄之中堪称翘楚，他们用"天授"的字眼来形容刘邦，恰恰是因为刘邦具有这样的天资。

这种天资的具体表现，就是《史记》《汉书》中所谓的"宽仁大度"。这种"宽仁大度"是与身边的人，甚至整个世界都必须置于他掌控之下的信念密不可分的。

刘邦对威胁他占据天下中心地位的人绝不手软，并会与之死战到底。为了达到目的，他时常会使用一些非常手段，只不过这些手段都被视为刘邦权力欲的自然流露，而以人们易于接受的形式表现了出来。

如实地展现刘邦的这一侧面，是本书的主要课题之一。在此我们应该注意到的是，他的这种能力在其年轻时就已表现出来。

王媪和武负的酒馆成为丰沛地区以刘邦为主人的社交场所。在这里流传着官场和江湖上的各种信息，能够出入两人的酒馆是丰沛任侠社会中一种身份的体现。

而在这两个女人中，尤其公开露骨地向刘邦献殷勤的是武负。这个比刘邦略微年长的女人依靠酒馆的收入养着一个无能的丈夫，她对刘邦表现出一种特殊的殷勤与谄媚。

刘邦烂醉如泥、酣睡不起的时候身上总会浮现出一条巨龙的传言，最早就出自武负之口。

"这人可不是凡夫俗子啊！"她时而会流露出一副极为认真的神情。

由于风传武负善于相面，而且经常看得很准，她的这种说法很快就成了丰沛地区的一种传言。

此话虽为后话，但刘邦举兵起义之后，武负毅然投身其中并跟随刘邦转战南北，最终成为刘邦集团内部的占卜师。

在《史记》的重要注释之中，有一本唐人张守节撰写的《正义》。这本《正义》现在仅保存了一部分，幸而在日本国宝级南宋版《正义》中保存了一段其他版本所没有的注文。其内容为武负后来移居魏地，并生了一个名叫如耳的孩子。

有趣的是，在当时有一位名叫许负的著名女相面师，而且在由唐人司马贞为《史记》作注的《索隐》中，魏人如耳之母就是这个大名鼎鼎的许负。

前文已经谈到，刘邦一家的原籍很有可能就在魏地。武负也是魏人，大概她凭借着刘邦势力的不断强大而返回了原籍。许负是魏河内温县人的推测，恰恰与保存至今的另一种传说相一致。

大概许负的"许"是武负娘家的旧姓，于是世间便流传着著名相面师许负的大名。随着刘邦地位的不断提高，她的名声也更加响亮。

据记载，刘邦夺得天下之后，为了表示酬谢，特将许负封为鸣雌亭侯。这个"鸣雌"有"会打鸣的母鸡、好出风头的妇人"之义。在中国，牝鸡司晨是贬义，刘邦以调侃的方式对许负的功绩给予了回报。

在当时，所谓的封建一般是将郡、县等行政单位作为封地分给诸侯，因为乡、亭等县以下的行政单位的分封状况一般不见于史料之中，所以许负被封为鸣雌亭侯也存有许多疑点。况且，按照当时的常识，女人一般不受封，记载中称许负和刘邦的嫂子是作为特例而受封的。但总而言之，在汉朝初期，相面师许负是朝内一大名人的事实大概不会有错。

言归正传，刘邦就任亭长自然是由于他在解决纷争和在原客家集团势力的扩大方面做出过贡献，但是，他被任命在泗水亭，却是因为当时在丰沛西郊的山泽地带如洪水般涌入的难民之中出现了新的动向。

八百年后，在唐初完成的地理书籍——《括地志》中有"泗水亭在徐州沛县东一百步，有高祖庙也"的记载。

在大约二百年之后的东汉时期，大自然发生变化，气候开始变得寒冷。不久，北方的游牧民族大量南迁，迫使大批的华北农民也开始南下，因此华北的耕地和村落逐渐变得荒芜凋零。但是，像丰沛这种低湿地带的村落估计没有发生太大变化，因此，从唐初沛县的状况大概可以推测出汉代的情况。

这里所说的沛县是指沛县政府。在沛县县衙以东百步（约140米）之处就是泗水亭。泗水亭虽独立于县衙之外，但与众多远离县城、分散在农村地带、被称为"离亭"的各亭不同，它坐落在县城之内。这种与县衙设置在同一城区之内的亭被称为"都亭"，其级别要高于离亭。

当时，担任政府机关长官的官员家中都配置了负责掌管家务、被称为"家丞"的管家。在汉代的印章之中，有刻有"都亭家丞"四字的印章。同样，还有如"阳平家丞"，这是阳平侯国的管家之印；"睢陵家丞"，这是睢陵侯国的管家之印。

这个"都亭家丞"，虽有可能属于长安、洛阳之类的大都市，但至少可以说，在一部分的都亭家里配置了"家丞"。

沛县的县城位于难民由魏地南下的水路与泗水的交汇之处，其东部分布着比丰邑西郊更为广阔的山泽。

泗水是上承齐鲁、下接吴越的交通运输的要冲，它与从魏地

## 第四章 沛县亭长

缓缓而至的水路汇流，形成的河面宛若一片巨大的湖泊。随着大批难民的蜂拥而至，这一大片荒无人烟的山泽便成为难民们避难的最佳场所。

如何让这个交通要冲尽快恢复正常的秩序已成为沛县原客家集团迫在眉睫的课题。确保这一连接魏地、齐鲁和吴越的交通要道的安全，不仅关系到沛县县内的治安，而且也是沛县从事交通运输和商业事务的人们对沛县县衙提出的共同要求。

刘邦就任泗水亭长之后，在他的眼前展现了一个眼花缭乱的崭新世界。亭虽不大，却也是政府官僚机构的一个部门，其顶端就是皇帝。

当时的亭是交通运输的末端机构，主要负责接待过往的使者，并维持地区治安，它承担着两种不同性质的业务。

亭原本的意思是一种瞭望台式的阁楼。这种阁楼设置在都市城郭的城门之处，一些有权势的个人也会建造带有瞭望台的住宅。如孔子后裔居住的山东孔府、民国时期山西军阀阎锡山的私宅遗址，至今仍保存着此类建筑。

现如今在海外发了大财的广东华侨们衣锦还乡，往往喜欢建造一种酷似法国城堡的要塞式私宅。在主体建筑顶端单建的阁楼上便设置了用于瞭望的房屋。

在遇到紧急情况时，没有城郭的村落往往通过推倒山顶上的树木或燃起烽火来向村民告急。

像中国这种在广阔地域中形成社会圈子的国度，有时无法避免发生超出村落势力的情况。因此，村落居民为了自卫，有必要考虑与处于同样状况的邻近村落联合起来以便共同应对。瞭望台便是中国村落既自成一体又携手合作的象征。

刘邦供职的泗水亭也有瞭望台式的阁楼。因为亭中有时要举行百姓的军事训练，还要驻屯车马，所以亭的用地四边至少在150米左右。

在亭的用地之内，设有亭长、负责杂役的下属以及交通使者的宿舍。重要的客人一般下榻在阁楼二层的房间里。

亭长的下属主要有负责接待过往交通使者的亭父和掌管治安事务的求盗。因为有时会接待一些有身份的人物，所以前者的级别要高一些。

华侨建造的楼阁（于广东开平，坂本一敏提供照片）

汉代的宅邸和楼阁（《安平东汉壁画墓》，文物出版社，1990）

在近期出土的尹湾汉简中，记载了位于泗水亭以东的东海郡共有六百八十八个亭、两千九百七十二名亭卒。

## 第四章　沛县亭长

一般来说，亭卒的数量是亭父与求盗的总和。因此，东海郡平均每亭有总共四名以上的亭父和求盗。但是，考虑到求盗有可能雇用靠抓捕盗贼来领取报酬的民间人士，所以每个亭或有四名以上的亭父和数名求盗。因此，如果按前者的说法，刘邦手下有总共四名以上的亭父和求盗，而按后者的说法，他有可能有八名左右的部下。

但是，这种人数远远不足以应对像潮水般涌入沛县附近的泗水山泽地带的大量难民。

在此之前，随着魏国的灭亡，大量难民由大梁向丰沛一带涌入。两年后楚国灭亡，再过两年齐国也灭亡了。丰沛地区是魏、楚、齐的交界地带，三国相继灭亡之后，这里成了权力的真空地带。

秦国统一天下之后，对县以下的行政管理基本是交给当地的地方组织，只选用一些行使秦国意愿的人来担任县令而已。丰沛地区实际上由地方豪杰、官衙及以集团形式定居在山泽地带的难民这三种势力共同把持。

在这种状况下，通过武力掌握实权，而这种武力又是由官方授予的势力最为有利。刘邦背后有丰沛地区原客家集团这个强大的后盾，这个原客家集团的中心人物是作为任侠代表的雍齿和把持县衙、充分代表地区利益的萧何。作为一名雍齿、萧何集团冲锋陷阵的勇士，刘邦被提拔为管辖沛县中心地区的泗水亭长的真意或许即在于此。

丰邑地区任侠中的年轻领袖刘邦离开丰邑，去沛县的泗水亭赴任了。以此为契机，刘邦生活的舞台骤然扩大，如鱼得水的他变得更为活跃和意气风发。

为了表现亭长的威严，他特意设计了一顶竹皮制的冠帽，派手下的求盗至泗水对岸的薛县，找专门的工匠制作而成。

薛是"战国四公子"之一的齐国孟尝君的领地。后来司马迁寻访历史故地的时候，曾走访过薛。他称薛县"其俗，闾里率多暴桀子弟"，即多任侠之徒。当司马迁问起缘由的时候，薛人答道："孟尝君招致天下任侠，奸人入薛中盖六万余家矣。"

刘邦想要的是一顶颇具任侠之风的漂亮冠帽，而制作冠帽的地方就是以居住着任侠后裔而著称的薛县。

刘氏冠究竟是怎样的形状一直是个谜，但曾布川宽认为就是从长沙马王堆一号墓中出土的男俑佩戴的冠冕，林巳奈夫也赞成此说。如林巳奈夫勾画的附图所示，"顶部是向后翘的板状之物，与鹊尾冠的俗称非常吻合"（林巳奈夫编《汉代的文物》）。该冠确实令人易于联想到略微后翘的鹊尾的形状，且如林氏所述，从男俑的冠帽与头部的比例来看，该冠与文献中"高七寸"的记载一致。这是一顶非常气派的冠帽，淋漓尽致地表现了刘邦好出风头的个性。

冠帽是当时一种最为醒目的身份标志。这顶刘氏冠是刘邦用来自喻为天下第一亭长的标志。

顺便将林巳奈夫《汉代的文物》中列举的当时文官佩戴的进贤冠和武官佩戴的武冠列示如下。

汉代画像石中绘有许多亭长，像中的亭长均着武冠，可见，属于下级武官的亭长原本就应该着武冠。所以，刘邦此举应属于违法乱纪的行为，相反，却因为它超出了秦律的规定而免于追究。从中也可略见刘邦大胆精明的一面。

刘邦非常中意这顶冠帽，经常佩戴。据《史记》记载："及

## 第四章　沛县亭长

贵常冠，所谓'刘氏冠'。"

"及贵"具体指的何时很难断定，尽管不久他便成为沛公，但当时的局势还十分迷茫，前程未卜。因此，"及贵"的明确时间应该指他为汉王之后，到了这一时期他仍然佩戴着刘氏冠。

这是一个多么天真可爱的举动。刘邦如此钟情于粗糙的竹皮制的刘氏冠，充分表现了他担任亭长时那副得意扬扬的神情。如果按刘邦举兵时已年届四五十岁的传统说法，这种情形是很难理解的。

刘邦派手下的求盗专程至泗水对岸的薛县去制作刘氏冠，除了因为那里是专门制作冠帽的地方，还因为他十分敬仰孟尝君，所以对居住着孟尝君聚集的六万余任侠之徒后裔的薛县颇感兴趣。

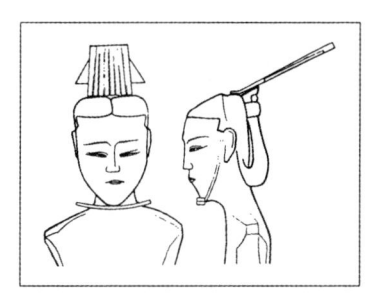

刘氏冠（木俑，长沙马王堆一号汉墓）

进贤冠（左为墓室壁画，望都一号墓。右为晋代陶俑）

武冠（左为陶俑。右为墓室壁画，望都一号墓）
（以上均出自林巳奈夫编《漢代の文物》，京都大学人文科学研究所，1976）

前文提到刘邦曾拜访魏国信陵君的门客张耳，并与之接洽。年轻的刘邦对担任具有外交使者性质的角色感到格外自豪。尤其是张耳介绍的有关信陵君的日常生活与轶事，都给刘邦留下了深刻的印象。刘邦登上帝位之后，每次路过大梁，必去拜祭信陵君，他对信陵君的仰慕由此可见一斑。

少年时代的刘邦就以任侠为自己的终生理想。就任沛县泗水亭长之后，他开始与居住在对岸薛县的任侠们建立联系。

后来，在刘邦举兵反秦的时候，参军入伍的人以出身沛县者占压倒性多数，其次是出身砀县的人。

有关砀县与刘邦的关系，我们会在后文谈到，而与砀县相匹敌的就是出身薛县的人，如将军郭蒙、陈武、戎赐、陈胥，都尉华寄、秦同等都在其中。

这虽与后来项梁来薛县招揽诸将时，刘邦火速赶来而招致众人追随自己有关，但是，这些人并没有直接加入项梁的队伍，而是参加了当时缺兵少将的刘邦军队，这与担任薛县西岸泗水亭长的刘邦在此地的经营密不可分。

# 第五章 结交夏侯婴

在沛县县衙共事的同伴中，与刘邦关系最为要好的是夏侯婴。

夏侯婴原本是沛县的一名马车夫，好像前世曾是马一样，他非常通晓马的习性。后来他的才能得到赏识，被任命为沛县的文吏。这位与刘邦同龄或略微年长的年轻人既沉着冷静又持重果断，同时还是一个精力旺盛的人。

夏侯婴是刘邦第二个"相爱"的对象。

在《史记》中从未使用"相爱"一词来形容异性之间的爱情。《史记》所谓的"相爱"，是指因为彼此敬慕而使自己获得成长、变得更为强大乃至产生驾驭整个世界的力量的同性间的感情。这种感情同时还包含着与对方同心同德、为对方不惜粉身碎骨的献身精神，这属于任侠式人际关系中最基本的炽烈情感。

在第三章中，我们已经提到刘邦从少年到青年时代曾与卢绾"相爱"。刘邦的父亲刘太公与卢绾的父亲卢公也有着"相爱"的关系。刘邦是在由两代人建立起来的"相爱"磁场中成长起来的。

后来，刘邦曾"兄事"王陵。因为王陵年长，《史记》中没有使用"相爱"来描述两人的关系，但从刘邦迷恋王陵、渴望走进王陵世界的那种热切情感来看，实际上也应该视为相爱的关系。刘邦与卢绾的相爱始于幼年时期，而兄事王陵是他从少年到青年时期成长过程中的精神支柱。

现在，成为刘邦青年时期精神支柱的就是与夏侯婴的"相爱"。刘邦通过与夏侯婴的"相爱"，步入了一个更为广阔的天地。

夏侯婴作为县衙雇用的马车夫，在接送完沛县来访的官员之后，必去刘邦所在的泗水亭驻足停留。

通过接送来往官员，夏侯婴获得了众多官府内部的信息。对既沉默寡言又老成持重的夏侯婴泄露机密的官员不在少数，而夏侯婴也具备细致深刻的洞察力。

夏侯婴时常将自己耳闻目睹的事情告诉刘邦，津津有味地与之倾心畅谈。《史记》称其"与高祖语，未尝不移日也"。两人在这种相爱关系下即将步入的，是一个在律法至上且高度组织化的秦王朝与一直受其统治、却又无法撼动其严密体系的旧六国社会之间摩擦冲突的过程中，暗潮不断涌动，最终将所有人都卷入其中的激荡世界。

这两个年轻人会在即将开幕的戏剧大舞台上分饰主角和配角。他们对自己的未来缺乏预感和想象。然而，虽然他们不知道自己将成为皇帝与亲信，但是，他们深信自己会在历史的舞台上发挥无可替代的重要作用。

此时的刘邦就像一条潜入深渊的巨龙，一方面在丰沛的任侠集团中蓄积力量，另一方面又置身于秦王朝行政机构的末端组织——亭，使自己的影响力逐渐渗透至丰沛地区的官吏之中。

## 第五章 结交夏侯婴

《史记》就发生在刘邦与夏侯婴之间有趣的事件，非常简单地记述为："高祖戏而伤婴。"

在日语中，"戏"一般被非常模糊地解释为开玩笑，但如此解释无法理解这次事件的真意。

从当时任侠弟兄们的具体事例来看，这应该是击剑、真刀真枪决胜负的意思。如现在的击剑比赛一样，它有一定的裁判规则，采取一定的比赛方式。

在后来的汉武帝时期，淮南王刘安因暴露出谋反的意图而自杀身亡。起因之一就是与刘安世子有关的相同事件。

刘安的世子一向自恃剑术高超，天下无双。但身为郎中的雷被却以精于剑术而著称，所以"召与戏"。显然这里的"戏"是击剑比赛的意思。因为无论胜负都会惹出麻烦，所以雷被再三推辞，但都未得到应允，万不得已只好被迫应战。结果不小心击伤了世子。由此可见，"戏"是真刀真枪对决的意思。

尽管是在万般无奈之下被迫应战，但受伤的世子仍然大怒，惊恐之下的雷被只好逃命，

佩剑之士（《沂南古画像石墓发掘报告》，新华书店，1956）

向长安的中央政府上书陈述事件经过。

"戏"是任侠少年无赖之间非常有特色的一项活动。至西汉中期，淮南王一家仍然保持着战国时代的遗风，这是其谋反的背景之一。

有种说法认为，古代中国一直到春秋时期为止，成年男子有腰间佩玉的习俗，而进入战国时期，以秦为中心的地区普遍有佩剑的习惯。

按照当时的习俗，士以上的人才可以佩剑。官吏属于士，刘邦和夏侯婴都是秦朝的官吏，因此两人拥有佩剑的权利。尤其是亭长，维持治安是其主要的职责之一，因此要求他们练习剑术。

这一时期士的观念与现实相差甚远。坦言之，随着共同体身份社会的解体，产生了人人可自称为士的状况。

但是，想要成为一名真正的士，就必须得到社会的承认。他们是否具备社会公认的能力是评判的标准。在当时的士中，自称为士，并得到社会承认的士，与自诩为士却得不到社会承认的士鱼龙混杂。

士的才能有多种多样，但首先为社会公认的是习武的能力。刘邦和夏侯婴的"戏"是士日常训练的一部分。

但是，他俩的对战不是在任官吏应当做的事情。

刘邦和夏侯婴进行的是有可能伤及对方性命的真刀真枪的剑术较量，结果动了真格的刘邦用剑击伤了夏侯婴。

有人因此向上告发了这次事件。此人是因为怨恨刘邦，还是因为有专门针对政府官员明知造成了伤害事件却知情不报的处罚规定，就不得而知了。

总之，按照当时的法律，如果亭长这类掌管治安的人无故伤及他人，要严厉追究刑事责任，予以重罚。刘邦声称自己并未击伤夏侯婴，夏侯婴也证明如此，这一事件便一时结了案。

但是，后来由于反证而将审判的结果完全推翻，夏侯婴因有作伪证的嫌疑而被投入监狱达一年以上。他被"掠笞数百"，即受到数百鞭笞的拷打，逼其招供，但他始终咬紧牙关，矢口否认。也多亏了夏侯婴，刘邦才得以无罪赦免。

作为任侠之士的刘邦的特点就在于，他时常成为集团的中心人物，而且是集团成员们献身的对象。当时的刘邦尽管是误伤，但他确实伤及了夏侯婴。然而，他却因为夏侯婴的献身精神而获得幸免。

后来，刘邦与吕雉（即吕后）结婚，却依然我行我素，铤而走险。吕雉曾替代刘邦被捕入狱。当时，因为县衙对吕雉的待遇不好，虽身为县吏，却在盛怒之下的刘邦的朋友任敖出手击伤了自己在县衙的同僚。

有趣的是，无论是夏侯婴，还是吕雉和任敖，都心甘情愿地主动为刘邦献身，而刘邦也坦然接受。

刘邦一向对周围人慷慨大方、很讲哥们儿义气。在向他人施舍一些物质上的小恩小惠时，带有一种父亲般的温情。

刘邦的口头禅是"乃公"，也就是"你老子我"。在他就任亭长之后，则更无顾忌地使用这一口头禅。除了父亲刘太公和沛县县令之外，他几乎对所有人都说过这一口头禅。

刘邦本人也认为自己就是同伙们的"老子"。弟兄们也慢慢地接受，真如这一称呼般尊敬他、拥戴他。

如前文所述，关于刘邦集团，目前存在两种见解：一种认为它是由具备长者品德素养的刘邦与在这种品德的感召下聚集起来的"少年"们所形成的组织，这是贝塚茂树的见解；另一种则认为其基本上属于任侠式的组织形式，这是增渊龙夫的见解。

本书想在继承这些卓见的基础上做进一步的探讨。但是，尽管称其为任侠式的组织形式，但这种组织形式是属于一般性的，还是一种江湖上的秘密结社呢？从史料中很难简单地看出来。

从史料上来看，能明确称得上是任侠社会成员的首先是王陵，其次是雍齿。此外，依笔者之见，刘太公、卢公、吕公，以及他们的儿子刘邦、卢绾、吕泽、吕释之也算得上。

另外有可能是任侠组织成员的是夏侯婴和任敖。从刘邦属于任侠组织的角度来看，可以自然推测出与他有着"相爱"关系的夏侯婴也当如此。作为这一推测的补充材料，我们列举两件与夏侯婴有关的轶事。

首先是夏侯婴救过韩信。刘邦被项羽分封至汉中时，原本属于项羽集团的韩信在向项羽献策未被采纳之后，负气叛逃，投入刘邦麾下。

起初，韩信在刘邦阵营中并不走运，曾陷入"坐法当斩"的险境。此事反映了刘邦集团内部军纪严明的一面，值得留意。即将被斩首的韩信忽然发现了夏侯婴，情急之下，他大声喊道："难道汉王不想夺得天下吗？为什么要杀壮士？"

夏侯婴"奇其言，壮其貌，释而不斩。与语，大说之"。夏侯婴通过韩信的言谈和外貌，当机立断，赦免了他的死罪。

夏侯婴随即将韩信引荐给萧何。后来在萧何向刘邦的举荐下，韩信才开始大显身手，走上自己人生最辉煌的舞台。如果没有韩信，刘邦就不可能夺得天下。韩信当时的话确实准确预测到了未来。

当时，或许夏侯婴已经在刘邦集团内担任了要职，他才拥有这种权限。但是，他是根据什么来行使这项权力的呢？

有一件属于后来发生的事。在攻打武关的时候，后来成为汉朝丞相的张苍也在刘邦军中效力，他也同样"坐法当斩"。大侠王陵见他是一名"美士"，即美男子，便报告沛公刘邦，因而救了他的性命。

尤其是在性命攸关的紧要关头，根据一个人的言谈和外貌准确地判断他的本性，是作为任侠不可或缺的基本素养之一。

但是，夏侯婴和王陵果真单凭言谈和外貌的判断便可当机立断，无视军纪吗？虽然这种判断力对于任侠之徒尤为重要，但笔者认为他们的行为背后一定有某种现实的基础作为后盾。

任侠社会的一个要务就是大范围地收集情报，尤其是收集相关人物的情报。夏侯婴和王陵一定是在事前就已通过任侠的信息网掌握了一些有关韩信和张苍的情况，才使他们能够做出超越法规的英明决断。

推测夏侯婴属于任侠组织的另一段轶事，是他救了楚的大侠季布的性命。

在楚地一带流传着关于季布的一句谚语："得黄金百斤，不如得季布一诺。"季布在担任项羽手下部将的时候，让刘邦吃尽了苦头。

项羽兵败之后，刘邦悬赏千金来捉拿季布，并发出告示，如有胆敢令其藏身隐匿者，"罪及三族"，也就是对其亲族也格杀勿论。但是，在鲁地大侠朱家的多方奔走之下，最终得到夏侯婴的鼎力相助，总算救了季布的性命。

朱家看中了夏侯婴的侠情仗义，这表明了夏侯婴与任侠组织之间的关系。夏侯婴向刘邦为季布求情之后，季布不但得到了赦免，而且被授予了郎中的官职。

郎中相当于殿中的侍卫，属于皇帝最为信赖的侍从。充满任侠情义的红线从季布和朱家手中传至夏侯婴，又通过夏侯婴终于传到了刘邦手中。

从史书记载的夏侯婴的逸闻中，我们可以看到他在生死关头表现出常人所不具备的大胆决断。

夏侯婴一向属于极为稳健谨慎之人，但有时又与王陵、吕后等极少数人一样敢于违背刘邦的意志。他身上的那种硬气，连刘邦有时也不得不做出让步，这完全是基于他作为一名任侠长者所具有的自尊心。

除夏侯婴之外，沛县和泗水郡的下级官吏中，与刘邦意气相投的人日渐增多。除了上文提到的任敖，周昌、周苛也都是出身沛县的弟兄。虽然在程度上略有差异，但他们身上都具有任侠的气质。

成为亭长的刘邦通过夏侯婴开阔了眼界，又通过步入沛县，乃至泗水郡的官场而扩充了势力。

当时，在所谓的"居官"（即身在官衙）和"居家"（即身在家宅）之间有着现在无法想象的天壤之别。在判别人物的时候，"官人"和"家人"是最为简洁明了的标准。此时的刘邦已从家人转变成了官人。

## 第五章 结交夏侯婴

在汉代，表示县衙官吏的"县官"一词，同时也有天子之义。在日常生活中与百姓接触的是县官，将天子的命令传达给百姓的也是县官。这意味着县官与普通百姓之间有着一道难以逾越的鸿沟。

在汉代，亭长虽然属于当地任用的下级官吏，但它却是一条升任由中央任命的上级官吏，甚至成为政府高官的飞黄腾达的途径。

实际上，在前面提到的新出土的尹湾汉简之中，记载了由亭长升任县的二把手——县丞，以及亭长的上司——县尉的具体实例。升迁的理由包括捕杀盗贼及追捕逃亡者等。

这些是西汉末年的例子，而在秦末，应该会更加重视亭长的作用。刘邦除了管辖正式的部下之外，还掌握着一个巨大的信息网，而且还有一群帮助和袒护他的同伴，他完全具备升迁的机会。

或许从一开始刘邦就没有按正常途径升迁的想法，这条途径的展开意味着亭长、郡县的下级官吏，甚至连上级官吏都属于伙伴关系。

如果亭长是一个忠厚老实的人，他会如实地接受县令和亭长之间的身份差别。但在刘邦眼中，县令也好，亭长也罢，是没有任何差别的官人。

在难民泛滥、群盗横行的丰沛地区，即便是县衙的安全也不能不受到刘邦等人的左右，这就是他能保持傲慢态度的原因。

刘邦最大限度地利用了这个新的环境。准确地说，或许根本就不是利用，而是非常自然地踏进了这个崭新的世界。总之，沛县已经作为一个新的中心诞生了。

县衙的最高长官是县令，这是众所周知的。可自刘邦就任亭长之后，县衙的官吏们明显感觉到，这里产生了一个新的磁场，磁场的磁力是从刘邦所在的泗水亭发出的。

此后，有关难民和群盗的情况如往常一样准时地上报至县衙，或许比以往更为准时详尽。但是，对这些情况的处理意见，却几乎完全出自泗水亭。当然，形式上都是接受县衙的指示，但县衙对事情的轻重缓急却一无所知。

有时，从报告的内容来看，本来算不上很大的事件，却总会声称亭中人手短缺，无法应付，要求县里派遣游徼、求盗等负责治安的官吏来处理，也就是直接要求派警力来增援。这种要求如果得不到批准，便以亭的人手不足以应付为由，采取消极怠工、听之任之的态度。时间久了，自然会演变成重大事件。相反，有些从报告内容来看完全属于事态严重的重大案件，却又由亭简单草率地处理了事。如果县衙无视亭的意见而出面干预的话，将会发展出县衙难以承担的复杂局面。

原本在刘邦的眼中，那些所谓的县令也好，县丞也罢，都算不得什么人物，根本无足轻重。"这帮迂腐蠢笨的家伙能成什么气候？"这时常在内心中涌出的轻蔑之语，才是他的真心。

刘邦是个贫嘴的段子手，如果来了兴致，便会打开话匣子，绘声绘色地开始他那独特的淫猥之谈，有时还会把在场的某个人编进他的故事里。刘邦在衙门的厅堂上便敢明目张胆地讲些荤段子，每每惹得大伙哄堂大笑，原本庄严肃穆的县衙一时间竟像村里的酒馆一样热闹喧嚣。

《史记》对此记载如下：

（县）廷中吏无所不狎侮。

刘邦对社会地位比自己高的人也毫不拘礼，通过接连开一些贬低对方的玩笑，有意制造一种蔑视对方的气氛，在完全取得主动后，趁势占据主人翁的位置。《史记》通过这种简洁的叙述，完美地表现了刘邦的处事风格及其过人的本领。

刘邦去县衙拜访的时候，并不总是空着手。他有时会带一些齐的腌制干货、江南的皮革制品等特产，非常大方地分给沛县的官吏们。当然，至于齐的名产——昂贵的绢丝绸缎，以及来自越国的珍奇犀角之类贵重的物品，他会私下亲自提着送到县令、县丞的官邸。

这些物品是刘邦以类似通行税的形式私自征收的，但其入手的过程却没有任何人在意。这些原本属于不法收入的大部分特产都用在了给县吏的馈赠和与弟兄们的酒宴之上，他自己的手中所剩无几。

刘邦"好施，宽仁大度"的口碑不局限于沛县，很快传遍了整个泗水郡。

亭长虽小，比不上一国一城之主，但刘邦就任泗水亭长之后，这里成为丰沛地区任侠们交换情报的场所。刘邦将沛县官场的权力和江湖任侠的力量完美地结合在自己身上。

因此，在不知不觉中，刘邦逐渐成为丰沛一带社会上与雍齿、王陵、萧何、曹无伤、曹参等并驾齐驱的重要人物。

刘邦在沛县以及泗水郡逐渐积聚了一股潜在的势力。

## 第六章 到咸阳出差

秦始皇第二次巡幸天下后的翌年（前218），他又进行了第三次巡幸。此次的去程与返程路线都从丰沛地区的北部经过。秦始皇的目光开始瞄准东方，这让萧何感到惶恐不安。

秦始皇统一天下以来，眼看一种与以往楚国的统治模式完全不同，即严苛强硬、毫无人情味的秦朝官僚统治制度就要在丰沛地区正式实施，萧何急于正确掌握作为天下统治中枢的秦朝首都咸阳的状况。为此，他想寻找一位胆识过人、不拘一格，又能准确判断时局走向的人才。

在秦始皇第三次巡幸的两年后，即始皇帝三十一年（前216），刘邦二十二岁。从二十岁被录用为亭长，他已经迎来了第三个年头。萧何决定选派刘邦前往秦的首都咸阳，对外公开的名义是率领和监督被征劳役的民夫。

秦的都城咸阳那时已变成了整个天下的中心。随着天下十二万户富豪人家的迁入，咸阳的人口倍增，其城市面貌也在日趋改观。

为建设首都基础设施，咸阳进行了多项土木工程，而大多数的劳动力是从函谷关以东旧六国的百姓中征用的。

亭长虽是地方行政机构末端的小吏，但也身处体面的官衙，拥有自己执行公务的场所。这类地方小吏的出差事项，在近期出土的尹湾汉简中可以看到具体实例。

尹湾汉简是在江苏省连云港市东海县温泉镇尹湾村的六座西汉末期墓葬中的六号墓出土的。1997年，出土的全部简牍被汇集成一本题为《尹湾汉墓简牍》（中华书局）的总结报告正式出版。竹制的窄幅文书被称为简，而木制的有一定宽度的文书被称为牍。

按照汉代的行政区划，尹湾村隶属于与沛县东部接壤的东海郡的东安县。沛县距离东安县170公里左右。

埋葬在六号墓的，是一位在东海郡当地擢用、死时为郡功曹史的人，名叫师饶，字君兄。萧何是沛县的功曹掾，即功曹的头领。与之相比，师饶属于功曹掾手下的下级官吏。

在师饶的墓中同时出土了"沛郡大守长意"的谒，也就是正式的名片，从中可以看到相邻的东海郡与沛郡官吏之间的往来状况。

从师饶的墓中，发现了两段与此次刘邦出差内容有关的材料。一个是记载了师饶去长安长途出差时饯行人员名单的木牍。

秦的首都咸阳位于渭水北部，也就是渭水之阳，同时又位于陕西黄土高原的南麓，也就是黄土高原之阳。因为山之南、水之北称为阳，而此地在山、水两方面都称为阳，因此取名咸阳。

到了汉代，在咸阳南部越过渭水之处建造了一个新的大都市，取名长安。长安最初是从没有城郭、只有一些宫殿群而发展起来

## 第六章　到咸阳出差

的，到后来的吕后执政时期，已经建成一座巨大的城郭，至今仍然残存着部分遗址。

在所示师饶墓中发现的木牍，正反面都记载了人名和钱行赠金的金额。由于该木牍不但不清晰，而且字体为草书，难于阅读，特在旁边附上释文。

正面第一行的萧主簿、刘子严、薛君上、师君长等四人各为千钱；第二行从□少君到淳于君房的十三人和第三行从陈君严到王大卿的九人，共计二十二人，为五百钱；其余为二百钱或百钱。

在反面记载的名单中，有许多重复之处。目前，就如何理解这一重复的问题，有多种解释。笔者认为，钱行赠金在原则上分为千钱、五百钱、二百钱和百钱四个档次，赠送了三百钱钱行费的人分别在二百钱和百钱两处留下了姓名。

尤其值得注意的是师君长。他在千钱处记了一回，在五百钱处记了两回，总共赠了两千钱。他的字（君长）与师饶的字（君兄）中都有"君"字，他是否是作为同族而特意多赠送了钱行费就不得而知了。这次钱行大概发生在刘邦到咸阳出差的两百年之后。

《史记》里留下了刘邦得到钱行费用的记录。据《史记》记载，沛县的所有官吏都赠送了三百钱，只有萧何送给他五百钱。

这笔钱行费对年轻的刘邦来说简直算是重金。刘邦对萧何特意多拿出二百钱的钱行费委实感激不尽，直到很久之后都念念不忘。日后，做了皇帝的刘邦给臣子们论功行赏时，为了报答往日恩情，特意多封了萧何两千户食邑。

因为当时萧何赠送的五百钱的确属于一笔很大的数目，如果参照师饶钱行的费用，给刘邦的钱行费应该分为五百钱、三百钱、二百钱和百钱四个档次。两百年间物价几乎增长了一倍。

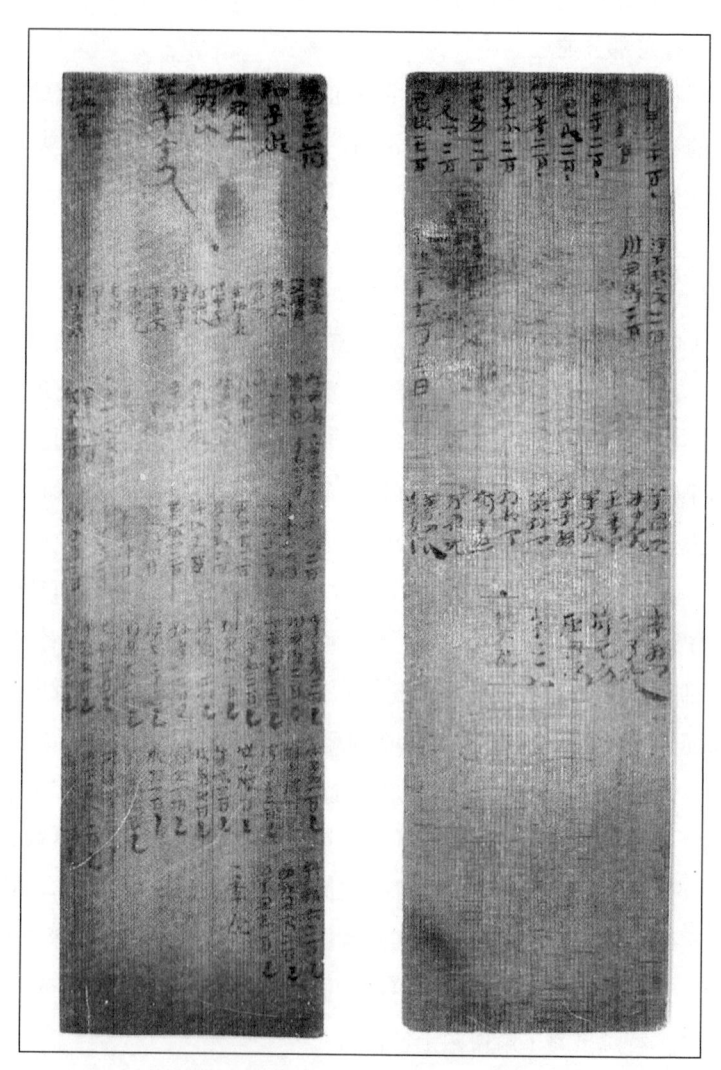

记载师饶饯行所得的木牍（《尹湾汉墓简牍》，中华书局，1997）

第六章 到咸阳出差

之长安

萧主簿
刘子严
薛君上
师君长
共千钱

□少君　陈君严　□君房二百　李子丽二百ㄑ　后子然百ㄑ　终稚□二百ㄑ
公父游君　萧子□　　　　　　蔡君长二百　王季卿二百ㄑ　州君游二百ㄑ　薛子侨百ㄑ　西郭君高二百ㄑ
□长实　孙少卿　　　　　　　李林卿二百　□子恭二百ㄑ　淳于子上百ㄑ　梁君都百ㄑ
□涂君都　张□君　　　　　　孙都卿二百　易子夸二百ㄑ　□大□百ㄑ　　●季母
□师子实　张高二百　　　　　尹君高二百　夏子都二百ㄑ　朱乔卿百ㄑ
盛中子　师君长
　　　　冬利君严　　　　　　许长史百　　张君长二百ㄑ　马□百ㄑ
陈君长　冬利君严
钟中子　□中叔　　　　　　　涂真卿二百ㄑ　实□君百ㄑ
朱子高　于子严　　　　　　　莒威卿二百　　孙孝卿二百ㄑ　刘恩卿百ㄑ
　　　　王大卿　　　　　　　贡孙卿百　　　涂君长二百ㄑ　薛君长二百ㄑ
王君兄　●右廿二人钱五百　严子孝二百ㄑ　　周君左二百ㄑ
毛君卿　罕子张百　　　　　　谭君房二百　　单单仲百　　　□君长二百ㄑ
　　　　戴子然百　　　　　　傅子夏二百　　左初卿百ㄑ
　　　　　　　　　　　　　　　　　　　　　许君功二百ㄑ
　　　　　　　　　　　　　　　　　　　　　□次君百ㄑ

□莒少平百、　淳于君房二百　　　　华君实　　李林卿
□□百　　　州君游二百　　　　　朱中实　　刘子严
□涂子平二百、　　　　　　　　　王季卿　　薛元功
贡君长二百、　　　　　　　　　　罕子张　　□君房
薛子孝二百、　　　　　　　　　　于子势　　朱三石
□子家二百　　　　　　　　　　　□孙卿　　●外大母
□王君功二百
□元卿二百　　　　　　　　　　　戴子然
师君长五百　　　　　　　　　　　京君兄　　莒威卿
　　　　永始二年十一月十六日　　蔡君长

左页木牍的释文

师饶去长安出差总共得到两万七千六百钱。如果去除物价上涨的幅度，即刘邦得到了一半，他也有大约一万四千钱。

这对二十二岁的刘邦来说是一笔相当可观的收入。从当时恶劣险峻的交通条件以及任务的艰难程度来考虑，这也许是一笔恰当的报酬，但对体力充沛、精力旺盛的刘邦来说，则是一笔垂手而得的额外收入。

但实际上，刘邦的这笔收入，几乎全部用作旅途中与官吏及任侠头目的交际费用了。

因为有了这笔收入，壮丁们也跟着受惠，刘邦在壮丁中的威望急剧升高。刘邦从中获得许多宝贵知识和信息的同时，又扩大了人际关系网。

刘邦此次出差的具体状况，可参考尹湾汉简中所包含的师饶在一年间执行公务的日记。

这是元延二年（前11）的日记，虽主要以他自己的工作内容来书写，但其中也记载了官吏们的动向，是一部有价值的原始史料。

这部日记是由很窄的竹片用绳子拴成册的。总共出土了七十六简，因为其中有几枚断片，将其前后连接起来复原之后，成为五十七简。其中虽存在完全遗失的简，但为数并不多。

出土时完好的简长23厘米、宽4厘米、厚2毫米，经脱水加工后长为22.5厘米、宽为3厘米、厚为1毫米，几乎没有例外。

据1981年出版的由中国国家计量总局主编的《中国古代度量衡图籍》记载，截至当时，新出土的西汉时期的尺子，一尺为23厘米的有两例，23.2厘米的有两例，23.5厘米和23.6厘米的各

## 第六章 到咸阳出差

有一例。到了东汉时期，出土文物大量增多，有三十一例被确认为完整的尺子，除了几个例外，一尺基本都在23～23.5厘米。

笔者从文献史料和出土货币的规格推断，汉代的一尺为23.2厘米。考虑到实际保存的尺子有一定误差，其规格为一尺合23.2厘米左右该无大错。

由此看来，尹湾汉简的长度应该被视为一尺比较合适。长度一尺是当时简牍的标准尺寸。

"尺牍"意为信札、书信，本指长度为一尺的木札。顺便提一句，同样指书信的"尺简"是长为一尺的竹简、"尺素"是宽为一尺的绢、"尺楮"则是宽为一尺的纸。

这部日记的竹简共分为六段，第一枚简的各段分别记载了正月、三月、五月等奇数大月的月名。从第二枚简开始的三十简记载的是奇数月三十天的事项。

接下来的第三十二简记载的是以二月为首的偶数小月的月名，其旁边连着的是记载偶数月二十九天事项的二十九枚竹简。最后是记载元延二年年号的简。因此日记原本应该由共计六十二枚简组成，六十二枚简用绳子拴成册。

阅读这篇元延二年的日记之后，可以发现东海郡功曹史师饶除了在郡内诸县有过五六次连续数日的短期出差之外，到其他郡国的长期出差总共有六次。尤其是第四次到楚国的彭城县出差，时间是从春季的三月末到夏季的

师饶日记的一部分。记载了「正月大，三月大」等奇数月的月名。（《尹湾汉墓简牍》）

六月，长达六十九天之久，像这类到其他郡国时间较长的出差基本都集中在春季和夏季。

师饶每次出差都会得到房钱，即出差的住宿费。刘邦也属于因公出差，因此应该也得到了出差补助。

在师饶的出差中值得注意的是，第三次出差主要的住处是彭城县南春亭，而第四次则是彭城县南春宅。这或许意味着最初造访彭城县时投宿在南春亭，因此而与亭长建立了亲密关系的师饶再次来访时，住进了亭长自家的官舍。

师饶住在南春宅时，五月十五日记着"薛卿莫（暮）到"，同月二十日"薛卿旦去"，表明这五天他与薛卿住在一起，而且在这期间还记有"董卿到"的字样，表明南春的亭长、师饶、薛卿和董卿四人是打过照面的。"卿"为尊称，比现代日语中的"氏"语气更为郑重。

从这段记载中可以推测，师饶的因公出差，一方面仰仗了他与南春亭长之间的交情，另一方面又帮助他建立了一些私人关系。

就像刘邦经常对夏侯婴说的一样，亭是公共交通运输和信息传播的交会处，同时又是私下的集结点。

中国的官僚体制是将一种非人性化、毫无生气的框架和人性化、充满生气的人际关系结合起来进行运转的。郡县的总务由其主要负责人——功曹掾来斟酌处理，有许多弹性和通融的空间。因此，在沛县功曹掾萧何酌情安排的出差日程下，刘邦获得了很多自由活动的空间。这使他在此次出差中受益匪浅。

此次出差，萧何交给刘邦两大任务。

第一个任务是重建张耳逃往陈县后与魏地之间的关系网。张耳从大梁迁至外黄，但在被秦国占领下的魏地仍然具有相当影响力。秦政府听说张耳和陈馀是魏国的任侠名士，而且张耳还是抗秦中心人物信陵君的门客，因此特以千金悬赏捉拿张耳，以五百金悬赏捉拿陈馀，张耳因此被迫逃离了魏地。

此事与另一个微妙的问题有着某种关联。

前文已经提到，在秦始皇第三次巡幸天下的时候，在大梁西郊阳武县的博浪沙，韩国宰相之子张良暗中袭击过秦始皇。此次虽然暗杀未遂，但中央政府在全国布下了天罗地网来追捕犯人，结果却并未获得任何蛛丝马迹。

萧何虽然不知道置身于任侠社会的张良与同姓的张耳之间是否有着某种关系，但万一有关联，而且秦国也怀疑到大梁的大侠张耳牵涉此案的话，很有可能从张耳顺藤摸瓜牵出刘邦，然后追查到萧何他们这层任侠关系。这将会给以大梁为本籍的丰沛客家集团带来极为严重的后果。

第二个任务是得到一些有关今后中央政策的情报。萧何最为关心的是，秦始皇连年巡幸天下和修建驰道会给当地社会带来怎样的影响。

如果修建驰道是为了彻底贯彻中央对旧六国地区统治的一个手段的话，那么最早被选择加强统治的，应该是从旧魏国到旧齐国的这片区域，因为这里连续两年成为巡幸的路线。在这种情况下，位于这条路线南部，与泗水、菏水这两条重要水路相连接的丰沛，有可能成为中央直接管理的地区。

对在就任亭长之前就通过张耳与魏地任侠们建立过关系的刘邦来说，第一个任务有可能完成，但把握秦政府动向的第二个任务却恐怕难以胜任。

萧何还叮嘱刘邦去观察一下作为全国首都的咸阳发生了何种变化。"但是，"萧何用一种对待儿子般的目光看着刘邦说，"在咸阳不必勉强，只去看看那是一个什么地方就够了。万一听到什么宫殿、城墙扩建的传闻，一定告诉我。"

听了萧何沉着冷静的话语，刘邦放下心来。刘邦明确地感到这个人是一位非同寻常的大人物，此次再次印证了自己平时对他的判断。

刘邦回到泗水亭后陷入了沉思。

此次去咸阳是一次长达一年之久的长期出差。从沛县经水路至荥阳，直线距离大约350公里，从荥阳进入陆路，经洛阳至咸阳的直线距离约450公里，总长为800公里。往返直线距离1600公里，实际上是将近2000公里的旅程。即使是急行军，按每天30公里的行程来走，也需要两个多月的时间。

往返的日期已经选择了沛县传染病流行危险度最低的冬季，应该没有太大的问题。但如何合理有效地率领如此庞大的队伍在外长时间跋涉，是个重要的问题。

队伍的团长是刘邦，副团长则由忠厚老实的王吸来担任。王吸是王陵的族人，被任命为沛县离亭的亭长。刘邦的泗水亭是设置在县城的都亭，而离亭是远离县城的亭。再加上另一个离亭的亭长，三个人组成该队伍的领导小组。

从整个沛县召集而来的百名民夫中，年少者为二十岁左右，年长者则有五十岁左右，几乎都比刘邦年长。

虽然整个队伍的组织、运营、管理和领导是一个非常重要的问题，但对已在王陵手下以青年头目的身份大显身手的刘邦来说，率领这种人数的团队不需要费太多心思。他在脑海中大致勾画出了包括小头目在内的各个岗位和人才的具体培养计划。

维系这个团体的精神支柱必须是任侠伙伴之间的信义，而一旦出了问题，又必须绝对服从作为首领的刘邦的指挥。

这种集团与首领的关系，是理解当时中国社会的关键之一。在当时，中国形成了从底层的小集团到包含这种小集团的上层大集团的多重关系。在遇到紧急情况时，这些集团的头目，被各自的成员尊称为首领，而且公认首领拥有绝对的指挥权。确切地说，集团的成员们会将整个集团的指挥权和全部责任都托付到首领一人肩上。

在紧急状况发生时，应选择才华横溢并能正确把握时局的人物。而如果集团的首领借机谋取私利，谋求地方割据的话，集团本身就会变得狭隘封闭，首领也会成为一种类似"土霸王"的小专制君主。

但是，如果这些具有多重关系的各个集团时常在上下集团间保持一种应有的开放与合作，这类"土霸王"就会受到上级的压制和下级的反抗。"土霸王"最终会因上下级的责难而受到处罚。所谓"天网恢恢，疏而不漏"，由于自天而下的巨网的网眼过于疏大，或许会使一些放荡不羁的家伙一时得势、胆大妄为，但他们终究会落入法网，受到应有的惩罚。

刘邦利用这次机会，开始组建以自己为首领的集团。在他的脑海中，设想的是经过在外地一年的集体生活之后，这一百多号人会成长为一支以他为首领的军事集团。

简而言之，刘邦所面临的问题就是如何明确这次出行的目的。

秦始皇从统一全国的第二年开始连续三年外出巡幸天下。每次巡幸耗费的巨大开支都成为各巡幸地的沉重负担，而且，由于每次巡幸都要开辟相应的驰道，大批的民众被征调去承担繁重的劳役，又有许多人因为壮丁的逃亡或未如期完工而被严厉追究连带责任。当时，出现了官吏"杀人之父、孤人之子、断人之足、黥人之首，不可胜数"（《史记·张耳陈馀列传》）的情况。普通百姓备受蹂躏，走投无路。官吏们也在上层强压、下层抵抗的夹缝中惶惶不可终日。

秦统一数年之后，百姓积怨日深，沿着秦始皇巡幸的线路，从中央到地方暗潮涌动，危机四伏。

秦始皇从秦王十七年（前230）灭韩开始，相继灭亡了赵、魏、楚、燕四国，二十六年（前221）灭齐之后，统一了天下。十年之间，战国六雄全都降服于秦军的强大攻势之下。秦始皇又通过三次巡幸天下，视察了除燕国之外的其他五国，并在各国的旧都之内举行了盛大仪式以显示自己的神威。剩下的燕国则在战国末期的六国之中势力最为弱小。

在秦始皇突击式的巡幸之下，普通百姓只能慑服于他的强权，因为反抗如此强大的秦帝国就等于自取灭亡。但另一方面，此时郁积在百姓内心中的怨恨又逐渐汇集成一种渴望六国复兴的期待。

在秦王朝暴政的腥风血雨之下，刘邦的心思并没有马上转到复兴六国的念头上来。

的确，当时在刘邦的脑海里还不可能产生其他想法，但因为他掌管着交通要冲沛县，所以过往的官吏和商人们把韩、魏、赵、楚、吴、越各地的一些断断续续的小道消息传到他耳中。泗水亭传播的信息、过往的物资，以及旅客的数量都飞速增长。从某种意义上来讲，秦的统一似乎给世间带来了繁荣的景象。

尽管笃信直觉的刘邦已经隐约感觉到自己脚下的舞台逐渐在向一个生动有趣而又别开生面的方向发展，但在其脑海中，却无法产生更深层的理解与思考。

然而，这种一筹莫展的日子没持续多久，刘邦心中的想法逐渐开始变得成熟起来。

《史记》中有"梁多长者"的记载。因此，刘邦首先遵照萧何的指示，考虑如何恢复因秦朝统治而发生变化并遭到破坏的与梁地任侠之间的关系。其次，他对盛传的荥阳敖仓颇具好奇心。

在谈论由中央下达的处理公务的具体规定时，萧何曾告诉刘邦，在北方的大都市里，每座粮仓存储一万石，即约20万公斤（200吨）的备荒谷物，而当时栎阳以两万石、咸阳以十万石为单位分布着巨大的储藏谷物的仓库群。

萧何谈及此事时说："据说在洛阳也有同样的大型仓库，而在其前方的荥阳则有数十、数百座这种规模的大型仓库。"

首都咸阳和副都栎阳拥有大型的粮仓不足为奇，但荥阳却是一个从未听说过的地名。

萧何告诉满脸疑惑的刘邦，因为黄河从荥阳经函谷关至潼关一段只能利用陆运，无法水运，经黄河和淮水的支流运送至荥阳的旅客及物资必须在荥阳上岸转行陆路，所以，这里是一个巨大的物流中转站。萧何向他解释说，这或许就是在荥阳设置名曰敖仓的巨大仓库群的理由，但荥阳和敖仓的位置关系以及敖仓的管理制度等具体问题，连萧何也一无所知。大概连在荥阳有个敖仓本身也不过是一种传闻而已。

但是，刘邦想，如果这种传闻是真实的，那么，荥阳就是天下的中枢之地。因此，证实一下这种传闻就成了他的一个重要任务。

最后，是完成萧何托付的观察全国政治中心咸阳和关中地区实际情况的任务。《史记》就当时的关中有如下记载：

> 关中之地，于天下三分之一，而人众不过什三，然量其富，什居其六。

关中地区的面积为天下的三分之一，人口不过十分之三，而其财富却居天下的十分之六。

虽然这里所说的关中并不仅限于狭义的秦地，还包括四川在内的函谷关以西的旧秦国的整个领土，但函谷关以东的旧六国和其势力的对比却一目了然。因此，观察作为旧秦国中心的咸阳一带的状况具有极为重要的意义。

拿定主意之后，刘邦马上给同行的王吸及另一位亭长发出了名帖，也就是"谒"。"谒"是写有重要信息的正式名片。

幸运的是，尹湾木牍中保存着"谒"的实物。在本书所示的谒中，木牍正面书写的"长安令兒君"，表示接收"谒"的对象，在木牍的背面记着兒君的字——威卿。在背面的正文中，还写着该谒的发送者是一位名叫饶的东海太守功曹史，最后署名是他的字——君兄。由此可见，谒的正式格式为：谒的发送者在称呼对方时需记入其名讳，最后需签署自己的字。

# 第六章 到咸阳出差

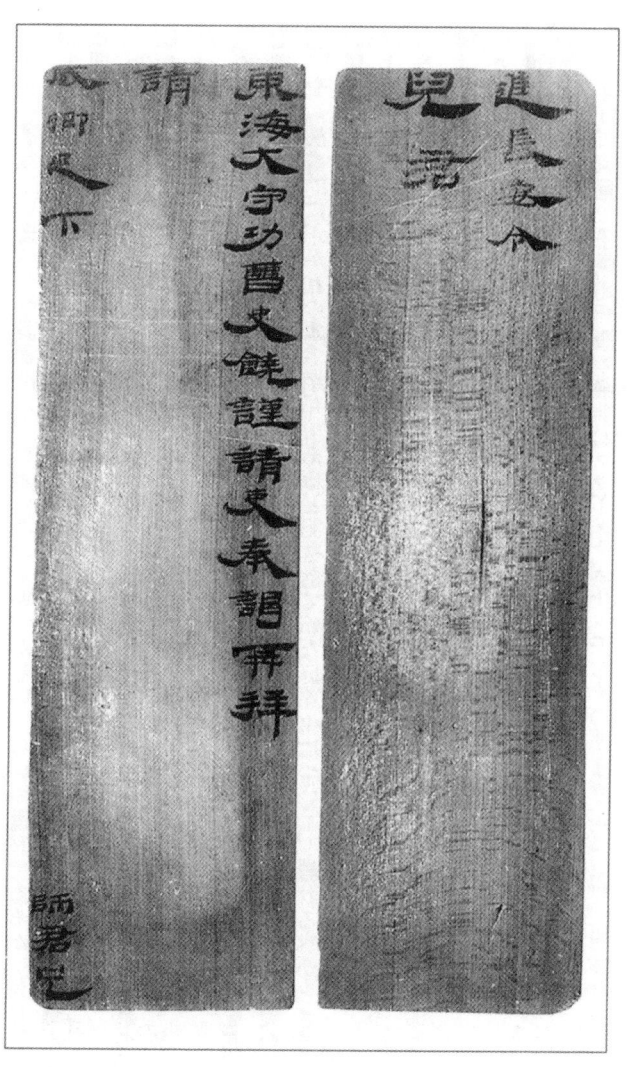

谒（《尹湾汉墓简牍》）

如第一章所述，笔者认为刘邦的本名为刘季，因此，此时他也应该自认自己的本名就是刘季。实际上，刘季只是刘邦幼年以来的一个通称，除此之外，他没有其他别名。

但如果按照司马辽太郎的看法来分析，此时他已步入了青年时代，应该有了刘邦（即刘哥）的通称。

虽然在后人眼里，亭长是个不足挂齿的小官，但司马迁却明确地将就任亭长之前的人称为"布衣"、之后的称为"吏"。这种区别称呼的做法应该是当时状况的正确反映。

既然为吏，亭长就应该有名讳和字。当时刘邦大概将"邦"这个通称作为名讳记在了谒上。也就是说，或许他原本有"季"这个本名，但借升任亭长之机，将"季"定为字，而把"邦"作为名使用了。

如此解释的话，东汉学者荀悦撰写的《汉纪》一书中，有关刘邦本名为"邦"、字为"季"的记载是言之有理的。而作为正史的《史记》和《汉书》之所以没有记载他"邦"的本名，其中所隐含的秘密已在前文详述，此处不赘。

至少在《史记》和《汉书》成书的年代，人们对这个说得好听些是代表任侠之徒、说得不好听则含有地痞流氓之意的"刘邦"一名，以及刘邦这个人的过去仍然记忆犹新，这个不太光彩的名字是不可能载入汉代第一位皇帝的传记之中的。

在此，简单地就名讳与字的问题做一说明。

名讳为本名。在中国古代，对年长或尊贵之人直呼其名是非常失礼的，因此有避呼其名的习惯。因忌讳直呼本名，所以称为名讳。例如，在中国和日本的家庭里，孩子很少直接称呼自己父母的名字。随着社会的逐渐欧美化，将来如何发展还不得而知，

## 第六章 到咸阳出差

但至少在现在的公司内，员工几乎没有直呼自己上司大名的习惯。这就与称呼对方为"您""足下""阁下"等意义完全相同。

但是，不直呼对方的姓名也带来诸多不便，于是有身份的人便出现了作为替代的称呼，这就是字。代替本名的字，有些类似于绰号，而在内容上又与名讳有着种种关联。

就这样，做了官的刘邦也有了正式的名讳和字。只是此时他的名讳与字的区分仅限于书信之上。

后来，在刘邦揭竿而起成为沛公（即沛县的县令）之后，其名讳与字才被正式分开使用。而他以往的旧友们依然直呼他"刘季"的本名，因为"季"已变成了字，所以对这些兄弟们来说再合适不过了。

由上可见，"刘邦"成为本名是在他出任亭长之后，且仅限于书信之上，而其最终成为身边人所周知的称呼则是在他成为沛公之后的事了。因此，从严格意义上来讲，本书从卷首开始一直沿用"刘邦"这个称呼的做法并不符合当时的实情，不过是因为"刘邦"这个名称已广为众人所熟知，而不得已采用的权宜之策罢了。

在此想再次重申，"刘邦"这个名字并未载入任何正史之中。在中国，不要说在同一时代，就是在后世的诸多文献史料中，也几乎没有直书皇帝名讳的习惯。"刘邦"这个名字是进入近现代之后才开始被人们使用的，在此之前都是称其为"高祖"或"高皇帝"。

言归正传，刘邦将以"邦"为名、"季"为字的谒寄给了本次负责具体事务的县吏、王吸，以及另一位亭长。信使使用的是此次出差承蒙诸位前辈多加指导之类完全合乎礼节的郑重口吻。

虽然以刘邦手下为主体的县吏们参加的会议非常顺利地结束了，但令这些县吏们吃惊的是，他们端坐的在当时被称为"独座"的座席，竟然被装饰成与县令之座同样的规格。

会议结束后，在亭楼举行了宴会。在这里摆设了更为华美的"独座"，端坐在末座筵席上的乐人们弹奏着当时流行的音乐，一时间场面变得热闹起来。

在此特举在画像石中所见的三例独座，以供参考。

第一例是最为普通的独座，座腿设计得很短。主人安坐在华盖（如遮阳伞般大小的伞）下的独座上，跪在座前地面上的人正在参拜。

第二例是玉座。玉座在画像石中数量众多，均无腿，座席本身被制作得很厚。

图中所示的是公子光（日后作为吴王阖庐登上王位）雇用刺客专诸刺杀吴王僚的场面。专诸将匕首藏在烤鱼中，假装请其品尝烤鱼，然后突然从鱼腹中掏出匕首，刺杀吴王僚。两人中间的圆形物是盛鱼的盘子，专诸正拿着鱼头。阖庐的儿子就是因与越王勾践的轶事而闻名遐迩的吴王夫差。

第三例是比较豪华的独座。该图反映了周公旦辅佐尚未成年的周成王的场面。画面中央的就是成王。

筵席的"筵"是铺在下面的草席，而"席"是放在上面的坐垫。在下图所示的画像石中，大概是由于坐在上面的是些身份低下的乐人，所以好像只有筵，而没有席。虽然仅从该幅画像石中无法断言下面铺的就是草席，但如果与从马王堆汉墓出土实物的照片相对照，从其边上装饰的形状来看，完全可以断定那就是草席。

第六章　到咸阳出差　　　　　　　　　　　　　　　　　　127

普通的独座（《汉代人物雕刻艺术》，湖南美术出版社，2001）

吴王僚的玉座（《汉代人物雕刻艺术》）

幼年周成王的玉座（《嘉祥汉画像石》，山东美术出版社，1992）

坐在筵上的乐人们（《沂南古画像石墓发掘报告》，新华书店，1956）

## 第六章 到咸阳出差

席就是所谓"男女七岁不同席"的席。此语绝非现今日本所解释的男女满七岁便不同室的意思，其本意是，男女满七岁之后便不得在同一个座垫上玩耍。正如吉川幸次郎博士反复强调的一样，中国的儒家思想原本并不像我们想象的那样僵化。

在会议上，刘邦坐在主人的位置上。他的独座虽很普通，也并不奢华，却比其他人的要大出一圈还多，颇具威严。体格健壮的刘邦悠然地坐在独座上，他那从胸腔里发出的浑厚的男低音回荡在会场上空，给整个会场带来了一种异样的庄严感。

当萧何手下的亲信们详细地解释完当前的局势和出差有关的事项之后，刘邦一边殷勤地恭维这些县吏和亭长为前辈，一边郑重其事地宣称自己才是这次出差的总负责人，大家如今上了同一条船，一切行动都要听从他的指挥。

这场重要的会议终于圆满结束，接下来举行的宴会是在一扫紧张情绪、完全欢快轻松的气氛下进行的。

宴会上县吏和亭长们的独座极为华美，刘邦的则更为巨大。

此次酒宴很是排场，算得上沛县的最高级别。以山东的鱼干、江南的香辣食品为主，山珍海味被接连不断地端上餐桌。

在座的人都被兴致勃勃的刘邦所感染，席间热闹非凡。刘邦是个喜欢凑热闹的人，平时就喜欢与伙伴们一起狂欢逗乐。即使坐在末席，他也会用妙趣横生的言语和恰到好处的交际手段使席间的焦点转向自己，而此次刘邦坐在了主人的位置上，那神情与做派简直无可挑剔。

刘邦俨然成了宴会的主宰。按说，王吸比刘邦年长，甚至几乎差了一辈，但在这个场合里，他显然比不过刘邦，而且甘愿沦为刘邦的辅佐。作为豪杰王陵族人的王吸似乎对刘邦多少有些敬畏。

出席宴会的人有生以来第一次在如此豪华的酒宴上享受到如此轻松自如的氛围。与坊间粗野鲁莽的恶评相反，这时的刘邦周到得体、彬彬有礼，且能令对方心情舒畅，如此讲究礼节的宴会实属少见。

等到出发前的一切准备就绪，训练民夫和预备演习的日子终于到来了。在前一天，刘邦再次邀请县吏和亭长，并同时邀请负责本次出差具体事务的亭父，又举办了一次豪华的宴会。

第二天早晨，在亭前的广场上，早早就聚集了大批民夫，泗水亭的亭父点名整队。这俨然就是一个朝廷。

白川静认为"朝"字"从艸、日、月"，就"朝廷"一词，他解释道："在殷代，有'朝日、夕日'之礼，以迎送日出和日落，因同时也处理政务，所以被作为'朝政、朝廷'之义使用。"在氏族社会的集会之所，早晚举行迎送太阳的仪式，同时商谈各种事务。这种集会的规模大小不一，在所有的村落举行。它可被视为朝会的起源。

到某一时期为止，在朝廷里，大王和臣下都是站立着的。有关臣下立礼的著名史料，是《论语》中孔子对一位叫公西华、字赤的弟子说"赤也，束带立于朝，可使与宾客言也"的记载。

吉川幸次郎将该句译为："他身着大礼服，立于朝廷之上，足以与他国的宾客应酬。"由此可知，在朝廷上群臣们是站着举行仪式的。

虽然有关王的史料很匮乏，但据《史记》记载，距当时一百多年前的秦国，有人向模仿中原最先进体制、实施最彻底改革的商鞅提出忠告：你改革的措施过于无情、彻底，因此多方树敌，

"秦王一旦捐宾客而不立朝",即全力支持你实施改革的秦孝公一旦去世,你的处境将危在旦夕。商鞅并未接受这一忠告,待秦孝公过世之后,他果真被处以车裂之刑,其族人也被斩尽杀绝。此处对秦孝公使用了"立朝"一词,可见当时不仅群臣,连国王也是站着参加朝会的。

但是,史料中对秦二世却多次使用了"坐朝廷"的表述。也就是说,在这一百多年间,朝会的制度发生了变化,当权者在朝廷上坐于玉座,而群臣依然站立。

刘邦把这种新型的朝礼引入了沛县亭廷的集会。

在泗水亭亭父的指引下,王吸和另一位亭长走上了广场上的高台。令两人吃惊的是,刘邦把他那硕大的独座宛若玉座般安放在高台中央,而两人的独座却如臣下的座席一样并排摆放在斜前方。

在百余名民夫的集会场上,刘邦的独座显得格外耀眼。

在高台下,民夫们列队站立着,亭父等监督者们在指挥的同时,也站立在台下。

此次出差的负责人是刘邦,三位亭长的排列顺序是刘邦、王吸和另一位亭长。但这三位本该处于平级关系的亭长的排列顺序,却很快变成了类似君臣的上下级顺序。端坐在高台中央的刘邦宛若国王,其左右的王吸和另一位亭长就像侍奉在国王身边的宰相。

前两天刚刚受到殷勤周到的款待,收取了珍贵的特产、赠品,两人面对突如其来的位次变更,实在磨不开情面,一时很难产生不满的情绪。事到如今,又不好意思把事情弄得太僵,既然刘邦许诺愿意承担全部责任,两人也乐得图个省心。

这批按规定是在三位亭长的率领之下，实质上却听从刘邦独自指挥的人马就这样出发了。

他们从孟诸泽进入甾获渠，在外黄的南郊停留了数日。刘邦原本想见见张耳和陈馀曾经介绍的几位豪杰，打探一下魏地的情况，但由于张耳和陈馀在秦的严密追查下逃离此地，这些人也离开了外黄，刘邦等人的计划落空了。

倒是从因秦水攻而被夷为废墟的魏都大梁来小黄、外黄投奔亲友的一些乡绅们，听说刘邦来到了外黄，纷纷赶来探望。这些被尊称为父老的人热情款待了年仅二十二岁的刘邦，并举行了盛大的欢迎宴会。

他们在席间交相谈论的都是接替张耳来外黄任职的新县令的暴政。具体说来，与刘邦率领民夫服役一样，大量的农民被征用去修筑秦都咸阳的土木工程和驰道。起初，征用仅限于农闲，可加上路途往返所花费的时间，实际上已包括了农忙时期。由于如果征调人数不足，就会严厉处罚相关的责任人，因此从相关责任人到当地负责人，再到普通百姓，都会不断地接到严酷的处罚令。

这些对现状充满忧虑的父老们，因此对以官家身份率领民夫从丰沛至此的年轻的刘邦寄予了厚望。

作为丰沛地区的任侠，刘邦的目光一直很远大。其视野瞄准的是实力强大且以军队式整齐划一的规则统治天下的秦帝国的中枢。与之不同，刘邦所处的任侠世界却是一种如阿米巴状的不规则人际关系。

然而，现在坐在刘邦面前的父老们所处的环境，既不属于由法制规范建立起来的国家关系，也不属于通过任侠个人力量而不断扩大的人际关系。

刘邦在与这些父老们把酒言欢时，萌生了有一天一定要让他们过上安稳幸福生活的念头。在这些与自己的父亲和卢公年龄相仿的父老们面前，刘邦竟也口口声声地使用"乃公"这一非常失礼的措辞，他那种洋溢着自己是百姓救世主的得意神情是不言而喻的，这使得原本就高大魁梧的刘邦变得更加伟岸。

从丰沛出发行200公里，率领比自己年长的民夫们经水路长途跋涉至此的刘邦得到了很好的锻炼。

告别了父老们，从大梁废墟一带进入鸿沟的刘邦在位于广武山麓的黄河渡口弃舟登岸。有生以来第一次见到如此气势磅礴的黄河，刘邦惊呆了，他完全为这种气势所折服。

黄河源于海拔4500多米的昆仑山脉，全长约5500公里。从源头出发后高度急剧下降，行至约2200公里，到达兰州。

兰州位于黄河从源头至入海口全长约五分之二的位置，其海拔约为1500米，到了此地，黄河的海拔已跌落三分之二。

黄河流至三门峡之后，到源头的距离已达到4400公里，海拔约为250米。三门峡位于黄河从源头至入海口全长的五分之四的位置，但海拔已下落了95%。

从三门峡至广武，即现在的花园口，大约250公里，海拔又降至90米左右。

黄河在三门峡上游与花园口下游的景观截然不同，因此在交通上所发挥的作用也有很大区别。

从黄河的断面图可明确地看到，连位于三门峡和花园口之间的小浪底一带的黄河河宽也不到200米。

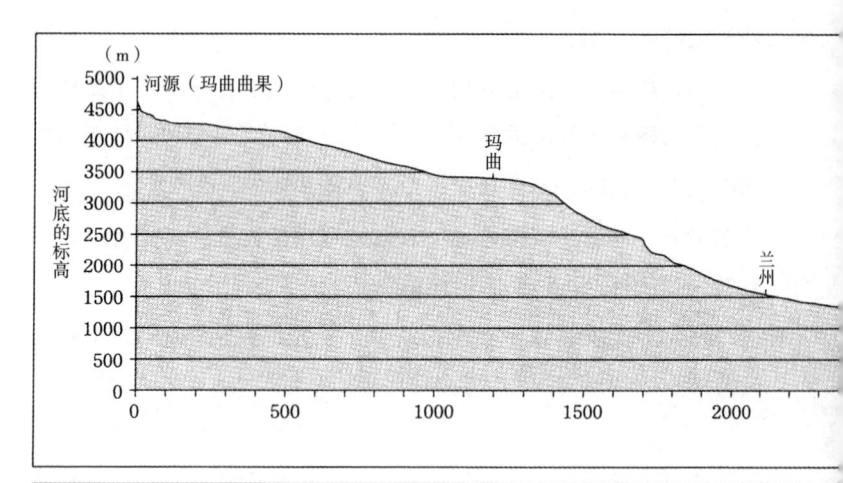

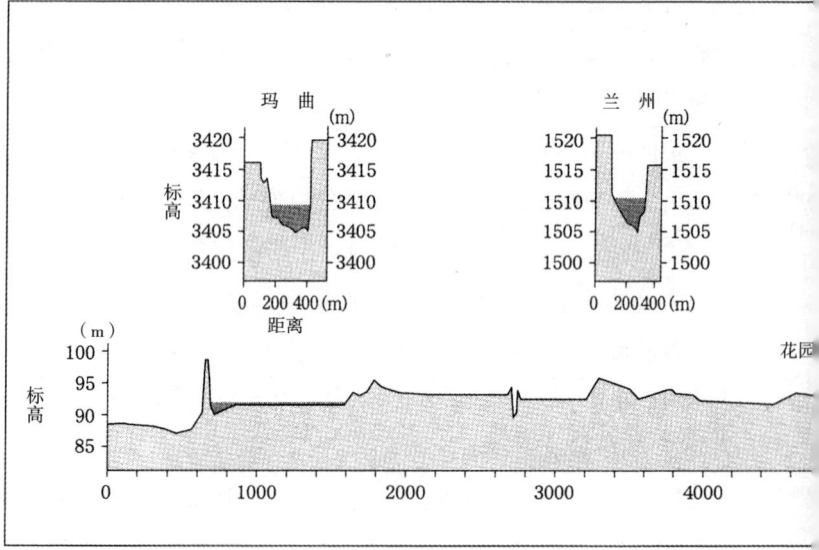

表示黄河落差的纵断面图（上）与表示河幅的横断面图（下）(《黄河流域地图集》，中国地图出版社，1989）

第六章 到咸阳出差

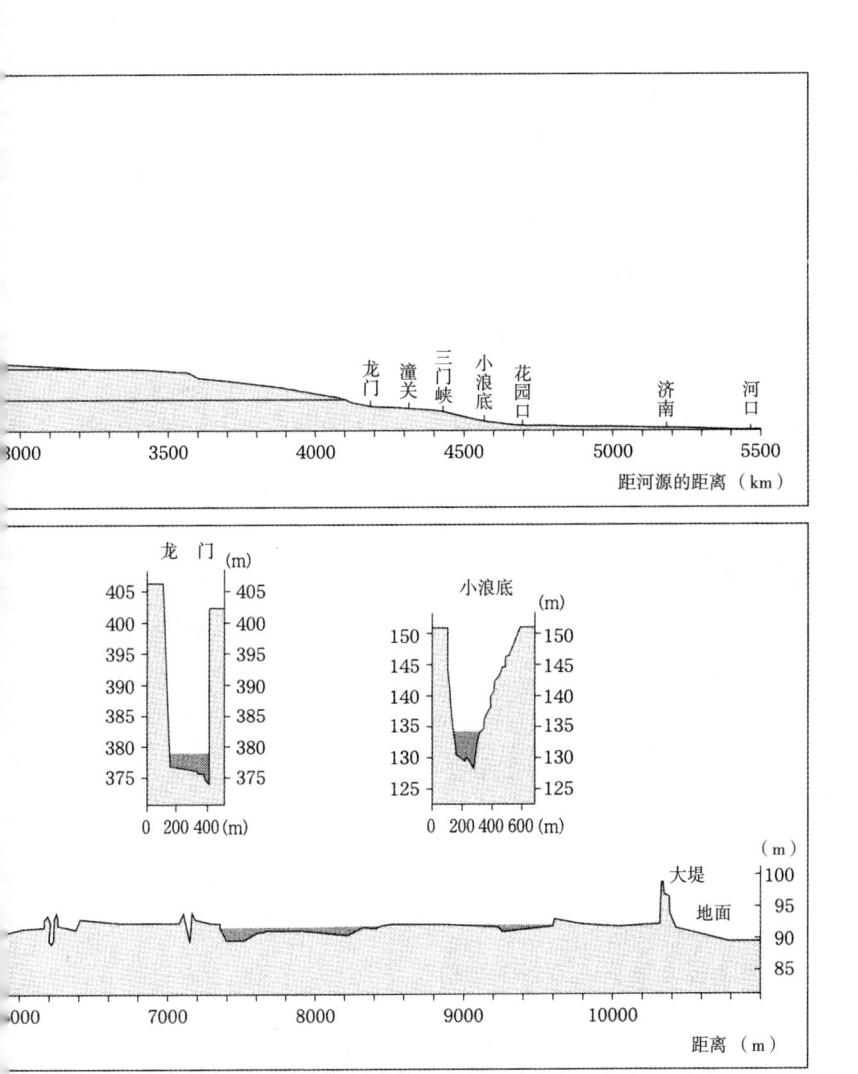

换句话来说，黄河在流至三门峡之前只能算是峡谷，而不是河流。从源头至三门峡，大约每公里就有1米左右的陡坡横跨数百米宽的溪谷。三门峡上游一带的黄河基本不可能发展水运，同时两岸在悬垂岩壁的保护下也不大可能发生洪水。

然而，在现在的花园口附近，黄河河面约宽达10公里。或许刘邦见到的河面还会更宽。自此开始，黄河的下游一带才有可能发展水运，同时，人们也受到了洪水灾害的困扰。

黄河的河面是在从三门峡至花园口中间部位的孟津县开始变宽的，而花园口一带还具有一个重要的地理特征，那就是在这一带，从黄河南岸分流的鸿沟，经过魏的大梁，与通往齐、楚、吴、越等国的水路相连接。

花园口一带，确切地说，地处花园口上游的广武山麓，是当时交通的重要交叉点。从广武沿下水向南就是以广武为外港的要塞城市——荥阳；而在北部沿太行山山脉东麓，从赵的旧都邯郸经中山国，可由分岔陆路至燕的旧都蓟县。

刘邦对这一带的地形颇感兴趣。

自任沛县都亭的亭长以来，刘邦开始对通过水运进行的物流运输产生极大兴趣。用他的话来讲，凭借水上交通，沛县成了西经魏连秦，东连齐，南连吴、越的楚的物流交会点。

在刘邦眼中，控制了沛就等于控制了楚，他不只看到沛是一个地方小都市，更看到了其为天下交通枢纽的影子。

而且，这里通过鸿沟不仅连接了以西约100公里的大梁，而且由洛水连接了再往西约100公里的周都洛阳，然后还绕过名岳嵩山的东麓，连接了以南约100公里的韩国旧都阳翟。

## 第六章 到咸阳出差

从繁华程度来看，河港广武和其身后的荥阳是可称为天下中心或天下枢纽的重要地区。

在战国时期，位于钜野泽西南的定陶曾被称为"天下之中"。

定陶由济水西连魏的大梁，东连齐的临淄，又通过跟济水相连的菏水与泗水汇流，与楚、吴、越等地连接在一起。从定陶西北的白马津渡过黄河，经魏的安阳越过赵的邯郸，便进入了通往燕国蓟县的太行山东麓的陆路地区。这实际是"中原之中"，但由于在当时中原就基本等同于天下，因此"天下之中"的说法也是十分合理的。

使这一地理生态和政治格局发生极大改变的是西方秦国的崛起。可以说，秦国的强大使"天下之中"向西挪移了约200公里。

在荥阳休整队伍的刘邦利用各种手段收集了大量有关敖仓的情报。

虽然了解近乎军事机密的敖仓的情报是极为困难的，但刘邦凭借其搜集信息和观察事物的能力，确信萧何所谈到的传闻基本属实。

至于洛阳，它繁华的市景和喧闹的街容都给刘邦留下了眼花缭乱的印象。

到达目的地咸阳后，《史记》称刘邦"纵观"了咸阳城。

刘邦本来应该在现场监督所率领的民夫，但他把这个任务委托给同僚，自己则前去视察咸阳的状况。因为这是萧何托付给他的最重要的任务之一。

也正是在此时，刘邦第一次看到了在华丽车马行列中央、由六匹马牵引的金根车的玉座上气定神闲端坐着的秦始皇。《史记》

中记载刘邦"喟然太息曰":

> 嗟夫,大丈夫当如此也!

他对端坐在华美庄严的车马行列之中、表现出一副宛若宇宙中心的威严的秦始皇简直着了迷。"啊!身为男儿,就得成为他这样的人!"刘邦的这一声叹息,自古以来一直被视为充分表现他坦诚与积极向上的人生观的绝好实例。

在这之前,刘邦看到的只是丰沛的地方社会和作为故乡的魏的状况,而且即使他具有居住在丰沛地区的楚人意识,也从未正确地把握楚的动向及其意义。但自从秦始皇的身影出现在他眼前之后,他眼中的天下开始逐渐扩大起来。

刘邦看到的秦始皇是掌控天下法网的统治者的形象。楚国就是被这张网套住的最大的鱼群。过去只知道在网中横冲直撞寻求逃生之路的鱼群,逐渐开始形成一个巨大的集团,冲破罗网的企图在暗流中涌动。此时刘邦已隐约意识到天下将会出现一种以楚为抗秦轴心的态势。

刘邦曾经与卢绾和夏侯婴等人谈论过天下时局,而且在他的天下观中可以清晰地看到自己高大的形象。但是,对于自己究竟具体处于怎样的位置,刘邦却又陷入茫然的云雾之中。通过看到统治天下的秦始皇的身影,刘邦逐渐开始有意识地将自己与这个天下现实性地连接起来。

率领百人之众的民夫并非易事,好在没出什么大乱,顺利完成了在咸阳的任务,结束九个月的劳役,刘邦等人踏上了归途。

途中,尽管因饮食等一些小事与其他民夫集团也发生过纠

## 第六章 到咸阳出差

纷，遇到了各种各样的困难，但在纪律问题上，刘邦集团却与其他集团有着天壤之别。可以说，从秦帝国的角度来看，刘邦集团属于值得表彰的模范民夫集团。

在出发之前，刘邦和王吸等人对队伍进行了严格的训练，而且在出发的前一天，他自费为大家举办了宴会。一再重申在途中的任何场合都严禁饮酒和赌博。

"为了能活着返回家乡，重新与父母妻儿团聚，只要大家严守纪律，我会保障大家的安全。"刘邦在众人面前郑重宣誓，也让众人对天起誓。

大家在近一年的时间里严格遵守了刘邦在演说中提到的规定，刘邦等首脑人物也没有克扣过民夫们的任何费用。仅这一点，便足以令人刮目相看。

实际上，这些规定得以严守多亏了王吸等人的努力，刘邦本人则只是悠然自得地与伙伴们嬉戏打闹。但是，在与旧六国之人和中央的官吏打交道方面，刘邦凭借自己的威望与社交能力，明里暗里让整个集团获利。

一年之后，重返沛县的刘邦成熟了许多，与之前简直判若两人。他落落大方的举止中充满着自信。

这些共同经历过艰难困苦的民夫们对刘邦寄予了无限的信赖与尊敬。他们已经成为刘邦潜在的亲兵。

左右乡里舆论的父老们也对能够顺利率领家乡子弟返乡的刘邦赞不绝口。

# 第七章 与吕雉的婚姻

《史记》记述的刘邦与吕雉（即吕后）的婚姻概况大致如下：

在丰邑以西约50公里的单父县，有一位名叫吕公的人。为躲避仇人的追杀，他来投奔旧友——沛县的县令，因此迁至沛县。

因有贵客光临，沛县有头有脸的权贵们纷纷前来道贺。萧何主持了这场宴会，因为来宾过多，他便声称"贺礼不超过千钱者，请坐在堂下"。

根据永田英正有关汉代物价问题的见解，汉代大米的价格是一斗六合七十钱左右，那么，换算为现在的单位，按1公斤合三至四钱来计算，千钱就相当于250~300公斤大米，是一笔不小的金额。

笔者认为，刘邦与吕雉大概相识在秦始皇修筑长城之前，即秦朝的危机还未表面化的时期。拿这一时期的米价来比较汉代的米价似乎有些困难，但这个数字可以作为考察千钱价值的一条线索。

现在值得参考的是1930年瑞典探险家斯文·赫定发现的由汉代居延边境防卫机关制作的文书，名为居延汉简，其中有关于宴会的史料。

下文所示的，是1970年由中国研究者在居延发掘的被称为"居延新简"的史料。

受甲渠君钱千

出二百五十买羊一
出百八十买鸡五只
出七十二买骆四于
出百六十八籴米七斗
出百卅沽酒一石三斗

● 凡出八百六钱
今余钱二百

甲渠君是指汉帝国设置在西部边境居延地区军事据点的最高长官——甲渠候官。

在第六章中已谈到，黄河源于昆仑山脉东部附近、青海省巴颜喀拉山北麓的草原地带，然后东流或北流，最终在甘肃兰州一带与数条支流汇流。其中一条支流在当时被称为"乌亭逆水"，

## 第七章 与吕雉的婚姻

沿此流而上，其水道直通西域。支流逆水而上的地方就是丝绸之路东端河西走廊的起点，河西走廊的西端就是位于塔里木盆地东部入口的敦煌郡玉门关。

由绿洲、沙漠和内陆河形成的河西走廊原本是匈奴的游牧地，汉武帝时期由东向西依次设置了酒泉、张掖、敦煌三郡。甲渠候官设在张掖郡北部的居延泽。

对新出土史料的研究表明，甲渠候官的手下设有由十几个守备兵组成的候和由几个守备兵组成的隧，拥有一百多斥候的军营，合计共有一百数十位下级军官和四五百名兵卒。

该木牍记载的是一份财务报表。内容是甲渠候官的部下共收到作为宴会费用的一千钱，然后用二百五十钱买了一只羊、一百八十钱买了五只鸡、七十二钱买骆四于、一百六十八钱买米七斗、一百三十钱买酒一石三斗，共支付八百零六钱，剩余约二百钱，显然这是一份会计报表。

其中的七十二钱买骆四于，颇令人费解。

骆一般指鬃毛发黑的白马，其计算单位为"于"，从一于合十八钱来看，显然不是指马本身。或许"于"就是"盂"，四盂就是四罐奶酪的意思。

汉代的石、斗、升各自相当于现在日本单位的十分之一强，而米七斗不足日本的八升。同样，酒一石三斗比日本的一斗四升略多，但按当时的酒精浓度来算，实际只有一半左右，相当于日本酒的七升左右。

从米和酒的使用量来推测，该汉简表明，二十余人的宴会预算大概在千钱以内。

这是西汉末期的例子，考虑到当时的物价比秦末时期要高，在吕公的欢迎宴会上收取千钱的贺礼应该算是相当大的金额。

言归正传,一向喜欢戏弄沛县众官吏的亭长刘邦明明身无分文,却将写着"贺钱万"的谒交给了负责接待的人。谒被转入内堂,吕公惊恐万状,马上起身亲自到门外出迎。"贺钱万"竟然有如此的效应。

一向喜欢相面的吕公看了刘邦的相貌,对他非常敬重,客套寒暄之后,郑重地将他引入座席。

"这个叫刘季的家伙素来喜欢吹牛,可从来不付诸行动。"唯恐怠慢了上宾的萧何赶紧向吕公解释道。

可刘邦却大摇大摆地步入座席,一边嘲弄着周围的来宾,惹得众人哈哈大笑,一边若无其事地坐在了上座。等屋内安静下来之后,却没有一个人指责他。

宴会高潮过后,吕公示意刘邦留在座席上,刘邦便坐在那,慢慢地喝着酒。

"我从年轻时就喜欢给人相面,曾经相过许多面,但都没有比得上季大人的。望大人自珍自重。我有个女儿,能让她给大人做个洗衣、清扫的下女,侍奉在大人身边吗?"吕公说道。这当然是直接向刘邦提亲之意。

宴会结束之后,吕公之妻吕媪大怒,她责怪吕公说:"你平时不是说此女非同寻常,只能嫁给贵人吗?沛县县令与你素来要好,他对此女也有意,你都没有答应,现在偏偏将她嫁给刘邦,究竟打的什么主意?"

吕公只丢下一句"这不是女人能明白的事",就把女儿许配给了刘邦。

## 第七章　与吕雉的婚姻

这个吕公之女就是后来的吕后，吕后生了惠帝和鲁元公主。

《史记》在这里介绍吕公与刘邦相识的过程，从表面上看，好像是吕公被"固多大言，少成事"、夸夸其谈的刘邦所吸引，把自己最得意的女儿嫁给了他，实际上这也是人们普遍的看法。

但是，楠山修作却对这一解释提出了疑问。他认为这不过是吕公与刘邦两人在事先商讨之后所演的一场戏罢了。笔者也基本赞同楠山氏的见解。

《史记》是在早已知晓刘邦登上皇帝宝座的情况下，才毫无异议地接受了这种说法。试想一下，面对县令的贵宾，刘邦编造一个早晚都会露馅的谎言会产生怎样的后果？况且，按照一般的看法，刘邦在满四十或五十岁之后才终于爬上了亭长的职位，如此大龄还使用这类雕虫小技，这样的人会在日后成为皇帝，实在令人难以置信。

这次会面的重点是吕公发现了一个足以将自己最珍爱的女儿托付终身的合适人选。

实际上，在当时，类似的故事并不罕见。

陈平是阳武户牖乡人。他年少时家境贫寒，与兄长陈伯同住。在家务农的哥哥一直在竭力鼓动风度翩翩、身材魁梧、有着旺盛求知欲和出人头地野心的弟弟外出游学。

当时，闭塞于城郭的狭隘世界正逐渐向广阔天下不断开放。在以往狭隘封闭的市井社会里，人们每日相见，一言一行都是在相互熟知的生活环境中展现的，一时的诡辩、机巧，甚至外貌、衣着的变化都不会起到太大作用。但到了广阔开放的社会，广泛的人际关系会在千里之外发挥作用，这种人际关系有时会成为决定人们生死的要因。在这种环境下，相貌堂堂的外表有时会变得至关重要。

陈平属于那种连对他怀有敌意的人都不得不赞叹其相貌的美男子，他从容不迫的举止堪称天下少有的伟丈夫。

陈平也终于到了结婚的年龄，但由于极为不堪的家境，没有富裕人家肯把女儿嫁给他，而娶一个家境贫寒的女子为妻，陈平又心有不甘。

后来，陈平对一名女子产生了好感，她就是阳武户牖乡富人张负的孙女。此女相貌俊俏，但性格刚毅，因五度出嫁又五度丧夫，各种谣言便应运而生，终于无人再敢迎娶这位女子。

但陈平却对此并不在意，他认为此女美丽、刚毅，娘家又家财万贯，迎娶她有助于实现自己的野心，而且如果她真是一个可以克死自己的女人，那反倒更加魅力四射、值得一爱。陈平决定迎娶这位女子。

一次，邑里举行一场葬礼。家境贫寒的陈平以往只有在心血来潮时才会到葬礼上去帮忙，但这次当他从主事人那里得知张负也会参加时，便早早来到葬礼帮忙，拼命表现，直至很晚才回家。

在葬礼上卖力表现的陈平，果然引起了张负的注意，而且他对陈平那仪表堂堂的外貌甚为满意。察觉到这一切的陈平便故意耗到最后一个回家。张负尾随陈平来到陈家，映入眼帘的虽然是间挂着草席、破烂不堪的窝棚，但在蓬牖茅椽的窝棚门前，却留下了大量豪华马车的轮印，这显然是有身份的长者们来此造访的标志。

张负一回到家就对儿子张仲说："我想把孙女嫁给陈平！"

张仲不以为然地应道:"陈平是个不务正业的人,县里没有不嘲笑他的,为何偏偏要选个这样的人?"

"你见过陈平吗?哪有像陈平这样仪表堂堂的美男子会永远贫贱!"

就这样,张负把孙女嫁给了陈平。娶到富豪张家的女子后,因得到女方娘家的资助,陈平得到了大量资金,其交友范围变得更加广泛。对此,《史记》以"游道日广"予以描述。

陈平一直都与长者们交往。所谓长者,就是贤良有德的大人物。在长者周围,追随着一帮血气方刚的年轻人,不论天南地北,只要是与自己意气相投的贤德长者,他们都会与之往来。用现代话讲,他们建立了一个广泛的人际关系网。

在这一时期,社会在政治、经济等方面都在向更广大的领域发展。有时,凭借远至千里之外的情报网可能攫获千金,但也可能会因信息传达的些许滞后而给政局带来决定性的改变。也就是说,是否值得与之交换重要情报、是否拥有广泛而相互信赖的人际关系等,都将直接或间接地决定一个人的社会地位。

在宏观上对人与社会的发展动向具有独到见解和判断能力的,被称为贤;具有建立并维持广泛人际关系能力的,被称为德。

堺屋太一用"知识价值社会"①和"好缘社会"②来形容现代日本社会的特点,而在距今两千多年前的中国社会里,也出现了类似的状况。

《史记·游侠列传》中记载了当时人们的真实心态:"鄙人有

---

① 知识成为经济增长和企业利益主要来源的社会。——译者注
② 按照个人喜好的因缘组建起来的社会。——译者注

言曰：'何知仁义，已飨其利者为有德。"即哪管什么仁义，能给自己带来利益的人便有德。

在现实中，财富是达到贤与德的必需品。从拥有财富的人的角度而言，广泛的人际关系是增加财富和防止财富流失的保障。在这里体现了贤德兼备的任侠长者与富人的结合。

陈平为了使自己成为未来重要的长者，而成为富豪张家的女婿。

另外，还有以刎颈之交而闻名的张耳和陈馀的例子。已在本书中多次出现的张耳是魏都大梁人。年轻时，他是魏公子无忌，即"战国四公子"之首的信陵君的食客。信陵君死于安釐王三十四年、秦王政四年（前243）。之后，张耳亡命至大梁东部60公里之外的外黄。亡命就是"亡名"之义，即不调动户籍，成为没有户籍的流浪者。

在张耳逃亡的外黄有一个富人，这个富人也有一位相貌出众的女儿，可此女出嫁之后，因与丈夫不和，便逃离婆家，寄身于父亲的一位友人家中。这位友人与张耳相熟，他告诉此女，如果想与一位可靠又能干的"贤夫"结婚，张耳是个好人选。此女听信此言，与前夫离婚，毅然嫁给张耳。

当时的张耳还是个居无定所的流亡者，一向清贫，但妻子的娘家用其财富"奉给"张耳。张耳因得到女方家的资助，广开交游之道，由此得"致千里客"。

张耳凭借其获得的人际关系，摇身一变，成为外黄的县令。《史记》称张耳"名由此益贤"。

就这样，张耳在获得县令的权力和名誉的同时，又作为广交四方来客的任侠长者得到了享誉天下的贤名。

## 第七章　与吕雉的婚姻

如果外黄的富裕人家没有熟知张耳的友人，张耳也就无缘与富家女子结亲；如果张耳不是依靠女方家的财力建立了广泛的人际关系，也不可能升官发迹。

此外，还有一个父事张耳、与他有着刎颈之交的陈馀。

陈馀也是大梁人，自幼好儒术，因常去赵的苦陉游玩，与赵的豪杰多有交往。苦陉的富人公乘氏非常赏识陈馀，便将女儿嫁给了他。

终于有一天，秦政府了解到魏地的情况，准备捉拿张耳等人。得益于自己庞大的信息网，张耳得知将有杀身之祸，便与陈馀等人隐姓埋名，逃往战国时的陈邑。这是楚国曾立为首都并取名为郢陈的邑。

后来，陈涉攻陷了陈，并将陈作为张楚的都城。张耳和陈馀拜谒了陈涉，陈涉久闻两人的贤名，甚为欢喜。从此，张、陈二人的命运有了新的发展。

陈平、张耳、陈馀都因前途无量、具有任侠特质而得到富人们的赏识，并作为一种前期投资把女儿嫁给了他们，同时又给这些女婿提供足够的经济资助而使他们羽翼丰满。由此可见，在社会动荡的年代，财富与卓越的人格特质之间具有强大的吸引力。

在了解上述情况后，我们是否会对吕公和刘邦之间的关系产生一种新的看法呢？

据史料记载，吕公是砀郡单父县人。他在江湖上被仇人追杀，但同时又与毗邻砀郡的泗水郡的沛县县令关系密切。可以说，吕公在表面上与官场的人多有来往，但暗中又是个可以仗节死义的任侠长者。

与砀郡单父县南部相连的是下邑县。后来刘邦在袭击项羽的根据地彭城的时候，与他同行的吕雉的哥哥周吕侯吕泽并未进入彭城，而是在一步之遥的下邑休整军队，由此可以推测，下邑原本属于吕家的势力范围。

可以说，在秦末社会动荡不安的时期，砀郡的单父县和下邑县是吕氏任侠的势力基础。

在东部相邻的泗水郡的沛县，刘太公和刘邦的势力开始增强。虽然卢绾和樊哙时常像影子一样追随在刘邦身旁，但同时在其身后隐约存在的还有沛县官吏萧何与曹参。

吕公看中了刘邦，作为前期投资将其招为吕家之婿。但在世人看来，此时的刘邦不过是个初出茅庐、刚任沛县泗水亭亭长的愣头青。刘邦编造出"贺钱万"的闹剧，登上了令人瞩目的舞台。

刘邦认为，如果被大侠吕公判定是符合"贺钱万"身份的豪杰的话，"贺钱万"的具体问题便会不了了之，而刘邦在县衙内的地位也会相应提升。

这场闹剧是从刘邦递上"贺钱万"的谒、吕公慌慌张张地出外相迎开始的。如果吕公没有相迎，戏剧只能在刘邦交不上一万钱后便草草收场。

闹剧的剧本应该早已在刘邦与吕公之间秘密商定好了。恐怕除了他俩，谁也不了解这个密谋。就连最了解、支持刘邦的萧何也在不知情的情况下，为避免责任，狠狠地说了不少刘邦的坏话，而吕媪更是在盛怒之下大发雷霆。

对于吕媪的怒气，吕公只回了一句"此非儿女子所知也"，便作罢了。

## 第七章　与吕雉的婚姻

吕公在刚才的宴会上声称从年轻时起就喜欢给人相面，多年来已相了很多人的面，盛赞无人能与刘邦的面相相比。如果此话当真，吕公应该对盛怒之下的妻子耐心解释过刘邦拥有可夺得天下的面相等事由。

在这个时代，面相被看得很重。这还可以从把孙女嫁给陈平的张负对儿子所说的"人固有好美如陈平而长贫贱者乎"这句话中略知一二。更何况吕公多年研究人的面相，应该善于通过观察面相甄别人才，熟知丈夫这一能力的妻子吕媪自然会接受这种解释。

而吕公说的"此非儿女子所知也"，意即这不是你们女人所能知道的一种计谋，暗示了这不过是演了一场戏。

前文已经提到，刘邦一向受到萧何和曹参的庇护，而现在又通过与更有势力的吕家联姻，使自己未来的路变得更为宽广。

下面想谈谈吕家究竟有何种家世与势力。

就吕公的身份问题，郭沫若曾指出，他很有可能与秦国宰相吕不韦同族。在此之后，前文提到的楠山修作则将郭氏的这一观点进一步发展，他断言吕公是吕不韦的儿子。

吕不韦是原籍韩国阳翟的大商人。他为了出世，看中了在赵国过着贫困生活的秦公子子楚，从而上演了以成语"奇货可居"而闻名的战国末年颇具戏剧性的一幕。

虽然子楚对当时的秦王来说不过是众多妾生的孙子之一，但吕不韦一掷千金的政治斡旋终于奏效，子楚最终不但返回了秦国，还登上了王位。这个庄襄王子楚的儿子嬴政，就是秦始皇。一切都按照吕不韦预想的那样发展，他也成了左右秦国国政的宰相。

郭氏上述推测的依据是，在赏赐给吕不韦的包括洛阳在内的三川郡封地中，就有吕公的故乡单父县。而楠山修作则认为吕公效仿父亲吕不韦，故伎重演，在刘邦身上做了前期投资，而吕不韦主持编撰的《吕氏春秋》以道家思想为精神内涵，这种精神主旨与标榜无为自然的吕后的治世方针完全吻合，这是楠山论点的基础。

本书欲从略微不同的角度来探讨这一问题。

嬴政的母亲在嫁给子楚成为其正妻之前，是吕不韦的爱姬。对此女一见钟情的子楚提出想娶她为妻，吕不韦不得不将她让给了子楚。

庄襄王子楚死后，成为太后的她又与吕不韦接续前缘，暗中保持着暧昧的关系。吕不韦深恐此事被察觉，为了脱身，便找来"大阴人"嫪毐，将他以宦官的身份送到太后身旁。

太后十分宠爱嫪毐。嫪毐被授予爵位，封为长信侯，还得到了领地，以至于"事无小大皆决于毐"。后来，得到太后宠爱而冲昏头脑的嫪毐因发动宫廷政变而受到镇压，嫪毐被车裂，其一族也被斩尽杀绝。

因受此事的牵连，吕不韦也被罢免，在走投无路之下只好服毒自尽。

据《史记》记载，吕不韦把这个女人让给子楚的时候，她已怀有身孕，秦始皇实际上是吕不韦的儿子。

郭沫若断言这不过是个传说，是根本不可能的事。但是，在嬴政继承王位之后，已经荣升为太后的旧情人爱姬却与吕不韦保持暧昧的关系也是一个无可争辩的事实，因此，秦始皇完全有可能是吕不韦之子。

## 第七章　与吕雉的婚姻

吕不韦自杀了，但一切果真就这样结束了吗？那些幸存的吕不韦的亲族自然受到了很大打击，因为吕不韦曾功劳卓著，不难想象，这些亲族对事件的处理结果怀有极大的怨恨。

如果从这一点出发来观察秦末的反秦斗争，可以发现几个有趣的事实：

第一，在这一时期的反秦斗争中，有许多吕姓之人作为重要人物参与其中。

第二，这些人的地域分布有一定的规律。他们起义时的居住地是以洛阳为顶点，以扇形向外扩散的。如果从吕不韦的领地在洛阳、他自杀后其亲族们纷纷从洛阳逃散的角度来考虑，这种状况非常好理解。

第三，这些人最初除了参加刘邦军团之外，在起义初期有的参加了陈涉军，有的参加了项梁、项羽军，但就目前所知，从楚汉战争开始，这些人全部归属于刘邦军团。

上述几点表明吕公很有可能就属于吕不韦一族。

娶了身为吕不韦一族、又为单父大侠的吕公之女，这给刘邦的人生带来了很大转机。无论是从人际关系的扩大，还是从名望、资金等方面，都为刘邦打开了一个崭新的局面。

但是，为了详细具体地了解当时的局面，我们有必要确定一下刘邦与吕雉结婚的具体时间。遗憾的是，迄今为止没有留下任何相关的一手史料，我们只好从研究刘邦家族史的方向出发来寻找一些线索。也许这是目前唯一的方法。而刘邦与吕雉生下刘盈（即日后的惠帝）的时间便可以成为一个线索。

据《汉书・惠帝纪》记载，在汉高祖刘邦初为汉王之时，刘盈五岁。如果按照《史记》年表的记载，刘邦攻入咸阳迫使秦王子婴投降是在汉元年（前206）来推算，刘盈出生在秦始皇三十七年（前210）。

按照常理，从此前应有一年的怀孕期，加上其姐鲁元公主一年的怀孕期和三年的哺乳期来推算，刘邦与吕雉结婚的时间应该在秦始皇三十二年（前215），即刘邦二十三岁的时候，或者更早。

尽管这是一个缺乏有力证据的推测，但本书暂且把秦始皇三十二年假定为刘邦结婚，也是他与吕公及其家族结识的那一年。在此年的前一年，发生了秦始皇在咸阳遭刺客袭击的事件，因此在关中地区进行了二十多天大规模的搜查。其中是否有吕氏一族的参与不得而知。

到目前为止，人们一般认为刘邦与吕雉结婚的时间还要更早些。与此相关值得玩味的是预示刘邦家族将会出人头地的一段著名逸闻。

《史记》对此记载如下：

高祖任亭长时，常常告假回家。一天，吕雉与两个孩子在田间锄草，来了一位老人向吕后讨水喝，吕后不但给了水，还把自己的饭分给他吃。老人看了她的面相后说："夫人是天下的贵人。"吕雉又请老人看两个孩子的面相，老人见到刘盈，说："夫人之所以尊贵，是因为这个孩子。"等老人走后，刘邦正好过来，吕雉将刚才的事情告诉了他。刘邦询问老人的去向，吕雉说："他应该没走多远。"刘邦赶忙追上去询问，老人说："刚才的夫人和孩子的面相与您酷似，您的面相则高贵得无法形容。"意即有天子之相。刘邦谢道："如果日后真如老人家所言，我绝不会忘记您的恩德。"等刘邦登上天子之位，再去寻找这位老人时，却再

## 第七章　与吕雉的婚姻

也没有找到。

简单阅读这段故事，便不难看出两个孩子已经长大到可以帮助家人锄草的年纪。上文的"吕雉与两个孩子在田间锄草"的原文是"吕后与两子居田中耨"，这确实应该解释为两个孩子也在一起干活。

但是，刘盈生于秦始皇三十七年（前210）的话，在第二年的秦二世元年（前209）七月，陈涉就揭竿而起了，同年九月刘邦也举兵起义，因此，刘邦担任亭长的时期，刘盈还是个出生不久的婴儿。

由此推测，或许上述故事纯粹是后来作为刘家未来的预言而被捏造出来的。正因为如此，孩子的年龄等一些具体细节也就无暇经过周密计算而被忽视了。从刚才捏造的逸闻中孩子的年龄问题出发，才出现了人们普遍认为的刘邦与吕雉结婚比实际时间更早的说法。

此前讨论该话题的重点虽然是有关刘邦的面相问题，但为了宣扬惠帝即位的正当性，这也很有可能是吕雉手下编造的一个故事。

在此，来看看有关刘邦发迹的预言，其中大致分为两条主线。

第一是刘邦相貌如龙，预示了他日后一定能成为皇帝。比如在第二章中介绍过《史记》的"高祖为人，隆准而龙颜，美须髯，左股有七十二黑子"的记载。

这段记载的核心部分大概不是后世附会的。刘邦也以自己的相貌为荣，时常以此作为吹牛的资本。在刘邦生活的那个动荡时期，如此自吹自擂是很自然的事情。

刘邦在酒馆里喝得烂醉，睡着的时候身上有龙浮现、刘邦的母亲与神龙交配生了刘邦、赤帝之子刘邦斩了化为大蛇的白帝之子……以上种种传说都属于这条主线。这是刘邦相貌酷似神龙最直接、最实际的说法。

有趣的是，刘媪与神龙交配、生了刘邦的目击者却是刘邦父亲本人。在《史记》的记载中，虽然在刘邦发迹的预言中并未出现过刘太公，但在其他史料中，却有刘太公年轻时的一段趣闻。他在山泽间游玩时，遇到一家冶炼店，店主说："如果将你的佩刀锻造成神器，便可得到昴星之助而夺取天下。"刘太公将这把锻造后的佩刀传给刘邦，刘邦用此刀统一了天下。这个所谓的昴星就是萧何。在这段简短的趣闻中出现了一介任侠之士——刘太公的形象，由此可见，这种预言的来源就是刘邦和刘太公。

同样，在看了刘邦的面相后预示其将要发迹的两段逸闻（吕公和过路老人）中出现了吕公和吕雉这两个人物，也绝非偶然。

另一条主线是刘邦所在之处飘浮着天子之气。

从《史记》的一条实例来看，秦始皇对东南方向时常飘浮着天子之气一直很在意。他在巡幸天下的途中，特意赴东南方，意欲镇住此气。有所察觉的刘邦慌忙隐藏到"芒、砀山泽岩石之间"。吕雉等人去寻找刘邦的时候，每次都能掌握他的去向。刘邦不解地询问原因，吕雉答道："你所到之处，总是飘浮着一团云气，只要到了那里，自然能见到你。"

"山泽岩石之间"，虽从文字上讲是指山地和湖泊交会的地区，但从抽象意义来说，这是无赖之徒经常出没的地方。

从已经知道刘邦做了皇帝的角度而论，上述说法显得有些世故和趋炎附势，而这里仍然有吕雉出现。

## 第七章　与吕雉的婚姻

此种类型的传闻最早见于陆贾的《楚汉春秋》。陆贾在当时不但以善辩而著称，而且也因他在刘邦死后吕氏专制时代仍能左右逢源而为众人所知。

如果综合上述两条主线将其简单进行概括的话，可以略述如下：

从某一时期开始，刘邦和其父刘太公意识到刘邦具备英雄的素质，便开始积极地在伙伴中间制造一种氛围，但其内容相对比较单纯和实际。而到了后来的吕氏，虽然在时间上稍晚一些，但他们已经开始以一种周密策划的故事形式大肆渲染刘邦是天命所系。

我们很难确定吕氏究竟是从何时开始替刘邦造神的，只知道吕公有两个儿子，分别叫吕泽和吕释之，在刘邦揭竿而起之时，二人各自率领独立的军团加入刘邦集团。他俩是才能出众的战将，为日后汉帝国的建立立下了汗马功劳。

我们无法断言在吕公看中刘邦的能力、将女儿嫁给他的时候，就有立刻将刘邦推上统帅地位的打算。或者说，他们起初只把刘邦视为自己最有前途的同盟者，但从某一时期起，他们开始转变方向，逐渐将刘邦推上统帅甚至皇帝的位置，这样理解也许更合乎当时的实际状况。

总之，吕氏一族从很早开始就预谋向秦始皇复仇。吕雉与刘邦的婚姻，是吕氏家族整个复仇战略中的重要一环。

《史记》特为吕后立了本纪。这虽然受到后世的诟病，但如本书序章所述，这是反映当时实际状况的正确判断。《吕太后本纪》就吕后的性格和她对汉朝建立做出的贡献记述如下：

> 吕后为人刚毅，佐高祖定天下，所诛大臣多吕后力。

吕后确实刚毅果敢，而且有强烈的权力欲。从这种意义上讲，她和刘邦堪称双雄合璧。

在当时，很难找到在这一点上与此二人相匹敌的人物。如果非要找出一例，或许只有明明不过是个傀儡，却还要堂皇地探讨治理天下之术、执着追求权力之道的楚怀王。

而项羽竟然不在其列，因为项羽的热情与此二人有着本质上的区别。而在日薄西山的秦王朝中，掌握实权的宦官赵高，不但其超常的权力欲缺乏正统性，而且他不具备宽广的胸襟和高尚的品格。

吕雉虽是听从父命嫁给刘邦的，但一旦成为刘邦之妻，她便开始向刘邦灌输帝王之学，全身心地致力于把刘邦打造成一名名副其实的皇帝。而这里所谓的帝王之学，可不是礼仪礼法或典章制度之类的正统之术。

有了到咸阳出差的经历，刘邦的视野开始转向直接争夺天下。但是，让他明确立志夺取天下的却是吕雉。刘邦通过与吕雉的相识相爱，才开始确信自己具备此潜力。

对刘邦而言，这一时期与吕雉的共同生活是一段不可思议的经历，这是继与卢绾、夏侯婴之后的第三次"相爱"经历。

吕雉不但相貌出众，而且富有感性，她从一个女性的角度在内心中接受并深爱着刘邦。然而，这里所谓的"相爱"，绝非男女之间微妙细腻的情感。作为一名女性，吕雉可谓魅力四射，但她同时又具备与其他女性完全不同的一面，这一面正是与"相爱"有关的。这个"相爱"不是男女之间的爱情，而是志同道合者之间的友情。

## 第七章 与吕雉的婚姻

刘邦在与卢绾的"相爱"过程中逐渐成长,从而活跃于丰邑的舞台;又在与夏侯婴的"相爱"过程中得到锻炼,从而活跃于沛县的舞台;现在他又在与吕雉的"相爱"过程中逐渐成熟,从而将天下的舞台放进了自己的视野。

作为吕不韦一族中的女性,吕雉并不只是倾诉对秦始皇的仇恨,她在讲述秦都咸阳宫中的庄严、一丝不苟的统治和秦始皇勤勉无比的执政状况时,还把从洛阳逃至各地、正在着手准备反秦斗争的吕氏一族的情况告知了刘邦。

吕雉并不懂得如何才能推翻强大的秦帝国,但是,父亲吕公自逃离洛阳以来,苦心经营建立起了以单父县为中心的任侠式人际关系,吕雉坚信这种关系未来一定会起到某种作用。

吕雉的父亲和韩国贵族张良一样,逃亡之后便藏身于任侠的世界里。与哥哥们一起长大成人的她,对于时局的判断大多以任侠世界的理论为基础,不但稳重,而且具有足够的说服力。在与吕雉的交谈中,刘邦以必胜的信念,开始描绘自己走向天子之路的蓝图。吕雉也确信自己的丈夫是一位可以超越自己最崇拜、最骄傲的父亲的任侠之士,也是最终能够统治天下之人。

吕雉才是配得上刘邦的大人物。

刘邦一生从未将自己生存空间的主导权交给他人,吕雉亦是如此。最终把两个原本很难走在一起的人联系起来的,是他们对对方的敬畏和爱慕。

只要是为了刘邦,吕雉可以无所畏惧。因混迹于无法无天的地下社会,刘邦曾遭到通缉,而吕雉却顶替逃亡的刘邦进了监狱;为了帮助躲避在芒、砀山泽地带的刘邦,吕雉抱着乳臭未除的孩子，为其运送必需物资、传递重要情报；在彭城之战刘邦被项羽击败后的三年零十个月里，吕雉度过了作为项羽俘虏的屈辱岁月，同时还照顾着同为俘虏的刘邦之父。

自结婚以来，吕雉作为刘邦的糟糠之妻，忠心耿耿地侍奉、协助刘邦。在她看来，这些辛苦是她对刘邦爱的象征，是她生命的象征。然而，她对刘邦的爱却并不是无条件的。

在吕雉看来，刘邦爱自己、重视自己要胜过其他任何女人。而此时开始萌生在刘邦心中虽还朦胧却已略见雏形的驰骋天下的远大抱负，是他与吕雉两人共同追求的目标，将最终获得的地位传给他们自己的孩子，是吕雉为刘邦做出牺牲的前提条件。

更准确地说，这两个条件是密不可分的。如果把这两个条件，或者说欲望分隔开来的话，吕雉这个人物就无法存在。

可以说，刘邦无论是在登上帝位之前，还是在掌握政权之后，吕雉都是他从来没有完全控制的唯一一人。

本书在序章中已经谈到，因为后来吕氏家族卷入反叛汉王朝的事件（即所谓"诸吕之乱"），史书中对吕氏家族的建汉功绩和贡献评价过低，甚至完全抹杀。因此，有关吕雉和吕氏家族的记载，在《史记》成书之前就已与当时的史实相距甚远了。前文所举吕雉付出的艰辛及贡献不过是她整个生涯中的一部分而已。

而让铁娘子吕雉无法忍受的，是刘邦对自己的不专一。正如在第四章中略微谈到的，在她与刘邦结婚之前，刘邦实际上已有了妻子，那就是曹夫人。

曹夫人与刘邦生育了后来成为齐王的儿子刘肥。尽管史书中对为了刘邦日后发迹而选择毅然离去的曹夫人本人，以及她与刘邦后来的关系只字未提，但可以看出，刘邦一直对曹夫人怀有感

## 第七章　与吕雉的婚姻

激之情,而且对儿子刘肥也一直疼爱有加。

既然曹夫人已主动退出,吕雉本应该没什么不满,但曹夫人母子的存在却一直是她的心头之患。

从秦始皇三十二年(前215)两人结婚到秦二世元年(前209)刘邦起事的数年间,刘邦以吕氏家族为势力基础而塑造的形象已具有精神力量和话语权,因此,吕雉确实被视为刘邦唯一的妻子。

据司马迁记载,吕雉"晚节色衰爱弛",而戚夫人备受刘邦宠爱。反过来说,吕雉年轻时是个十分有魅力的美人。能否接受史书中这一记述,虽然还存在一些微妙的问题,但我们或许还是应该如实地接受司马迁这种坦诚直率的描述。

吕氏家族之所以在较早时期就开始将刘邦作为未来皇帝的人选来培养,主要源于吕雉对他的高度评价。但是,刘邦对吕雉强烈的嫉妒心却无论如何也无法适应。对刘邦无私无畏的爱,同时会演变成对他身边其他女人的强烈敌意,吕雉这种热烈而偏执的感情,对生性放荡不羁的刘邦而言,简直是一种足以令他窒息的压力。

尽管如此,吕雉具备堪与刘邦相比的勇气和魄力,以及操纵驾驭他人的手段。

与此相关,有趣的是在第二章中曾提到的"骂人"问题。作为任侠长者的刘邦的骂人,并不是在万不得已的情况下豁出性命去辱骂敌人,而是在任侠关系内部上级对下级的一种斥责。正因如此,部下们对此并无怨言,且心甘情愿地接受刘邦的谩骂。

实际上,吕雉也同样谩骂那些对她感恩戴德且关系密切的人。这也证明了吕雉也是一位具备任侠素养的人物。她直接继承了父亲建立的人脉关系，在任侠社会很吃得开。在刘邦集团中与吕雉关系最为密切的是张耳和其子张敖，以及王陵、任敖、周昌、樊哙等地道的任侠之徒。吕雉与张良的关系也很不错，从张良策划刺杀秦始皇以及与项伯交往等事来看，张良也是一名典型的任侠。

我们已经在前文提到吕雉与刘邦同样具有强烈的权力欲。但是，只要刘邦给她面子，她就会退居刘邦的身后，不去抛头露面。从本能上了解这个厉害女人的刘邦，也会尽量尊重吕雉。因为她是一位既有能力，又肯为自己献身的人。

从结婚到刘邦揭竿而起的数年间，是刘邦和吕雉这两个同样刚毅好强的人在勉强维持相互平衡的过程中度过的难忘的蜜月期。

# 第八章 芒、砀根据地的建设

与刘邦其他的记载相比，有关他与吕雉结婚后这段时期的记载并不多。这是他开始把视线转向天下的转型期，也是蛰伏期和充电期。

《史记》中留下的有关刘邦这一时期的记载只有一条，那就是他在芒、砀山泽建立了根据地。

如前文所述，山泽地带自古以来就是戴罪潜逃者的聚集地，但到了战国时期，又有大量农民和都市居民丧失户籍，流亡至山泽地带。这种状况直到秦统一天下之后仍在继续。

刘邦在青少年时就活跃在丰邑西郊的山泽地带，到了出任亭长，他与分布在沛县东郊泗水中游山泽一带的流民，以及官场、江湖上的人都保持着密切的联系。

但是，在秦统一天下数年之后，中央的管辖已开始延伸到作为水运要冲的这一地区。这使得在官场上作为一名体面官吏——亭长的刘邦陷入了困境。

同时，刘邦与以丰邑为其势力基础、控制着丰沛客家社会的雍齿和王陵之间的关系，也出现了一些微妙的变化。虽然在与原住民发生矛盾冲突的过程中建立起来的任侠式关系十分坚韧，但是他们却无法冲破狭隘闭塞的乡里社会的桎梏。

刘邦得到了萧何、曹参等县吏们的认可，在青年时期就担负了与魏国大侠张耳联络的重任。又经过近一年去咸阳出差的经历，他得到了极大的锻炼。在异乡一起生活的过程中，刘邦率领的民夫们就像"刘邦军团"一样信服他、追随他。而更为重要的是，积累了丰富经验的他们，在乡里不但得到信任，还获得了一定的发言权。

与此同时，通过与声名远扬的吕氏家族的联姻，刚满二十岁的刘邦的潜在势力基础得到了进一步强化。

丰沛任侠社会的上层人物雍齿对刘邦散漫放纵的行为不以为然。除了要求他服从社会的准则之外，有时甚至还向他下达严厉的指示。这似乎在刘邦心中埋下了极大的怨恨，即使在登上皇位后，他也仍然怀恨在心，愤愤不平地抱怨说："雍齿与我故，数尝窘辱我。"足见其中隐含着两人的纠葛与矛盾。

此时，让一时难以确定方向的刘邦得到启发的是当时吕泽在下邑建立根据地的举动。

吕泽的父亲吕公定居的单父县位于泡水北岸，而吕泽扶植的新兴势力在南岸的下邑。下邑再往南，就是芒县、砀县的大片山泽地带。

芒、砀山泽地处睢水流域。睢水从大梁南部的鸿沟开始分流，向东南流至砀郡的首府睢阳，然后从睢阳流至泗水郡的首府相县，

# 第八章 芒、砀根据地的建设

再流过符离，在下相与泗水汇流，南折至淮水的干流。

以天下中枢荥阳和广武为起点来看，以下三条河流是当时物资流通的三大渠道：东北方向是流至山东齐地的济水；东南方向的是睢水；向南的河流从大梁南下经鸿沟，再经陈郡陈县（楚旧都郢陈），在项县注入颍水，在寿春（同为楚旧都）的上游与淮水汇流。分布在三大渠道之一睢水流域的芒、砀山泽是便于大规模补充物资的开放地区。

与上述三大渠道相比，刘邦等人控制的经过孟诸泽的渠道就显得有些微不足道了。

于是，刘邦在婚后不久就将暗中活动的中心从泗水泽转移到相县上游的大片山泽地带。不得不说，这实在是富有先见之明的决断。

在秦始皇统一全国后的数年间，帝国的统治得到了巩固，至少从表面上来看，天下获得了一时的安宁。

旧六国的人民虽然连年被征调去修筑驰道，但与被秦军围攻而四处逃窜、遭受涂炭之苦相比，总算好过不少。

修筑驰道是中央将统治贯彻到基层社会的一种手段，秦始皇在全国各地大规模地巡幸以显示自己的威严，在让民众深刻体会到自己的统治威压的同时，也让地方上的百姓们得到了或多或少的恩惠。

当然，长达十年之久的统一战争的疤痕仍以各种各样的形式在民间留存，加之修筑驰道和巡幸天下给百姓带来了沉重负担，因此流民的数量一直在增加，且没有终止的迹象。

这只是暴风雨来临前的短暂宁静。秦始皇二十九年（前218），张良在博浪沙刺杀秦始皇未遂；两年后（前216），刘邦带领民夫至咸阳时，也发生了秦始皇遭盗贼袭击的事件。这都是在秦王朝强大而牢固的统治下潜藏着的暗流。

在这一貌似和平安定的时期，刘邦致力于开拓新根据地的决策应该说是完全正确的。

秦始皇于三十二年（前215）开始修筑万里长城，华北的百姓和刑徒（罪犯）被大量征用；三十五年（前212）开始营造阿房宫和骊山寿陵，华中的百姓和刑徒被大量征用。

到了这一时期，各地的流民数量急剧增加，社会也开始动荡不安，芒、砀地区也不例外。刘邦已经成为这一地区有头有脸的人物，并与各界建立了良好的关系。流民的大量涌入使刘邦的势力得到了进一步加强，他在芒、砀地区成功地扶植了自己的势力。后来，刘邦再次率领民夫前往咸阳参与土木工程，行至途中，他率众反秦，与民夫们一起逃入的就是芒、砀山泽。

全力支持并协助刘邦在芒、砀地区发展自己势力的是吕雉。

吕雉这个人物，《史记》记载她"佐高祖定天下"。她在刘邦身边辅佐的时期可分为前后两段。

第一段时期是从刘邦二十三岁与吕雉结婚开始，到刘邦二十九岁参加项梁军队，与将军章邯率领的秦军决战为止的七年间。

第二段时期是从汉四年（前203）楚汉和谈，吕雉重新回到刘邦身边开始，到汉十二年（前195）刘邦驾崩为止的九年间。

在这两个时期之间的七年间，吕雉陪伴在刘太公和孩子们身边，留守沛县。后因刘邦被项羽大败于彭城，她与刘太公被囚禁在项羽军中，成为人质。

吕雉协助刘邦建立根据地是在第一段时期。

## 第八章 芒、砀根据地的建设

出身于吕氏家族的吕雉在战略上甚至具备超越刘邦的素养和判断力。她对无意中流露出想建立芒、砀根据地的刘邦给予了大力支持，并说服两位哥哥，尤其是大哥吕泽前来协助。由于这个计划的成功，使刘邦的力量迅速扩大，最终导致了吕氏家族被刘邦统帅的结果。

在当时，与刘邦保持良好关系的人有萧何、曹参、夏侯婴、任敖等沛县的县吏。而在此之前，刘邦的人际关系又向两个方向进行了扩展：一个是周昌、周苛等泗水郡的郡吏；另一个是樊哙、周勃等沛县的无赖之徒。

樊哙以卖狗肉为生，是个粗俗的莽汉。周勃是编草席的小商贩，也靠在丧礼上打杂来维持生计。他们是在刘邦在泗水泽发展势力时跟随刘邦的，而在建立芒、砀根据地的过程中，他们则是队伍中活跃的武夫。原本在芒、砀以北的砀郡首府睢阳贩卖绢丝的灌婴也闻声而动，加入到刘邦集团中。

樊哙、周勃、灌婴三人是地地道道的武夫。后来在众元老先后亡故而"诸吕之乱"引发政局动荡的情况下，周勃和灌婴两人曾担任过一时的行政职务，但这几乎只是装饰而已，并无实际意义。与之形成鲜明对照的是，比他俩更为杰出的武将韩信和曹参，二人即使是在行政方面也表现得比常人更为出色。

不过，樊哙、周勃和灌婴三人成为芒、砀地区刘邦集团的中坚力量，显示了集团的成长与变化。

正如前文多次谈到的，从丰沛客家社会形成的过程可以看出，雍齿、王陵的任侠精神是与乡里社会的精神紧密结合在一起的，而樊哙、周勃、灌婴的任侠精神则超越了狭隘闭塞的乡里社会，而与更为广泛的社会结合在了一起。樊哙等人是经营零碎商品的小商贩，这暗示着他们与更广阔的底层社会有着千丝万缕的联系。

《史记》中记载了后来陈平对刘邦集团特点的分析："大王傲慢无礼，廉洁有节的高尚之士不会前来，但是因为大王慷慨大方，毫不吝惜赐予部下领地和爵位，那些顽钝嗜利、不知廉耻之徒往往聚集到大王的身边来。"

这是一段肺腑之言，但却尖锐而大胆。虽然陈平坦诚直率地指出了自己所属的刘邦集团的内部缺陷，但当时并没有将他清出集团之外。这些肺腑之言非常犀利地切中了刘邦集团的一个侧面，也正因为如此，才更让人感到惊叹。

任侠精神的确是维系刘邦集团的纽带之一。人们聚集在代表"仁义"的"有德"长者周围，为实现"仁义"而不懈奋斗。但这只是此种精神的原则，在现实中，正如司马迁在《史记·游侠列传》中一语道破的，在更多的情况下，"有德"不过是使自己获利的人的别称而已。我们不妨在此再引用一下《游侠列传》中的记述："鄙人有言曰：'何知仁义，已飨其利者为有德。'"刘邦正是这种意义上的典型长者，在他的身边聚集了大量"顽钝嗜利"的任侠之徒。

也许属于杂谈，笔者想在此就何为"任侠精神"略作一些探讨。

"什么仁义，见鬼去吧！所谓有德之人就是让我获利之人！"这句表现当时任侠精神内涵的话，出自司马迁所谓的"鄙人"，即无知之辈的发言。

然而，这样的任侠精神不会是真正的任侠精神吧？如果此外还存在一种真正的任侠精神，那么，它与"鄙人"认为的任侠精神之间有怎样的关系呢？

## 第八章 芒、砀根据地的建设

司马迁描写了众多扣人心弦的富有任侠气节的人物故事。这种任侠精神的极致可见于《刺客列传》。

简单而言,《刺客列传》的套路就是一个人接受了一个与自己素不相识的人的委托,去暗杀另外一个同样素不相识的人。按说他们只会成为人们责难的对象,而无法成为令人感动的对象。那么,刺客们的举动又为何给了我们一种感动呢?

一个人为了他人去刺杀,就如同一枚射出而无法回来的子弹。如果仔细分析这一简单的事件,我们可以发现其中有三种要素:首先,委托人应对刺客以礼相待;其次,委托人完全认同并理解刺客;最后,委托人施恩于刺客。

暗杀秦始皇的刺客荆轲的状况如下:

燕太子丹曾与秦王子政,即后来的秦始皇同为赵国的人质,两人关系十分要好。后来嬴政做了秦王,丹又成为秦国的人质,秦王政却一反常态,对丹十分冷淡。

对此怀恨在心的太子丹偷偷逃回燕国。他想复仇,但因燕是个小国,不可能用正常的手段与秦国抗衡,他便筹谋暗杀秦王的计划。

当时,将荆轲请到上座的太子丹"避席顿首",乞求得到荆轲的帮助。

所谓"避席",是指为了向对方表示卑下而撤掉自己的坐垫。"顿首"是指匍匐着、以头接地,这是乞求宽赦重罪时所使用的礼节。这意味着听凭对方处置自己,包括自己的性命在内。

太子丹以此举行了以荆轲为主、自己为臣的仪式,也就是任由对方处置、自己甘愿为奴的一种仪式。面对百般推辞的荆轲,太子丹再次"前顿首,固请毋让",荆轲才答应太子丹的请求。

此后，荆轲作为上卿住进了高级官舍。太子丹每天敬候在门前，呈上最美味的佳肴，奉上世间的珍奇宝物。然后，为荆轲准备了游览的车马、侍奉的美女等来满足他的心意，让其尽享人间荣华富贵。这是委托人施恩于荆轲。

然而，太子丹却缺乏三种要素中最为重要的一个，那就是完全认同并理解刺客。他向荆轲倾诉了自己的困境，强调只有荆轲才能帮自己解决难题，但其中并不包含至关重要的理解对方。

就结论而言，太子丹并不是荆轲值得为他豁出性命的人，两人之间并没有建立起真正意义上的仁义关系。

而使得这一仁义关系成立的是田光。太子丹的太傅（辅佐者）鞠武通过任侠的关系，先把田光介绍给了太子丹。前来拜访的田光告诉太子丹，千里之外的卫国有一个名叫荆轲的人。待田光告辞时，太子丹叮嘱他，此为国家大事，千万不可泄密。田光在送荆轲拜见太子丹时，认为令他人产生疑心的人不能算是真正的"节侠"，于是自刎而死。田光以死明志的目的有二：一为表明他绝无泄密的可能；二为激励荆轲的斗志。

《史记》中荆轲的行为之所以能打动人心，是因为他明知太子丹不是足以令自己豁出性命的人，却又因为与田光先生之间的仁义关系而舍命。

司马迁在《刺客列传》中写道："士为知己者死，女为说己者容。"刺客在具备遇己以礼、认己以义、与己以利这三种要素的情况下，可以舍生忘死，但其核心却是理解自己、认己以义之心。

由此可见，任侠精神的基本要素是礼、义、利。

如第二章所述，刘邦和项羽都具备"仁而爱人"的德行，只

# 第八章 芒、砀根据地的建设

是项羽注重礼和义，而刘邦注重义和利。这不单单是因为两人性格与为人上的差异，也与两个集团的建立过程和性质有关。

刘邦傲慢无礼，这是当时他身边人的共同评价。因厌恶讲究礼仪的儒生而朝其冠帽里撒尿、边让侍女洗脚边会见各路英雄豪杰及长者，有关刘邦无礼的此类事例不胜枚举。

但是，礼、义、利三者是操纵任侠集团，甚至比任侠集团更大的集团时不可或缺的基本要素，缺少了其中一个要素，刘邦又凭什么能够指挥他人呢？

刘邦在战场上陷入困境时常常会丢下同伴独自逃亡。但其手下们不但没有因此感到失望或是背弃反叛，反而还拼命舍身相救。等危机过后，重返战场，并无一人去责备他，也无一人给他的统帅地位制造过麻烦。

难道仅仅因为向部下施义与利，刘邦就具备如此的吸引力吗？

与此相关，能够为我们提供一些线索的是前文引用过的《汉书》的记载：

> 高祖不修文学，而性明达，好谋，能听，自监门戍卒，见之如旧。

显然，这种人与人之间的关系并不仅仅限于义和利，这难道不意味着在刘邦与监门戍卒之间存在着一种"无礼之中的有礼"吗？

我们在第四章中谈到，刘邦出任亭长之后，让人制作了一顶竹皮冠，即"刘氏冠"，直到后来他仍然佩戴着。冠，在礼节上是一个明确的身份标志，他很为自己随意创造的这种设计感到得意。

刘邦登上帝位之后发布了一道诏令："爵位不在公乘以上者，禁止佩戴刘氏冠。"反之，只要爵位在公乘以上的人，都可以佩戴皇帝刘邦喜爱的冠帽。因为史料中有村里医生保有公乘爵位的记载，因此可以推测，公乘的爵位大概相当于参加过楚汉战争的下士官吏的程度。按照刘邦独创的"礼仪体系"，相当于亭长一级的下士官吏都可以享受广义上的伙伴式待遇，他还真是慷慨大方。

从正统礼法的角度来说，皇帝佩戴过的冠帽，应该一律禁止他人佩戴，即使佩戴，至少也应该限制在皇族范围之内。

但刘邦却并不如此。刘邦这里的礼法与以往不同，这是建立集团新秩序的一种表现。

当然，刘邦是一个极为现实且追求合理的人，在需要遵守旧礼法或旧礼法可能会带来更大效益的时候，他一定会非常积极地采用。我们会在后文谈到，刘邦是个对礼法极为敏感的人，同时又是个会巧妙利用礼法的人。

所谓刘邦傲慢无礼，并不是说他不讲究过去的礼法，而是他极富挑战性并有意识地创造了自己的礼法体系。

坦率地说，从刘邦率领一些零零碎碎的小集团开始，他就在集团内部以"皇帝"自居，并在集团内贯彻着他自己设定的礼法秩序。不管刘邦表现得何等傲慢无礼，聚集在他周围的人都会心悦诚服地接受这种"无礼之礼"。

刘邦接受了陈平刚才那段令人震惊的忠言，而且在后来的史书中不但没有删除，反而如实地保留至今，这大概能让我们做出如下几个推论：

首先，从刘邦集团并不缺乏礼、义、利这三种要素来看，他们确实属于一个任侠集团。

其次，刘邦能够把冷静透彻地分析任侠之徒状况的陈平等读书人，以及所谓"顽钝嗜利"的任侠之徒同时收作自己的部下，并将他们牢牢地掌握在自己手中，他的确是如《史记》中所述的"宽仁大度"之人。

陈平的言论自然会传到周勃、灌婴、樊哙等鲁莽武夫们的耳中。即便如此，陈平在刘邦集团内部仍能占据比周勃、灌婴他们更为关键的位置，这彰显了刘邦强大的领导才能。他那瞬间就会爆发的冲动情感在剧烈动荡的战争之中被非常巧妙、准确地演化成了冷静的判断。

最后，是刘邦为何能采取这种态度的问题。

如果刘邦集团被清一色地涂成任侠这一单一色彩的话，刘邦是不可能采取这种态度的。换言之，除了由任侠的纽带关系结合起来的集团外，刘邦同时还有着多种支持作为基础。

最初支持刘邦集团的是丰沛地区。这个集团的主体是从魏的大梁附近迁移过来的客家集团，他们在当时的历史过程之中孕育出了一种任侠式的关系。这种关系可从刘太公、卢公、雍齿、王陵等人身上得到反映，而萧何、夏侯婴、任敖等县官们也不能说与此完全无缘。

再一个就是丰沛乡里社会中最基本、最平常的地缘要素。

史料中有关这种地缘要素的记载并不多，一般只是以"父老""诸母""子弟"等称呼来表示，而这些称呼并不一定表示他们之间拥有血缘关系。这是把狭塞的乡村社会视为家族的一种比拟方式。即使在现代中国也继承了这种方式，笔者就曾有过被中国友人的儿子或女儿称为"伯伯"或"叔叔"的难为情的体验——如果笔者比友人年长就被称作"伯伯"，比友人年轻则被称作"叔叔"。

刘邦出任亭长之后，又与大家形成了官吏与百姓的关系。中文中的"百姓"是百家之姓，即拥有各种姓氏的人，指普通的庶民。

刘邦利用江湖任侠和官府大人这两重身份，扩大了自己的势力。通过去咸阳出差的经历，刘邦组建了一支虽说只有百余人却可堪调配的集团。萧何、曹参等人明里暗里都支持刘邦，帮他强化与百姓们之间的关系。

简单地说，刘邦在丰邑时期势力的基础存在于客家集团的任侠关系里，而他出任沛县泗水亭长之后，又增加了与日常的乡里社会的关系，其中包括官人与庶民间的关系等新要素。在这一时期，以樊哙、周勃、灌婴等为代表的，作为第三种势力的更广泛的任侠关系还处在萌芽之中。这种地域更加广阔的任侠关系是在刘邦进入芒、砀山泽之后才获得极大发展的。

芒、砀山泽位于魏、楚、吴、越的交通要冲，地理条件优越，水路四通八达，这里到处分布着低矮的丘陵，是盗贼建立根据地的理想位置。实际上，这一地区直到明代仍是群盗活跃的舞台，也是觊觎帝位的各方势力短暂藏身、伺机待发的绝佳场所。

例如，在记述唐王朝创业过程的《大唐创业起居注》中，便可看到日后成为唐太宗的李世民建议父亲李渊效仿汉高祖刘邦故智："芒、砀山泽，是处容人，请同汉祖，以观时变。"《水浒传》中也出现了类似芒、砀山泽的场景。

刘邦成功挺进芒、砀山泽后，才把广阔地域下的任侠关系作为集团内部的新基础确立下来。

在这个过程中，刘邦集团确实成了一个在广阔地域内带有浓厚任侠色彩的集团，但是，刘邦却能把这种任侠的结合作为集团

## 第八章 芒、砀根据地的建设

内多重关系的其中之一来把握。如果只依靠周勃、灌婴、樊哙等流民式的任侠之徒，刘邦是不可能统一天下的。

阿房宫和骊山寿陵的建造都始于秦始皇三十五年（前212），当时刘邦二十六岁。

此次大规模的土木工程动用了全国众多的百姓与刑徒。据《史记》记载，刑徒的数量高达七十万人，这可不是一个小数目。

虽然没有有关此时人口总数的记载，但有说法在西汉末期，人口总数达到了汉代的最高点，即一千二百万户、六千万人。天下统一之后人口数量往往会获得急速增长，这是中国历史上的一般规律。在从汉代最盛期上推二百年的这一时期，大致算来，人口应该在六百万户、三千万人左右，那么，七十万人意味着大概每十户中就有一户有人被征调去从事强制劳动。

沛县虽不算大县，但也算不上边远地区或者小县，大概也被摊派了这一徭役。

刘邦又一次率领民夫奔赴咸阳。

据《史记·高祖本纪》记载，由于当时刘邦手下的很多民夫相继逃亡，他害怕等到了咸阳民夫会全部逃散而受到责罚，索性在途中的丰邑西泽摆下酒宴，不但放走了民夫，而且自己也乘机逃亡了。

刘邦再度赶赴咸阳，随后逃亡的时间，即他开始流亡生活的时间，原本应该是一个重要问题，但史料中却没有明确的记载。

但《史记》随后记述，秦始皇声称"东南方有天子气"，为了镇住这股邪气，他制定了东游的计划，这一记载为我们提供了解决这一问题的线索。据说，怀疑天子之气是从自己这里升起的刘邦，深感将面临生命危险，便逃往芒、砀山泽。

虽然这有可能是刘邦夺得天下前后编造出来的一种传说，但其逃亡的时间却应该反映在当时的现实之中。因此，秦始皇的此次巡幸应该是指开始于始皇帝三十七年十月的最后一次巡幸，也就是在这一时期，刘邦躲进了芒、砀山泽。

现在，假设刘邦当时就在芒、砀山泽，那么他的逃亡生活是从何时开始的呢？为这个问题提供些许答案的是吕雉的怀孕时间。如前一章所述，刘邦与吕雉的儿子刘盈（后来的惠帝）出生的时间正是秦始皇最后一次巡幸的始皇帝三十七年。因此，吕雉怀孕的时间是在始皇帝三十六年。

秦历以十月为岁首。因此，始皇帝三十七年开始的十月是公历公元前211年，三十七年的十一、十二月也是公元前211年，但从后面的三十七年一月到九月却进入了公元前210年。为了避免由此产生的误差，以后，我们将十、十一、十二这三个月归入公历年当年，余下的九个月以及一般的表记则放进该公历年的下一年。

言归正传，如前一章所述，在刘邦逃进芒、砀山泽之时，吕雉为刘邦运送过必需的物资。也就是说，她并未与刘邦同行。由此来考虑，在始皇帝三十六年的某一时期，刘邦与吕雉共同生活在一起，并在这时，吕雉怀上了刘盈。由此可以推测，刘邦逃亡的时间就在这一年。这一推测与阿房宫和骊山秦始皇寿陵的工程始于始皇帝三十五年、一直持续到始皇帝三十七年的日程也吻合。

# 第九章 陈涉、吴广起义

打响反秦斗争第一枪的是陈涉和吴广。

据《史记·陈涉世家》记载，陈涉的故乡在阳城。有关阳城的具体位置目前众说纷纭。谭其骧根据《史记·曹相国世家》的记载，认为应该是指陈郡陈县（旧郢陈，今河南省周口市淮阳区）西南约80公里的阳城。郢陈是楚国继钜阳之后、迁都寿春之前的旧都。

吴广是陈县以北约40公里的阳夏人。

陈涉和吴广是在秦二世元年（前209）七月在隶属于泗水郡蕲县的大泽乡举兵反秦的。

他们一行九百人的队伍作为守备军被征发到防御北方游牧民族入侵的最前线，他们向位于现在北京市东北部约60公里的渔阳行进。未料途中适逢大雨，显然他们已无法在规定的时间内到达目的地了。

在这种情况下，按照秦朝的法律规定，不论有何种理由，都要被问斩。

陈涉和吴广两人商议道："现在到达渔阳，是死罪；逃亡被捉拿，也是死罪。如果起义造反，大不了也是个死。同样都是死，不如发动起义为国而死，让天下人看看咱们楚人的气魄。"

于是，两人揭竿而起，并借用了在楚人中间声望很高、当时已成为亡灵的两个人物的大名。

一个是秦始皇的长子、以深谋远虑而闻名的扶苏。秦始皇于始皇帝三十七年（前210）七月在第五次巡幸的途中死去。在这种非常情况下，宦官赵高为主谋，与李斯策划隐瞒了秦始皇的死讯，并用伪造的诏书命扶苏自杀，拥立二世皇帝胡亥继承了帝位。

另一个是曾拥立由秦归国的楚公子昌平君、高举反秦大旗，在秦王政二十四年（前223）因被秦军击败而自杀身亡的楚国将军项燕。

陈涉和吴广声称两人仍然在世，并冒充两人的大名号召天下奋起反秦。

即使当时的普通百姓果真不知道扶苏已不在人世、项燕也在十几年前死去，但把秦始皇的长子扶苏和死于秦人之手的楚国英雄项燕放在一起，又把他们推崇为反秦斗争的首领，这是个令人百思不得其解、很不合乎情理的问题。难道楚的百姓们果真能听信此类宣传而豁出性命去参加起义吗？

这一问题因藤田胜久近年的研究而得到解决。

藤田氏的研究表明，扶苏的母亲是一位楚国王族女子。从母系血统来看，扶苏是楚国王族的子孙。

这里的故事梗概大致是，原本应该继承秦始皇皇位的楚国王族子孙扶苏，因为伪造的诏书而面临被迫自杀的困境，他在危难之中逃入楚地，现在起兵讨伐荒淫暴虐的二世皇帝。这一故事是将项燕扶持楚公子昌平君的重任置换到带有楚国王族血统的扶苏身上而编造出来的。那么，他们为何没有直接谎称昌平君本人仍然活在人世呢？那是因为秦对楚国王族实行了彻底而残酷的镇压。

后来，项梁和项羽虽也曾寻找过楚国王族的子孙，但未找到合适的人选，无奈之下只好找来一位放羊娃，声称此人是一百年前楚怀王的子孙，并将他推上了楚王之位。之所以这么做，完全是因为秦已将楚国的王族斩草除根，他们实在无法找到与楚王血缘相近、身世清楚的人。

虽然楚国的百姓比其他任何国家的人都渴望由旧王族来复兴楚国，但秦嘉最终因没有找到能继承楚王血统的人而拥立景驹为楚王，也是出于同样的无奈。

尽管如此，这种追溯了百年血统的把戏之所以奏效，是因为第一代怀王是导致楚人仇视秦人的一个象征性人物。楚怀王的元年（前326）相当于秦惠文君十三年。当时，关东六国采纳了苏秦合纵的策略，以楚怀王为首领，联合起来攻打秦国。为了离间在合纵的六国中起着中坚作用的楚国和齐国，秦特派张仪出使楚国。张仪口口声声承诺，只要楚国与齐国断交，将献给楚国"商於之地六百里"，也就是位于秦岭山脉东部秦楚边境地带的商於六百里的土地。楚怀王为张仪的花言巧语所迷惑，对此信以为真。等他果真与齐国断交之后，张仪却翻脸不认账，连连诡辩说当时约定割让的土地不过是商於之地六里。后来，怀王再次中了秦国的诡计，最终落得客死秦国的悲惨下场。对此，"楚人皆怜之，如悲亲戚"。这是《史记·楚世家》对当时楚人哀伤惋惜的如实描写。

为了更清楚地了解昌平君，我们有必要回顾一下当时的历史。

秦王政九年（前238），后来成为始皇帝的嬴政年满二十二岁，他行幸位于雍的离宫，举行了成人仪式。

在第七章中提到的吕不韦过去的爱姬，现在已以秦王政母亲的身份登上了太后的宝座，宠溺着作为吕不韦替身而被送进宫中的嫪毐。据《史记·秦始皇本纪》记载："宫室车马衣服苑囿驰猎恣毐，事无小大皆决于毐。"然而，随着秦王一天天地长大，这种异常的状态日现危机，嫪毐变得惶惶不可终日。

唯恐事情败露的嫪毐觉得秦王为举行成人仪式离开咸阳而行幸雍的离宫是一个千载难逢的好时机，便在咸阳发动了兵变。

而在此时，帮助秦王渡过危机的，是刚来到秦国并受到重用的楚公子昌平君。在秦王行幸期间，受命留守咸阳、掌管首都行政大权的相国昌平君调动了宫中所有的宦官参与平叛，并最终平定了叛乱。

事后，嫪毐及其同伙都被处以车裂之刑，吕不韦也引咎自杀，这已在前文提到。

因成功解决这一突发事件，昌平君得到了秦王更大的信赖。

秦王政二十一年（前226），秦王将昌平君派往楚国的陈县，让他与楚王谈判交涉。二十二年（前225），秦王又派将军李信和蒙武前去攻打楚国。

有关这一事件的经过，《史记》中的记载有很多出入，致使我们今天很难把握事情的真相。下面我们主要参照最有说服力的北京大学田余庆的见解，简单介绍如下：

在血气方刚的将军李信的率领下，秦军攻陷了楚国的要塞之地——陈。随后，李信又与蒙武的军队会合，前去攻打楚国的都城寿春。

然而，此时楚军实施了大规模的反攻，站在最前线指挥的就是项燕和被他拥立的昌平君。

迄今为止一直追随在秦王身边的昌平君所做的一切大概都是为了能够重返楚国。楚军紧紧咬住秦军，并不断地发起进攻，经过三天三夜的艰苦鏖战，终于使秦军大败而退。楚军赢得的这场奇迹般的胜利，不仅振奋了楚军的军心，也为天下的反秦势力注入了极大的勇气和力量。

在《史记》的《秦始皇本纪》《楚世家》以及《王翦列传》中都对这场战役留下了记载，但其中却存在许多出入，甚至矛盾之处。

在最为重要的《史记·秦始皇本纪》中有如下记载：秦军攻陷陈之后，"秦王游至郢陈"，其后，项燕和昌平君举兵反攻。如果这段记载正确的话，我们会得到一个直接的印象，就是秦王前去视察刚被攻陷的陈，却在那里遭到了楚军的反击，结果秦军溃败，秦王也自身难保，险些成为楚人的刀下鬼。

虽然事情的真相至今还不甚明了，但既然《史记·秦始皇本纪》有上述记载，我们也不可简单地否认。因为此次战役，秦统一天下的行动遭受重创。

盛怒之下的秦王起用名将王翦再次进攻楚国，楚国"乃悉国中兵以拒秦"，但王翦大破楚军，"至蕲南"。结果，昌平君死，项燕自杀。

话说回来，由于楚军的反击而使秦王陷入困境，这场战役对于楚国而言简直就是一个空前绝后的重大战果，理所应当在《楚世家》中大书特书，但结果却是只字未提。反之，让秦国丢尽脸面的这场战役却被记入《秦始皇本纪》，这只能表明，在秦统一天下之后，楚国方面的记载被全面销毁了。前文提到，秦国彻底根除了楚国王族，可以推测历史的记载也遭遇了同样的厄运。

在这种历史被不断捏造的过程中，一些在秦末已广为人知的内容无法被简单地抹杀，这些支离破碎的记录得以保存，却使得《史记》在有关秦楚两国重大事件的记述中出现了诸多混乱。

在此值得关注的是，蕲县南部是楚国的最后一道防线。后来项羽和刘邦进行最后决战的"垓下"，也位于蕲县的南部。只是有关"垓下之战"，北京大学的辛德勇提出了重要的异议。他认为从历史地理的角度来看，项、刘的最后一场决战不可能发生在垓下。对此，本书将在后文中给出详细的论证。

总之，当时的楚人把位于首都寿春北部的蕲县视为楚国最后一道防线。至少可以说，蕲县是秦楚抗争中特别值得留在记忆中的一个地名。

在留下楚人骄傲与怨恨的蕲县揭竿而起的陈涉与吴广，"祖右，称大楚"，"为坛而盟"，并杀死原来率领队伍的秦国军官为祭。这一系列的行动表明他们是按照楚人习俗举行的起义仪式。

为了表明自己死战到底的决心，他们脱了右袖，袒露肩膀，这是因为他们楚人的服装是适合袒露右臂的，也就是衣襟向左前缝制，即衣服的右衽压在左衽之上。实际穿着一下就会明白，在这种情况下，如果露出右肩，不但行动方便，而且衣着不乱。而如果露出左肩，则无法达到此种效果。

将衣服这样穿着称为"左衽"，左衽的服装适合"右袒"。反之，右衽的服装则适合"左袒"。

以楚国为首的南方诸国都有左衽的习俗。而中原诸国则穿着右衽的服装，因此把左衽蔑称为夷狄之俗。

孔子在《论语·宪问》中谈道："微管仲，吾其被发左衽矣。"由此可见，当时中原四周的诸国均盛行左衽的习俗。

后来，在汉朝爆发所谓"诸吕之乱"时，周勃为决定军队的去留，命令士兵们"愿为吕氏效命的右袒，愿为刘氏效命的左袒"，结果士兵们全都露出左肩，向刘氏表达了忠诚。因为汉军早已接受中原之风，采用了向右前缝制的制服，在这里，"左袒"作为一个非常自然的行为被巧妙地利用了。

陈涉、吴广的起义在楚地引起了众人共鸣，掀起了一股民族复兴的风潮。各地纷纷组建起数千人规模的起义军，反秦斗争风起云涌。随之，从楚地发起的抗争如星火燎原般迅速燃遍全国。

"楚虽三户，亡秦必楚"，现在我们谈论当时的历史时，都会把这句脍炙人口的话作为一个很好的例证。在此，笔者想简单地回顾一下春秋以来黄河流域诸国和长江流域楚文化圈诸国之间的长期斗争史。

在春秋战国时期，作为华中地区大国的楚国一直与黄河流域的中原诸国进行着对抗。直到战国的某一时期为止，楚国一直以郢作为自己的首都。郢地处长江从三峡险滩向平原地带流入的要冲，大致相当于三国时期的荆州。

楚国先后吞并了位于颍水、汝水流域的陈、蔡等国。纵观历史，春秋战国以来，周秦系诸民族一直以殖民的手段使楚系民族的居住地中原化，而楚系民族也从自己的根据地对此进行反击。

楚顷襄王十九年（前278），秦将白起攻占了郢，并在这一地区设置了秦的南郡。楚被迫迁都至过去陈国的都城，称之为郢陈。楚国的都城也由此从长江中游迁至淮水流域。过去一直认为该事件发生在顷襄王二十一年，但本书根据近年就中国古代历法与纪年问题取得重大突破的平势隆郎的研究，将其改为顷襄王十九年。

楚被逐出郢之后，在孝烈王十年（前252）从鸿沟西岸的郢陈迁都至下游的钜阳，又在十二年后的孝烈王二十二年（前240）迁都至淮水中游南岸的寿春。继最初的都城"郢"之后，第二个都城被称为"郢陈"，最后的都城寿春也被称为"郢"，大概能由此推断，"郢"在楚语中就是"都"的意思。

顺便说一下这个郢陈对面的鸿沟。项羽和刘邦在楚汉战争的最后阶段曾订立了鸿沟以西为汉、以东为楚的和约。鸿沟是从黄河取水、经由战国时期魏的都城大梁、在项县与颍水汇流的一条人工渠。如前文所述，项县是项羽的祖籍地。

在举行了为复兴大楚而献身的庄严的宣誓仪式之后，陈涉出任将军，吴广则任都尉。

陈涉和吴广首先攻占了驻屯的大泽乡，然后又夺取蕲县，随后向楚都陈进发，不久便攻陷了陈。

他们在途中先后攻占了铚、酂、苦、柘、谯等县，值得注意的是，这条线路正好与刘邦暗中从事非法活动的基地——芒、砀山泽擦身而过。

陈涉在与陈县地区的头面人物们商讨之后，正式登上王位，宣称要重建楚国，取国号为张楚，意为张大楚国。

## 第九章 陈涉、吴广起义

陈涉于秦二世元年（前209）七月起义，刘邦则在两个月后的九月举兵反秦。因《史记·儒林列传》中有陈涉"旬月以王楚"的记载，由此可知，他在起义后的第二个月就登上了张楚的王位。

在这瞬息万变、紧张动荡的两个月里，与樊哙等人"隐于芒、砀山泽岩石之间"的刘邦在广泛收集情报和与四方联络的过程中，密切关注着时局的发展。

天下局势在急速地发生变化，魏国诸公子之一的魏咎和孔子后裔孔甲等也纷纷前来投靠陈涉。

在《史记·儒林列传》中可以见到有关这位孔子后裔的记载，其文后的注释认为，孔甲是孔子的第八代孙，而且《史记·孔子世家》中也记载了这位八代孙的名字。如果按照传统的孔子死于鲁哀公十七年（前479）的观点来看，其间已经历了二百七十年，如此，则一代大约有三十四年，所以这个"八代"的数字本身就有些令人怀疑。《儒林列传》中同样有"鲁诸儒持孔氏之礼器往归陈王"的记载，这表明孔子的子孙及其信众都已将陈涉政权作为一个正统的政权来看待。

天下由此分为秦的咸阳和张楚的陈两个中心。

陈涉在从蕲县的大泽乡向陈挺进的同时，又命令葛婴去经营东方。葛婴是蕲县北部的符离人。

沿符离北部的睢水顺流而下，大约行进100公里就可到达项羽的家乡下相，再行进150公里就是盱台。盱台是后来项梁拥立楚怀王时定都的地方。

反之，从符离出发沿睢水逆水而上，大约70公里便可进入芒、砀山泽，再向西北行大约200公里就可到达大梁。从大梁经鸿沟约100公里便可到达与黄河的交汇点——广武。

在起义的最初阶段,让在天下交通网的集结地有着根基的葛婴去经略东方,在情报的传递方面具有非常重要的意义。

葛婴到达了东城。东城是日后项羽在所谓的"垓下之战"惨败后,以二十八骑与"汉骑追者数千人"最终决战的地方。

葛婴到达东城之后,将一位名叫襄强的人拥立为楚王。后来,听说陈涉在陈登上王位,葛婴在惊慌中杀了襄强,然后急忙赴陈向陈涉说明事由,但陈涉追究其擅权之责,杀了葛婴。

葛婴擅自拥立襄强为楚王,又很快杀掉他这件事可以成为考察陈涉集团性质的一条线索。从整个过程来看,应该说当初葛婴拥立襄强并没有与陈涉集团的目的相左。这表明陈涉和吴广虽已在蕲县的大泽乡"袒右,称大楚",但并不能视作大楚的建国宣言,如果在当时就建立了大楚国,葛婴是不可能不请示陈涉而私自拥立襄强的。

陈涉和吴广集团在进入陈县之后,因得到当地父老乡亲的支持,已从立志复兴楚国的集团转变成继承楚国衣钵的张楚国。

刚才我们已经提到,陈涉在与吴广商量起义的时候,使用了"死国"的口号。显然,振兴楚国的爱国热情的确是他们揭竿而起的精神支柱。

然而,在他们发动起义的"王侯将相宁有种乎"的口号中,又隐含着追求权力和出人头地的愿望。

这两个相互依存又相互矛盾的热情一直并存于起义初期的陈涉集团内部。为了使这两种热情条理分明并与现实紧密结合,必须确立政治和军事上的指挥系统,制定明确的战略目标,但是这些一直是悬而未决的难题。

## 第九章 陈涉、吴广起义

葛婴拥立襄强，充分暴露了陈涉集团作为一个政治集团的不成熟，而陈涉最终斩杀了已经处死襄强的葛婴，这成为他们"死国"热情急速下降的一个肇因。

陈涉在陈即位之后，向全国各地派遣了军队。主力部队由吴广和陈人周文率领，攻克了荥阳。我们在第六章中已经谈到，荥阳是当时的一个重要交通枢纽，也是后来刘邦为阻止项羽侵入关中而死守的军事据点。

吴广围困荥阳，周文则继续挺进，攻占函谷关，到达了距离关中鸿门亭一步之遥的戏，此时，咸阳已经近在咫尺了。

另一支由魏人周市率领的主力部队在魏地宣抚百姓，后来又进入了齐的狄县。当时，齐的王族狄人田儋杀了狄县长官，自立为王，便把周市赶走。重新返回魏地的周市拥立了起初投奔张楚王陈涉的魏咎为魏王。

另外，在数支分散的别动队中，张耳、陈馀和武臣率领的队伍发挥的作用最大。以刎颈之交而闻名的张耳和陈馀都出身于魏的旧都大梁。借助陈馀与赵地的关系，他们巩固了在赵的地盘，在邯郸立武臣为赵王，张耳为丞相，陈馀为大将军。他们派遣韩广攻占了燕地，李良攻占了常山。就这样，邯郸成了当时反秦斗争的第二个据点。

至此，从楚的腹地蕲县燃起的陈涉、吴广起义之火，几乎燃遍了除秦之外的整个中国大地。

一直在静观起义形势扩大的秦朝政府，将为营造骊山陵而被征用的民夫、刑徒编入军队。他们在名将章邯的率领下挺进中原，相继击破了各地的起义军。陈涉的车夫庄贾斩下陈涉的首级向秦军投降，蔓延全国的起义之火似乎在一夜之间被平息。

但是，起义斗争不过是结束了第一回合，接下来以项羽和刘邦为主角的第二回合战斗才刚刚开始。当然，第二回合是在第一回合留下的历史遗产的基础之上进行的。

楚地的起义在瞬息之间扩大到除秦之外的全国各地，如果注意观察，可以在其中发现一定的地域特征。

在第一、二回合中，唤起民众进行反秦斗争的急先锋是发生在楚地的起义。西汉晚期，为《史记》增补部分内容的学者褚先生（褚少孙）引用汉初政论家贾谊的话，说陈涉是"瓮牖绳枢之子"，即陈涉是一个以破瓮作窗户、以草绳系户枢的贫苦人家子弟。

坦率地说，陈涉、吴广集团失败的原因是他们没有将楚地反秦的民众彻底、持续地组织起来。

项梁、项羽集团一方面以楚地为根基，建立彻底的反秦集团，在这点上他们继承了引领民众蜂起抗秦的陈涉、吴广集团的遗产；另一方面又借助作为真正抗秦英雄项燕子孙的声望，以及他们自己卓越的军事、行政才能，获得了楚地民众的全面支持与协助。

与此相对，在齐地，田儋以战国六国之一的田齐王族声望为依托，凭借自己的实力建立了一个割据政权。另外，在外部重压的境况下，从魏地到赵地的英雄豪杰们也纷纷集结起来，相继拥立旧六国的王族。

概括而言，民众的反秦热情、旧六国王族的名望、英雄豪杰的能力与声望，这三种要素成为这一时期起义斗争的支柱。与田齐、魏、赵等相对单纯的中枢机构不同，日后拥立楚怀王的项梁、项羽集团兼具此三种要素。

据《史记》记载，逃亡会稽郡吴县（今苏州）的项梁，每当政府摊派大规模劳役或举办葬礼时，他都会前去做主办，"阴以兵法部勒宾客及子弟，以是知其能"。他在从事国家公共事业时进行军事动员，组织协调民众，判断他们的能力，为即将发动的起义做着周密的准备工作。

另据其他一些史料记载，项梁暗中训练了死士九十人，其中有人私造货币以储备军费。

由此可见，在当时蜂起举事的群雄之中，只有项梁、项羽集团深谋远虑，准备得最为充分。

# 第十章 揭竿而起

陈涉和吴广的起义军与刘邦潜藏的芒、砀山泽擦身而过，他们攻陷陈之后，建立了张楚。随着陈涉、吴广的起义，楚地的众多郡县都掀起了斩杀官吏、响应起义的热潮，各地相继建立起数千人规模的起义军。

沛县的县令对楚地风起云涌的起义热潮感到恐慌，他决定率领全县官民响应陈涉、吴广的起义，拥护张楚国的建立。

这时，萧何和曹参向沛县令建言道："君为秦吏，今欲背之，率沛子弟，恐不听。愿君召诸亡在外者，可得数百人，因劫众，众不敢不听。"

萧何和曹参直言不讳地指出，沛县县令原本就是秦朝的官吏，也是一名暴政的执行者，他根本就没有资格作为起义集团的领袖。萧、曹认为，在沛县，有众多因不堪忍受暴政而逃亡的人，其中就包括刘邦在内，如果能够拉拢这些铤而走险的亡命之徒一起来胁众起义，大概不会有人站出来反对。

这实际上是欲召逃亡在外的刘邦重返县城的一种暗示。尽管他是沛县令的眼中钉，但在万般无奈之下，县令也只好采纳了这条建议。

史料就后来事态发展的记载略有出入。《史记·高祖本纪》的记载是他们立刻派樊哙作为使者去叫刘邦出山，但《史记·樊哙列传》的记载却是他与刘邦一起隐藏在芒、砀山泽。从上述史料来看，或许樊哙一边与刘邦隐藏，一边又负责着刘邦集团与沛县之间的联络。

据史料记载，趁着沛县令摇摆不定之际，刘邦轻松地取而代之，占据了沛县统治者——沛公的宝座。但是，这不过是一种结果论而已，实际上，当时的沛县令仍然拥有相当强大的势力，刘邦等人如果稍有不慎，都会出现完全不同的结果。

据《史记》记载，此时刘邦手下的兵卒还不满百人，而且从芒、砀山泽到沛县县城有100公里左右的距离。

根据史料，刘邦获胜之后有两三千名年轻人加入他的军队。假设这两三千名年轻人和他们的家族有一半居住在城内、另一半居住在城外村庄，那么，县令指挥的应该至少包括居住在城内的一千多名年轻人及其家族，而刘邦率领的不过是从百里之外赶来的不满百人的亡命之徒而已。

接到樊哙的急报之后，刘邦方面迅速筹备应对之策。他立即召集夏侯婴、卢绾、吕泽、吕释之、周昌、周苛等人召开军事会议，同时向队伍的全体成员发布了紧急召集令。

樊哙是从刘邦任亭长开始就与他形影不离的亲信，夏侯婴和卢绾也一直是与刘邦"相爱"的同志。周昌和他的从兄周苛都是管辖沛县的泗水郡的卒吏。虽然从秦朝官吏的级别来看，周昌、

## 第十章 揭竿而起

周苛的级别最高，其次是沛县官吏萧何、曹参，再次是夏侯婴，而刘邦则居于最末，但周昌、周苛从很早开始就对秦朝丧失了信心，投身到刘邦集团。《史记》对周昌的记载是：

> 昌为人强力，敢直言，自萧、曹等皆卑下之。

周昌是一个体格健壮、耿直坦率的人，萧何、曹参以下的人都很惧怕他。曹参日后成为刘邦集团内部公认武勇过人的一名豪杰，萧何则是刘邦尊奉为曹参之上的大人物。周昌和周苛凭借自己无私无畏、坦诚率直的性格，比萧何和曹参更能博得那些粗暴无礼的莽汉们的尊敬。

樊哙带来的是一封赦免刘邦等人逃亡罪责，并将其编入县令禁卫部队的命令书。对于在途中无视押送民夫任务而逃亡的刘邦等人而言，他们又可以堂堂正正地重返公共社会的舞台，在这点上确是一个令人兴奋的喜讯，但关键问题是如何正确判断并把握时局的走向。具体而言，首先是如何评价沛县令的器量，其次是判断县令将给予刘邦集团何种待遇。

虽然沛县令是一名曾经将前来投靠的吕公奉为上宾的典型任侠之士，而且通过吕公的关系与刘邦等人保持着良好的关系，但是刘邦对他的评价却并不高。况且，这次单凭一纸文书就想调动刘邦等人的想法与做法也显得过于傲慢和简单。在天下大乱之际，县令至少应该以宾客之礼厚待刘邦等人，但他太过迂阔，自恃是把持县政的县太爷，便直接向刘邦等人发布动员令。

这时如果受制于人，或许会有生命危险，但是，在军事会议上，大家一致认为这是一个绝佳的机会。听完大家的议论之后，刘邦从容不迫地下了决断："我们必须推翻秦朝的暴政，沛县县令意欲奋起反抗实属难能可贵，我们干脆就把沛县作为推翻秦朝的一个军事据点吧！"

在担任亭长的时候，身为行政机构末端小吏的刘邦，就已阳奉阴违地背着县令在不断扩张自己的势力了，而他却一再强调此为县里的命令，其目的是掌握沛县的军事指挥权。

军事会议决定之后，聚集到总部的全军被划分为出征和留守两支队伍，留守队伍的任务是镇守芒、砀山泽，并向四周不断扩大势力，以巩固出征队伍的后方根据地。

以刘邦为首的主要干部指挥出征队伍。

随后，他们举行了一场庄严肃穆的誓师大会。身为县令使者而变得一本正经的樊哙和居于首脑地位的刘邦向众人郑重宣布：接受沛县令的命令，以沛县作为新的根据地，组成一支颠覆暴秦的强大军团。刘邦令全员共饮鸡、狗、马血，进行了神圣的盟誓仪式，他让大家对天发誓，绝对服从命令，为了大义视死如归。

出征队伍一分为二，一支是本部，一支是情报和宣传队。军团的战马除留下数匹分给本部的主要干部之外，其余的全部配备给情报和宣传队。情报和宣传队的任务是向县里的各个村落传达县令反秦的指令，同时又明确地表明站在反秦第一线的是刘邦军团。这道指令是得到县令旨意的刘邦通过正式途径向外传达的，同时刘邦又借助赴咸阳出差时建立起的人脉关系，直接呼吁大家参加刘邦军团。

天下大乱之际，刘邦俨然以长者的姿态出现，成为一名实质上的沛县县令。

## 第十章 揭竿而起

自两个月前陈涉进入陈县以来，民众的起义热潮如熊熊烈火般燃遍了楚地，同时又向韩、魏、赵、燕、齐等地延烧。秦的中央政府派名将章邯前来镇压起义势力，楚地的民众们也开始面临新的考验。在林立于各地的起义军中，人们究竟应该投身于哪个军团？这瞬息之间的每一次判断都是生死攸关的大事。人们就这样在聚散离合之中疲于奔命。

曾以沛县亭长的身份活跃一时、后又在山泽地带潜藏待发的刘邦，以聚集在身边的亡命之徒们为中心，逐渐扩大势力，而现在，他与县令联手合作了。人们就像在茫茫的荒野之中忽然发现了一棵可以委身依靠的参天大树，便如潮水般涌入了沛县县城。

但是，眼看着突如其来的时局变化，沛县县令开始后悔了。樊哙召回刘邦，就等于将大量的亡命之徒带进县城，这难道不是引狼入室吗？如果他们发动军事政变，自己不将会面临生命危险吗？

沛县县令立刻关闭了城门，在全城之内发布戒严令。然后，准备拘留该计划的策划者——萧何和曹参。不料暗中发出的逮捕令，很快就传入萧、曹二人耳中，于是他俩逃到了城外，这次逮捕计划也随之落空。

刘邦军团在向沛县挺进的过程中，通过不断吸收新加入的民众而使队伍逐渐壮大，等他们行至沛县城下，正赶上城门关闭，他们被挡在了城外无法进城。

中国的城郭都是用坚固的城墙将整个城市环绕起来的。城郭里的居民既有农民，也有手工业者和商人。在容易被外部势力肆虐的一马平川的平原地带，城郭是战争时期城内与周边居民们赖以容身的唯一屏障。

关闭城门意味着城内与城外的居民被划分为命运截然不同的两个阵营，同时也意味着被挡在城外的周边居民突然被抛弃在没有任何军事防卫的荒野之中。

在太平盛世，突然关闭城门查寻下落不明之人不会发生什么问题。但是，如今潮水般蜂拥而至的民众就宛若一支刘邦军团率领的攻城部队。实际上，刘邦等人已经开始大张旗鼓地布下阵势，做好了攻城的准备。

刘邦将捆着帛书（写在绢上的信）的箭射入城内，直接寄给了城中父老，信上写道：

> 天下苦秦久矣。今父老虽为沛令守，诸侯并起，今屠沛。沛今共诛令，择子弟可立者立之，以应诸侯，则家室完。不然，父子俱屠，无为也。

此时，刘邦并未选择与沛县县令交涉，而是直接说服父老，即左右沛县舆论的德高望重之人，这是一个至关重要的抉择。此后我们还会看到同样的场景，尽管其中包含了相当程度的夸张与润色，但从这点来看，刘邦的确是一位善于发动民众的不可多得的人才。

沛县的父老们率领城中子弟杀了县令，打开城门，迎接刘邦等人入城。

在《史记》年表之中，对后来被封为敬侯的彭祖打开沛县城门一事还专门特书了一笔。如果只是在杀了县令之后才打开城门，应该算不上什么大不了的功绩，因此，或许是当时他趁县令和父老率领的民众对阵之时，打开城门将刘邦等人引入城内。

父老们把刘邦迎进城后，欲立他为沛县县令。

## 第十章 揭竿而起

在当时，率领沛县民众起义的领袖，除了刘邦，还有萧何和曹参。萧、曹虽为沛县有声望的"豪杰吏"，但在这种危急时刻却未表现出作为领袖的胆识与魄力。萧何早已预料到事态的发展，一直致力于将刘邦培养成可力挽狂澜的领袖人物。

《史记》对此记述如下：

> 萧、曹等皆文吏，自爱，恐事不就，后秦种族其家，尽让刘季。

况且，萧何和曹参察觉沛县县令动了杀机后，便仓皇逃至城外，投奔刘邦。这直接使他们的声望转移到刘邦身上。

虽然刘邦情绪高昂、跃跃欲试，但仍然客气地拒绝了这一邀请。他说：

> 天下方扰，诸侯并起，今置将不善，壹败涂地。吾非敢自爱，恐能薄，不能完父兄子弟。此大事，愿更相推择可者。

刘邦的言下之意是：天下大乱，诸侯并起，如果不选择一位才智过人的将领，我们将会一败涂地，不要说什么家财，就连性命也难保。

经过数番推让，父老们都说："平生所闻刘季诸珍怪，当贵，且卜筮之，莫如刘季最吉。"即我们时常听说一些有关刘邦的稀奇古怪的趣闻，这是他将成为天子的征兆。我们也占卜过，刘邦占出了胜过众人的上上签。

父老们的劝说给了刘邦极大的信心。反抗高高在上、统御众生的秦朝皇帝是一件超乎寻常的行为，它需要非同寻常的信仰支持，通过各种前兆和卜筮，给刘邦赋予一种异于常人的神威是不可或缺的要素。

在这种拥戴刘邦的氛围完全成熟之后，刘邦在"万不得已"之下接受了大家的恳求。

就这样，刘邦成为沛县的县令，也就是沛公。是沛县民众选择了他。

笔者在第六章中推测刘邦从任亭长时起以本名"季"为字，以通称"邦"为名。父老们之所以称他为刘季是称呼其字，以表达对即将就任的长官的敬意。

就这样，整个沛县形成了揭竿而起的阵势。

刘邦身边集结了两三千名沛县的年轻人。从沛县的规模来看，几乎所有的年轻人都加入了刘邦集团。数年来，刘邦的声望就是在他们中间日渐巩固和提高的。刘邦制胜的秘诀是他提早培养出了大批指挥这些年轻人的中坚力量。

刘邦集团在芒、砀山泽潜藏时期就已建立了地下政权。其中心人物是吕泽、吕释之、卢绾、萧何、夏侯婴、周昌、周苛、樊哙、审食其、纪成（字信）等人。在这一地下政权的内部建立有一个土朝廷。这是中国历史上在王朝末年的混乱时期经常出现的一种现象。

虽然史料中没留下这个土朝廷的成员名单，但是，《史记·高祖功臣侯者年表》却记载了刘邦等人在杀掉沛县县令起义时的成员名单，我们大致可以从中进行推测。

据该史料记载，起义军可分为三组。吕泽、吕释之、卢绾、萧何四人是第一组，樊哙、审食其、董渫、沛嘉、单宁、丙倩等人为第二组，最后的第三组由夏侯婴、周昌、周苛、纪信，以及

## 第十章 揭竿而起

武儒、阎泽赤、尹恢、空中（一说室中）、留胜、戚鳃等人组成。

第一组的吕泽和吕释之是吕雉的兄长，早已凭借吕不韦一族的声望和财力建立了独立的军团。据刘邦后来回忆，萧何也率领了数十名族人参加起义。至于卢绾，虽然因为该史料仅汇集了封侯者，并不见被封王的卢绾的姓名，但是，从卢绾的列传来看，他也应归为同类。

> 高祖为布衣时，有吏事辟匿，卢绾常随出入上下。及高祖初起沛，卢绾以客从。

他们在刘邦的地下政权内部享受客卿的待遇。刘邦是这些客卿的主君，客卿们虽在刘邦的指挥之下，但同时又保有一定的行动自由。

与之不同，第二组则是刘邦的直属集团。他们在这里一概被称为"舍人"，相当于日本中世纪武士中的"家臣"，他们均属于刘邦的亲信。

第三组在刘邦的地下政权中担任公职。夏侯婴为令史，周苛为内史，纪信为将军，周昌则以职志的身份来指挥军事。职志这个职位虽不见于其他史料，但据该史料的注释记载，其主要负责掌管军旗。这是一种象征的表现方式，大概相当于营部的长官，或者近卫队的队长。顺便说一下，一般观点认为，刘邦的部队之所以打着赤旗，是源于赤帝之子刘邦在丰邑西泽斩杀白帝之子的传说，但如后文所述，这实际源自楚地神话中的英雄——蚩尤。不管怎样，周昌以职志之职成为守护赤旗的近卫队队长。

上述四人与第一组的吕氏兄弟及萧何等人并驾齐驱，属于刘邦集团的高层。其次，作为中坚力量的阎泽赤为执盾，空中为弩将，留胜为客吏，戚鳃为郎，武儒和尹恢二人为谒者。顾名思义，谒者负责对外接洽，客吏负责接待客人。

据史料记载，在起义之前，分布在芒、砀山泽的刘邦势力为"数十百人"，即接近百人的数十人，从上文所见，刘邦在这一阶段就已建立起一个土朝廷，这对日后的发展具有极为重要的意义。亡命之徒们任侠式的纽带关系成为维系刘邦集团发展的重要因素之一。

本书借用史料中的词语，将上述人物称为"初起集团"。所谓"初起"，就是最早参加起义的意思。

在记载这些干部们的史料中，只在有关樊哙和夏侯婴的史料中留下了"攻下沛"的记载。这表明在杀掉县令攻占沛县的首次军事行动之中，跟随刘邦发挥关键性作用的是樊哙和夏侯婴，尤其是既沉着冷静又真诚朴实的夏侯婴，从起义开始就始终位居以任侠精神为支柱的刘邦集团的核心地位，竭力维护着集团的成长与发展。

由于起义的成功，刘邦集团也得到了进一步强化。

在刘邦入城之后，新加入刘邦集团并进入集团核心的有曹参、曹无伤、召欧、周勃、周定、周緤、朱轸、鲁侯涓、孙赤、任敖、彭祖、单父圣、冷耳等人。

在这些人之中，值得关注的是曹参、召欧、周勃和孙赤四人，他们是以"中涓"之职加入的。"中涓"虽与前文提到的"舍人"一样同属刘邦的亲信，但身份却高于舍人。从相关史料来看，好像是授予那些后来参加刘邦集团的重要人物的。这大概是芒、砀山泽的起义集团为了在沛县大量吸收优秀干部而采取的一项措施。

周定、朱轸和鲁侯涓三人是舍人，任敖为客。由于史料中没

## 第十章 揭竿而起

有留下鲁侯涓的姓氏，我们只好以其鲁侯的爵位来如此相称。

彭祖和单父圣为"卒"。卒就是军中之卒，在这些官衔之中地位最低。在考察刘邦集团这一时期组织构成时，我们暂且无须太过较真。

本书同样依据史料的说法，将在沛县参加起义的曹参等人称为"起沛集团"。

与前文提到的初起集团不同，起沛集团的一大特色就是他们参加起义时的官衔只有中涓、舍人、客、卒等，并没有如初起集团中将军、职志等军事组织的官衔。

刘邦首先以作为亲信的中涓、舍人，以及客卿的身份将新来的头面人物们组织起来，换句话说，除了两位称"卒"者之外，起沛集团成员的身份相当于初起集团的第一、二组，他们在这一阶段通过与刘邦的私人关系而占据了起义集团的核心地位。因此，正如初起集团中作为刘邦客卿的萧何日后以丞相的身份在中央政府发挥作用，以及起沛集团中作为中涓的曹参日后以将军的身份立下卓越功勋一样，作为刘邦的亲信而被组织起来的这些人，通过在集团内部担任重要公职而逐渐成长了起来。

起沛集团的另一大特色，是他们中的多数人在沛县官场上颇有权势，可以想见，这是与那些野蛮粗鲁的流亡者们完全不同的存在。例如，曹参在起义之前就与刘邦关系密切，一直在暗中扶持刘邦，他是蛰伏于世的英雄豪杰。尽管他是以任侠关系为纽带而与刘邦走到一起的，但他同时又是沛县的狱掾，是官场上有权势的头面人物。

在这一阶段，通过灵活多变地引入大量在官场上受人尊敬的成员，刘邦集团日渐成长为一个富有极大包容力的战斗集体。笔者认为刘邦集团从初创时期开始，就拥有一种对外宽容开放的机制，这是它日后顺利成长壮大的最重要原因。

只是随着集团队伍的成长壮大，其内部的职务称谓也出现了若干变化。

第一，在初起集团内只有纪信一人被称为"将军"，但在历次战斗中，初起集团和起沛集团的多数成员都担任了将军或都尉等重要职务。

他们作为率领各自队伍的将领获得了一定的自主性与独立性，但是，他们之所以能够"发迹"，完全得益于刘邦及其亲信所采取的正确的政治、军事策略。在这一过程中，他们日渐加深了对刘邦的信赖，同时也加强了与他的从属关系，刘邦的权威与权力得到了最终确立。从中也可以看出拥有一定自主性与独立性的他们所表现出的一种自发的服从意识。

第二，初起集团在吸收与接纳起沛集团的过程中，以往作为刘邦亲信的舍人被分成了两种阶层：下层仍为舍人，而上层则改称中涓。

如果按照这种新的称谓方式，在这一阶段初起集团的舍人樊哙应称为中涓，夏侯婴和周昌也本该是中涓，但他们直接担任了令史和职志的职务。

总之，初起集团与起沛集团分成了作为刘邦上层亲信的客和中涓、作为下层亲信的舍人，以及其他集团（担任公职者）这三种阶层。

为了了解这三种阶层的状况，我们不妨利用一条史料来加以分析。

我们利用的《史记·高祖功臣侯者年表》是一百四十三位被

## 第十章 揭竿而起

汉高祖刘邦封为诸侯的功臣的身世调查表。这里通过分析他们的领地具体拥有多少封户，从而了解其领地的大小和地位的高低。

我们将初起集团与起沛集团的成员分为客和中涓、舍人、其他这三个阶层，然后统计各自的封户数。由于这份身世调查表并不完整，相当多的成员并没有留下封户数的记载，所以在此只能以有明确记载封户数的人来作为统计对象。

统计的结果是：上层亲信的客和中涓为九人，封户数合计为四万六千二百户，平均一人约合五千一百三十三户；下层亲信的舍人为七人，封户数合计为一万五千七百八十户，平均一人约合两千二百五十四户；其他的为五人，封户数合计为六千八百户，平均一人约合一千三百六十户。

上述数字表明，这三个阶层之间存在着很大的差距。如果单纯从数字上来看，中等阶层的平均封户数相当于下层集团的1.7倍，而上层集团的平均封户数相当于中等阶层的2.3倍。

在最上层的客和中涓的身世调查表中，没有留下卢绾、吕泽和吕释之的封户数记录。在汉初论功行赏时，与刘邦"相爱"的卢绾被封为最上层级别的燕王，所以他并未被列入表中。而且在论功行赏时，对吕后两个哥哥的赏赐应该也达到了相当高的水平，所以上层集团与中层集团之间的差距还应该更大。

如果再看一下他们的经历，便会发现客和中涓阶层的成员最低也官至将军，大多数则官职更高，而下层的成员最高只能升到辅佐将军的都尉，中等阶层则居于两者之间。

如果在以上统计结果的基础上再一次对初起和起沛两个集团进行比较的话，值得注意的是，前文所述的起沛集团是由客、中涓、舍人和卒组成的，而除了卒之外，没有一个人的官衔低于初起集团第三组的人。这很明确地表明，相对后起的起沛集团的成员并没有因为资历浅而被简单地置于刘邦集团的下层，换言之，刘邦集团具有灵活多变、宽容开放的机制，从组建初期开始就采取了合理的唯才是举的用人方针。

沛县起义之后，萧何很快加入到辅佐刘邦的亲信之中，并竭力游说曹参、曹无伤、召欧、周勃等重要人物也加入这一行列。如前文所述，在这一时期刘邦又将亲信们重新分成上层的中涓和下层的舍人。通过唯才是举的方针，刘邦从新成员中大胆地提拔优秀人才，并逐渐建立了一种先将这些人才置于自己的亲信之内，然后再为他们安排合适职务的体制。这种体制不但能够不断地大量吸收新人才，而且能够确保他们的才能得到充分发挥，同时也强化了刘邦的权力基础。

上述对刘邦集团干部构成特征的分析，是通过仔细研究《高祖功臣侯者年表》而得到的。如前所述，该年表虽被称为年表，却是将功臣们的身世调查表按照他们封侯的年月顺序排列而成的。

中国古代王朝统治的根基是系统地掌握广义上的行政文书。这种广义上的行政文书分为两个系统：一是土地和人口的登记，另一个是记载官吏履历的身世调查表。后者相当于现代中文中的"档案"。

我们可以从《高祖功臣侯者年表》严密的书写方式中看出，刘邦集团内部的统治机制是相当严格且极具系统性的。例如，记载最早参加起义的人物时，使用了"兵初起"或"初起"等词语，但并未记录他们参加刘邦集团的具体地点；而对起义成功之后在沛县加入集团的人，则称"从起沛"；随之，后来在丰邑参加集团的人则是"从起丰"，在薛县参加的人是"从起薛"，在刘邦

第十章　揭竿而起

集团收复为秦将章邯攻陷的芒、砀之地后参加的人是"从起砀"。几乎对所有的人都采用了这种记录方式。

当时，受陈涉、吴广的影响，各地纷纷斩杀郡守或县令，响应起义。其中最有代表性的就是齐的田儋和会稽的项梁，他们斩杀了当地最高长官，占领了郡县。

但是，那些缺乏强有力统帅的民众在杀掉郡守或县令之后，因无法确定行动的方向而不得不依附外部势力的例子实际上并不少见。据《史记·项羽本纪》记载，东阳的"少年"们杀了县令后，组成了一个数千人的集团，因找不到合适的指挥者，便推举当地的官吏陈婴，但陈婴却率众投奔了项梁。

在当时那种极为混乱的状态下，因为有萧何与曹参的说服和拉拢，加之刘邦巧妙的舆论宣传，在沛县出现了父老乡亲自愿拥戴刘邦的局面，这还是很令人瞩目的。

杀掉县令、占领沛县之后，刘邦立即召集其亲信与客们召开了军事会议。会议的议题有三个：

第一是将在山泽地带不满百人的队伍扩充到两三千人，整编成一个富有战斗力的军事集团。沛县的年轻人已在包围县城的战役中自觉地服从刘邦集团的指挥，现在将他们分配到军团之内，并任命刘邦集团的核心成员担任将军或都尉。同时，制定了沛县武器库内兵器的分配、在民间的征兵、粮食和被服等物资的管理及运输方式的大致方针。当时采用的应该是堪称县政活字典的萧何的方案。

第二是有关今后的军事战略问题。尤其是面对预料之中的泗水郡讨伐军的到来，究竟应该采取守城战，还是积极地走出城，开展野战？如果采取后者，那进攻的目标应该指向何方？会议上很快确定了野战的方针，但重要的问题是，是否直接迎击北上的泗水郡讨伐军？如果直接迎击的话，有必要向民众解释清楚郡与县之间立场的不同。但多数人的意见却是，应该避免与讨伐军的正面冲突，迅速北上控制方与、胡陵等交通要冲。在北上的途中，无须提及郡的立场问题，只需强调反秦斗争是楚地人民的神圣使命即可。

第三是在迅速壮大的军队中间如何使战争的大义深入人心。憎恨秦戎、推翻暴秦、复兴楚国等一系列的宣传口号是任何人都易于接受的。事实上，陈涉与吴广建立张楚国、项梁拥立楚怀王都一脉相承地采用了这一方式，这的确在号召楚地民众方面具有非常重要的意义。但是，对以泗水郡北部到砀郡一带为根据地的刘邦集团而言，复兴楚国这一宣传口号却与陈涉和项梁有着略微不同的含义。

刘邦一向以楚人自居。他把楚文化视为自己的身份标志。他借楚歌、楚舞来消愁解闷，他不会把不着楚式短衣的人视为自己的同伴。在战场上偶遇楚将时，他还会用楚语与他们寒暄一番。

但是，作为刘邦根据地的这一地区，在政治上属于后来被楚国兼并的春秋时期的宋国之地，沛县的民众在内心深处未必真正愿意接受楚国的统治。

刘邦在出征之前，举行了隆重的仪式，来祭奠楚人的守护神和军神蚩尤。通过这次仪式，既达到了团结人心的目的，又利用这一场合确认了他们的军事编制。

在被编入井然有序的部队的民众们的注视下，部队将领们被召集起来，在沛县县庭（沛县政府大院）里举行了祭奠蚩尤的仪

## 第十章　揭竿而起

式。包括沛县在内，在本书中称为月牙形水乡山泽地带的这一地区，在文化根基上都有广义的楚文化背景。从此，人们开始真正地接受从芒、砀山泽入城的刘邦集团为沛县军队的首脑。

营造出一种让沛县老百姓踊跃参加起义的氛围，并组建起一个颇具凝聚力的战斗集团，这一刘邦日思夜想的愿望最终得以顺利达成。

祭奠仪式忠实地尊重当地居民的信仰，完全按照传统的习俗和形式来举行。《史记》就当时的情况记述如下：

>  乃立季为沛公，祠黄帝，祭蚩尤于沛庭，而衅鼓，旗帜皆赤。

同时又重新举行了以刘邦为沛县最高领袖、坚决听从刘邦指挥的誓师大会。沛县的民众们立下了将自己的身家性命置之度外、一切服从刘邦指挥的誓言。

在此，我们不妨简单介绍一下中国古代传说中的蚩尤。

在远古世界里，黄帝是世界的主宰，蚩尤是他的部下。但是，蚩尤征服了苗民，将他们置于自己的统治之下，动摇了黄帝的统治根基。起初，善良的苗民们并没有听从蚩尤的劝诱，但是，由于蚩尤实施残暴的刑罚，是非颠倒，强行倡导恶风恶俗，苗民们终于丧失了原本的善良天性，跟随蚩尤一起叛乱，一时间残忍暴虐横行于天下。起初，黄帝试图用仁慈宽容的胸怀来感化蚩尤，但未能奏效，只好在无奈之下诉诸武力，与之展开决战。

蚩尤有七十二或八十一个兄弟，他们都"铜头铁额，食沙石子"。蚩尤操雾唤雨，率领魑魅魍魉与黄帝对峙。

起初，蚩尤占了上风。黄帝率领四方鬼神、熊虎猛兽与之对决，却在蚩尤唤来的浓云迷雾中迷失了方向，进退维谷。于是，黄帝请来天女魃帮忙。魃出手之后，果然云开雾散，雨过天晴。

据说，战败的蚩尤被处死，其首级和身体被分葬在寿张和钜野两地。距沛县西北100公里之处就是以钜野泽为中心的一大片湿地，寿张在湿地的北侧，钜野在其南侧。当地居民修筑了一座高约七丈的坟墓，每年十月前去祭奠蚩尤。在蚩尤的坟头上冉冉升起如红绸缎般的缕缕气团，宛若迎风飘扬的军旗，人们因此称之为"蚩尤之旗"。

如上所述，在正统的传说之中，蚩尤是邪恶的化身。坏人几乎都被称为蚩尤的子孙，曾有书籍记载孔子称"蚩尤，庶人之贪者"。

但是，从刘邦祭奠蚩尤的史实可知，对流传至今的这一古老传说的正统解释仍存在值得商榷之处。

从这一传说来看，黄帝的手下是猛兽和女神旱魃，而蚩尤则操雾唤雨，率领着魑魅魍魉。这表明黄帝是半干燥地区游猎民族之神，而蚩尤是湿润的南方农耕民族之神。在文献史料中，苗民大多是居住在南方的少数民族，我们大概可以将追随蚩尤的苗民后裔视为生活在楚地的民族。在距离沛县不远的寿张和钜野延续着每年祭奠蚩尤的习俗，是因为蚩尤原本就是传说中的苗民之神。

在有关黄帝和蚩尤决战的背后，隐藏着北方游猎民族征服云雾密布、魑魅横行的南方农耕地区的事实。

即使在正统的传说之中，也流传着这样的事：由于黄帝征服天下之后又重新出现了不安定因素，黄帝便向天下印发蚩尤的画像，"天下咸谓蚩尤不死"，便又重新恢复了太平。如果不了解人

## 第十章 揭竿而起

们曾对蚩尤所寄予的无限崇拜这一社会背景,我们是不可能理解上述说法的。

当时,尽管蚩尤受到中原各族的蔑视,却受到了楚地民众的无比崇拜。刘邦祭奠蚩尤,祈求他保佑沛县的起兵,以此来笼络人心。

后来在刘邦死守荥阳、与项羽陷入持久战的时候,刘邦军中的说客郦食其说服齐王田广,令他归顺了刘邦。当时郦食其大肆吹嘘刘邦军队战无不胜的神威,其主要的说辞就是"此蚩尤之兵也,非人之力也,天之福也"。郦食其把刘邦的汉军比作蚩尤的军队,从中可知蚩尤并不带有任何负面形象。可以说,蚩尤是楚地民众挚爱家乡的一种象征。

"鼓衅"是一种军事礼仪。从"衅"(釁)的字形来看,其上部字形是两手将一个大型的水盘颠倒。根据白川静的解释,其下的"酉"是酒,最下部是向人侧身倒酒之意。整体字形的意思是将酒器倒置向人身上泼洒,以此达到洁身驱邪的目的。

"鼓衅"大概是出征时在大鼓上洒血的军事仪式。在军中,鼓是前进的信号,反之,在后退的时候则使用钟。"鼓衅"或"钟衅"在军事仪式中具有重要的意义。

最后,谈一谈旗和帜均使用赤色的问题。在前文引用的《史记·高祖本纪》中解释其来源于赤帝之子刘邦斩杀化为巨蛇的白帝之子的传说。但是,在骄阳似火的夏季为向苍天祈雨,有一种在南城门供奉七只赤色雄鸡来祭奠蚩尤的仪式,如果再对照刚才提到的从蚩尤坟头上冉冉升起的赤色气团、人们称之为"蚩尤之旗"的传说,可以推测刘邦军队的赤色旗帜应该象征着"蚩尤之旗"。

顺便提一下，虽然把刘邦比作龙的说法似乎在很早的时候就已在刘邦集团内部深入人心，但是，根据五行学说称其为赤龙的说法却是后来编造的，而且是一种非常不确定的说法。这也可从文帝的生母薄夫人并不将刘邦喻为赤龙而是喻为青龙一事上略窥端倪。

笔者在第八章中曾指出刘邦政权的权力基础是由丰沛客家集团的任侠式结合、官员身份的刘邦在日常生活中与乡村社会建立的地缘关系、以传递信息为基础而建立起来的更为广泛的任侠式结合这三种要素构成的。但是，从上述刘邦列阵的仪式中还可以断定，在成为沛公的刘邦与民众结合的背景之下，还存在着一种广泛根植在楚地民众社会内部的精神上的共同体因素。

在受陈涉起义影响而揭竿而起的群雄之中，项羽和刘邦的集团相对广泛地受到了民众的支持，而两者在此基础上的微妙差异给日后政局的发展带来了重大影响。

在出征之际，还有一件事令刘邦放心不下，那就是如何安顿好家人。

刘邦本是沛县丰邑人，因在二十岁前升任都亭亭长而离开丰邑到了沛县，但其家人仍留在丰邑。

从现有史料中无法了解居住在丰邑的刘家的状况。刘邦本来有两位憨厚老实的哥哥，但长兄英年早逝。如第一章所述，因为刘邦经常带着一帮狐朋狗友闯进大哥家中混吃混喝，所以可以认为大哥在这一时期已与刘太公和刘媪分家，而自立门户了。

根据大约在汉代形成的家产继承的习惯，兄弟均分继承是基本的原则，在某一时期所有的家产都会进行分割。当时并不像现

## 第十章　揭竿而起

在的日本一样只有在结婚之后才自立门户。如果长兄家不与刘太公共同生活，而是独自操持家业，那么，二哥和刘邦的家庭也应该是独立生活、各自谋生的。只是这种盛行于后世的财产继承原则是否也在秦末汉初的楚地实行就不得而知了。

刘邦与吕雉结婚之后，她就来丰邑居住了。此时她具体是否与刘太公共同居住也不大清楚。

随着刘邦成为沛公，事态发生了急速变化。

一直不与刘太公和刘媪同住的二哥一家，搬进了专为刘太公和刘媪新预备的宅第，与他们共同生活了。家中还配备了担任管家的舍人和担任下仆的"郎官"。曾经为刘邦打开沛县城门的彭祖这时成了刘太公的"仆"。从后来彭祖被封为诸侯，以报偿他对刘邦的奉献和对刘太公的尽心来看，史料中虽称其为"仆"，但实际上他大概相当于刘太公宅第的管家。当然，吕雉应该也与刘家共同生活。这也成为日后生出一些微妙问题的一个原因。

另外，寄身于沛县县令的吕公也住到了丰邑。因为有史料记载，日后被封为博成侯的冯无择以吕泽郎中的身份从丰邑来参加刘邦军队，所以这应该是确凿无疑的。

吕家虽然一直受到秦政府的打压，但由于是吕不韦的族人，所以在从定居沛县开始就已经过上了刘家所不敢奢望的生活。冯无择为吕泽的郎中，这不过是一种公开的称呼而已，实际上相当于刘邦集团中的中涓。从早年开始便一直为吕泽、吕释之出谋划策的审食其，在起义之后作为吕雉的亲信侍奉左右。此外，成阴侯周信在刘邦军队行至吕家的故乡单父县时加入，后来进入丰邑的刘家，成为吕雉的舍人。这是居住在单父县时吕家的关系得以延续的结果。

起义成功后，刘家就与吕家一样成为在沛县丰邑拥有豪宅庭院的豪富之家。但是，纯属暴发户的刘家与名门世家的吕家在品位上却有着本质区别。这是刘家人，尤其是将吕雉作为儿媳迎进家门的刘媪最为郁闷的一块心病。

如前文所引，《史记·吕太后本纪》中记载："吕后为人刚毅，佐高祖定天下。"吕雉死后，因吕氏家族发动了所谓的"诸吕之乱"，欲篡夺刘氏政权，因此在史书中存在着一种对吕氏功绩评价过低甚至完全抹杀的倾向。即便如此，史书中仍然对吕雉协助刘邦统一天下的贡献和其果敢刚毅的性格特书了一笔。尽管身为刘邦母亲的刘媪的强势不输给任何女性，但在出身名门望族，又将刘邦推上政界的吕雉面前，她却无法显露原有的锋芒。

## 第十一章　从地方割据到争霸天下

在沛县城内父老率领子弟杀掉沛县县令，将阻在城外的刘邦军队引入城内，并推举刘邦为新任沛公（沛县县令）的当天，刘邦就把在县城聚集的年轻人们整编进了自己的军队。

每支部队都设置有长官，每数支部队又任命了将军。军队的将领们不是近十年来与刘邦一起从丰邑西泽到沛县的泗水，又转战芒、砀山泽的久经磨炼的战士，就是曹参、曹无伤等沛县豪族。

起义当天在对出征部队、少数留守部队、作战人员与通信员、辎重部队、宣传队的人员配置，以及鸣鼓为进、鸣钟为退等基本的军事演练上花费了大量时间。

此外，在丰邑也整编了一支留守部队。丰邑是刘邦的故乡，但整个丰邑一直由雍齿、王陵等有影响力的任侠之士把持着。因为丰邑的多数居民是由魏的大梁迁徙而来的，所以他们具有很强的凝聚力。

第二天，举行完祭奠蚩尤的出征仪式，军队便逆泗水北上，前去攻打需要行军一天左右才能到达的胡陵。

从刘邦接受县令的号召，从芒、砀向沛县挺进的那一刻开始，他就巧妙地利用任侠组织和官方的情报网，向周围各地传达了沛县已经揭竿而起、意欲推翻秦朝统治的消息，因此，在到达胡陵之后，几乎没有遇到任何抵抗，胡陵的县令甚至还敞开城门迎接刘邦军团的到来。

第二天，吸收了胡陵新加入的人后，他们再逆泗水而上，向大约行程一日左右的方与挺进。方与也轻而易举地被刘邦拿下。

胡陵和方与均隶属薛郡，西临砀郡。这两个县位于泗水、薛、砀三郡的交界地，如第一章所述，该地区属于"三不管"地带。

从出任沛县亭长时开始，刘邦就暗中与这一地区的匪寇们保持着联系，现在通过控制这一地区，达到了补充兵员的目的。此外，两县并不在泗水郡的管辖之内，下令征讨刘邦军队的泗水郡的命令一时还传不到这里，这也是经过刘邦等人精心谋划的。

在沛县分布着广阔的湿地，而到了这一地区附近，却变得狭窄起来，由东北方向流入的泗水主干与从西部流入的荷水在此地交汇。荷水是在定陶从济水分流的一条小河。从定陶逆济水而上就可到达大梁西北部的鸿沟，再继续逆行大约一天左右便可到达荥阳北部的黄河。刘邦控制这一地区意味着掌握了中原地区的出口。

在刘邦攻陷方与之后，泗水郡的郡府相县才做好讨伐他的准备。由于在起义之初，泗水郡当地的实权人物周苛和其堂弟周昌，以及他们的下属任敖就已参加了刘邦集团，因此通过他们的情报网，刘邦对泗水郡的动向了如指掌。得知讨伐军已向方与出发的消息，刘邦等人立刻还军丰邑，摆下了固守城池的

## 第十一章 从地方割据到争霸天下

阵势。这大概是因为他们认为，在受到讨伐军进攻的时候，与规模较大、居民繁杂的沛县县城相比，在丰邑固守城池不易在内部出现反叛者。

沛县对岸的薛县与沛县之间的泗水如湖泊般宽阔，泗水郡守壮率领讨伐军攻陷此地，并设置了据点，在与齐地中断联络之后，他们又渡过泗水占据了沛县的县城。得知齐地因遭到陈涉派遣的周市的进攻而背叛了秦政府的泗水郡讨伐军，为防范齐的干预，采取了周密的对策。

随后，泗水郡监（副官）平率军包围了丰邑。他认为，放弃沛县而选择在规模很小的丰邑固守城池的战略愚蠢至极，骄横轻狂的讨伐军很快在丰邑布下了重重包围。

此时的时间是秦二世元年七月，陈涉、吴广起义的两个月之后，大约是公元前209年10月中旬。此时沛县的稻收已经结束，在一望无际的平原地带到处堆放着间距几乎相同的稻草。稻草常被用作牛马的饲料或燃料，是有用之物。因此秦政府还按照田亩的面积收取一定的稻草。此时收获的大部分稻米已经被运进城内，相当一部分稻草也被运至城中。对于农民来说，泗水郡的秦军不去糟蹋收割前的稻田，已经算是谢天谢地了。

在平原的四处零星分布着许多小村庄。在华北的旱田地带，村落都是聚村而居的，而属于稻田地带的这一地区的景观却截然不同。在第七章中我们提到，吕雉在田间除草时，一位路过的老人看了吕雉儿子的面相后说，托这个男孩的福，"夫人天下贵人"，待老人走后，"高祖适从旁舍来"，从中我们仿佛可以看到农田的旁边坐落着许多农家的场景。如果这是在华北聚村而居的地区，则应该写成"高祖适从里门来"。

如果是楚地之人，那么，泗水郡的秦军是不会在这个季节放火焚烧村落的，然而，郡守壮和监平都不是楚人。

秦军在与赵军决战的时候，曾在长平坑杀了四十余万赵人。这虽是发生在秦昭襄王四十七年（前260），即距当时五十多年前的事情，却仿佛发生在昨日一样使天下人谈之色变，人人自危。在当地近期的考古发现中，确实可以见到屠杀遗留下来的人骨。

从周围农村抛弃家财逃进丰邑城内的人们已经开始意识到自己处在了没有退路的悬崖边缘。到了夜晚，从丰邑的城墙上一眼望去，重重包围的讨伐军的灯火似乎照亮了半个夜空。在夜幕笼罩之下，墙外是秦人的世界，墙内是楚人的世界，这种对照似乎在人们心中刻下了深深的烙印。

刘邦在城内静静地观望了两天。这也是为了让困守在丰邑城内的人们，尤其是从城外村庄前来避难的居民们切身体会到自己已成为和大家生死与共、同舟共济的一员，体会到这些的成员们只有服从刘邦的指挥才能找到一条求生之路。

到了第三天，刘邦把守卫丰邑城的任务交给雍齿，自己亲自率领军队打来城门，冲出城外。丰沛的子弟们表现得非常勇敢善战，简直令人难以想象他们仅在数天前还都是些忙于农活的庄稼汉。从魏地迁徙而来的客家人尤其具备统一协调的凝聚力。

泗水郡监平所率领的秦军根本不堪一击，在刘邦军队的攻势下，顷刻间便一败涂地。刘邦的军队乘势前去攻打沛县县城。从丰邑到沛县县城大约30公里，行军需一天左右，但刘邦军一路所向无敌，几乎没有遇到任何抵抗。泗水郡一方的守备军已所剩无几，刘邦军就这样轻轻松松地进了城。

第二天一早，刘邦就将部队改编成水军渡过了泗水。前文已

## 第十一章 从地方割据到争霸天下

经提到，这一地区的人们在日常生活中普遍利用水运，因此他们很快就可以改编成水军。在亭长时期就与泗水的盗寇们建立了紧密关系的刘邦，通过这些人严密封锁消息，几乎做到滴水不漏。节节败退的泗水郡监平派去送信的人员船只被一一截获，泗水郡讨伐军前一天败北的消息丝毫没有传入在对岸布下阵势的守备军的耳中。

面对从天而降、斗志昂扬的刘邦军队，在薛县镇守本部的泗水郡郡守壮率兵进行了顽强的抵抗，但乱了阵脚的将士们却丢下薛城，仓皇向南方溃逃。

在这场战役中，站在刘邦军阵前指挥战斗的是曹参、曹无伤等曹家的豪杰们。其中左司马曹无伤见泗水军狼狈逃窜，便乘胜追击了十余公里，最终在泗水的东岸摘下了壮的首级。于是，刘邦便占领了泗水郡，作为当时的群雄之一而扬名天下。

控制了整个泗水郡的刘邦，并未在之前占领的作为中原出口的"三不管"地带休整歇息便撤军了。这是因为为安抚齐地而受陈涉派遣的周市在返回魏地之后，已把进攻的目标瞄准了方与。

如第九章所述，周市的军队进入齐地，给具有强烈乡土意识的当地民众以极大的刺激。在狄县发动起义的田儋便乘机打败了周市。周市返回魏地之后，拥立了在张楚国都陈的魏国王族魏咎为王，复兴了魏国，而自己则担任宰相。周市率领魏军从济水经定陶，沿荷水而下，开始实施征服楚地北部的方略。

事态突然向刘邦意想不到的方向发展。

丰邑是魏人的移居之地。对于多数丰邑人来说，魏是他们的故土。周市正是抓住这一点，向被刘邦委任镇守丰邑的雍齿派去了使者，其使者说道：

丰，故梁徙也。今魏地已定者数十城。齿今下魏，魏以齿为侯守丰。不下，且屠丰。

雍齿是个能力出众的人，他只是在大势所趋时才居于晚辈刘邦的统领之下，但内心是极不情愿的。他很快接受了周市的条件，而"反为魏守丰"。

这对刘邦而言宛若晴天霹雳，他受到了极大的打击。刘邦势力的核心有二：一个是山泽地带的亡命徒们，另一个就是由移民组成的丰邑伙伴们。因为雍齿的背叛，刘邦失去了最早与秦军战斗的舞台——丰邑。

况且，丰邑还有慈爱的刘太公、刘媪，以及妻子吕雉和儿女们。吕雉是他得力的助手和战友。此外，让他坐卧不宁的是他与前妻曹夫人所生的儿子也留在了丰邑。同时，家人和亲人都留在丰邑的刘邦军团的将士们也面临同样的问题。

雍齿号召丰邑人归顺故土魏国，并加入陈涉的张楚阵营共同进行反秦斗争。如果人们接受既有才干又有威望的雍齿的号召，刘邦军团就只有瓦解了。

刘邦因此狼狈不堪，完全丧失了那一向泰然自若、遇事不乱方寸的神情，这对他来说还是平生第一次。这是与日后在鸿门之会上无条件向项羽投降程度相同的人生最大危机。

从整个大局来看，刘邦与当时的群雄一样，是在陈涉起义的影响下才开始反抗秦朝的。当陈涉的起义军从蕲县大泽乡向陈进攻的时候，在陈涉大军从芒、砀山泽擦边而过所带来的巨大冲击之下，刘邦军团发挥了一种凝聚作用，他们把活跃在这一地区的亡命之徒都吸引到了自己的旗下。沛县县令的反叛也是在张楚军

## 第十一章 从地方割据到争霸天下

不断向秦地挺进的过程中而引发的。

刘邦的战略方针是，先以丰邑为起点来控制整个泗水郡，然后作为诸侯进入群雄之列。在承认张楚国为首倡者地位的同时，慢慢联合其他势力以巩固自己的地位。在左司马曹无伤的努力之下，很快就实现了第一阶段的战略计划。但在此时，张楚国派遣而来的周市军团却突然作为一支最大的敌对势力出现在面前，而且雍齿又成了他们的追随者。刘邦的战略从根本上被瓦解了。

刘邦非常懊恼，肠子都悔青了，尤其丰邑伙伴的背叛是他最无法接受的。为此，他终日寝食难安，在他看来，夺回丰邑是眼前的头等大事。他立刻从刚刚占领的方与和胡陵引兵向丰邑奔去。到了丰邑，他立即向雍齿发动攻势，却并未攻陷。无奈之下，刘邦进入了沛县县城。

正在刘邦一筹莫展之际，东海郡凌县人秦嘉和同郡东阳县人宁君联合拥立楚国贵族景驹为楚王，在距沛县东南约20公里的留县举兵，随后，控制淮水下游的东海郡的这一势力开始北上。据《史记·高祖本纪》记载，刘邦"乃往从之，欲请兵以攻丰"。

虽然"从之""请兵"之类的词语非常模糊，但这表明刘邦归顺了楚王景驹，而且向楚王献上了从魏军手中夺回丰邑的计策。

此时，秦将章邯的别将司马欣从东北部进军，攻陷了泗水郡的郡府相县，然后进入砀郡。刘邦与宁君联合起来，展开了阻击战。据《史记》记载，刘邦经过三天的浴血奋战，终于攻克了砀县，并使自己的军队扩张到五六千人。砀郡的山泽地带是刘邦流亡时期的根据地，这五六千人主要是受到他起义初期留守部队的影响而加入的。且刘邦阵营的吕泽、吕释之兄弟攻下了过去就作为自己的地盘而苦心经营的位于砀县北部的下邑，在这里也扩充了相当数量的兵力。稍稍松口气后，刘邦的军队立刻返回丰邑，再度调兵展开了包围战。

在这一时期，为了夺回丰邑，刘邦倾注了全部的心血。自雍齿率领整个丰邑归顺魏以来，刘邦的行动举止表现出极为罕见的单纯与直接。

丰邑居民的凝聚力是刘邦集团赖以生存的重要基础。一直把丰邑的命运与故土魏国连接起来的雍齿在不久前还位居刘邦之上，统御着丰邑地区的任侠世界。魏国在魏咎的旗帜下，基本占据了战国时期魏国的全部领土。如果丰邑地区的民众追随了威望高于刘邦的雍齿，那么，刘邦以泗水郡和砀郡作为反秦斗争基地的计划就会完全破产。如果这样，他就只能重新逃回芒、砀山泽去做一个占山为王的头目。

而且，丰邑还有刘邦挚爱的家人与亲友。刘邦是一个爱憎分明的人，虽然史书中不惜笔墨地去描写他的憎恶，但笔者却认为在他如此执着地攻打丰邑的诸多理由之中，对家人无比深沉的爱也占据了很大比重。

但是，仅仅因为这种理由，景驹是不可能接受刘邦的建议而把夺回丰邑作为重要战略来采纳的。刘邦说服景驹的最大理由大概是对陈涉死后的张楚政权正统性的否认。魏咎和周市联合建立的华北政权不能继承张楚政权的正统性，而能够继承其正统性的是楚王景驹在楚地建立的政权。因为阐明了决不允许外来势力干涉楚地内部事务的方针，刘邦才获得了进攻丰邑的许可。

刘邦的这一理论不但隐含着力图建立丰沛割据政权的心愿，

## 第十一章　从地方割据到争霸天下

似乎也举起了现实所需的由楚王政权来完成统一天下大业的招牌。但是，笔者却认为刘邦自己的思维已从地方割据向统一天下的方向发生了巨变，这似乎更符合当时的历史真相。在这一危难时刻，让刘邦的势力获得成长壮大的原因，是他巧遇了张良。

张良出生于韩国的名门望族。祖父张开地历任韩昭侯、宣惠王和襄哀王三代的宰相，父亲张平历任釐王、悼惠王两代的宰相。《史记·留侯世家》有如下记载：

> 悼惠王二十三年，平卒。卒二十岁，秦灭韩。良年少，未宦事韩。韩破，良家僮三百人，弟死不葬，悉以家财求客刺秦王，为韩报仇。

张良的父亲死于公元前250年，二十年后，秦灭了韩国。张良在弟弟死后，并未为其操办丧事，而是倾尽所有家产寻求刺客，策划暗杀秦王。

秦始皇于始皇二十九年（前218）东游，张良雇人在位于大梁西部的博浪沙袭击秦始皇，失败之后，隐姓埋名逃至下邳。据《史记》记载：

> 居下邳，为任侠。项伯尝杀人，从良匿。

潜入地下的张良在下邳成为任侠。憎恶秦国的韩国望族张良和楚国望族项氏彼此久仰大名，张良在邻近的下相县受到项氏一宿一饭的款待。后来张良还窝藏了杀人的项羽最小的叔叔项伯。

在此我们不妨对这一带的地理状况再做一次说明。从沛县沿泗水而下20多公里就可到达景驹的大本营留县，而从留县行40多公里就能到达日后项羽置都的彭城。从彭城下行约70公里就是下邳。从下邳行40多公里可到达项梁和项羽居住的下相，再向东南下行70公里就是韩信的家乡淮阴。这一地带处于泗水系月牙形水乡山泽地带的弦。

在泗水水域的水乡留县，张良和刘邦共同完成了他们命运之中的一大奇遇。据《史记·留侯世家》记载，日后张良在回顾这次奇遇的时候，对刘邦说了如下的话：

> 始臣起下邳，与上会留，此天以臣授陛下。陛下用臣计，幸而时中。

"我从下邳起事，在留县与陛下会面，这是上天将我赐予陛下。陛下采纳了我的计谋，幸运的是，常常获得成功"，这种所谓托了上天赐予的我的福分，陛下才夺得天下的说法，是对皇帝极为傲慢不逊的言辞。

同时，《史记·留侯世家》就两人的相识还有如下记载：

> 良数以太公兵法说沛公，沛公善之，常用其策。良为他人言，皆不省。良曰："沛公殆天授。"故遂从之。

在这里变成了沛公是上天赐予张良之人，就显得更为傲慢不逊了。

这两句话中所见的"天授"的真意究竟是什么？在日后刘邦统一天下之际，比张良立下更大功勋的韩信也对刘邦说："陛下所谓天授，而非人力也。"

这个"天授"一般被解释为被上天赐予特殊才能的人。天授之才被用来形容刘邦的才能。但是，这种解释却无法使用在张良，尤其是把张良赐予刘邦的情况之下。如果从普遍适用的角度来考虑，如文字所述，"天授"应该解释为"上天赐予"之意。在天下大乱之际，治理乱世的上天将刘邦赐予张良，将张良赐予刘邦，为普天之下的万民百姓将刘邦赐予人间。张良、韩信等刘邦集团的高级人才都确信自己的成功是基于上天的赏赐。张良看似傲慢不逊的言辞之中蕴含着确信天命的谦卑。

在刚才提到的《史记·留侯世家》之中，张良称自己"起下邳"。在陈涉起义之时，"良亦聚少年百余人"，在下邳揭竿而起。

此时，凌人秦嘉和符离人朱鸡石等在淮水下游一带起义，而最终由秦嘉掌握了这支势力的主导权，控制了东海郡一带。东海郡西临泗水郡，顾名思义，它面朝东海。大致来说，泗水正好由西北向东南穿过两郡之间，泗水的两岸就是泗水系月牙形水乡山泽地带的中心地区。

陈涉败死的消息传来之后，秦嘉拥立楚国大贵族景氏后人景驹为楚王。景驹从应与秦将章邯对决的泗水逆水而上至留县，在留县设置了大本营。如前文所述，从沛县沿泗水下行约20公里就可到达留县。景驹的兵力具有绝对优势，刘邦投身于景驹的军队，是因为丰邑雍齿的关系而做出的无奈选择。但是，这种选择却只能放弃自己以丰邑为根据地形成割据的原定方针，这在刘邦的心头布上了一层阴云。

在刘邦投身于景驹阵营时，章邯的军队正在进攻张楚国都陈，而其别将司马𣇉则东进，攻占了泗水郡的相县，然后又来攻打砀县。景驹派遣得力的将领宁君和新任命的刘邦前去阻击司马𣇉的军队。在两人的率领之下，楚军沿泗水而下到达彭城，又从这里向西进入萧县，与司马𣇉的军队交战。在刘邦的军队去往下邳西部的彭城的时候，正好与从下邳向留县行进的张良相遇。

就刘邦与张良相识的问题，司马辽太郎谈到，刘邦以极大的包容性和理解力聆听了张良的陈述，张良对能够全盘领会并接受自己思想的刘邦感到无比惊讶，他不禁感叹道："难道这就是所谓的知音吗？"我们不得不叹服作为作家的司马辽太郎的想象是如此真实地反映了当时的情况。

当时的刘邦已届三十岁，如果假定张良是在父亲张平去世的公元前250年才出生的话，他时年四十三岁。张良不但年长许多，还是名门出身，不但具有相当长的任侠阅历，甚至还有暗杀秦始皇未遂和其后流亡生活的特殊经历。

在两人见面的时候，张良完全有理由以强大的气场震慑住刘邦，但结果恰恰相反，张良完全被刘邦折服了，他不禁大赞刘邦是上天赐给世间的不可多得的人才。

司马迁在《留侯世家》的结语中言及张良多次帮刘邦摆脱困境之后，提到自己看到张良的画像时，被他那如女子般美貌的外表所震惊。在名门出身又貌若丽人的张良的外表下，洋溢着在长期潜伏的地下生活中所练就的一种独特气质与魅力。

刘邦是一位天才的政治家，在他的脑海中时常勾画着一幅虽不太清晰但也依稀可辨的天下形势图。但是，或许是由于经验和信息的不足，这幅形势图的相当一部分还处于空白状态。而且由于受到雍齿背叛的冲击，他所勾画的形势图本身又变得缺乏自信并带有许多不安定因素。

刘邦坦诚地向张良说明了自己目前的困境，表示愿意聆听他的意见。其要点是如何才能夺回丰邑，以及在天下大乱之中如何以丰邑为根据地建立一个割据政权这两方面。

为此，张良开始向刘邦分析天下的形势和楚地所处的位置。

## 第十一章 从地方割据到争霸天下

张良指出，随着陈涉的起义，赵、燕、魏、齐等地分别出现了各自的割据政权。这些政权割据一方，意欲再现战国时代曾经的局面，而楚地的动向却与这些地区截然不同。即使是在陈县建都的张楚国也未占据整个战国时代楚国的广大疆域。但是，张楚国又越过函谷关，进入了关中。目前秦嘉拥立的楚王景驹也渡过泗水北上，准备与秦将章邯的军队对决。据说项梁的势力已渡过长江正在北上。楚地没有在局部地区建立割据政权的条件。相反，在整个楚地反抗秦朝统治的形势下有必要确立自己的地位，并逐渐强化这种地位。

张良站在上述全局的角度又对具体的状况进行了分析：楚地是战国时期楚王国的统治区域。如果把当前天下大乱的局势视为战国时代的重演，那么，在这一地区没有形成一个割据政权是很难理解的。但是，目前并没有建立起一个在统一政权之下的统治体制。

从名目上来说，陈涉建立的张楚国应该是控制整个楚地的一个统一政权。但是，实际上，张楚国的统治范围最大不过是从陈到寿春沿线两侧各约100公里以内的地带。在陈至寿春地带的北部是魏和秦，从西部至南部是韩和秦的势力范围。在东部，从北面开始实际上分布着彭越、刘邦、秦嘉和景驹、项梁、黥布等楚地割据势力。再放眼东方，东北部地区则在齐的控制之下。

"在这种局面下，仅局限于掌控丰沛这一狭小地带绝非上策。"张良郑重地说。

残败的张楚国和刚才列举的彭越以下的各种势力构成了楚地复杂的政治局势，要想积极投身到这一政治漩涡之中，有必要暂且归属于一个能给自己带来利益的强力集团。从目前刘邦的实力来看，正确判断归顺于哪个集团才是要务，而归属之后最重要的是在集团内部探索如何保持一定的独立自主性。

虽然依存于有发展前途的某个集团并在此基础上获取一定的自主权是将来的事，但强化刘邦集团自身的生存基础是至关重要的根本问题。为此，重要的是获得"一种不定型的统治地区"。

"这大概有些令人费解，"张良慎重地组织着语言，"比如说，如果你被景驹任命为丰沛的一个地方官，那么不过是景驹政权下的一名官僚而已，显然是不可能争霸天下的。同样，也不可能将丰沛从景驹政权中独立出来，建成一个自己的统治地区，这无异于自杀行为。因此，如何确立不会发生这两种情况的统治区域，是当前的最大课题。"

说到此，张良突然停了下来。

如何组织和利用从法律万能的秦帝国统治的反作用中散发出来的能量呢？

"笼络父老和流民！"张良坦率地说道，"代表社会稳定因素的是父老，而代表社会不稳定因素的是流民。可以团结这两个社会阶层来进行反秦斗争的地区，正是刘邦大人一直活跃的魏、楚交界地带，也就是大致相当于战国时期宋国的领土。作为今后扩大势力范围的基础，应该紧紧抓住这一包含丰沛，但不止丰沛的宋国的地利。而目前各种力量为反抗秦帝国统治而相继起义的局势就是上天赐予的天时。除此之外，刘邦大人本人又被赋予了继承战国时期宋地传统的地利条件。"

张良的话虽有些异于常规，却具有超乎寻常的说服力。刘邦认为张良看到了天下的动向，他对局势的观察和分析极为透彻并切中要害，同时又为自己投靠景驹军队而感到欣慰和满足，虽然

## 第十一章 从地方割据到争霸天下

这是在穷途末路之下的仓促决策，但反而收到了歪打正着的意外效果。

张良也认为与刘邦相识是上天的安排，因而感到格外欣喜。据《史记》记载，张良随后打消了面见景驹的念头。

作为这次会见的结果，刘邦暂时推迟了进攻丰邑的计划而转向收复以往作为根据地的芒、砀山泽。他攻陷砀县，收编了五六千名兵卒，同时，他的客卿吕泽和吕释之率领的军队攻陷了下邑。就在刘邦和吕氏兄弟率领增强了的军队转向包围丰邑之时，项梁的军队北上，击垮了景驹军。

在包围了雍齿盘踞的丰邑之后，刘邦才得知不久前自己还在其麾下效力的景驹被项梁歼灭。因此，刘邦等人离开楚王景驹在留县的大本营而进入砀县和下邑一带反倒成了一种侥幸。为了阻击项梁的军队，从留县南下在彭城布阵的景驹军被打散，经过沛县，向胡陵方向败走。如果刘邦一直追随在景驹身边的话，很有可能已成为项梁军的刀下之鬼。

歼灭景驹军之后，项梁驻扎在以前泗水郡守壮设置大本营的薛县。此时，项梁得知了陈涉失败被杀的消息。据《史记·项羽本纪》记载：

> 项梁闻陈王定死，召诸别将会薛计事。此时沛公亦起沛往焉。

项梁"召诸别将会薛计事"，意味着他想继陈涉之后称霸。

此处所见的"别将"，一般是指别部的将领，而在这里却具有一种独特的意义。

在刘邦等人与司马𣊻作战之时，项梁也曾派别将朱鸡石与章邯的别部交战。朱鸡石战败之后逃回项梁军，项梁追究战败的责任而将其斩杀。朱鸡石原本是秦嘉同盟军的领袖之一，在符离起义之后，与秦嘉一起控制了东海郡一带。在项梁北上后，朱鸡石便背弃秦嘉投靠了项梁，将自己复兴楚国的梦想托付给这位勇将项燕之子。

这一时期，在各地起义的各军都是根据形势的发展而不断聚散离合的，从外部参加进来而接受一方盟主调遣的人，就称为"别将"。因此可以推测，从沛赶往薛县的刘邦也成了项梁的别将。

上述结论是从《史记·项羽本纪》中得出的，但《史记·高祖本纪》则记载：

> （沛公）闻项梁在薛，从骑百余往见之。项梁益沛公卒五千人、五大夫将十人。沛公还，引兵攻丰。

百余骑的车马是作为一位诸侯所必备的最低限度的仪仗，在归顺项梁军队的时候，刘邦尽最大的能力保全了自己的颜面。

与之相对，项梁给刘邦增加了"卒五千人、五大夫将十人"。《史记·高祖本纪》采用了项梁仿佛是借给与自己地位平等的同盟军兵将的书写方式。但是，五千名兵卒对刘邦来说却具有非常重要的意义。虽然在沛县起义的时候刘邦得到子弟两三千人，在此次会面之前的砀县又获得了五六千人，但是，最初的一部分军队被雍齿带走，而且还有在各种战役中阵亡损耗的兵力。刘邦军队当时最多不超过一万人。项梁几乎给了相当于刘邦整个军队规模的兵力，同时又附带了十名"五大夫将"，即高级将校。高级将校在各自率领五百、共计五千名兵卒增援刘邦的同时，也发挥了监视其动向的作用。就这样,与朱鸡石一样,刘邦成了项梁统领之下的一名别将。

即便如此,项梁对初次相识的刘邦势力的判断是正确的。刘邦得到援军之后,马上取道返回丰邑,展开第三次攻击。

就这一史事,《史记·高祖本纪》的记载为:"沛公还,引兵攻丰。"而《史记·秦楚之际月表》的记载为:"(沛公)击丰,拔之。雍齿奔魏。"即刘邦收复了丰邑,雍齿逃至魏。

显然,此次进攻是在得到项梁许可之后进行的。刘邦在五千援军、十名将官同行的情况下,不可能做出任何违背项梁旨意的事情。换言之,由于刘邦进攻丰邑的行动与项梁当时的战略是一致的,因此项梁肯定了刘邦献计的价值并选派了五千名援军与之同行。

在这短短的时间里,刘邦先归属景驹,后又归顺击败景驹的项梁,而且在归于两者的同时,又保持着一定的自主性,最终攻陷了丰邑。而这正是在景驹和项梁接受刘邦对战局的认识之下才得以实现的。

言归正传,攻陷砀县的刘邦获得了五六千人的兵力,这是一件值得特书一笔的大事。他在沛县起义时有两三千人,其后,虽先后攻陷胡陵、方与,或者控制了亢父,但都没有兵力得到增强的记载。当然,《史记》就这一时期的记载十分简略,但即使没有记载,这一地区也应该有相当数量的人参加了刘邦军团。但是,刘邦在砀县地区获得了相当于沛县两倍左右的兵力却是不争的事实。

为了从另一种视角来考虑这一问题,我们不妨利用前文探讨过的《高祖功臣侯者年表》来确认一下刘邦军队主要成员的参军地点。实际上，能成为探讨目标的主要就是刘邦一直活动的地点，即沛、丰、胡陵、方与、亢父、留、萧、彭城和砀等诸县。

| | |
|---|---|
| 沛 | 32 |
| 砀 | 13 |
| 丰 | 10 |
| 薛 | 6 |
| 留 | 3 |
| 单父 | 2 |
| 宛朐 | 2 |
| 晋阳 | 2 |
| 下邳 | 2 |
| 胡陵 | 1 |
| 方与 | 1 |
| 其他 | 25 |
| **合计** | **99** |

从此表中可知，刘邦军队主要成员的参军地点集中在沛，其次依次为砀、丰、薛。在年表中，明确记载参军地点的有九十九人，其中沛、砀、丰、薛四地有六十一人，其他地区加起来为三十八人。在这三十八人中，在留县加入的有三人。由于张良"起下邳"，因此没有算进留县。胡陵和方与各一人，而亢父、萧县和彭城却无一人。

从上文可知，参加刘邦军队的将领们多出自刘邦从少年无赖到担任亭长时期精心扶持培养势力的地区，而民众们应与将领们的情况具有相同的趋势。

我们在前一章中已经简单分析了"初起集团"和"起沛集团"

的问题。在此不妨简单谈一谈丰、砀、薛三地。

在丰参加刘邦集团的有十人，这与在砀参加的十三人相比略少一些。丰是刘邦的家乡，本该有相当数量的人参加，但由于雍齿率丰投降了魏，相当一部分头面人物都与雍齿步调一致。为方便起见，我们把年表中属于初起集团的全体成员都算进了沛县，但吕泽、吕释之、审食其和刘仲应该归为丰邑帮，地位低的几个人可推测为出身砀县。

丰邑帮参加时的官衔如下（他们最终的职位书于名字后的括号内）：王吸（将军）和陈仓（将军）为中涓，毛泽（郎将）为中涓骑，薛欧（将军）、唐厉（亚将）和陈濞（都尉）为舍人，曾被刘邦"兄事"的王陵（丞相）为客。以上七人都得到了与刘邦具有私人关系的官衔。被记载具有军职的人只有身为越连敖的棘朱（都尉）。此外，周聚（将军）和朱濞（都尉）为卒。

可以说，丰邑帮跟前文提到的初起集团和起沛集团一样，都是先被纳入刘邦的私人关系之列，然后再授予一些具体军职的，这是他们升迁的主要过程。

与丰邑帮不同，芒、砀山泽出身者的官职是：灌婴（将军）和丁礼（都尉）为中涓，刘钊（将军）、戴野（将军）、陈贺（将军）、陈濞（都尉）、魏选（都尉）为舍人，孔聚（将军）为执盾，盅逢（将军）为曲城将，耏跖（都尉）为门尉，棘丘侯襄（上郡守）为执盾队史，周竈（都尉）和陈涓（齐丞相）为卒。

值得注意的是，这些人担任军职的数量相对较多，而且在最终的职位中，将军有六人，都尉有五人。

乍看起来，砀县帮将军和都尉的比率基本与丰邑帮相近，但实际上却有着很大的差异。灌婴、孔聚和陈贺隶属于韩信军团，蛊逢隶属于吕泽军团，戴野隶属于刘贾军团，而丁礼则隶属于韩信军团属下的灌婴军团。

在此必须注意的是，即使刘邦军团的所有人最终都归于刘邦的指挥之下，但其却被分成几个各自独立的军团，而且像韩信、刘贾等长期独立行动的军团，实际上自己掌握着最终的决定权。一般来说，隶属于这些军团之下的砀县帮的将军们要比直接隶属于刘邦的中央军的将军们地位低一些。

年表中属于起沛集团、在众功臣中功劳最大的曹参，在韩信征服赵、齐等地的时候属于韩信军团，并与之共同作战。由于这一时期韩信被刘邦封为"真齐王"，所以曹参成了韩信的部下。韩信被扣上谋逆的罪名而被刘邦集团清除后，开始出现了微妙的变化，曹参被称为是以中央政府右丞相的身份加入韩信军团的，实际上是齐国的右丞相。

我们从曹参和灌婴的例子中可以看出，刘邦把自己的亲信以将军的身份安插到独立军团内部，让他们发挥监督军务的作用。他们主要被安置在实力最强的韩信、吕泽和刘贾的军团之中。

被任命为军中监督的成员还有隶属于彭越的奚意、隶属于雍齿的张越。他们多数出身砀县，如果说得更具体一些，刘邦将监视的目光尤其集中在韩信军团。

最后，薛县出身的共有六人。郭蒙（将军）以户卫的身份隶属于吕泽军团，陈武（或为将军）率两千五百名士兵以将军的身份加入刘邦军团，戎赐（将军）则以连敖的身份加入。以上三人均为军职。舍人只有华寄（都尉）一人，卒有陈胥（将军）和秦同（都尉）二人。

从上述薛县出身的六人的状况可以发现，他们与砀县出身者的情况基本相同。为了避免史料过于复杂，我们在此不做详细论述，但是，这些砀、薛出身的人却存在一种共同的倾向，即在日后论功行赏的时候，这些人虽然较早地受到了嘉奖，但他们受封的户数却并不多。这一地区是刘邦亲信中中坚力量的输出地。这反映了作为刘邦地下活动基地的砀县和泗水亭对岸的薛县，都通过任侠式的人际关系与刘邦紧紧地联系在一起。

作为刘邦活动的地点而被我们探讨的沛、丰、胡陵、方与、亢父、留、萧、彭城、砀、薛等，都地处战国时期的宋国或其附近。刘邦在社会与文化上属于广义上的楚人，而在政治上却如张良所言，属于宋人。

陈涉、吴广向秦帝国的统治举起反抗大旗是在秦二世元年（前209）七月，按照阳历来计算是8月。在高温湿润、草木繁盛的楚国腹地爆发的起义热潮在瞬息之间燃遍了整个楚地。我们不妨简单回顾一下其过程。

陈涉、吴广攻陷陈，把陈定为张楚国首都之后，西征的将军周文率军攻破函谷关，到达了属于关中腹地的戏亭。距陈直线距离约600公里的此地是张楚军队到达的最西端。

刘邦起义时，各起义军进攻的起点与到达点

| 领导者 | 起点 | 到达点 |
| --- | --- | --- |
| 陈涉、吴广 | 蕲 | 陈 |
| 葛婴 | 蕲 | 东城 |
| 吴广 | 陈 | 荥阳 |
| 周文 | 陈 | 戏 |
| 周市 | 陈 | 狄 |

| 魏咎* | 陈 | 大梁 |
| --- | --- | --- |
| 邓宗 | 陈 | 寿春 |
| 宋留 | 陈 | 武关 |
| 邓说 | 陈 | 郏 |
| 伍徐 | 陈 | 许 |
| 武臣、张耳、陈馀 | 陈 | 邯郸 |
| 李良 | 邯郸 | 常山 |
| 韩广 | 邯郸 | 蓟 |
| 张厌 | 邯郸 | 上党 |
| 项梁 | 吴 | 下邳 |
| 秦嘉 | 郯 | 留 |
| 刘邦 | 沛 | 方与 |

*魏人欲立周市为王,但周市却向陈涉请求拥立当时仍在陈的魏国王族魏咎为王。

同时,陈涉又派张耳和陈馀辅佐自己的旧友武臣,将其一并派往赵。武臣随后到达了赵的旧都邯郸。从陈向北望去,邯郸位于其正北略偏西、直线距离300多公里的地方。武臣等人派遣部下韩广到达蓟,占领了燕地。燕的旧都蓟在邯郸的东北偏北约400公里之处。

陈涉派遣的周市长驱直入进入齐旧都临淄的西北部,到达了狄县,但齐的王族田儋杀了狄县县令揭竿而起,将周市赶出了齐地。狄县位于陈东北约470公里之处。

这样一来,在一个月左右的时间里,在月牙形水乡山泽地带南部的蕲县大泽乡兴起的陈涉、吴广起义便以张楚的首都为中心,将其战线扩大至东西和北部各约500公里的范围。

但是,这一战线的迅速扩大并未直接带来张楚国势力的扩张。派往赵的武臣在进入邯郸之后,与张耳和陈馀自立为赵王。而受武臣的派遣前去安抚燕地的韩广在到达蓟县之后也被拥戴为燕

## 第十一章　从地方割据到争霸天下

王，建立了独立王国。狄县的王族田儋在齐地自立为齐王。而进攻秦国首都咸阳的周文军被秦朝名将章邯歼灭，章邯率领的秦军直入中原，一路讨伐，对各路起义军展开了扫荡。

陈涉建立的张楚政权为楚地以外的民众们播撒了起义的火种，揭开了天下大乱的序幕。但是，如前文所述，张楚政权本身所统治的区域仅限于陈和寿春之间的带状地区，也就是陈郡和泗水郡的部分地区。

总结事态发展的状况可以看出，陈涉张楚政权的历史作用有一定的局限性，不论其作用是积极的还是消极的，因这一政权的建立而使起义星火燎原都是千真万确的事实。

而此时，又有新的状况出现了。在没有受到张楚政权直接影响的楚地其他地区，爆发了新的起义热潮。其典型代表就是在东楚的会稽郡起义的项梁和在西楚的泗水郡起义的刘邦。

项梁和刘邦起义的共同特点是，最初谋划起义的都是秦朝的官吏，然后项、刘伺机控制局面，最终揭竿而起。项梁一方最先筹划起义的是会稽郡守通，刘邦一方是沛县县令。从这一点来看，与其他的起义军不同，项梁和刘邦的起义具有一定的自立性。

这两支起义军都诞生在陈涉起义两个月后的秦二世元年（前209）九月，这绝非出于偶然，这意味着经过两个月的时间，在楚地形成了秦朝官吏开始举起反秦大旗的局面。周文率军攻破函谷关逼近咸阳附近的事实，让秦朝官吏们开始意识到秦朝的气运行将结束。

项梁和刘邦已预感到时局的走向，并着手进行准备。在艰苦难耐的蛰伏期，勤于筹备不敢有丝毫懈怠的他们，才是真正具有争霸天下资格的英雄。

# 第十二章 怀王之约

当时项梁军号称有十万兵力，其实力在当时的群雄之中堪称首位。他在薛县召集别将是想商讨陈涉、景驹死后称霸楚地的问题，因此主办了"会盟"。所谓"会盟"，是指春秋时期由霸主一方召集的国际会议。项梁希望召集分散在楚地的武装力量，与他们"结盟"共同反秦。

在这次会议上，张良也发挥了独特的作用。在这一时期，项氏家族对张良的评价远高于刘邦。

作为韩国灭亡后地下反秦斗争的一面旗帜，张良与项梁等人以近乎平等的精神地位一起商讨复兴韩国的计划，同时又研究了今后计划的实施日程。而张良也以刘邦宾客的身份热心地将刘邦引荐给项梁等人，这对当时的刘邦绝对是加分的。

此时，从黥布的出身地六县以南的居鄛来了一位名叫范增的老人。他向项梁献上了依托楚人复兴楚国的愿望而拥立楚王后裔的计策。项梁采纳了他的计谋，拥立一位名叫心的放羊娃为楚王。心是前文所述的楚怀王的后裔，出于宣传的需要，他冒充了怀王的名号。

通过主持召开薛县会盟及拥立楚怀王，项梁成功地占据了张楚国灭亡之后楚地首倡者的地位。

此时，在章邯军队的包围之下，魏王魏咎在临济被迫投降。前往救援的田儋也在临济被杀。田儋的弟弟田荣率领残兵败将逃往东阿，却又遭到章邯军的围攻。项梁率主力部队在东阿击败了章邯军。

随后，项梁军逆济水而上，又在定陶大破秦军，并向魏的大梁挺进。

此外，项羽军作为别部在济水以南的旧宋国领土展开游击战，随后也开始向魏的大梁进军。旧宋国疆域的东北部有吕公的先前住地单父县和吕氏兄弟发展自己势力的下邑，东南部是属于刘邦势力范围的芒、砀地区，进而在从魏地穿越旧宋国一直连接到丰沛地区的这条线上，形成了一张人际关系网。项羽深知刘邦正是这张人际关系网中的一个重要结点，十分信赖刘邦收集情报的能力，因此让他担任了顾问的角色。

项羽尽管年纪轻轻，却已在项梁军中成为首屈一指的骁将，而刘邦只担任过沛县亭长，且仅仅在半个月前还是被项梁军队歼灭的景驹的部将，可以说，两人地位悬殊，但项羽却豁达地敞开心扉，善待比自己年长五岁的刘邦。年仅十岁的时候，就曾目睹祖父项燕率领的楚军被秦军歼灭的惨烈场面，项羽从此成为一个为向秦军复仇而生的真男儿。他对反秦斗争中的同志战友总是敞开胸怀、坦诚相待。只要是楚人，他就认为他们也和自己一样对

## 第十二章 怀王之约

秦满怀着刻骨铭心的深仇大恨，也应该是为向秦复仇而生的。

刘邦也是毕恭毕敬地侍奉着项羽，他为项羽耿直刚毅的性格所慑服。这对他来说是一种前所未有的人生体验。从懂事开始，刘邦就是一个从未受制于人的人，但是，当从不畏惧强敌、往往先本能地识破对方弱点然后再像猛兽一样扑向对方的项羽怀着一份温情，像对待家人般善待着自己的时候，刘邦的内心也会涌动出一种无法言表的奇妙情感。

项羽的军队在东阿大破秦军之后，南下攻陷了钜野泽西南的成武。然后又去进攻驻扎在定陶的秦军，但并未展开攻城战，而是直奔大梁。当时，秦朝宰相李斯的儿子李由为三川郡守，他率大军来讨伐项羽。项羽在雍丘率兵迎击，大破秦军，并斩下了李由的首级。

楚军一路所向无敌，势如破竹。这时，项羽突然率兵返回来安抚旧宋国的民众，这实属一项周全之策。但就在此时，如晴天霹雳般传来了一条令人震惊的噩耗。在定陶的项梁军遭到章邯率领的秦军突袭，结果，项梁军大败，项梁本人也在鏖战中不幸阵亡。

在与吕臣商量后，无奈之下，项羽成了军中统帅。吕臣出身于吕氏一族，原本是陈涉张楚国中的一员大将，张楚灭亡之后，寄身于项梁的门下。由于吕臣率领的军队与项羽军的出身不同，因此，在同为游击部队的同时，又保持着自己独立的指挥系统。

《史记》在记载这一时期的史实时，时常采用"沛公、项羽"的排序方式，好像刘邦的地位高于项羽一样，当然，这与当时的实际情况并不相符。

刘邦的军队虽勉强保持了自己的独立编制，但其装备却极为简陋。在上次败退之后，作为统帅的刘邦甚至失去了自己的战马。

吕臣不忍目睹吕太公女婿的惨状，将自己的一匹战马赠给了刘邦。刘邦万分感激，但同时又好像觉得是姻亲中的一个晚辈给了自己施舍一样，吕臣这种妄自尊大的态度引起了刘邦的反感。当然，在这里纯属题外之谈，这时的这种心情竟然在吕臣最终投身刘邦军队时带来了微妙的影响。

项羽和吕臣率领下的楚军占领了彭城。彭城是项羽日后作为西楚霸王建都的地方。此时，项羽的军队驻扎在彭城的西部，吕臣的军队驻扎在东部。

刘邦的军队与他们保持了一定的距离，驻扎在位于彭城西南方向约70公里的曾经的根据地砀县。

在这一时期，刘邦军团在楚国军团内部究竟拥有多大的实力、处于怎样的地位，我们不得而知。

在当时的楚军中，有刚率领两万兵马与项梁军队会合的陈婴，有日后在项羽军中堪称翘楚的猛将黥布，还有与黥布并驾齐驱的大将"蒲将军"。

这个蒲将军究竟何许人也，虽不甚明了，但笔者认为他或许就是项羽军中的钟离昧。从寿春沿淮水而下约150公里，在当时楚怀王的国都盱台和寿春之间有个叫作钟离的城市，钟离昧大概就出身此地。在钟离以北70公里左右的地方，至今还有一个叫蒲姑陵的地方，这很有可能是蒲将军名字的由来。

项梁在打败自称楚王的景驹之后，作为景驹属下的朱鸡石、余樊君等武将都与项梁的军队合在一起。起初率领八千人渡过长江的项梁在与黥布和蒲将军钟离昧率领的军队会合后，兵力达到

第十二章　怀王之约

了六七万人，打败景驹、召集诸位别将在薛县"会盟"的时候已扩大到十余万人的规模。陈涉战败之后，吕臣加入了项梁的军队，因为他率领了几乎与项羽同等数量的兵卒，所以，从整体来看，项梁此时的兵力至少有十五万人左右。

从如上状况来看，集结在彭城一带的兵力主要有项梁的直系项羽和由张楚国而来的吕臣这两大军团。在项羽军团的内部还有以黥布和蒲将军钟离眛为首的一些小军团，刘邦军团不过是他们之中一个更小的军团而已。

《史记》把这一时期的刘邦描述成在地位和实力上似乎都超过项羽的人物，这不过是后人进行美化和润色的结果。但是，在此值得注意的是，即便是在《史记》的记述之中，也不过是通过"沛公、项羽"这一称呼上的排序而表现出一种印象而已，并没有有关刘邦实力雄厚的具体记载。作为项梁军中的一员部将，刘邦和项羽共同行动、共同作战，也是一个不争的事实。换言之，在此虽没有明显的篡改或伪造痕迹，但却通过一种诱导，为读者描绘出一幅与事实相悖的历史画面。

俗语有"以大为小，以小为微，以微为无"的说法。即把大事化为小事，把小事化为微不足道的事，把微不足道的事化为没有的事。反之，还可变成"以无为微，以微为小，以小为大"。《史记》中所采用的就是后者。在这一时期，刘邦的地位根本就没有高于项羽，但是，刘邦的名字时常被置于项羽之前，使人们产生了好像刘邦主导项羽的错觉，这就是所谓的"以无为微"。

这类美化和润色并非始于《史记》，或许从陆贾的《楚汉春秋》开始，就对历史事实进行了细微的篡改，到了司马迁的时代，便变成了千真万确的记载，而且已经形成了一种如果否定这些事情，就会被扣上不敬之罪的帽子的氛围。这就是所谓的"以微为小，以小为大"。

话说，就在此时，项梁拥立的楚怀王做出了极为迅速的反应。他得知项梁惨败之后，立刻从盱台向彭城北上，将首都迁至彭城。据《史记》记载，楚怀王"并项羽、吕臣军，自将之"。

此事发生在秦二世二年（前208）九月或后九月（闰九月）。仅仅在三四个月前才被拥立的这个傀儡楚怀王，乘机掌握了项羽和吕臣两大军团的军权。

随后，怀王任命吕臣的父亲吕青为令尹（楚国官制中的宰相），吕臣为司徒。他这是在表明自己继承陈涉张楚国衣钵的同时，也意欲牵制项羽。而此时，刘邦被封为砀郡长。

这是一件在刘邦日后的发展中值得一提的大事。

首先，刘邦并不直属于项羽军团，他得到了包括自己花费近十年心血苦心经营起来的砀县在内的砀郡长的官衔，这不但为他日后的发展带来了益处，而且奠定了基础。的确，除了刘邦，当时的楚国没有可以控制这块地盘的合适人选，这也算是一个合理的举措。当然，尽管刘邦得到了砀郡长的官衔，但实际管辖的范围也不过仅限于郡的东半部分，即从砀县到芒县和从单父县到下邑县的区域而已。而后者是吕氏家族建立的地盘，实际并不在刘邦的直接管辖范围内。

刘邦被任命为砀郡长，意味着他已被编入了怀王楚国的官僚体制之中。从同时被编入楚王体制的意义上来讲，刘邦和项羽之间出现了某种程度上的平等关系。当然，就实力而言，直接继承项梁势力的项羽和一介新手刘邦之间有着天壤之别，但当时怀王对项羽采取打压的策略，这对刘邦来说可谓一件幸事。

在反秦斗争之中，砀郡成为彭城的防卫线。就这一时期的情况而言，在砀郡形成了秦统治下的魏军、陈涉楚国的残兵败将以及刘邦集团等三种势力混战的局面，楚怀王要想称霸这一地区，刘邦在其中发挥的作用确实至关重要。

就这样，刘邦把砀郡作为自己割据一方的地盘得到了大家的公认。这与中世纪的日本和西欧所见到的独立的割据形式不同，这是在秦楚对抗关系中所形成的一种不定型的割据形式。正如张良谈到的一样，刘邦正是在这种天下大乱的政治状况下掌握了一个不定型且具有流动性的割据基础。

此时，章邯率领的秦军包围了赵国的邯郸。在定陶大破项梁的军队之后，章邯认为黄河以南在短时间内不会再形成反秦的势力，便果断地越过黄河北上了。

陷入困境的赵国接二连三地向楚国派出使者请求援兵。此时的赵国是由张楚国陈涉派遣的张耳和陈馀自立为王而建成的。秦朝中央政府陆续派遣新兵来增援章邯的部队。

怀王召开了一次御前会议，确定了对秦作战的方针，即采取积极（进攻）与消极（防御）并用的策略。

所谓积极的策略，就是前去援救被章邯的秦军包围的赵国。

由于此时确定援赵的楚国援军英勇善战，陷入困境的章邯向秦中央政府发出了最后一次请求援助的报告，却遭到了因兵源枯竭而无能为力的中央政府的拒绝。因此，后世的史学家认为，当时的中央政府或许对章邯军不够在意，而这与对跟章邯作战的项羽军缺乏认识有关。

但事实并非如此。针对楚国救援赵国的计划，中央政府迅速派遣了声名显赫的名将王翦的孙子王离前去增援。

章邯军队的主力最初是由从旧六国征发来的刑徒组成的。在张楚国派遣的周文军攻破函谷关、逼近首都咸阳的非常时刻，刑徒们是以从军来获得解放的交换条件而被动员起来的。但是，随着章邯的军队打败周文，并从函谷关出外征战，在旧六国之地转战的过程中，章邯军不断壮大，主力部队也开始逐渐由秦人组成。在乡土意识强烈的那个时代，率领旧六国的士兵去镇压在各地爆发的反秦斗争是不可能长期持续下去的。

章邯的军队成为这一时期秦国最强大、最精锐的一支军团。因此，与章邯军的对决是关系到楚国生死存亡的大事。

怀王任命自己最为信赖的亲信宋义为救援部队的司令，即上将。当时他被称为"卿子冠军"。"卿子"是公卿，"冠军"是军中之首，或大元帅之意。在日本的许多书中，认为"卿子冠"是指宋义，"卿子冠"率领的军队因此被称为"卿子冠军"，但事实并非如此。项羽的骁将黥布因其勇冠绝诸军而被称为"冠军"，后来在汉武帝时期因远征匈奴而英名远扬的霍去病因"功冠三军"，而被封为冠军侯。

此外，项羽被任命为以宋义为上将的救援军的次将，范增被任命为末将。楚国士兵的大多数都被整编进了这支主力部队。

与上述积极进攻策略相反的消极防御策略，就是命令刘邦巩固作为楚国前哨的砀郡一带的地盘。赵国的首都邯郸位于黄河扇状地带顶部的荥阳以北约250公里处。如果到达荥阳的章邯的援军在此转而突袭彭城，那么楚国就只有灭亡了。刘邦正是作为一支游击队来巩固楚国的防御前线，以防秦军的突袭。

# 第十二章 怀王之约

据《史记·高祖本纪》记载，此时，怀王命令刘邦进攻关中，占领函谷关，同时与诸将定下誓约：

先入定关中者王之。

上述记载一直被确信无疑，并被作为理解这一时期历史动向的一个前提。但是，冷静思考后，却有许多令人费解之处。

刘邦的军队根本就不具备能够直接进攻秦国本土的强大实力，而且只命令刘邦一人进军关中，却又与诸将誓约"先入定关中者王之"，这种特殊对待刘邦的做法，恐怕很难服众。如果事先约定了"先入定关中者王之"，那么至少应该给诸将以平等进军关中的机会才算合乎常理。

这一段史料的原文是"与诸将约"。这是指作为总司令的怀王在出征之前向军中将领宣布战略、战术，以征得他们同意的意思。

"约"也是"约定"，是双方共同管理和约束某物或某事的意思，在军中它是一种不惜以性命为代价也必须遵守的强制性命令，但同时也须征得军中将士们积极的认可和同意。这有些近似于在体育比赛时，教练员在赛前召集选手，当他传达指示和注意事项后，最终得到选手们齐声高呼"噢"的呐喊声。就这样，强制一方与被强制一方所达成的协议正式生效了。

两者之间达成了一定的协议，在这一点上意味着他们已经建立了同伴关系，撕毁这一协议的人就会成为被清除的对象。当然，在签订誓约时处于绝对优势地位的一方会占据主动，这种协议实际上会带有许多强制性的色彩。

"约"或"约定"在中国社会具有极为重要的意义，最先注意到这一问题的是增渊龙夫。本书在接受增渊氏观点的基础上，将对这一问题进行更深入的探讨。

上述的"约"或"约定"是上级与下级订立的一种誓约的同时，在形式上又存在着一种同伴关系，是一种平等的关系。可以说，通过这种同伴、平等的关系，它又转换成上级对下级的一种强制关系。

在探讨这一时期的历史时，最为重要的是这种上下、同伴和强制三种关系会出现突然一并成立的情况。我们不妨举彭越起义的过程作为其中一例。

彭越是以在本书中所谓的月牙形水乡山泽地带北部的钜野泽为根据地的水盗，他作为群雄之一在当时颇为活跃。刘邦与项羽决战之时，与彭越的联合成为其获得最终胜利的关键。

据《史记·彭越列传》记载：

> 彭越者，昌邑人也，字仲。常渔钜野泽中，为群盗。

钜野泽位于作为魏、齐两地交通大动脉的济水的中部，由于水盗经常出没，一向以交通险恶而著称。顺便说一下，彭越字仲，与刘邦的"季"一样属于同辈中表示长幼顺序的意思。

陈涉、吴广揭竿而起，项梁相继其后，钜野泽的无赖之徒们也开始骚动起来。他们希望鼓动彭越一起造反，但彭越却说："现在秦、楚两龙争斗正酣，且观望一段时日吧。"

时间就这样过去了一年有余，实在等得不耐烦的百余名少年又聚集在彭越身边请求他坐镇指挥，共同起义。但是，彭越仍未点头答应。

但是，对于这些血气方刚的少年们来说，如果没有彭越，他们便群龙无首。于是他们苦苦恳求，希望得到彭越的同意。反复

# 第十二章 怀王之约

数次后，彭越虽总算接受了他们的请求，但提出了一条约定。那就是第二天一早全员参加誓师大会，超过约定时间不到者问斩。大家二话没说一口答应了。

第二天早晨，等到旭日高照后仍有十余人没有出现在现场。彭越说道："我年事已高，可诸君却硬要我来担任起义的指挥。我们已有言在先，但违反约定的人仍然很多。本来应该将不守时的人全部问斩，但鉴于人数实在太多，无奈之下，我们就斩了最后来的那个人吧。"

当彭越命令队长杀了此人时，大家都大笑起来。

"何必闹到这步田地呢？大人别这样。我们大家今后注意，不会再发生此类事情了，这次就请你网开一面吧。"

彭越没有理会他们的请求，把最晚来的那个人拉出去斩了，然后把他摆在祭坛上与全体部下重新进行了誓约。部下们都大吃一惊，低着头，没有一个人再敢抬头看彭越的脸。

就这样，彭越的权威得到了确立。上下、同伴和强制这三种关系一并建立起来了。在此之前，彭越和少年们之间就已经形成了一种同伴关系，现在又以这种同伴关系作为基础，在一定的外部条件下建立了上下和强制关系。在这种情况下，这种新的同伴关系已与以往出现了本质区别，变得既牢固又持久。

此后，据《史记》记载，彭越率领这些无赖之徒，收编各地的散兵游勇，组成了一支千人左右的军队。

如果彭越没有采取这种强硬的措施，他的权威就无法确立，不守时的家伙还会表现出一副英雄模样，这样一来，整个集团或许就会随之崩溃，他们只能在秦楚抗争的激流之中成为四处逃窜的流民。在他们的同伴关系中，贯穿着一种强烈的平等关系，这种平等的思想在某种情况下会造就出一位强有力的领导者，而在其他情况下，又会直接造成集团本身的崩溃。

这种上下、同伴和强制三种关系一举而成的场面，我们在沛县父老拥戴刘邦的时候也曾见到过。虽然史书中没有具体记载刘邦和沛县父老究竟进行了怎样的誓约，但在成为民众领袖的时候，刘邦与民众之间相互进行"约定"却肯定是存在的。祭奠蚩尤也是这种誓约仪式的一个部分。

在此，我们重新回到怀王之约的问题上来。"先入定关中者王之"的宣言，不单纯只是作为一名军中司令官，更是作为即将成为天子的人所立下的一个"约定"。

那么，这个"约定"究竟具有多大程度的现实性呢？

纵观以秦和六国对抗为轴心的战国时代的历史，我们可以发现，六国的军队从未进军到关中秦国的心脏部位。晋国的军队曾到达过泾水一带，但那也只是春秋时代的壮举而已。

虽然陈涉派遣的周文率兵越过函谷关到达了咸阳附近，但当时，因受赵高的挑唆，秦二世不问政事，导致秦国关中一带的防御陷入瘫痪，而致使起义军得以长驱直入，这纯属一种例外。但在反秦志士和广大民众的主观意识中，这一时期的政局成为战国时代的重演，他们意欲达到复兴六国的目的。

而另一方面，楚国陷入了国家的缔造者项梁战败而死、项羽和吕臣的军队退至彭城的困境之中。于是，怀王从盱台率领大批预备军进驻彭城，给刚撤到彭城的项羽和刘邦等人提供了迅速进行反攻的条件。

在这种情况下发出的宣言，破天荒地为属下所有军团制定了

## 第十二章 怀王之约

一个进攻关中、推翻秦朝统治的共同目标，但如上文所述，这并非是仅仅赐予刘邦一人的特权。从这一点上，不得不对仅仅经过三个月的时间便发生了巨变的怀王刮目相看，他的表现显示出堪称狡猾的深思熟虑和强烈的权力欲。

此时的燃眉之急是击退基本已平定长江以南，现又渡过黄河围攻赵国的章邯的军队，否则，秦国对全国的统治又会重新建立起来。目前，楚国不过属于被章邯军队击败了的残存势力。在这种状况下，进攻关中和推翻秦朝的目标几乎只是一种梦想而已。但是，怀王通过大胆地提出这一近乎不现实的奋斗目标，一方面鼓舞了士气，另一方面又巩固了自己作为总司令的地位，进而达到将未来的关中王置于自己这个未来的楚帝统领之下的目的。这种超越现实的梦想，最终凭借军事天才项羽的回天之力而得以实现，但是这属于后话了。

通过与部下制定一个连自己都认为不可能实现的约定来巩固自己权力基础的策略，成为刘邦日后经常使用的一个伎俩。在强烈的权力欲和识破天机的洞察力方面，怀王与刘邦甚为相似。只是刘邦拥有一个从青年时期便开始训练培养的誓死捍卫他的军事集团，而怀王却没有。这一点使两人日后的命运天差地别。

据现存的史料记载，楚国交给刘邦军队的任务是进攻关中和推翻秦国，而交给项羽军队的则是打败章邯的军队，其他诸军的任务则因记载不详而无从得知。此时，张良进入韩地，着手重建韩国，估计这一举措也是与怀王推翻秦王朝的总目标相对应的一个战略。

笔者认为，在怀王酝酿和提出这一新战略的过程中，一定有张良的参与。张良出生于韩国的宰相之家，他不但是暗杀秦始皇的策划者，而且是项伯的救命恩人。他在楚国拥有特殊的声望。由于张良的参与，才给力量薄弱的刘邦创造出一个以一方头领的身份率领砀郡游击队的条件。

话说，卿子冠军宋义率领主力部队前去援助赵国，行至途中，却在安阳驻扎观望。安阳的具体位置问题，一直众说纷纭，无法立刻得出结论。但总之，宋义对秦、赵两军的战争采取了观望的态度，楚军"留四十六日不进"。项羽闯入宋义的军营，斩杀宋义，然后报告了怀王，怀王在无奈之下任命项羽为上将军以取代宋义。

据《项羽本纪》记载："项羽已杀卿子冠军，威震楚国，名闻诸侯。"

项羽从彭城出发四个月之后，在邯郸东北部的钜鹿大破秦军，被诸侯拥戴为"诸侯上将军"。又经过近半年的对峙与交战，终于在秦二世三年（前207）七月大败章邯，并在殷墟举行了章邯投降的仪式。这里所说的殷墟位于现在的安阳附近。

且说，刘邦的军队从过去的根据地砀县开始北上，到达了钜野泽西部的成阳（城阳）。在这里攻破了围攻赵国邯郸的章邯军的南部防线，然后由此南下至昌邑，联合彭越的军队与秦军交战。但因作战不利，再次南下到达栗县。

此时，以前在薛县参加刘邦军队的陈武率领四千多兵卒来与刘邦会合。他虽属于刘邦的部下，但现在却率领着一支独立的军团，而因刘邦在昌邑战役中损失了大量兵力，因此从实力上而言，陈武已经占据了优势地位，单凭以往的上下级关系已很难维持对他的领导调度。于是，刘邦带领数名陈武过去在薛县的同伴闯进

## 第十二章 怀王之约

他的军营,直接夺取了他的军事指挥权。《史记》就当时的状况简单地记述道:"遇刚武侯,夺其军。"

后来,刘邦又联合魏的皇欣和武蒲的军队再次攻打昌邑,但仍未攻克。

刘邦从怀王处接受的实际任务是"收陈王、项梁散卒"(收编陈涉和项梁军队的残兵败将),组成一支防御军团,建立一道保卫都城彭城的防线。他积极地执行这一任务,建立了一道从昌邑经成阳到达栗县、基本贯穿南北的防御线。在完成这一任务的过程中,原本就以此地作为根据地的刘邦军团迅速壮大。

收编了张楚和项梁军队的残兵败将,又与魏军会合之后,刘邦放弃了攻打这条防御线北部昌邑的计划,而把攻打昌邑秦军的任务交给彭越,自己则向西进发了。

行军途中,最大的收获就是在高阳将郦食其和其弟郦商收入麾下。后来,郦食其作为刘邦的参谋兼外交家、郦商作为武将,都发挥了重要的作用。

郦食其将陈留储藏着大量秦军粮草的信息告知刘邦,并建议他攻打陈留。刘邦采纳其言,顺利地攻占了陈留。但就在此时,发生了一件令他悲痛的事情,那就是他在陈留郊外的小黄失去了母亲刘媪。据史料记载:

> 高祖母起兵时死小黄城,后于小黄立陵庙。

据后代的地志记载,这个小黄城位于陈留县东北三十三里之处。

刘邦当了沛公之后,让双亲、同父异母的兄弟刘仲、亲弟弟刘交以及后妻吕雉住在一起,组成了一个大家庭,在第十章中我们还谈到刘邦选派了一些细心周到的人担任家里的管家。

最让他放心不下的是妻子吕雉和婆婆刘媪的关系。刘媪的性格比一般人强势，然而吕雉的强势却远在刘媪之上，而且刘媪和吕雉的出身、门第截然不同。当一个随处可见的普通农家阿婆刘媪站在名门望族吕雉面前时，总有种低人一等的感觉。对刘邦特意选派来的管家、佣人，吕雉随意地命令和使唤，这让刘媪感到不快。

另外，吕家从很早以前就有一些使唤的下人，例如周信，在吕家还住在单父县的时候就跟在身边，此时作为吕雉的舍人一起进了刘家。在邻近的不远处，坐落着吕公的豪宅，这里原本就风光气派，佣人成群，与暴发户刘家的档次不同。吕家诸如此类的行为，都让刘媪的忍耐达到了随时要发生冲突的极限。

这时，刘邦得到了率领一支军团出征的机会，他无论如何都坚持让刘媪随军同行。刘邦深深理解母亲的苦衷。

刘邦的同母兄弟刘交已经加入了他的军团，但万万没有想到的是，刘仲未满十岁的儿子刘濞也坚持要与刘邦同行。刘仲是一位老实憨厚的人，可他的儿子刘濞却勇敢果断，他并没有继承父亲的秉性，而是继承了刘邦的任侠之气。

同时，刘邦又让他与曹夫人所生的儿子刘肥也加入了自己的军团。生性温柔、忍耐力强的曹夫人与刘媪关系甚好。

为了便于这些老幼妇孺行动，刘邦特意准备了一辆被称为家车的马车。他自己在转战的过程中基本都是骑马，即使是乘坐马车，也多因公事所需。家车专供其家人使用，同时还配备了下级军官。

担任刘邦家车吏并照顾其家人的是在留县以兵卒的身份加入刘邦军团的齐受。齐受勇敢过人，可以想象刘邦为了家人的安全

## 第十二章 怀王之约

费尽心思。后来刘肥被封为齐王，因为此时的因缘，齐受被提拔为齐的丞相。

刘邦比其他任何人都爱憎分明。除了留在丰县看家的刘太公外，此时与他日夜同行的所有人都是他衷心热爱着的家人。尤其因为他是后妻之子，他对母亲的感情极为深厚。

失去母亲的刘邦重新振作之后，继续西进。后来刘邦军队的前线延伸到白马、陈留、开封、颍阳一带。

刘邦在不久前从成阳到栗县一带行进的南北线毗邻旧宋国西部的边境线。在本书中，暂且把这条前线称为第一条战线。

与之相对，通过此次开拓的第二条战线，刘邦基本控制了旧魏国境内的黄河以南地区。在这次进军的过程中，刘邦充分利用了以往建立的旧魏、宋两国的人脉关系。例如，我们刚才提到了刘邦与魏的皇欣、武蒲的军队相遇并相互协作的问题。这种协作并不仅限于一般的合作关系，他们最终都被整编进了刘邦军团。

虽然这一时期的史料有限，但却保留了一位名叫卫毋择的人的记载。卫毋择先在沛县作为队卒参加了刘邦的军队，后来又隶属于皇欣军。他应该是为了监督皇欣军而被派去的所谓监军。这与刘邦作为别将被编入项梁军时项梁派遣的高级将校所发挥的作用一样。

我们不妨回顾一下刘邦的发展历程。在刘邦与项羽的军队离开彭城之后，刘邦几乎在半年的时间里都被死死地钉在了第一条战线上。但后来因得到彭越的协助而把攻打昌邑的任务交给彭越，刘邦自己一鼓作气攻破了陈留、开封、颍阳一线，向本书所说的第二条战线扩展。

刘邦势力的急速扩大直接得到了彭越的支持。多亏了彭越的努力，刘邦才有可能解除后顾之忧，大胆西进。

但并不仅限于此，此前项羽因大破围攻钜野的王离军而英名远扬，后来又击败了章邯的主力部队。对于楚军而言，击破王离军不过是取得了局部的胜利，而打败章邯的主力则产生了扭转整个战局的影响力。此时，本来一直对秦军有利的整个战局急转直下，成为向反秦势力倾斜的分水岭。刘邦军队开辟的第二条战线也极大地动摇了秦军的军心。

这时，刘邦与返回韩国致力于复国事业的张良不期而遇。

曾经向刘邦建议控制旧宋国的地盘，并利用自己对项氏家族和怀王的个人影响力为刘邦争取到一支军队指挥权的正是张良。但是，张良自己的事业却进行得非常艰难。他在项梁的支持下，虽成功拥立了王族韩成为韩王，但对秦军作战的战绩却极为不佳。据《史记》记载："得数城，秦辄复取之。"

在这种情况下，张良在旧韩国的土地上展开了游击战。从整个生涯来看，张良堪称一位高级参谋，但却既不具备王者之气，也无法成为一名将才。

自彭城一别，已经历了半年多的岁月。在此期间，按照张良的战略部署，刘邦逐步从秦军的手中把宋国和魏国的土地夺了回来。尽管没敢自立称王，但刘邦此时手中控制的领土足以与战国时期的一个大国相匹敌。在从彭城出发的时候，刘邦军不过是楚国中不起眼的一支小军团而已，而现在则成长为可与章邯军、项羽军、田荣和田市军并驾齐驱的关东（函谷关以东）一大军团。

在留县相遇的时候，两人很自然地以平等的地位互称为"刘邦大人""张良大人"。可在阔别已久的此次相遇时，刘邦却开始像称呼自己的老部下一样对张良直呼其名，而从张良的口中却自然地喊出了类似"阁下"的称呼。

## 第十二章 怀王之约

刘邦紧紧地握住了张良的手，张良的眼中也闪现着晶莹的泪花。君臣之间的握手，在多数情况下是作为笼络臣下的伎俩而采取的一种越礼之举。但刘邦却很自然地打破常规，在张良面前流露出一种久别重逢的真情实感。

张良的激动之情也是真实的，他不禁感慨，自己将二十多年来为之奋斗的推翻秦国的夙愿最终托付在刘邦身上竟是如此正确。在天下局势一片动荡之中，刘邦不是已经按照自己的建议成功地建立起了一个具有流动性的势力基础吗？就连一向冷静沉稳的张良也认为，刘邦进军关中，并登上关中王的位置已指日可待。

然而就在此时，却出现了一个将要动摇整个反秦战局的复杂状况。

在章邯的多次强攻之下，赵国危在旦夕，但随着项羽的军队大破章邯主力，赵国的边境地带暂时解除警报。赵国的别将司马印乘机南渡黄河，从洛阳出发向函谷关进军，准备挺进关中。众所周知，后来项羽对司马印平定河内郡的功绩予以嘉奖，封他为以朝歌为首都的殷王，显然，他的举动得到了项羽的正式认可。

刘邦的军队却对此予以坚决的阻止。这虽属于同室操戈，但刘邦绝不会允许他人先进入关中。据《史记》记载：

> 赵别将司马印方欲渡河入关，沛公乃北攻平阴，绝河津。南，战雒阳东，军不利，还至阳城。

有张良率领韩国士兵参加的刘邦军被司马印轻而易举地击退。阳城位于洛阳东南约70公里处。因为是在盟国韩国的土地上作战，刘邦军的失败是败在了士兵们的士气上。在章邯军队的长期围困之下，险些再度陷入亡国深渊的赵国士兵们终于脱离苦海，在准备向恨之入骨的秦国复仇的途中，竟然遭到刘邦军的反戈一击。

据《史记》年表记载，此时项羽又对章邯的军队发起了猛攻。章邯再次向秦朝中央政府请求援兵，却遭到了当时把持朝政的赵高的斥责。

的确，风向开始转变，司马卬代表了赵国人意欲彻底打败秦国的民心。

在此情况下，一败涂地的刘邦来向张良讨教。

从洛阳出发，穿过黄河南岸的崤山山脉北麓，攻克函谷关，是进攻秦国的主要路线。之前张楚国的周文就是率兵沿这条路线入关的。

但是，只要在司马卬的背后有项羽军队大兵压阵，那么，在此与司马卬长期交战是十分危险的。刘、张两人选择了抄小道。因为从中原进入关中，除了经过函谷关之外，还有另外一条路线。

这条路线是先南下至汉水流域，然后逆汉水的一条支流丹水而上，再穿过武关，越过秦岭山脉，沿霸水进入咸阳。

目前，项羽与章邯两军的对峙仍在继续。虽然整个战局对项羽极为有利，但只要没有彻底打败章邯的军队，项羽的主力是无法进军函谷关的，而司马卬又很难孤军闯入函谷关。刘邦、张良判断，项羽军向函谷关进发，是他们攻击武关的有利条件。

即使项羽能迅速结束战役并立刻向函谷关进军，从钜鹿经函谷关进入咸阳与从阳城经武关进入咸阳的距离也差不多。张良提出了从武关挺进关中的建议，刘邦立刻采纳了这个战略方针。

到目前为止，刘邦军队的作战可以称作是领土获得战。

## 第十二章 怀王之约

从彭城出发之后，在前后大约四个月的时间里，他夺取了成阳、成武、栗县一线，即本书所谓的第一条战线。在这次战役的过程中，刘邦成功收编了项梁和陈涉手下的残兵败将。在后来的三个月里，刘邦开辟了第二条战线。其间与魏军的联合产生了极大效果。刘邦从年少时期开始建立起来的与魏地头面人物之间的人际关系发挥了积极的作用。

但是，在后两个月里，却因为与赵的司马卬角逐，事态开始急转直下。

刘邦为司马卬所败，开始制定新的战略方针的时间大概可以推测为秦二世三年（前207）五月，按照阳历来计算大概在同年6月。

与司马卬的交战属于一次偶发事件。但此次的战略却是刘邦在深思熟虑后的结果。张良自不待言，即使是萧何、吕泽、曹无伤、曹参、夏侯婴、卢绾等中枢人物，也都举手表示赞成。

刘邦在此时想起了留在沛县丰邑的家人，想到自己在进军关中的过程中有可能战死，他便十分渴望能见到父亲。虽然与妻子吕雉之间的关系变得有些微妙，但即便如此，他也还是希望她能平安地活着。

为了以防万一，刘邦让任敖率领一支部队一路疾行赶到丰邑，前去保护留守在丰邑的家人。任敖曾为沛县狱掾曹参的手下，担任过狱吏。据《史记》记载，他是以"客"的身份加入刘邦集团的。

如在第十、十一章详细论述的一样，这一时期刘邦集团中的"客"是与作为主人的刘邦相对、以客卿的身份保持一定自主性的人。这种自主性的基础就是他们掌握独立的兵力。

《史记》就任敖这个人留下了如下逸闻：

> 任敖者，故沛狱吏。高祖尝辟吏，吏系吕后，遇之不谨。任敖素善高祖，怒，击伤主吕后吏。

史料虽称任敖与刘邦关系密切，但从日后他的人生轨迹来看，实际上他是通过吕泽等人的关系才开始接近刘邦集团的，他与吕雉之间有着很深的交情。他在刘邦登上帝位之后并没有受到重用，反而是在后来的吕后时代被提拔为相当于副丞相的御史大夫。从他的经历中可以反映出刘邦与吕氏集团之间的微妙关系，从此种意义上而言，任敖是一个值得关注的人物。

不管怎么说，这个人选是非常成功的。在从刘邦入关到攻陷项羽的大本营彭城，正好两年的时间里，执着的任敖一直忠心耿耿地承担着刘邦私宅的警备与安保工作。

在沛县丰邑的刘家，还有一位侍奉左右的人，那就是审食其。他在刘邦起义的时候就以舍人的身份参加进来，到任敖来时已有一年十个月的时间。如《史记》记载，审食其实际上是侍奉在吕雉与惠帝身边的。因此，在任敖到来之后，他仍然继续侍奉吕雉。刘邦趁项羽不在之际攻陷彭城是两年后的事情，也就是说，在刘邦转战各地的三年十个月的时间里，审食其一直侍奉在吕雉身边，而且后来项羽还击之后，攻占了刘邦的私宅，他也没有离开吕雉，结果两人一起沦为项羽的俘虏。又在后来一年的时间里，审食其作为囚徒一直陪伴在吕雉的身旁。

在这漫长的时间里，吕雉与审食其两人之间建立起牢固的信赖关系。刘邦死后，审食其被吕后尊为左丞相。此时，在两人之间传出了种种绯闻，看来并非都是子虚乌有。

# 第十三章 关中王刘邦

刘邦制定了从韩地攻占南阳郡，然后攻破武关进入关中的战略计划。

《史记·秦始皇本纪》就当时的天下局势记述如下：

> 项羽虏秦将王离等钜鹿下而前，章邯等军数却，上书请益助，燕、赵、齐、楚、韩、魏皆立为王。

章邯向中央政府请求支援正好就在刘邦与别将司马卬交战之时，即秦二世三年（前207）四月。此时，整个函谷关以东的地区都已响应各路诸侯的号召举起反秦大旗，诸侯们也都率领军队一致向西准备攻打秦国。随着项羽军队逐渐占据明显优势，整个局势发生了巨大的变化。

刘邦制定了从武关进军关中的战略，同时，为防败后的不测又派任敖等人前往丰邑守护父亲刘太公和妻子吕雉等家人，时间就在此后的第二个月。

决定攻打武关之后，为应对新任务的需要，刘邦从军团中挑选精锐，对整个部队进行了重新整编，并将与辎重、攻城等相对应的工程部队的数量削减至最低限度。"以最快的速度急行军"已成为全军的口号。随着章邯军队战况不佳的消息传遍整个秦地，秦朝的防御体系从内部开始瓦解。而刘邦的军队正在快速地挺进着。

从彭城到洛阳直线距离约400公里，刘邦军团花了足足八个月的时间，他们一路缓慢行进，一边把秦朝官吏从领土上赶走，一边不断地补充兵员。整条战线后方都被刘邦纳入势力范围。这一地区正好在广泛展开反秦斗争的战国时代的宋、魏境内，这也为刘邦的行军带来了极大便利。

此后，刘邦行军的路线是从洛阳到南阳，直线距离约200公里，再从南阳到咸阳，直线距离为400公里，合计为600公里，而这条路线大部分都是在地势险峻的山岳地带行军。但结果，这条距离相当于此前约1.5倍的险路，刘邦军团却只花了四五个月，即比以前一半多一点儿的时间就走完了。

在刘邦急行军的过程中，最先对他进行阻击的是秦的南阳郡守龁。龁在与旧韩国领地交界的犨布下防线，与刘邦交战之后大败，只好退居郡府宛，并固守城池。急于行军的刘邦不打算在宛停留，准备继续向武关行进。

但张良劝谏说："沛公虽急于入关，但秦军还很多，并且据险顽抗。如果今天不攻下南阳郡府宛而继续前行的话，宛就会从背后袭击，而前方又有秦国强大的军队，这种局面将是非常危险的。"于是，刘邦命令全军从其他路线折回，欲趁夜间攻打宛。刘邦军收起旗帜，令士兵嘴中衔枚，拴住马舌，在清晨鸡鸣之前，将宛城团团包围起来。这是《楚汉春秋》中的记载。

第十三章 关中王刘邦

或许是因为已经传来了章邯向项羽投降的消息，此时又遭到从天而降的刘邦军的突然袭击，南阳郡守齮惊得魂飞魄散，穷途末路之际，打算以自杀收场。但就在此时，齮身边一位叫陈恢的亲信自告奋勇，自愿作为使者前往刘邦军中提出投降的请求。

陈恢对刘邦说，如果刘邦能够保持投降的秦朝官吏们的官职，那么，"诸城未下者，闻声争开门而待，足下通行无所累"。即如果刘邦能够保障秦吏们的身份及安全，那么，那些因恐惧而不肯投降的诸城守将们都会满心欢喜地打开城门，欢迎刘邦的到来。

刘邦欣然接受了这一投降请求。果然，刘邦军队所到之处，诸城都不攻自破，望风而降。

话说，张良之前的谏言不但非常妥当，而且还恰当地考虑到当时的实际状况，值得深思。沛公很着急，因为他比任何人都希望能尽早进军关中。但是，他忽视了军事常识，在背后仍留有强大敌军的情况下执意去攻打武关。另一方面，这又表明章邯在赵地投降的消息传遍了整个秦军，秦军内部已陷入了半瓦解的状态。否则，不论如何乐观，刘邦也不会做出如此判断。同时，张良"秦兵尚众"的言辞，也反映了当时秦军虽在逐渐瓦解，但仍保持着强大实力的实情。

根据张良的建议，刘邦重新调整了战略。在接受南阳郡守齮投降之后，率兵西行，所到之处"无不下者"。

但是，这些纷纷投降的守将们还都保持着自己的兵力。如果赵地的战局出现逆转，章邯军给予项羽军以沉重打击的话，他们又会马上反叛，联合起来共同围攻刘邦的军队。

因此，刘邦在行至距离武关大约50公里的地方时，突然停止前进，分出一支部队在其身后展开扫荡。在这次扫荡中，发挥重要作用的是曾经与刘邦分开、独自组建了一支军队进入该地的王陵——一个曾让刘邦在少年到青年时代"兄事"过的人。

王陵是个鲁莽但却诚实的人。与刘邦久别重逢后，他再一次意识到自己的才能远不及刘邦，便向刘邦宣誓臣服，然后参加了这次扫荡。此时，长江中游少数民族的王——番君吴芮的别将梅鋗也率军加入了刘邦军团。秦的少数民族政策非常严苛，长江中下游的少数民族先加入张楚，后又加入怀王楚国，现在又加入了刘邦的军队。

刘邦就依靠这些新加入和重新归队的部队给予西陵、胡阳、析县、郦县等地的秦军以沉重打击，巩固了万一被秦军反扑撤退时的根据地，然后亲自率领长期跟随自己的群臣去攻打武关。

《史记》在此留下了一段令人费解的记载：

（刘邦）遣魏人甯昌使秦，使者未来。

然后，在记述项羽善战、章邯投降之后又写道：

（通过阴谋手段让秦二世即位的秦朝宦官）赵高已杀二世，使人来，欲约分王关中，沛公以为诈。

刘邦究竟因为何事，又带着何种提案派遣使者出使秦国呢？以上引用的是《史记·高祖本纪》的史料，但实际上，《史记·秦始皇本纪》中也同样留下了令人疑惑的记载：

沛公将数万人已屠武关，使人私于高。

文中使用了"私"字，显然，刘邦并不是光明正大地派遣使

# 第十三章 关中王刘邦

上图为武关遗址。下图为武关附近的风景。(坂本一敏提供照片)

者出使秦，而且《史记·秦始皇本纪》还记载，后来赵高杀了秦二世，准备立秦二世哥哥的儿子子婴为皇帝，但子婴却对赵高起了疑心，他说：

> 我闻赵高乃与楚约，灭秦宗室而王关中。

这里的"楚"只能是指楚怀王手下的刘邦。

综合上述种种记载，清末大学者俞樾认为刘邦派遣甯昌出使秦国，是为了唆使赵高杀害秦二世，其交换条件是保障他的身份和地位不变。赵高出身赵国，他实际上也希望看到秦的灭亡，所以刘邦才与他缔结密约。

因为除此之外再没有留下其他任何史料，所以我们一时很难得出结论。自汉初以来对刘邦不利的史料多数都已做过一定的篡改，甚至抹杀，因此我们可以认为，那些即使是在这种情况下还仍然保存下来的对刘邦不利的记载很有可能如实地反映了当时的历史状况。所以俞樾的见解是值得我们思考的卓见。

当时刘邦号称率军数万，而秦的兵力虽在逐渐瓦解，却至少也不下数十万，况且秦军不像此前一样被迫在外征战，而是在秦地与侵入关中的敌军作战，脚踏自己领土的秦军极有可能重振士气，奋勇杀敌。另外，项羽率领的楚军也很有可能最先进入关中。

据《史记·高祖本纪》的记载，由于"（赵高）使人来，欲约分王关中，沛公以为诈"，所以向其发起了进攻。这大概是由于赵高等人对承诺刘邦的条件并未做出具体反应的缘故，如果确信赵高的允诺并非虚言，刘邦是不会发起进攻的。

在当时，双方本来就处于敌对状态，一方攻打另一方原本也是极为自然的事情，但这里却偏偏要声称是因为对方撒了谎才发起了攻击，这样的记述总让人感到很不自然。从美化刘邦的角度来考虑，如果真提出了这种方案，那么，这里的记载应该是沛公没有答应而发起了进攻。但实际并未如此，在保留下来的具体史实之中，这段有可能属于没有被陆贾等人完全抹掉的一部分。

在当时，作为现代史的著述中，陆贾的《楚汉春秋》是一部最大限度美化刘邦的作品。但即便如此，毕竟许多史实被当时仍在世的亲历者们津津乐道着，因此《楚汉春秋》的美化不得不受到很大限制。《史记》是在提供了相当翔实、可信史料的《楚汉春秋》

的基础上撰写而成的，作为汉朝官员的司马迁本人也处于必须美化高祖刘邦的立场上，他正是在既要美化又须传述历史真相的纠结之中，完成了《史记》的撰写工作。

不论俞樾的观点是否切中要害，但在《史记》的这一记载之中，隐含着让我们可以探求事实真相的阅读方式。

从中原进入秦地的北部关口是函谷关，而南部关口就是现在刘邦集团作为进攻目标的武关。在"先入定关中者王之"中提到的"关"是指函谷关，但无疑，从武关进入秦地也能称为入关。

在武关没有怎么抵抗的情况下，刘邦集团轻而易举地进入了武关，而受到的强烈抵抗倒是来自这条路线上第二道防线的峣关守备军。刘邦集团已置身秦地，如果进攻失败，他们就会成为笼中之鸟，插翅难飞。

张良命人在峣关周围的山上插上多出数倍的旗帜，布下了威慑守备军的强大阵势，同时又派说客陆贾和郦食其携大量财物去贿赂守军将领。陆、郦二人的游说非常成功，守军将领提出了反叛秦国并协助刘邦进攻咸阳的建议。

据《史记》记载，在刘邦准备接受这一建议的时候，却遭到了张良的反对。张良认为："这只是军中将领想要反叛，其部下士卒恐怕并不赞成。如果部下们反对的话，我们将会陷入非常危险的境地。应该趁其麻痹大意之际，对其发起猛烈攻击。"

于是，刘邦向把刘邦军队视为盟军的守备军发起了猛攻，并大破之。这其中，张良的战术发挥了极大的作用。

这大概属于忠于史实的记载。张良的一生是为推翻秦国而奉献的一生。他对权力和名誉一向恬淡寡欲，超凡脱俗，但对秦国的仇恨却是强烈而彻底的。

刘邦一向豁达乐观,坚信世界是以自己为中心而运转的。这是他周围能够聚集众多追随者的秘诀,同时也是支持他的各路人才需要的一个理由。

到目前为止,刘邦集团内部似乎已经形成了一种具体的分工:萧何通过日常的组织工作将刘邦的指示具体化,曹无伤和曹参作为军事指挥官,周勃和灌婴作为骨干将领,郦食其和陆贾负责外交,等等。然而,在对天下局势高瞻远瞩、制定全盘战略计划方面,刘邦和张良堪称一对绝妙的组合。

刘邦已经把整个天下都置于自己的视野之内了。尽管张良、韩信和萧何的心中,也有他们各自对天下的构图,但在刘邦心中勾画出的整个天下蓝图的中心位置,闪现的往往是他自己的影子。

刘邦对天下的构想与他的权力欲密不可分。张良、韩信、萧何,甚至某种意义上包括项羽在内,在他们与权力的关系上可以看到一种无私的要素,而刘邦却完全不同。刘邦的权力包含着整个世界,根本就没有其他要素的容身之地。刘邦是一个地地道道的政治家。

在刘邦的周围已经形成了一种巨大的人际关系磁场。而他是这一磁场的中心,就像光芒普照大地的太阳一样受到周围人的瞩目和追随。刘邦和他周围人所释放出来的能量甚至波及周边每一位士兵,从而把整个军团紧紧地团结在一起。这种能量进而又向外传播,传播到周边的每一位普通百姓,从而确立了刘邦集团的统治范围。

卢绾、夏侯婴,甚至萧何,都是在刘邦的影响下才把天下置于自己视野之中的。

但是,张良却不同,在与刘邦相遇的很早之前,他就已把反秦作为自己的人生事业。

## 第十三章 关中王刘邦

张良对奖惩严格、秩序井然的秦军纪律,统治全国各地的整齐划一的法律制度,为保障以法治国的统治制度而进行严苛训练的行政组织等强大力量都了如指掌。因此,他在长期的反秦斗争中得出了一个结论:在旧六国地区不能效仿秦朝建立同样的体制,而且要想推翻秦的统治,只有通过一种与秦朝完全相反的自由灵活的人际关系,才能把在秦朝的残酷统治下受尽欺压折磨的人们组织起来。

在任侠关系网扩大的过程中,张良确实在自己的周围逐渐建立起一种自由灵活的人际关系,但与刘邦相遇之后,他才发现自己在这一点上与其不可同日而语。

张良和刘邦的关系属于一个充分理解这一道理的人和一个并不十分理解却在日常生活中身体力行的人的意外结合。换言之,这是一位不得天助却懂得如何得到天助的人和一位得到天助却不知如何得到天助的人的奇遇。对张良而言,刘邦是上天为了让他达到目的而赐予的人。

后来,登上帝位的刘邦为表彰张良的巨大功绩,准备将齐地三万户赐给他。因为曹参的一万六百户是汉初分封给臣下的最大领地,所以这应该属于极为优厚的待遇。但张良却断然拒绝了。在《史记·留侯世家》中,张良这样陈述自己的理由:

> 始臣起下邳,与上会留,此天以臣授陛下,陛下用臣计,幸而时中。臣愿封留足矣,不敢当三万户。

确切地说,张良是在拜见自立为楚王的景驹的途中遇见刘邦的。"与上会留"之时,刘邦还在景驹旗下。就这样,张良得到留县一万户的领地,称为留侯。"此天以臣授陛下",这其中虽包含了强烈的自负,但刘邦也承认这一事实。

此外,《史记·留侯世家》还有如下的记载:

> 家世相韩,及韩灭,不爱万金之资,为韩报仇强秦,天下振动。今以三寸舌为帝者师,封万户,位列侯,此布衣之极,于良足矣。愿弃人间事,欲从赤松子游耳。

在这里,张良堂而皇之地自称是帝王刘邦之师。所谓帝王之师,一般是指传授周公、孔子之道,以及道教、佛教真谛的人,管见之所及,在后代的史书中还从未有如此直截了当的自矜自得之例。

同样,我们在刘邦的身上也能看到同样的坦率。

当然,刘邦绝不是一个诚实的人。他会在众人面前公然撒谎,且面不改色心不跳,只要被攻其不备的对手没有立刻做出反驳,刘邦的谎言就会变成一段真实的历史而被固定下来,此类案例并不鲜见。但是,在刘邦本人看来,这些绝非谎言,谁也无法反驳自己的正确。换言之,刘邦在众人面前堂而皇之地创造着一段对他有利的新历史。

在《史记》所利用的当时的史料之中,存在着双重标准和诡辩的成分,但把项羽逼到穷途末路的刘邦的形象却未必进行了刻意粉饰。事后看到的有关鸿门宴的记载是刘邦自己少数积极参与捏造史实的一例。虽然在《史记》中也存在粉饰捏造和忠于史实的记载鱼龙混杂的现象,但与后世的许多史书相比,其忠实的记载占绝大多数,这才是《史记》的魅力所在。当时的记载能以这样的形式保留至今,完全是因刘邦等人率真豪放的人性光辉所致。

武关位于汉水的一条支流——丹水的上游,沿着丹水向秦岭山脉的西端、从终南山一直延伸到华山的山脊,向北越过霸水的

## 第十三章 关中王刘邦

源头,就是峣关。攻破峣关,然后沿秦岭山脉北麓直下,一路行军约100公里就可抵达咸阳。

这条重要的防线被攻破之后,秦军在位于霸水扇形地带的要地蓝田展开了最后的决战。

在这里,刘邦军每一位士兵的手中都举起了数面旗帜来威慑敌军,在刘邦军队虚虚实实的战术迷惑之下,秦军终于被击败。在进入秦地作战期间,刘邦军队的军纪十分严明,从未发生过掳掠事件。由于刘邦军并未组建相应的后勤部队,因此从洛阳向关中长驱直入之时,几乎没有携带粮草等军需物资,之所以没有劫掠普通百姓,是因为在秦的要地均储备着大量粮食。

自大约一百五十年前商鞅变法以来,秦国建立了高效率的军国主义体制。自此,秦国从未受到过外敌的入侵,只是一味地进攻函谷关和武关以外的其他各国,不断蚕食对方的领土。由于穿过函谷关和武关的交通路线一向是秦军向外出击的通道,因此,在这一带并没有建立完备的防御体系,反而储存着大批供军队所用的后勤战备物资。极具讽刺意义的是,这些物资却成为刘邦进攻关中的重要保障。

刘邦军以拯救者的姿态向秦人们展开了宣传。在这一点上,无须张良的谋略,刘邦本人天生就极具表演才能,他宣扬自己的军队是拯救百姓的,极大地鼓舞了全军的士气。《史记》如此描写道:"秦人憙,秦军解。"

于是,刘邦长驱直入,一举攻至秦都咸阳。据《史记》记载:

> 汉元年(前207)十月,沛公兵遂先诸侯至霸上。秦王子婴素车白马,系颈以组,封皇帝玺、符、节,降轵道旁。

用白马套白车本属于葬礼上的一种仪式。这里将葬礼的仪式转用来表示亡国的仪式,以死人比喻亡国。

秦王子婴是犯下抵抗刘邦军队的死罪之人,他扮演了一个被剥夺一切权利的死到临头者的角色。而刘邦却扮演了对此人施以宽大处理的再生恩人的角色,他们举行了饶恕秦王性命的仪式。这种仪式是带有永远服从的象征意义的。

《史记》中称这个仪式是在"轵道旁"举行的,轵道在秦的霸县,那里设有轵道亭。

有关投降仪式举行的场所问题,军队一般是在对方的军门,国家则在国境上的亭举行。战国时期的魏国曾在秦魏交界的应亭"朝"秦国。所谓"朝"就是魏国表示愿意向秦国称臣的意思,相当于在亭举行的投降仪式。

亭原本指瞭望楼,也指拥有瞭望楼的作为军事据点的村落。亭是敌我双方一种隐形的分界线。军门则是区分军事力量的重要分界线。这样的场所,具有表明生死界线的象征意义。

正在交戟把守亭门的亭长。这也可能是在守卫军门、宫门或生死的界线。(《郑州汉画像砖》,河南美术出版社,1988)

此前,秦的宦官赵高杀了秦二世,拥立子婴为王。秦二世本是统治全国的皇帝,而现在关中以外的领土却已被各路诸

## 第十三章 关中王刘邦

侯所占领,因此赵高便立子婴为秦王。后来,子婴反戈一击,又杀了赵高,但并未就皇帝位,仍称秦王。时至今日,此间所发生的一切,是否与刘邦和赵高之间的密使活动有关仍不得而知。总之,在位于自己所剩无几的领土与刘邦军队交界的霸县轵道亭内,秦王子婴通过举行政治生命终结的死者葬礼的形式向刘邦投降了。

当时也有人曾提出应该诛杀秦王子婴,但遭到了刘邦的拒绝。接受子婴投降后,刘邦大军雄赳赳气昂昂地开进了秦的都城咸阳城。据《史记·高祖本纪》记载:

> (沛公)遂西入咸阳。欲止宫休舍,樊哙、张良谏,乃封秦重宝财物府库,还军霸上。

从这条记载来看,似乎刘邦并没有进入秦宫的大殿内,但事实并非如此。在《史记·留侯世家》中有如下记载:

> 沛公入秦宫,宫室帷帐狗马重宝妇女以千数,意欲留居之。

同样,《史记·萧相国世家》记载:

> 沛公至咸阳,诸将皆争走金帛财物之府分之。

从上述史料来看,刘邦不可能只让部将们涌入宫中而自己却独自留守宫外。《史记》中有时会将一些难以记入《高祖本纪》的史实记在其他人的传记之内。

刘邦率领诸位将领进入秦的宫殿。在部将们掠夺金银财宝的时候,刘邦一定是端坐在皇帝的玉座上召集高级将领们举行着庆功宴会。尽管目前没有留下对此次酒宴的描写,但因为史书中特别记载刘邦"好酒及色",因此不难想象出当时的大致情形。

作为刘邦亲信的樊哙执意进谏的原因,大概是由于刘邦此时醉心于富丽堂皇的秦国宫殿、金银珠宝以及千娇百媚的宫中美人,他流露出的神情让樊哙感到一丝不安吧。刘邦的确天生具有皇帝的威严,但秦宫中的玉座不是为反秦的民间英雄而是为欺压百姓的秦朝皇帝而设置的。此时,刘邦就宛若秦始皇再现一样端坐在玉座之上。

而且还有一个更为严重的问题,那就是端坐在秦帝国的宫殿中央,就意味着其取代了皇帝的地位而号令天下。楚怀王与诸位将领约定的是"先入定关中者王之",而关中王与统御天下的皇帝却有着天壤之别。刘邦接受秦王的降服之所以具有一定的正当性,也是因为它属于这个约定的一个环节。但显然,刘邦端坐在秦帝国的宫殿中央是一种僭越行为。

刘邦断然痛斥了樊哙的谏言,声称:"老子凭实力推翻了秦朝,把秦宫作为新王朝的宫殿有何不妥?况且老子也不可能继续沿用秦朝的恶政。"

但是,由于张良也向他说明同样的道理来竭力劝阻,刘邦才算恢复了常态。"封秦重宝财物府库,还军霸上",率兵返回霸上的营地是此时刘邦的做法。我们无法具体地把握"此时"的状况,因为无法得知刘邦军队是否具备曾进入宽敞舒适的皇宫而后又返回霸上野营的组织纪律性。或许我们不能完全简单地排除"此时"项羽的军队已强行攻破函谷关的可能性。

就有关刘邦军团是否进入秦宫的问题,《史记》留下了较为暧昧的记载。这也属于一种"以大为小,以小为微,以微为无"的写作手法,但看来这似乎不是司马迁的过错。这个问题至少在

## 第十三章 关中王刘邦

陆贾的《楚汉春秋》诞生之际就已经被篡改和粉饰了。到了司马迁撰写《史记》的时候，刘邦未入秦宫应该已经成了一种定论。如果我们对照多种记载认真地阅读，就会发现事实并非如此，司马迁如实地保留了一些原始素材是他最大的功绩。

与上述插曲不同，刘邦军进入秦宫还为整个军团带来了重大收获。前文引用的《史记·萧相国世家》还有如下记载：

> 诸将皆争走金帛财物之府分之，何独先入收秦丞相御史律令图书藏之。沛公为汉王，以何为丞相。

丞相府总管行政，御史府是掌管与之相关的文书系统的政府机关。《史记·萧相国世家》在下文接着记述：

> 项王与诸侯屠烧咸阳而去，汉王所以具知天下阨塞，户口多少，强弱之处，民所疾苦者，以何具得秦图书也。

从这条记载中，我们了解到这里所谓的"图书"是指与行政相关的基本史料。

我们知道当时记载历史的材料是竹简和木牍，但它们早已佚失，并未流传至今。然而，进入20世纪后，有大量的简牍从地下被挖掘出来。

最早出土的是1907年由斯坦因发现的七百余枚敦煌汉简。其次是1930至1931年之间，由斯文·赫定在位于敦煌东北部约600公里的汉代居延要塞遗址发现的约一万枚居延汉简。中华人民共和国成立后，于1973至1974年又在同一地区发现了约两万枚居延新简。

这些汉简都埋藏在西域的绿洲地带。简中记载的是从中国内地调遣来的边境防御部队的状况。由于多数士兵直接来自内地,所以不能断言简的内容仅仅反映边境的特殊情况。

这些史料反映了秦汉时期通过文书系统来管理基层民众的状况,而近年也出土了反映行政系统将这种基层情况如实传递到中央的史料。

这枚木牍就是已在前文介绍过的汉代东海郡尹湾汉墓简牍中的"集簿"。

在这一时期的文书行政系统中,行政机构的基层组织储存了甚至包括一名士兵感冒之类的庞大信息。随着行政级别的升高,这些信息会按照一定的标准被逐级压缩提炼。中央会按照各个项目定期对这些信息进行审查。

这枚木牍是郡一级机构向中央提供的汇报书。木牍的上部写着"集簿"的标题,表明这是汇集了郡内行政精华部分的文书。文中记述的是在东海郡设置的各级政府机构、管辖范围的大小、官员的人数、人口和耕地面积,以及钱谷等财政结算的数字等。

汉代东海郡的郡政"集簿"(《尹湾汉墓简牍》)

## 第十三章 关中王刘邦

萧何得到了秦帝国中央政府作为统治全国重要手段的全部资料，可以说此时的刘邦集团已暗中具备了统御天下的能力。

进入咸阳之后，刘邦召集关中诸县的父老、乡绅，向他们发出重要宣言：

> 父老苦秦苛法久矣，诽谤者族，偶语者弃市。吾与诸侯约，先入关者王之，吾当王关中。与父老约法三章耳：杀人者死，伤人及盗抵罪。余悉除去秦法。诸吏人皆案堵如故。凡吾所以来，为父老除害，非有所侵暴，无恐！且吾所以还军霸上，待诸侯至而定约束耳。

刘邦又派人与秦吏一起将内容传达到各"县、乡、邑"。县是作为地方行政中心的城市，乡是作为下一级行政单位的村落，邑是最基层的村落。

有关"约法三章"，我们应该注意到奥崎裕司的见解，他认为这与此前墨家的"杀人者死、伤人者刑"及后来赤眉军的"杀人者死、伤人者偿创"一样，都属于作为天下大义的自然法则。

但是，在此我们有必要确认一下声称废除"约法三章"之外所有秦国法律的刘邦的布告是否属实。秦帝国建立了一整套作为统治手段的详细周全的法律体系，在近期的考古发现中，从当时一位秦吏的墓中发现了法律条文的部分内容。

例如，在田律中发现了有关农业的各项规定，其中包括禁止在植物生长的春季到山林中砍伐木材、禁止用堤堰堵塞水流等。另外，在有关文书传送的行书律中，规定从中央下发的命令或文书中的急件必须立即传送，即使不是急件也应在当日递送等。

前文提到的尹湾汉墓简牍是从西汉初期的一位官吏墓中出土的。当时的中国人信奉人死之后会在地下得到永生，因此，这些法律条文是为了让他们在地下世界执行与生前一样的公务而随葬进去的。

刘邦不可能完全废除那些与日常社会生活和行政事务相关的法律规定。萧何从秦国宫殿中没收的大批文书中包含着众多此类法律法规，这些法律法规为维护和增强刘邦集团的统治基础发挥了重大作用。

况且，"约法三章"不可能包罗万象，各种具体的刑法规定也不可能全部被废除，在这种情况下，一些常识性的法律便被照搬沿用了。在新出土的有关秦国法律的文书中出现了"廷行事"一词，这是以当地法庭的典型案例为基础做出的裁断（类似于判例法）。即使从形式上完全废除了刑法的各项规定，但现实中法律体系的运作方式却没有太大变化。

因此，我们应该把"约法三章"的本质视作一种宪法，它是将自然法则置于法律基础之上的一种原则性的宣言。"约法三章"的宣言在现实中所发挥的最大作用，是它废除了皇帝或皇帝身边人肆意擅权、为所欲为的特权行为。宣言所强调的重点，是废除秦国为保障专制统治而实施的诸如诽谤皇帝者灭族、私下妄议者公开处决等残酷的法律规定。

且说，对刘邦废除秦法、"约法三章"的政策，普通民众欢呼雀跃，沉浸在一片翻身解放的喜悦之中。民众们对随秦吏发布"约法三章"的刘邦使者表示了热烈欢迎。《史记》就当时的情形记述如下：

> 秦人大喜，争持牛羊酒食献飨军士。沛公又让不受，曰：

## 第十三章 关中王刘邦

"仓粟多,非乏,不欲费人。"人又益喜,唯恐沛公不为秦王。

废除秦法、约法三章、派人随秦吏向整个关中地区发布告谕,刘邦的这些行为就算不是真秦王而是假秦王,也与秦王的所作所为没有两样。因此,秦国的民众们诚心诚意地希望这位宽容大度的秦王能够"去假成真",即通过他与诸侯们的盟约而变成真正的秦王。

如上文提到的,刘邦在宣谕中谈道:"吾与诸侯约,先入关者王之,吾当王关中。"他成为假秦王的正当性应该来源于楚怀王与诸侯们订立的"先入定关中者王之"的约定。在这一阶段,刘邦并未提到楚怀王的名字而仿佛是自己直接与诸侯们约定的一样,其中略含模糊的成分,但总而言之,对于刘邦来说,自己最先进入关中,而按照"约定",自己理当成为关中王,这有必要向各路诸侯通告一声。

按理来说,刘邦应该最先向楚怀王报告,应该在楚怀王的主持下订立新的盟约。但是,从此时并未提及楚怀王之名来看,通告是假关中王刘邦自己直接向各路诸侯发出的,盟约也很有可能是以刘邦作为主持者来订立的。

被选派去通告项羽的人是刘邦集团最高级干部之一的左司马曹无伤,而这件事却是曹无伤悲剧的开始。

秦二世四年(前207)十月,刘邦成为事实上的关中王。本书把这一时期称为关中王刘邦元年十月。从此时开始到项羽开进咸阳的同年十二月为止,共经历了两个月的时间。在此期间,刘邦以假关中王的身份在旧秦帝国心脏部位的关中地区发号施令,他废除了秦的旧法,发布了作为宪法的"约法三章",并且以其功绩敦促诸侯们向咸阳集结。

  刘邦是接受秦王子婴投降的受降者,是按楚怀王约定为关中王的人。他主持与诸侯们的盟约,到达了距离继承秦帝国伟业、成为号令天下的皇帝或霸主最近的位置。

## 第十四章 鸿门之会

刘邦的确具备成为关中王的资格,但是,如果问起谁是推翻秦帝国的最大功臣,则要另当别论了。

在秦末的动荡时期,寻到怀王并建立楚国的是项梁。而与几乎镇压了以项梁为首的关东各方势力并包围抗秦斗争最后据点赵国的章邯决战,并最终将其打败的英雄是项羽。

章邯的军队是秦帝国实力最为强大的一支军团,项羽歼灭了章邯军,给一味被动挨打的旧六国势力带来了希望,成为扭转整个战局的转折点。作为一支小小别动队的刘邦军,之所以能在几乎未受秦军抵抗的情况下从武关成功入关,完全是因为项羽的作战部队捷报频传直接导致了秦朝中央政府的瘫痪和各路守备军队的土崩瓦解。

楚怀王做出"先入定关中者王之"的约定,是为了通过在形式上给予手下所有武将以平等机会的手段,来牵制左右楚国政权的项氏家族的势力。

项羽之所以没有对分配给自己直接与章邯军队作战的任务提出异议，大概是因为他认为只有击垮了章邯军才有可能突破函谷关，而在取得对章邯军的胜利之后，能够进入关中者自然非他莫属了。

楚怀王任命自己的得力心腹宋义出任与章邯军作战的军团的上将军，实际上也是出于同样的设想。选派宋义率军歼灭章邯军，然后挺进关中，这是楚怀王的想法。

《史记》中有关楚怀王仅把挺进关中的期望寄托在刘邦身上的说法，恐怕来源于陆贾的《楚汉春秋》。

从上述情况来看，成为假关中王的刘邦的地位十分微妙。与项羽相比，刘邦在整个楚国抗秦的军事行动中所占的地位微乎其微，但在形式上，他却是秦帝国的直接战胜者，是等待与诸侯盟约成为真关中王的人。

从史料上看，在这种情况下，刘邦并未前去向楚怀王复命。这从他自己强调要与诸侯们直接盟约的话中也能推测出来。对刘邦来说，这是一个极为罕见的失策。

刘邦一向擅于巧妙地利用所谓的大义和名分，这完全来源于他天生的奸猾狡诈与灵活善变。在他的周围聚集着文官萧何，武将韩信、彭越、黥布，秘书陈平，谋士张良和外交官陆贾、郦食其等杰出人才，但一向以大义自居的刘邦的这一特殊本领，却无人能够效仿。

在传统的中国社会里，大义和名分发挥着重要的作用，有时甚至会起到决定性的作用，其原因在于，这个社会是一个十人十义、百人百义的社会，即十人有十种小义、百人有百种小义，而且更为麻烦的是，小义往往声称自己就是大义。正因为社会如此动荡不安，被众人所接受的大义和名分往往会起到决定性的作用。

# 第十四章 鸿门之会

怀王"先入定关中者王之"的约定对刘邦来说应该是一个最大的名义。但是，仅从《史记》的记述所见，刘邦却宣称这是自己与诸侯之间订立的一个约定。刘邦在这里忽视掉"约定"的形式，只在表面上反映攻占关中、推翻秦王朝的战绩。

如果就实际而言，最大的功臣无疑是项羽，他在军事上扭转乾坤，决定了战局。刘邦要想在这个阶段摆出自己的战绩，就要抛却他最大的武器——名义，而与项羽在同一个角斗场上一决雌雄。

刘邦之所以抛却"怀王之约"这一绝好的名义，大概是因为在当时他的内心深处，已经萌生了超越关中王而直接登上统领天下的大王或皇帝之位的远大抱负。不用说，怀王已是他成为大王或皇帝的障碍之一。

在刘邦的脑海中，一直酝酿着一幅尚不甚明了的天下形势图，还有一种与之相对应的大义。这幅不甚明了的天下形势图是在与萧何、张良、夏侯婴、樊哙、郦食其等人的对话之中逐渐清晰并具体化的，但有能力总结并践行大义的人却只有刘邦。刘邦集团的高级官员们异口同声地称刘邦是天授之才，也是缘于他的这一才能。

但是，刘邦当时的判断却出现了极大偏差。《史记》中留下了有人向刘邦提出建议的记载，其建议如下：

> 今闻章邯降项羽，项羽乃号为雍王，王关中。今则来，沛公恐不得有此。可急使兵守函谷关，无内诸侯军，稍征关中兵以自益，距之。

刘邦采纳了他的建议。据《史记》记载，提出这一建议的是一个叫鲰生的人，而《楚汉春秋》中的记载是解先生。"鲰"是指小鱼，有虾兵蟹将之意，或许是周围人给那些轻浮之人起的一种绰号吧。

还有一种说法认为此人是郦食其。郦食其是一个很有骨气又极为现实的人，但有时又充满理想主义，他会根据主观愿望来进行推断，所以他也很有可能是这个方案的建议者。

当然，如果这个方案不是郦食其提出来的，我们便不能排除它是由刘邦身边那些善于察言观色之人提出的可能性。因为当时在刘邦想表达什么意愿的时候，代为策划并按照他的意思提供情报的人实在很多。从这种自然形成的关系中，我们可以观察到刘邦的另一面。

这个方案的建议者称"今闻章邯降项羽，项羽乃号为雍王，王关中"。我们虽无法确定这一建议提出的具体时间，但可以断定，这是在刘邦发布"约法三章"之后。

因为从军政向民政转换、制定和实施关中统治的基本方针都需要一定的时间，而刘邦接受秦王子婴投降是在汉王元年（前207）十月上旬，因此这个议案大概是在十月中旬之后提出的。

但是，据《史记》记载，项羽早在同年七月就接受了章邯军队的投降，并任命他为雍王。当时，刘邦还在位于咸阳西南约400公里、武关西南约170公里的南阳。因为项羽和刘邦属于盟军，所以刘邦应该早在此提议三个月前的七月就已得到了项羽任命章邯为雍王的通报。此时却借鲰生之口声称项羽立章邯为雍王，这纯属一种佯装不知、略带几分造作的伎俩。

且说，刘邦当时将项羽拒之关外，并非已做好了与他交战的准备。或许刘邦估测既然自己已成了关中王，自然可以将各种势力强行阻止在函谷关外,让他们以派遣和平使团的方式进入关中。

在鸿门之会时,被称为刘邦军叛徒的左司马曹无伤,原本是被刘邦派遣前去传达刘邦以关中王的身份欢迎项羽等其他诸军的正式使者。

《史记》的《项羽本纪》和《高祖本纪》都记述了曹无伤在项羽面前诋毁刘邦的事。《高祖本纪》的记载如下:

> 沛公左司马曹无伤闻项王怒,欲攻沛公,使人言项羽曰:"沛公欲王关中,令子婴为相,珍宝尽有之。"欲以求封。

然而,如此进过刘邦谗言的曹无伤却坦然地回到刘邦身边。刘邦在鸿门之会后返回军营,立刻诛杀了反应迟钝的曹无伤。

如前文所述,刘邦自入关以来,其言谈举止就是一位活脱脱的关中王。尽管我们无法得知在刘邦政权之下的子婴处境如何,但刘邦私吞秦国所有财宝却是千真万确的。

然而,作为抗秦斗争实际领袖的项羽,却无法承认以关中王的身份来号令天下诸侯的刘邦的地位,曹无伤则成了可怜的替罪羊。这对刘邦集团来说实在是万般无奈之下付出的代价。

左司马曹无伤是刘邦集团中的高级将领之一,因为他最终遭此不幸,所以在《史记》和《汉书》中,对他的功绩以含糊其辞或故意隐瞒的方式进行了处理。

《史记》在记载曹无伤第一次作战斩杀泗水郡郡守壮的时候,并未记述他的本名。《史记》的原文是:

> 沛公左司马得泗川守壮,杀之。

东汉时期班固的《汉书》的原文是:

> 沛公左司马得,杀之。

这里因为已在前文提及"泗川守壮"的名字,所以为避免重复而省略了。《汉书》的该文可与《史记》一样译为:沛公的左司马得(泗川守壮),杀了他。但是,《汉书》文中省略了"泗川守壮"四个字后,结果变成了:沛公的左司马得杀了他。

这里的"得"就变成了左司马的名字。事实上,唐代大学者颜师古就持此观点。针对这种新说,同为《史记》作注,撰写了《史记索隐》的唐代学者司马贞提出了异议。

如果颜师古的说法正确的话,结果就变成了曹无伤虽也同样担任过左司马一职,但他在刘邦集团之中却并未立过值得一提的战功,被刘邦冤屈的曹无伤原本是一名大功臣的事实就这样被抹杀了。我们无法判断班固是否故意做出上述诱导。

在正史中,往往在本纪中记载作为世界中心的皇帝或类似人物的生平事迹。因此,众所周知,从《史记》的目录来看,继《秦始皇本纪》之后的是《项羽本纪》,其后才是记载刘邦生平的《高祖本纪》。但在《汉书》中,刘邦被列入《高帝纪》,项羽(名籍)则被列入《陈胜项籍传》。这种编排使项羽变成了群雄之一,而刘邦则是特殊人物。

实际上,如果将《汉书》与《史记》进行对比的话,就可以发现,两者记述的内容大同小异,基本雷同。但是,由于记述历史的框架,即"名义"上的差异,导致后代对楚汉战争的理解产生了微妙的偏差。而且,《史记》对起义前的刘邦在形式上称为高祖,但在记述刘邦起义之后的史实时,根据他身份的变化，最初是刘季，后来依次是沛公、汉王、高祖，不断在变换着称呼。与之不同，《汉书》从《史记》称刘季的阶段开始就称其为高祖了。《汉书》把刘邦从最开始就视为一个有身份地位的人物来对待。

简单地说，《汉书》认为从年少时期开始就预示着刘邦会建立汉王朝，项羽与刘邦之间的斗争不过是一段小插曲而已。

对刘邦年龄的改写也是在这种框架之下完成的。目前所见最早关于刘邦年龄的说法，是由距当时四百五十年后的晋武帝时期一个叫皇甫谧的人提出的。他提出这种说法的根据是，如果刘邦是在秦昭襄王五十一年（前256）秦灭周的那一年出生的话，就可以认为汉王朝继承了周王朝的正统性。

如果按照这种说法来计算，刘邦起兵时的年龄为四十八岁。这个已有一把年纪还只担任乡村亭长之类小吏，又戴着那顶新奇的竹皮小帽招摇过市的人，竟在一夜之间登上了帝位，这段看似十分离奇又很不现实的童话故事却是由天命来决定、由天命来演绎的。这就是这一说法的观点。

把视角转移到项羽身上，刘邦为关中王是当年（前207）的十月，项羽率军到达函谷关则在同年十一月。章邯在五个月前向项羽呈上投降书，第二个月项羽就接受了他的投降。这之间经过了相当长的时间，恰与章邯投降之后便快马加鞭急行军的刘邦形成了鲜明对比。从此时项羽任命章邯为雍王来看，他认为推翻秦帝国已是指日可待的事，根本就没有把刘邦的动向放在眼里。

以为会在刘邦的热烈欢迎下开进关中的项羽到达之后，发现函谷关已被刘邦的守备军布下了森严的防御阵势。当接到刘邦单方面发布的受关中王刘邦之命,诸侯入关一律禁止部队随行的通告后,项羽震怒了。

据《史记·项羽本纪》记载,当时项羽大怒,随即命令当阳君黥布进攻函谷关。而同书《黥布列传》则更为具体地记述了当时的状况:项羽的军队到达函谷关,却被挡在关外。于是,项羽命黥布等从小道进攻函谷关,大败守军之后,才得以入关。

但是,针对这一事件,陆贾《楚汉春秋》的记载却是:因为刘邦的守军阻止项羽军队入关,项羽的大将亚父范增大怒说:"难道沛公想造反不成?"便找来大量的柴火想烧掉函谷关的关门,守军们这才打开了关门。

按照陆贾的说法,这里并没有发生过战争。这种记述为读者开启了想象的空间,认为范增采取过激行为完全是由于他过度猜疑,事件本身是由一些琐碎的误解而引起的。

就这一事件的过程,刘邦一方的解释是,左司马曹无伤负有全部责任,同时项羽方的范增执意打压刘邦的预谋,使原本不过因一些误会而引起的问题更加复杂,可以想象,最早进行这种解释的是《楚汉春秋》。司马迁敢于根据与《楚汉春秋》不同的史料,为我们留下在函谷关发生过重大战斗的历史记录,充分显示了他对待历史的认真与求实。

《史记》记载发生在函谷关的战斗是在"十一月中",而攻破函谷关的项羽军到达咸阳东部的戏亭是在"十二月中"。从函谷关至戏亭的直线距离不过150公里,按照正常的行军速度,不过需要一周的时间,项羽军却花费了足足一个月。这表明项羽和刘邦两军之间一定展开过正面交战,这次行军是在作战的过程中完成的。或许自函谷关交战之后,两军之间的战斗就一直在持续。

## 第十四章 鸿门之会

项羽军中最勇猛的骁将黥布利用小道偷袭攻破函谷关，由此揭开了战争的序幕。当时，项羽的军队有四十万人，号称百万，刘邦的军队为十万人，号称二十万。因此《史记》称刘邦"力不敌"。

项羽缓慢地率军行至戏亭。戏亭是陈涉的别将周文曾攻入的地点，从这里到咸阳的直线距离大约为40公里。

为迎击项羽军，刘邦在渭水以南、从终南山流入渭水的霸水之上布下阵来。咸阳在渭水的北岸，从这种布局可以看出刘邦的打算：如果项羽的军队直接进入咸阳的话，将不进行任何抵抗，而如果项羽军在入城之前将矛头转向攻击自己，则必须进行顽强的抵抗，但如果时运不济，寡不敌众，就越过终南山沿霸水南下，从武关向南阳撤退。

在南阳，王陵已建立起独立的根据地，而且相当于刘邦军客卿的番君吴芮的别将梅鋗与这一地区的少数民族关系密切。这是在设想到万一以后要以南阳作为根据地的一种布局。

但是，从项羽军猛攻章邯军时所表现出的强大战力来看，不得不说，在兵力上尚处于绝对劣势的刘邦军能安然逃过此劫的可能性简直微乎其微。

更何况，亚父范增还在竭力地劝说项羽一定要讨伐刘邦。据《史记》记载，亚父范增说道：

> 吾令人望其气，皆为龙虎，成五采，此天子气也。急击勿失。

我们曾在第八章谈到，《史记》记载，刘邦还在芒、砀山泽的时候，秦始皇就以"东南有天子气"为由而东游，欲将其镇住。刘邦是注定会成为天子的人物，当时的当权者违背天意欲镇住此气，终以失败告终。这种故事似乎显得有些简单粗糙，但当时站在刘邦一方的传说中，这是已经确立了的故事框架。

刘邦陷入了一筹莫展的境地。他在此后的人生中，数次经历生死关头，又数度绝处逢生。从客观的角度来说，刘邦所经历的种种磨难大多是难以躲避的，而在众多危急时刻，他都铤而走险，采取知难而进的积极态度使自己逢凶化吉。但此次却不同，此次显然是由于他做出的错误判断而直接造成的，从这个意义上来讲，他面临了自己人生中最大的一场危机。

刘邦因错误判断而陷入绝境的例子还有后来与匈奴交战时，他因藐视对手的实力而使自己遭遇围困，最终凭借陈平的谋略和夏侯婴的胆识才算勉强脱离危险。但是，当时他已身为高高在上的皇帝，即使通过订立一些屈辱的和约来达成妥协，至少不会直接危及自己的性命，而且，即使当时他战死沙场，刘氏家族的子孙们还可以继承大业，稳住他的江山。但此时却不同，刘邦此时面临着不但自己，甚至整个家族都会被抄斩的危机。

决战的前夜，在被一片沉郁沮丧的气氛所笼罩着的刘邦军队里，张良走来了。他提出了一项意想不到的建议，那就是向项羽宣布投降。

刘邦大吃一惊。在当时，向对方宣布投降就意味着自己丢下军队，只身一人前往敌军阵营，摆出一副任人宰割的可怜相去负荆请罪。

春秋时代，史书中随处可见接受对方投降的例子。但即使是在春秋时期，向对方表示投降也意味着一种政治上的自杀。

在秦王子婴投降之际，刘邦的诸将也曾主张杀了他，只是在

## 第十四章 鸿门之会

刘邦的特别关照下他才算幸免一死。而且在秦末动荡时期，无论是在项梁军，还是在项羽军，仅仅因为被敌军打败便被处以死罪的将领不在少数。政治上的死亡，弄不好就会被处以极刑，这是当时宣布投降的一个常识。

秦王子婴不过仅仅丧失了政治生命，暂且不必担心自己的生命安全，而刘邦却未必能如此幸运。在项羽的统治之下，作为一个无权无势的小民而苟且偷生，这是刘邦无法接受的。况且，刘邦丝毫没有未经一战便心甘情愿地把自己交由对方处置的念头。

刘邦沉下脸来，对张良反问道："此话当真？"

张良的眉宇之间流露出严峻的神情，他说："大王早就想好要与项羽决一死战了吗？"

"不，这是鲰生的建议。原本以为如果封锁函谷关阻止诸侯入关的话，整个秦地就会成为我的天下，于是便应允了。"

张良想问的是刘邦是否真有与项羽决一死战的决心，不是在封锁函谷关的时候，而是就在眼前的这一时刻。如果刘邦果真做出了决一死战的决断，张良也只有做好拼死的准备。张良又问道："大王认为自己的士兵足以抵御项羽吗？"

刘邦忽然沉默下来，过了许久才说道："当然无法抵御，那该怎么办？"

张良这才把楚的左尹项伯来找自己的事情告诉了刘邦。

项伯是项羽幕僚中的一个重要人物，也是项羽的季父（最年轻的叔叔）。项伯来找张良，让他劝说刘邦投降。

刘邦问道："你与项伯有何关系？"

"曾经的故交。在项伯杀了人的时候，我曾救过他的性命。因此在这个危急时刻，他特来鼎力相助。"

刘邦接着又问："你与项伯，谁年长？"

"项伯年长于我。"

刘邦立刻答道："替我召他进来，我要兄事项伯。"

据《史记·项羽本纪》记载，项羽的军队攻破函谷关后，到达戏亭，沛公的军队驻扎在霸上。两军近在咫尺，相互对峙，沛公"未得与项羽相见"。就在这一触即发的危急时刻，刘邦的左司马曹无伤向项羽进了前文提到的谗言，"项羽大怒"，并下令："明早好好犒劳一下将士们，准备一举歼灭沛公的军队！"

在这一紧要关头，项伯火速来给张良报信，想助张良脱离险境。

但是，这种说法是在没有曹无伤的中伤、项羽没有进攻刘邦的意图的前提下才会成立的。项羽军在函谷关遭到刘邦军的阻击，黥布率军偷袭才得以入关，项羽军行至戏亭并驻扎于此。此时的项羽军与霸上的刘邦军只有20多公里的直线距离，其间一马平川，两军的激战已迫在眉睫。

（项羽）至于戏西，沛公军霸上，未得与项羽相见。

据《史记》记载，此时曹无伤中伤了刘邦，但如果决战已迫在眉睫的两军没有举行任何谈判的话，我们只能认为交战已无可避免。即使没有曹无伤中伤之事，项羽也从一开始就有与刘邦决一死战的打算。

在这种状况下，项伯来找张良是为了劝说刘邦投降。在他看来，要想解救张良和刘邦的性命，除了劝他们投降之外别无良策。项伯竭尽全力地说服项羽接受他们的投降。

张良带项伯来见沛公，沛公向项伯奉上卮酒（也就是用酒杯

## 第十四章 鸿门之会

装的酒），并相约结为姻亲，然后开始为自己辩解：

> 吾入关，秋豪不敢有所近，籍吏民，封府库，而待将军。所以遣将守关者，备他盗之出入与非常也。日夜望将军至，岂敢反乎！愿伯具言臣之不敢倍德也。

项伯，名缠，他明明是项羽的季父，但在《史记》中却不称其为项季，而称项伯。就这个问题，自古以来有很多的说法，但或许是因刘邦兄事项伯，使得刘邦阵营的人们普遍称他为项伯，即"项伯父大人"，此称呼便成了通称。

因为自己的季父、以左尹的身份位居楚国政权中枢的项缠执意声称自己会劝说刘邦前来投降，项羽原本未抱太大希望，但也随即应允了。因为根本没想到刘邦真的会来降服，听了项缠的回报之后，项羽反倒大吃一惊。

第二天一早，在张良、樊哙、夏侯婴、靳强、纪信等亲信的陪同下，刘邦带着百余骑人马来到了项羽军队驻扎的鸿门亭。百余骑人马是诸侯外出时最低规模的仪仗，而有关亭从战国时期开始就被作为投降场所的问题，我们已在前一章中谈过了。

后来由于刘邦打败项羽登上了皇帝宝座，因此把原本应该是举行投降仪式的鸿门亭只当作一个解释辩白场所的看法成了主流。这也是以"以大为小，以小为微"的方式进行了系统的粉饰与遮掩，但即便如此，我们仍可从《史记》中窥见一些无法掩盖的历史真相。

首先，是当时会面的座次问题。据《史记·项羽本纪》记载：

> 项王、项伯东向坐，亚父南向坐。……沛公北向坐，张良西向侍。

如上文所述，参加鸿门之会的人员各自朝东西南北四个方向而坐。乍看起来，与会人员似乎是一种地位平等的座次，但重要的是"张良西向侍"，这表明张良并不是一个正式的参会人员，也就是说，张良面朝西侍奉在朝北端坐的沛公的身旁。

当时会面的座次方位明确体现了上下尊卑的身份区别。"天子南面"表示在与会者如君臣一般的上下级关系中，朝南而坐的是上座，朝北而坐的是末座。

而在主客关系中，朝东而坐的是主人，朝西而坐的是客人。也就是说，在不存在上下级关系的情况下，占据主导地位的人朝东而坐。

第三种情况是朝觐和降服的仪式。

例如，作为南方独立政权的南越王朝曾一直拒绝向汉朝朝觐，而现存的有关南越王朝的部分史料中，保存了继承前王婴齐之位的南越王兴向汉朝朝觐的记录。

南越太后樛氏是邯郸人。她曾与霸陵人安国少季私通，汉朝就利用这层关系，派安国少季出使南越，胁迫南越向汉朝朝觐。当时的座次如下：

> 使者皆东乡，太后南乡，王北乡，相嘉、大臣皆西乡，侍坐饮。

当时，王和太后是亲汉派，丞相吕嘉以下诸人是独立派，两者处于一触即发的对立关系。王和太后设下酒宴，想在酒宴上"介汉使者权，谋诛嘉等"。

从酒宴的座次来看，朝东而坐的使者们端坐的是代表汉朝至高无上权力的最上座，主张向汉朝朝觐的太后朝南而坐，表示她正处于恳请大王接受朝觐请求的位置。这与朝南而坐的亚父范增接受朝北而坐的沛公所提出的降服请求时座次相同。另外,"相嘉、大臣皆西乡,侍坐饮",这种待遇与张良完全相同。

无论在何种情况下,朝东而坐的项羽、项伯以及汉朝使者,都处于超过旁人的至高无上的地位。

在此,我们特将中国社会中在空间表示上下秩序的方位问题做一重新整理。

在君臣关系之中,坐北朝南是君主的席位。在南北的坐标轴上,距离北部越近,位置越重要。例如宫中的座席,天子朝南,臣下中地位最高的宰相在最靠北的座席上,朝北面对天子,其南边是百官的座席。南北的坐标轴表示支配与被支配,或象征支配关系的上下级关系。

其次是在主客关系之中,主人坐西朝东,客人坐东朝西。东西向的坐标表示主客关系。

那么,主客关系原本是一种怎样的关系呢?

在主客关系中,即使情况略有不同,也还是以东西向的坐标轴来表示的,这可以对我们理解这一问题提供一些参考。

韩信摆下背水一战的阵势,最终通过一次战斗便大败赵国陈馀的部队。大获全胜的韩信非常隆重地款待了曾向陈馀指出过韩信军在后勤补给方面弱点但未被采纳的李左车,并虚心听取了他的意见。《史记》就当时的情况记述如下:

> (韩)信乃解其(广武君李左车)缚,东乡坐,西乡对,师事之。

在这种场合下,两人不是主客关系,而是传授者与被传授者的关系。本书想设定一种教导关系的坐标轴来体现两种共通的社会关系。

根据支配与教导这两条坐标轴来分析鸿门之会，可以发现项羽和项伯端坐的座席在支配和教导两条坐标轴上都处于最上位，刘邦和张良的座席在两条坐标轴上都处于最末位。作为项羽代理人的范增处于坐标轴上支配刘邦的地位，而刘邦则处于臣妾之位，而且在当时，即使是在教导的坐标轴上，刘邦也处于最末位，即所谓的夷狄之位。而鸿门之会的结果，刘邦在教导的坐标轴上朝项羽正下方的位置挪进一步，成为臣属于项羽的一名中华子民。

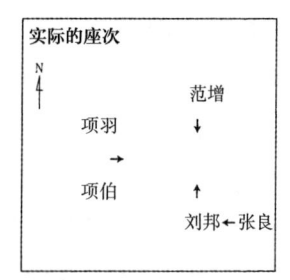

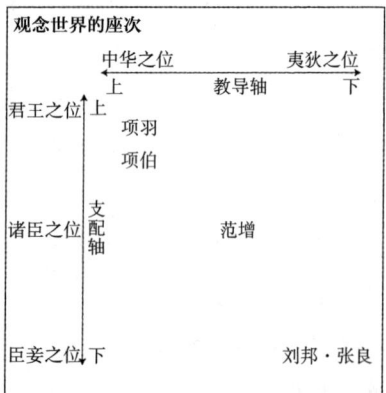

鸿门之会中实际的座次和其在观念上所处的地位如上图所示。

在鸿门之会上，反映刘邦向项羽举行过降服仪式的另一个迹象就是军门。

《史记》中描写的鸿门之会，是刘邦和项羽为了解除两人之间的误会而举行的一场辩白宴会。

当天早晨，刘邦带着百余骑人马到鸿门向项羽致歉。他说：

## 第十四章 鸿门之会

> 臣与将军戮力而攻秦,将军战河北,臣战河南,然不自意能先入关破秦,得复见将军于此。今者有小人之言,令将军与臣有郤。

项羽答道:

> 此沛公左司马曹无伤言之,不然,籍何以至此。

澄清了一切都是由"沛公左司马曹无伤"的谗言所造成的事实之后:

> 项王即日因留沛公与饮。

就这样,两位英雄之间的误会得以消除,并举行了一场盛大的宴会。这场宴会本该是在愉快和谐的气氛中进行的,但项羽的智囊范增却无法接受。他认为无论如何都要杀掉这个未来可能会成为威胁的刘邦,便命令项羽的堂弟项庄在席间舞剑,然后找准时机刺杀刘邦。识破其中伎俩的项伯也随之起身舞剑,并用身体保护着刘邦,使项庄几度出击均未得逞。

在此,《史记》生动形象地描述了范增的人物形象,他敏锐地预测到刘邦将会成为劲敌并执意要将其刺死。

眼看着范增命令项庄舞剑并伺机刺杀刘邦的张良深感情况危急,慌忙赶到军门去找樊哙。

从张良口中得知事态紧急的消息后,樊哙冲破军门来到了宴会现场,他竭力为刘邦争辩。后来,刘邦起身谎称去上茅厕,便乘机逃回了霸上的军营。

以上是《史记》记载的有关鸿门之会的简单概况。

从来到军门的张良口中得知刘邦将面临杀身之祸后,樊哙决定要与刘邦同生死、共命运。他说:

> 此迫矣,臣请入,与之同命。

此时,樊哙身处军门之外,不要说随同刘邦而来的百余骑人马,就连樊哙也被挡在此处。只有刘邦和张良两人进入了军门。

樊哙佩剑持盾欲入军门。守护军门的卫士们将戟交叉在一起欲阻止樊哙入内,樊哙侧过盾牌向前撞去,卫士倒在地上,于是樊哙闯入军门。

就这样,樊哙为刘邦竭力争辩之后,刘邦借机与樊哙一起离开宴会会场,逃回了距离鸿门亭大约20公里的霸上。估算刘邦等人大概已经返回了霸上军营,张良这才通告实情,并给项羽献上了白璧一双,给范增献上了玉斗一双。

在逃往霸上军营的途中,只有刘邦一人骑马,跟随在身后的樊哙、夏侯婴、靳强、纪信等四人"持剑盾步走"。从樊哙冲破军门进入宴会会场,之间应该经过了相当长的一段时间,但项羽军中竟然没有做出任何反应,而且刘邦和樊哙等人为了逃跑,必须再次冲破军门才有可能返回霸上的军营。项羽军中的军纪难道就松弛到先后两次被人冲破军门而无任何反应的程度吗?

在当时的观念中,军门是区分生死的分界线。《史记》中有下面一段记载:

> 天子(汉文帝)先驱至,不得入。先驱曰:"天子且至!"军门都尉曰:"将军令曰'军中闻将军令,不闻天子之诏'。"居无何,上至,又不得入。于是上乃使使持节诏将军:"吾欲

## 第十四章 鸿门之会

入劳军。"亚夫(周勃之子)乃传言开壁门。壁门士吏谓从属车骑曰:"将军约,军中不得驱驰。"于是天子乃按辔徐行。

军门是连天子驾到也不可随便打开的,军门之内只服从将军的命令。军门内外是两个截然不同的世界,这条分界线是绝对神圣的。"降于军门"的说法中,军门是举行降服仪式的地点,投降者经过军门便预示着其生命的终结。

刘邦在项羽的军门之内投降了。在《史记》描写的鸿门之会中出现了"军门"一词,这是与当时的历史实际相吻合的。但是,由于后来按照刘邦阵营的意志对鸿门之会的某些情节进行了篡改,才使军门所发挥的作用出现了歪曲性的描写。

最后,是有关刘邦方面向项羽献上白璧的记载。自春秋以来,在降服仪式上,投降者都是口衔璧玉,穿着丧服向对方谢罪、请求宽恕的。在《史记》的记载中,宴会之后张良代替刘邦向项羽献上白璧一双,这肯定是与当时的实际情况不一致的。当然,如果把献上白璧这段也一起删除的话,对刘邦一方来说就更加完美了,但既然白璧已经到了项羽的手中,要想将这段史实完全加以篡改似乎显得比较困难。

《史记》下文的记载是:

> 沛公至军,立诛杀曹无伤。

整个过程就变成了因为毫无根据的误会而使本应惺惺相惜的两位英雄,险些陷入一场无谓的流血事件,而这一切都是由那个为了满足私欲而背叛刘邦的左司马曹无伤的逸言所引起的。

但其实,刘邦早已以关中王的身份向诸侯们派遣了使者,通知他们来参加由自己主持的会盟。刘邦阵营的曹无伤作为一名正式的使者，前去通告项羽，并告知他刘邦准备按照楚怀王之约以关中王的身份主持召开会盟，但在降服仪式上，刘邦却矢口否认了自己曾派遣曹无伤为使者的事实。

另外，在刘邦的阵营内部也达成一致，认为由于曹无伤缺乏一名使者所必需的经验和对时局的判断力，而导致了不必要的摩擦。至于《史记》中有关曹无伤声称刘邦曾欲封秦王子婴为相的说法，大概是为了让自己人怀疑他对时局的判断力和对外的交涉能力而使用的一个小伎俩吧。就这样，原本作为无条件投降而举行的鸿门之会，被改写成了向项羽澄清曹无伤中伤事件的会面。而用曹无伤来做替罪羊的办法最终拯救了整个刘邦集团。

上述情节大概是由陆贾等刘邦方面的作者们篡改而成的，而且它最终成了汉朝的正史，这一内容也被司马迁直接沿用并写进了《史记》。

项羽接受了刘邦降服的请求，刘邦军便隶属于项羽军团，刘邦趁此时机偷偷地溜走了。面对突如其来的事态，项羽显得进退两难，迟迟做不出决断，两军就这样相互对望了几天。

> 居数日，项羽引兵西屠咸阳，杀秦降王子婴，烧秦宫室，火三月不灭，收其货宝妇女而东。

项羽就这样错失了与刘邦对决的绝好时机。刘邦侥幸地捡回一条命。

项羽攻入了已向刘邦投诚的咸阳城，杀了一度保下性命的子婴，并焚烧了秦朝的宫殿。这一切的一切都在秦人的内心深处埋

## 第十四章 鸿门之会

下了对项羽难以抚平的仇恨，刘邦成为仇视项羽的秦人们的人心所向，结果关中反而成为刘邦最为坚实的政治据点。

从刘邦对秦地进行统治的关中王元年（前207）十月到向项羽投降的同年十二月为止，仅仅经历了两个月的时间，但对刘邦来说，这是收获颇丰的两个月。

首先，刘邦接受了秦王子婴的投降，成为秦地实质上的最高统治者。虽然由于他的军事力量在以项羽为中心的楚国中仅占据微弱的一小部分，从而致使问题有些复杂，但刘邦制定了"约法三章"，又与秦吏们一起建立了以"约法三章"为宪法的政治结构，并在短短的两个月中得以实施。

这意味着非正常的军事力量向正常的行政和政权的转变，它凭借萧何、张良、夏侯婴等杰出幕僚的操作得到了具体的实现。在刘邦军队攻入秦朝宫殿的时候，萧何没收并保存了秦丞相、御史的律令图书，这是一个值得大书特书的举措。在这两个月的时间里，萧何根据秦朝的律令图书以及"约法三章"的准则，通过行政机构将新鲜的政治气息吹遍了整个秦地。

在刘邦集团内部，以萧何为核心的文官官僚机构很早就已发挥了作用。

在《史记》曹参、周勃、樊哙等人的列传中，详细记载了各人立下军功的地点、具体内容及授予爵位的状况，因此不难看出，从较早时期开始，刘邦集团内部就存在供其使用的类似当代中国"档案"的身世调查文书。

刘邦集团的军政是在稳定和系统的文书行政系统的基础上建立起来的，而掌握这个系统的关键人物就是萧何。这种官僚体制最初以军政为中心确立了下来，然后又在具有丰富阅历和杰出资质的萧何的努力下，形成了可以统治比关中更为广大地区的官僚体制。

自始皇帝以来，中国便被统一在一个最高统治者的权力之下，但后来因为二世皇帝的被杀和子婴降格为秦王，当时的中国失去了自己的政治中心。刘邦虽然直接继承了秦国的遗产，但从他是反秦势力的中心——楚国的代表这一点来说，中国又重新出现了一个政治中心，又诞生了一位新的最高统治者。

至少在此时，刘邦已有了自命天子的实感，他感到自己的刘邦集团已是一个直属于天子的集团。这种难以掩饰的兴奋直接促使他产生了封锁函谷关并抵抗项羽统治的狂妄想法，险些将自己及整个集团带入地狱深渊。但是，天命所系的自我认知成为刘邦在此后的生命中摆脱困境的精神支柱。

这里稍微谈谈一个离题的话题。当时，刘邦似乎建立了一个后宫。只是史料中能够确认刘邦后宫的存在，是在后来他以荥阳和成皋为中心来扼守从中原进入关中的入口并抵御项羽猛攻的时期。当时刘邦的后宫中有原属于魏王豹的妃嫔。

刘邦在和项羽一起离开楚国的彭城前去与秦军作战以来，每次获胜之后都会掳获大量美女。《史记》中留下了范增的评语：

> 沛公居山东时，贪于财货，好美姬。今入关，财物无所取，妇女无所幸，此其志不在小。

但是，我们无法得知刘邦在入关之前是否就已经建立起后宫制度。事实上，在抵御强大的秦军、与之浴血奋战的时候，如果作为起义领袖之一的刘邦建立后宫的话，一定会给刘邦集团带来十分恶劣的影响。刘邦也许确实在每次获胜之时掳获大量美女，

## 第十四章 鸿门之会

但她们与刘邦之间的关系不过是短暂的一夜风流而已。

但是,对于《史记》中范增所说的"沛公居山东时,贪于财货,好美姬",我们并不能全信,需要大打折扣。因为《楚汉春秋》和《史记》的一大特色就是让刘邦的对手们说出对刘邦有利的话来。

项羽的高参范增在这里说出此话,是为了说明刘邦和他的集团的军纪如何严明。这是把刚才刘邦对项伯所说的"吾入关,秋豪不敢有所近,籍吏民,封府库,而待将军"的"事实",借范增之口再次陈述出来。

《史记》中还可以见到项羽方面的人替刘邦说情的例子。因与张良的交情而救助刘邦的项伯对项羽说:

> 沛公不先破关中,公岂敢入乎?今人有大功而击之,不义也,不如因善遇之。

但是,秦朝的命运寄托在章邯军队的身上,在项羽军大败章邯军的时候,就已经落下了秦楚战争的帷幕。因此,推翻秦帝国的最大功劳应该记在项羽的功劳簿上。

就像《史记》既有刘邦实际进入了秦国宫殿,又有他似乎从一开始就驻扎在霸上的记载一样,有关鸿门之会,有很多支持刘邦自我辩解的记载。前面项伯对项羽所说的话就是其中一例。

不管怎样,刘邦从一名起义军领袖一跃而成为至高无上的皇帝后,便有了自己的后宫。那是在刘邦年届三十二岁的一个初冬的日子里,他的后宫中来了一位从秦国后宫移居而来的定陶女子,名叫戚姬。戚姬是刘邦从未遇到过的别致女子。她的出现为刘邦带来了新的生机。

此时，项羽年方二十七岁。经战争史的印证，在其他条件没有太大差别的情况下，一般来说，年轻的总司令往往会获得胜利。即将在我们面前拉开帷幕的楚汉战争，是在两名年轻司令官率领之下的总决战。

## 第十五章 西楚霸王项羽

项羽是推翻秦帝国的最大功臣,在接受刘邦的降服之后,他掌握了统治天下的实权。此时他面临着两大课题:首先是如何处理在形式上地位仍高于自己的楚怀王及"怀王之约";其次是将国都设在何处,如何来分配战争的胜利果实,以及建立一个怎样的社会秩序。

不管怎样,项羽首先还是向怀王汇报了自己在外征战并获胜的整个经过。

自项梁拥立楚怀王以来,已有一年半的时间。在此期间,经过艰苦的鏖战,项羽迫使几乎控制了关东旧六国之地的秦将章邯向楚军投降,并将天下置于楚国统治之下。或许项羽认为怀王至少会肯定自己立下的战功,并委任自己来全权负责战后处理工作,说不定楚王还会乘势正式提出让位,声明迎立自己为楚国的大王呢。

但是,怀王的回答却让项羽大吃一惊,远远超出了他的预料。怀王毫不留情地说:"如约。"

没有任何实权,不过是个傀儡的楚怀王断然拒绝放弃自己手中哪怕仅流于形式的那点儿权力。

"如约"的意思,就是要立最先入关中的刘邦为关中王。这样的话,刘邦自然会感恩戴德地侍奉在自己身边,怀王就会真正掌握实权,在其手下就会出现项羽和刘邦同殿称臣的局面。这是楚怀王的如意算盘。

一个受人雇用的放羊娃在项梁的拥立之下登上王位,楚怀王当时与诸侯们立下的这个近乎天方夜谭的约定,竟然因为项羽击破章邯军而奇迹般地成为现实,而且收到了意想不到的效果。

自项羽和刘邦离开彭城开赴抗秦的最前线,留守在彭城楚王宫殿的怀王的号令便逐渐失去效应。

项梁的楚国除了项梁直系的各路人马之外,还包括陈涉张楚国的残存势力、秦嘉与景驹的势力,以及林立于楚国各地的自发势力。怀王楚国直接继承了项梁楚国的一切,又通过怀王最重要的亲信、曾在战国时期的楚国担任过令尹(宰相)的宋义的关系,与以国都盱台南部的东阳为势力基础的陈婴一起建立了强有力的政权基础。陈婴成为怀王楚国的柱国。

项梁前去与秦军作战后,集结在工于权谋、具有强烈权力欲的怀王周围的人开始掌握不容忽视的权力;等到项梁战死沙场,项羽又一心扑在抗秦第一线,他们便稳步地构筑了楚国中央的势力。

接到这一指令的年仅二十七岁的项羽感到极为愤懑,不知如何发泄自己心中的怨气。然而,在项羽看来,不管你怀王如何玩弄权术,实权却掌握在我的手中。

项羽采取了两个步骤进行反击。首先是把怀王尊称为义帝。

这里的"义"是代表一般情理上的正义的意思。

早在秦国宦官赵高杀死秦二世、去皇帝号、奉子婴为秦王的时候，子婴就说："丞相高杀二世望夷宫，恐群臣诛之，乃详以义立我。"之后，子婴便诱杀了赵高。

此处的"义"字大概也是同样的意思。当初怀王与诸将相约立志推翻秦帝国，结果终于实现了这一目标。项羽尊重了这种义理，而且将怀王升格为高一等的"帝"，也就是说，项羽作为傀儡楚王的部下，将两人目前的关系提升了一格。楚王成为义帝，项羽成为他手下的楚王，确切地说就是楚国大王。因为在楚国的传统中，原本是没有皇帝概念的，这是项羽夺权的第一步。

据《史记·项羽本纪》记载，随后，项羽任命了诸侯王，也就是实施了分封。这是作为天下统治者所必然采取的措施。

在分封的问题上，首先值得关注的是刘邦的待遇问题。

据《史记》记载，尽管项羽接受了刘邦降服的请求，但由于刘邦在降服仪式的中途借故潜逃，两人的关系变得微妙起来。但是，刘邦在降服仪式时几乎不可能冲破军门逃跑，而且项羽也并未指责独身一人留在项营的张良，从这种种迹象来分析，这次仪式可能实际上进行到了最后，结果是成为项羽臣下的刘邦在那之后悄悄地擅自返回了自己的军营。在降服仪式的中途逃跑的说法，是后来刘邦一方编造的。不管怎么说，对于项羽来说，如果遵守"怀王之约"的话，就出现一个应该任命投降之后的刘邦成为关中王的问题。

因此，项羽和范增两人商量，由于关中指的是函谷关、武关等关口之内的意思，故他们以相当于今天四川一带的巴、蜀之地也属于关中为由，封刘邦为巴蜀王。《史记·项羽本纪》中留下了如下的记载：

> 项王、范增疑沛公之有天下，业已讲解，又恶负约，恐诸侯叛之，乃阴谋曰："巴、蜀道险，秦之迁人皆居蜀。"乃曰："巴、蜀亦关中地也。"故立沛公为汉王，王巴、蜀、汉中，都南郑。

该文中有一个非常奇妙的问题。既然将刘邦安置到了巴、蜀之地，为何又加上了汉中呢？而且对刘邦不称巴蜀王而称汉王，这应该表明与巴、蜀相比，似乎汉中更被看重。

在当时，巴、蜀，即四川盆地，只有通过蜀的栈道才可与陕西盆地相连，是一个极为闭塞的边境之地。只有沿陡峭险峻的长江三峡穿流直下，方可到达楚的南部，也就是所谓的南楚，但沿三峡穿流直下随时都会遭遇极大的危险。况且，当时的长江流域全部属于南方少数民族居住区，刘邦集团几乎不可能在这里开辟出一条生路来。

对此，《史记·留侯世家》中留下了略微不同的记载：

> 汉元年正月，沛公为汉王，王巴、蜀。汉王赐良金百溢，珠二斗，良具以献项伯。汉王亦因令良厚遗项伯，使请汉中地。项王乃许之，遂得汉中地。

汉中非关中之地，此前刘邦曾由武关进入关中，武关是置于汉中与关中之间的一道关卡。

如果仅仅拥有巴蜀之地的话，所有的信息都必须先经过秦地，然后才能传至巴蜀，刘邦集团将被完全隔绝在时局之外，刘邦就

## 第十五章 西楚霸王项羽

有可能成为插翅难飞的笼中之鸟。但是,现在则可从南郑沿汉水而下,到达南阳,再从南阳沿刘邦入关时的路线逆行,就可到达中原。把汉中加入刘邦的领地之内,这对刘邦集团来说具有极为重要的意义。

《史记》在这里提到的"汉元年",是以刘邦被项羽封为汉王的楚义帝元年(前206)的正月为起点,追溯到三个月前即本书所谓的关中王十月为止,这是后人按照追溯汉年号的方式而制作的日历。这部汉历仍沿用秦历,以十月为岁首,十二月是其第三个月,正月是第四个月。

《史记·项羽本纪》中就关中王刘邦元年(前206)正月项羽将刘邦等诸侯分封在各地的情况记述如下:

> 立沛公为汉王,王巴、蜀、汉中,都南郑。(以上为巴蜀汉中王刘邦)

> 而三分关中,王秦降将以距塞汉王。项王乃立章邯为雍王,王咸阳以西,都废丘。长史欣者,故为栎阳狱掾,尝有德于项梁;都尉董翳者,本劝章邯降楚。故立司马欣为塞王,王咸阳以东至河,都栎阳;立董翳为翟王,王上郡,都高奴。(以上为关中诸王)

> 徙魏王豹为西魏王,王河东,都平阳。瑕丘申阳者,张耳嬖臣也,先下河南(郡),迎楚河上,故立申阳为河南王,都雒阳。韩王成因故都,都阳翟。赵将司马卬定河内,数有功,故立卬为殷王,王河内,都朝歌。徙赵王歇为代王。赵相张耳素贤,又从入关,故立耳为常山王,王赵地,都襄国。(以上为赵魏诸王)

当阳君黥布为楚将,常冠军,故立布为九江王,都六。
鄱君吴芮率百越佐诸侯,又从入关,故立芮为衡山王,都邾。
义帝柱国共敖将兵击南郡,功多,因立敖为临江王,都江陵。
(以上为南楚诸王)

徙燕王韩广为辽东王。燕将臧荼从楚救赵,因从入关,故立荼为燕王,都蓟。(以上为燕辽东诸王)

徙齐王田市为胶东王。齐将田都从共救赵,因从入关,故立都为齐王,都临菑。故秦所灭齐王建孙田安,项羽方渡河救赵,田安下济北数城,引其兵降项羽,故立安为济北王,都博阳。田荣者,数负项梁,又不肯将兵从楚击秦,以故不封。(以上为田齐诸王)

成安君陈馀弃将印去,不从入关,然素闻其贤,有功于赵,闻其在南皮,故因环封、三县。番君将梅鋗功多,故封十万户侯。(以上为诸侯)

项王自立为西楚霸王,王九郡,都彭城。(以上为西楚九郡的霸王项羽)

以上为《项羽本纪》的原文。当然,原文本身没有分段记述,笔者在此按诸王分封的地区不同而分为数段。从上文可见,除陈馀和梅鋗之外,其余都是王。

复旦大学周振鹤为包括刘邦在内的十八王和西楚霸王项羽所做的领地复原图是目前最具可信度的。本书参照周振鹤的复原图按不同地区进行分组,将各组分为东南和西北两大地区。

从东北向西南方向所划分界线的东南侧被分封的诸王,基本

第十五章　西楚霸王项羽

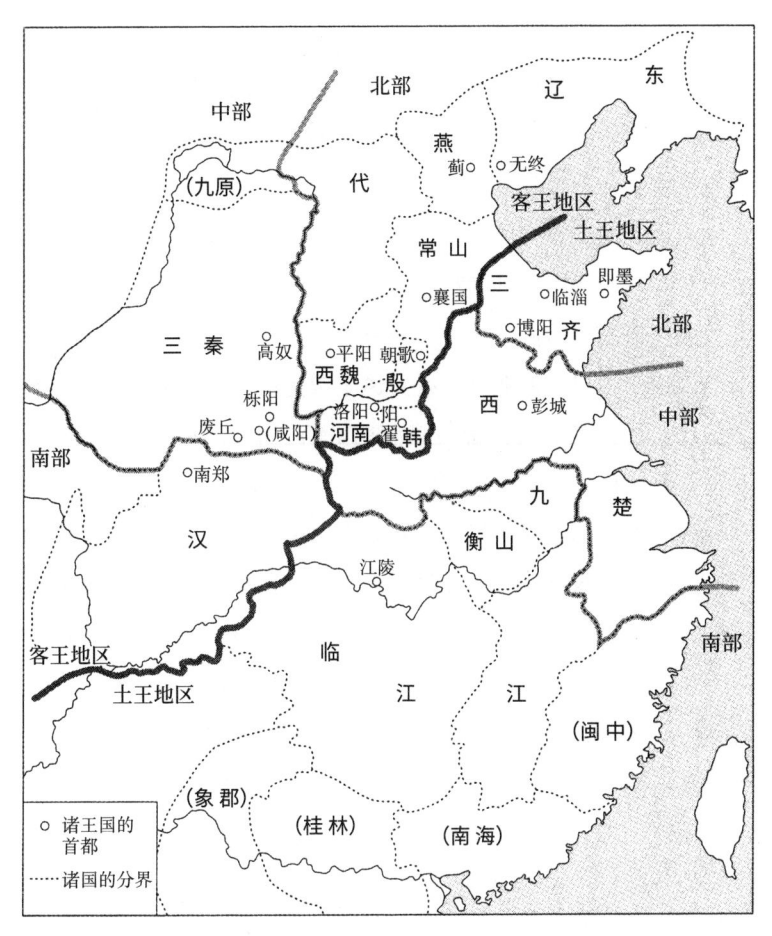

项羽分封诸王的领地（周振鹤《楚汉诸侯疆域示意图》,《中华文史论丛》,1984.4）

都是凭借自己的力量而成为该地的王。本书从当地豪杰为王的意思出发，将这一地区称为"土王地区"。

在西楚九郡称王的霸王项羽就无需说明了吧。

土王地区北部的田氏是在陈涉楚国（张楚国）派遣周市进入此地时，战国时期齐的王族田儋率兵杀了县令并将周市驱逐，由此自立为齐王的。

土王地区南部的九江王黥布是成为九江国国都的六县人。衡山王吴芮原本就是该地少数民族的头领。虽没有有关临江王共敖的直接资料，但他无疑也是一个出身少数民族的豪强，他率兵进攻的南郡以及此次立为国都的江陵均是少数民族聚居的地区。共敖应该是充分利用了少数民族对秦国在该地实施暴政的反感情绪，成功地组织他们参加抗秦斗争。

而位于分界线西北部的受封诸王都是由外部而来，或即使是本地出身，也是凭借外部力量而称王的。本书从这一意思出发，将这一地区称为"客王地区"。

成为巴、蜀、汉中王的刘邦也无需说明了吧。但值得注意的是，经过秦国数百年间的殖民活动，巴、蜀地区已零星分布着许多秦人的居住区，而这一带原本属于清一色的少数民族居住区。

在秦地，有雍王章邯、塞王司马欣和翟王董翳这三位王。他们本为秦人，而立他们为王的却是西楚霸王项羽。顺便说一句，当时秦地被分成三王的领地，后来又把这一地区称为三秦地区。

而赵、魏、燕和辽东的情况较为复杂。简单来说，在张楚国派遣的各路军马的影响下，建立了魏、赵两国，随后这种影响又向外延伸，便有了燕国。这几国的王虽都是本地出身，但却是在外部势力的影响下掌握政权的。

就这样，通过当时由东北向西南划分的分界线，中国被分为两个性质相异的地区。在分界线的东南部土著豪杰为王，而西北部则是从东南部闯入的外部豪杰或由他们选出的人为王。分界线的东南部地区（土王地区）军事实力强大，相比西北部地区（客王地区）具有压倒性优势。

这种状况是当时中国有史以来，至少是有文献记载以来前所未有的。

在此之前，在中国占据政治和军事上的优势并主动向外进攻的往往是处于这条分界线西北部的地区，而且在军事上，西北部地区压倒东南部地区的情况是中国历史的主流。

项羽和刘邦等楚人推翻秦帝国是逆这条主流而动的第一次波澜。第二次波澜是在大约一千一百年之后掀起的，从唐末农民起义中涌现出来的朱温建立了五代时期的第一个王朝——后梁。朱温建立的后梁虽是个短命王朝，但它的衣钵却为五十年后的宋王朝所继承。第三次波澜是由距朱温的后梁大约四百六十年后的明王朝掀起的。

刘邦的汉、朱温的后梁、朱元璋的明，这三个王朝有几个相同之处：第一，它们都是从淮水流域兴起的；第二，创建者都是平民出身。

纵观整个中国历史，我们会发现王朝的兴起无外乎如下三种情况：

第一种情况是像秦王朝一样，先作为一个地方政权存在一段时间，然后再称霸全国。

第二种情况是像元、清两王朝一样，由游猎民族入主中原，建立起一个新的王朝。

第三种情况就是像汉、后梁和明一样，由于前朝的暴政和统治能力的丧失，而以农民起义为起点建立起新的王朝。

与基本属于北方王朝的第一、二种情况不同，第三种情况的新王朝是从南方的淮水流域兴起的。

如果将北方系王朝和南方系王朝进行比较，简单来说，北方系王朝都是以整齐划一的政治制度和军事体系为基础的，并采用自上而下、一君万民的统治体制。而通过反抗北方王朝的统治而建立起来的南方系王朝，却往往反过来，通过自下而上的集团和伙伴式的结合，形成连锁性体制来建立统治。

我们从秦末的民众起义中所见到的基本趋势，是数百年来东南诸国针对西北秦国的入侵和欺压而形成的反作用，形成这种反作用的源头在楚国，而且从楚国走出了项羽和刘邦这两位年轻人，完成了使天下再度统一的大业。

项羽管辖楚国九郡，他将首都设在彭城，自称西楚霸王。

至此，强大的秦帝国解体了，全国的政治中心移至西楚彭城。项羽的楚国虽是一个超级大国，但它不属于帝国；项羽虽自称霸王，但他也不是皇帝。

项羽放弃了帝国都城咸阳，返回了彭城，放弃了皇帝之位，登上了诸王之王的霸王之位。

应该说，都城的选择是关系到胜利果实的分享和在其基础上建立何种国家秩序的大事。刘邦在取得对项羽作战的最终胜利之后，最初先暂时把都城设在了位于函谷关以东约150公里的洛阳，但最终选择了同在关中地区的咸阳附近的长安。长安在此后的两百年间，一直作为王朝的都城而闻名。以彭城为都足以与在洛阳设都的政权构想相媲美，因为它拥有足够的可行性。何况既然选择了西楚霸王之位，那么，选择彭城为都也是理所当然的事，但是，《史记》却以一副指望"衣锦还乡"的乡巴佬形象结束了这段对项羽的描写。

本书并不打算探讨这一问题，因为该问题应该放在项羽的传

## 第十五章 西楚霸王项羽

记中来讨论。但是，如果我们来明确一下研究方向，就应该把过去一百五十年间，在战国时代秦与关东诸国的攻防中所产生的民族对立与融合作为一个已经完结的过程，然后再从观察这一时期政局的角度来探讨这一问题。

有鉴于此，如果从理解刘邦这个人物的角度来做一简单补充的话，我们应该承认，刘邦在秦地发布"约法三章"，建立"约法三章"的体制，是在接受民族对立与融合的历史现实的前提下，在协调、解决各项矛盾方面迈出了具有重要意义的第一步。

相反，眼看着大量秦兵被残忍坑杀而坐视不管的章邯、司马欣和董翳却被封为三秦之王，秦人对此三人的反应是极为冷淡的。在秦人眼中，虽然任命三秦之王的项羽在推翻暴秦方面建立了功勋，但促进融合、废除苛政的刘邦才是真正的民心所向。

被尊奉为义帝的楚怀王似乎并没有停止与项羽的对抗。项羽并未完全无视自己"如约"的命令，或许给了怀王一些自信。

但项羽却想让已被尊奉为义帝的怀王重新恢复到过去王的地位，为此，项羽采取了极为冷酷的手段。他对诸将说：

> 天下初发难时，假立诸侯后以伐秦。然身被坚执锐首事，暴露于野三年，灭秦定天下者，皆将相诸君与籍之力也。义帝虽无功，故当分其地而王之。

将领们一致表示赞成。

怀王在被尊奉为义帝的时候，虽位居诸王之上，但似乎并没有自己固定的领地，此时项羽授予了怀王领地。虽然史料中没有记载具体的过程，但可以推测其领地大概在南楚一带。

在《史记·货殖列传》的概论中，司马迁把楚分为西楚、东楚和南楚三个地区。西楚以霸王项羽的领地为中心，东楚是以项羽与项梁一起举兵的吴国为主的沿海地区。东楚与西楚都被归入项羽的直辖地。

最后剩下的南楚是九江王黥布、衡山王吴芮、临江王共敖三王的领地。

怀王在形式上与项羽并称为大王，并以南楚作为领地。但可想而知，南楚大王怀王与南楚三王的关系会非常微妙。项羽把被贬为南楚大王的怀王的都城定在了长江湘江上游的郴县。在当时，郴县完全是少数民族居住区。项羽的理由是："古之帝者地方千里，必居上游。"

周王朝曾在黄河上游的渭水四方千里之地立国称王，因此项羽沿用此制，强令怀王将都城设在了楚地大河上游的郴县。一直支持怀王的亲信们开始渐渐离他远去，项羽还落井下石，暗中唆使南楚三王共同讨伐怀王。结果，由义帝被贬为南楚大王的怀王于郴县死在了九江王黥布的手上。据《史记·黥布列传》记载，此事发生在项羽分封十八王的八个月后，即同年（前206）八月。

项羽分封完十八王后，依然滞留关中，到四个月后的同年四月，诸侯们全部出发回到了自己的封国。在此期间，包括项羽在内的诸侯们虽逗留关中，但统治的基本资料——行政文书却被萧何运出了秦宫。因为项羽的军队已将咸阳的秦宫焚为灰烬，所以刘邦集团的所作所为并未留下丝毫痕迹，而只留下了他们在霸上营地专心等待项羽军队到来的传言。

由于项羽集团不具备任何物资调遣的经验和能力，而是依靠

## 第十五章　西楚霸王项羽

一路掠夺来满足军需的，因此秦人的积怨已达到快要爆发的程度。当然，也不能否定秦国仓库储存的粮食早已被刘邦集团运走或隐匿的可能性。

项羽曾在离开鸿门之后，一路向西对咸阳进行了大扫荡。

> （项羽）屠烧咸阳秦宫室，所过无不残破。秦人大失望，然恐，不敢不服耳。

项羽的军队大肆抢烧咸阳的秦宫，只留下了烟火未熄的残垣断壁。

同年四月，刘邦也同诸王一样，奔赴自己的封地。但《史记·高祖本纪》就刘邦出发时的状况留下了一段令人费解的记述：

> 汉王之国，项王使卒三万人从，楚与诸侯之慕从者数万人，从杜南入蚀中。

从上述记载可知，项羽为刘邦进入汉中配备了三万名兵卒。项羽在前不久还准备歼灭背弃同盟、封锁函谷关的刘邦，后来因项伯从中说情，才算勉强接受了刘邦降服的请求，现在项羽又为刘邦配备兵卒，这究竟是为了什么？"楚与诸侯之慕从者"又指的是什么呢？

简单地说，这个"楚"就是怀王楚军，当然，实际上应该是项羽楚军，刘邦的军队本来也属于怀王楚军的一部分。因此，所谓的"楚"军大概就是指作为怀王楚军一部分的刘邦楚军。这样一来，与之相对的"诸侯"军是指刘邦入关后被整编进来的关中兵。而从项羽的角度而言，关中兵是指隶属于三秦诸侯章邯、司马欣、董翳的兵卒。

我们对此进一步概括说明如下。

在霸上与项羽军对峙的十万军队是由刘邦带来的楚军和入关后征召的秦兵组成的。因为《汉书》中记载鲰生曾劝说刘邦："可急使守函谷关，毋内诸侯军，稍征关中兵以自益，距之。"刘邦采纳了他的建议。因此，在刘邦的十万军队中新征召的秦兵应该占据了相当大的一部分。

在刘邦的十万军中有"慕从者数万人"，这表明有相当一部分兵卒并没有随他踏上前往汉中的征程。在刘邦投降项羽，以发配的形式出任汉中、巴、蜀王的时候，刘邦军中的楚人出现背弃刘邦的现象不足为怪，而且在战胜者项羽一方暗中怂恿脱离刘邦军的攻势之下，一定会出现相当一部分叛逃者。

尤其在秦人的眼中，巴、蜀是一个尚未开化的蛮荒之地。项羽和范增在商量将刘邦封为巴蜀王的时候说："巴、蜀道险，秦之迁人皆居蜀。"即使刘邦在秦人中间再有人气，面对如此恶劣的条件，从秦地新征入伍的士兵们大概也会有不少人想逃离刘邦军。对于此种状况了然于心的项羽，在刘邦赴任之前命令他只率领一些"慕从者"一同前往。

其次，是项羽给刘邦配备的三万兵卒的性质问题。

在刘邦向项梁借用兵马的时候，项梁给了他由"五大夫将"率领的五千名兵卒。如第十一章中所述，这表明刘邦军被编入了项梁军。从刘邦降服于项羽军门之下的角度来考虑，这三万名兵卒大概是项羽派去作为监督之用的，是具有监督军性质的部队。

那么，谁来担任这支监督军的指挥呢？

能够担任这支军团指挥的人必须是项羽军中非常得力的武将。但是，史料并未记载这支军团与刘邦军之间发生过任何摩擦。

## 第十五章 西楚霸王项羽

这支军队的指挥官实际上是与刘邦军同心协力、步调一致的,最终很有可能摇身一变成为刘邦集团的重要将领。

在当时,具备上述条件的人物除了项季,这个在刘邦集团中被尊称为刘邦兄长的项伯之外,别无他人。或许他已被张良收买,从他帮助刘邦增加了汉中的领地之时起,他们之间就已达成了一种默契。项伯,据《史记》年表记载:

> 汉王与项羽有郄于鸿门,项伯缠解难。以破羽缠尝有功,封射阳侯。

上文的前半部分说的是项伯在鸿门之会上为解救刘邦性命而上下斡旋的事,后半部分虽未详述他的功劳,但多少能看出主要是指他在后来刘邦与项羽作战的过程中,一直站在刘邦一方而立功的事迹。因为上述功绩,项伯被封为射阳侯。他被分封的时间是汉六年(前201)正月丙午(二十一日),属于较早一批受封者。

在此必须强调的是,项羽真有一位叫"项伯"的伯父。在刘邦彭城大败逃入砀郡水乡地带的时候,在随何的劝说下,黥布投靠了刘邦。项羽派项声和司马龙且打败了黥布,当时"项伯收九江兵,尽杀布妻子"。考虑到这个"项伯"后来不可能投降刘邦并去攻打项羽的军队,所以可以推测,他与鸿门之会上救刘邦于危难之中的"项伯"——项季应该不是同一个人,而杀害黥布妻子儿女的"项伯"大概就是打败黥布的那个名叫项声的人。

在此,我们先将时间向后跳跃一下,来谈谈刘邦统一天下后分封功臣的情况。

刘邦统一天下之后，在形势稍微安定下来的汉六年十二月甲申（二十八日）实施了第一次分封。

有幸成为最早受封对象的，有曹参、靳歙、王吸、夏侯婴、傅宽、召欧、薛欧、陈濞、陈平、陈婴等十人。夏侯婴是刘邦最交心的战友。薛欧和王吸都是丰邑人，在刘邦与项羽展开决战的时刻，最早就是派他俩去迎接留在项羽占领区——丰邑的刘太公等人。靳歙本来应该叫靳强，因为"歙"字与"吸"字发音相同，大概是后人在传抄的过程中受到下文王吸的"吸"字影响而出现了错误吧。靳强是在鸿门之会上与樊哙、夏侯婴、纪信等人一起与刘邦生死与共的人。而列在分封对象第一位的曹参，不但从一开始就与萧何一起辅佐刘邦，而且在同族曹无伤含冤而死的悲剧发生之后依然忠心耿耿，不改初心，这正是刘邦集团所要表彰的，也是要求所有人努力学习的第一大功绩。

可以说，第一批受封者都是在某一方面立过汗马功劳，并且是刘邦最亲近、最信赖的人。

随后在同年正月丙戌（一日），即十二月甲申（二十八日）后的第三天，吕雉的两位兄长吕泽和吕释之也被分封。此次受封为诸侯的共有十二人。

第三次分封是在二十天之后，即正月丙午（二十一日）进行的。这次受封的人有张良、项缠、萧何、郦商、周勃、樊哙、灌婴、周昌、武儒、董渫、孔聚、陈贺、陈豨等十三位杰出人物。

第二组受封者中有吕泽，第三组中有萧何和张良。这两组受封者在汉朝建国过程中所立的功勋远远超过第一组。这两次被分封为诸侯的共有二十五人。

## 第十五章　西楚霸王项羽

此前，韩信、彭越、卢绾等人已相继被封王，除了与刘邦关系微妙的雍齿、王陵等人没有受封之外，当时刘邦集团中的重要人物都已分封完毕。排在张良之后、萧何之前受封的项缠应该是得到了极高的嘉奖。

项缠在鸿门之会上，帮助面临灭亡深渊的刘邦集团死里逃生，这份功劳的确卓著。但是，这对刚刚建立新王朝、成为首位皇帝的刘邦来说并不是一件光彩的事情。

项缠所立下的第二大功劳难道不就是将项羽监督刘邦的军队移交给了刘邦吗？

由上可知，为了监视前往汉水上游南郑赴任的汉中王刘邦，项羽配备了由项缠率领的三万兵马。这支军队连同项缠本人一起，在潜移默化中被刘邦军队同化，最终变成一支协助刘邦完成霸业的队伍。项缠在项羽阵营内部按照辈分被称为"项季"，而在刘邦阵营内却以"项伯父大人"之意被尊称为"项伯"。《史记》则省略了上述种种麻烦而直接将项缠称为"项伯"。

当然，这都属于后话。其实在刘邦出发进入汉中的时候，他原来的人马已被大幅缩减，而且还配备了监视的部队。可以说，这就是一个残兵败将的集团而已。

在以东西横亘的秦岭山脉为分水岭的断壁峡谷之间，修筑着所谓的栈道。栈道是在断壁上穿洞，然后在洞中插入建材建造出来的厢式人工道路。蜀地的栈道自古以来就非常有名，通往汉中的这条山路也在每一处要冲之地都修筑了栈道。

在刘邦进入汉中之际，张良提出了等部队经过之后便烧毁这条栈道的建议。其意在对外宣告，自己再无返回关中的决心，从而令项羽安心，同时又是为了防范章邯、司马欣等人受项羽之命进攻汉中的不测。

此时，张良在送别刘邦等人进入汉中之后，又回到了韩王成的身边，与项羽一起向东行进。张良一直表面上是韩王成的部下，实际却为刘邦客卿。在这一时期，复兴战国时期六国大业的主张十分具有号召力，韩国宰相之子兼韩王成亲信的身份，使张良在与项羽的交涉之中能发挥相当大的作用。

刘邦降服于项羽的军门，却又按照"怀王之约"得到了形式上的"关中王"的地位，勉强保住了巴、蜀和本不属于关中的汉中的王位，这一切虽有项缠的鼎力相助，但如果没有张良的名望，也是不可能实现的。站在项羽和刘邦之间的张良，在刘邦下一阶段的各项军事活动中也发挥了极为重要的作用，这些我们会在后文提及。

与巴、蜀相比，汉中虽算得上地势优越，但如果由关中进入汉中，就必须向南翻越以海拔3767米的太白山为主峰，与海拔3000米的玉皇山、首阳山和终南山等群山相连的秦岭山脉。这里是汉水的上游之地，是至今仍有秘境之称的峡谷地带。

从都城南郑（今陕西汉中）沿汉水而下大约500公里，才开始进入湖北的平原地区。在快要进入平原地区的汉水的南岸是武当山。武当山是一个以"奇峰险谷"著称的风景区，由于这里保存了大量道教的建筑而被列为世界文化遗产。

汉水在比沛县纬度偏南两度左右的地区向东流去。向南越过秦岭之后，气候与沛县基本相似，这里分布着茂密的森林。只是与一马平川之中散见一些低矮丘陵的从沛县至彭城（今江苏徐州）一带的风景不同，这里是巉峻的峡谷之地。可想而知，那些跟随刘邦由东方至此的将士们会生出何等寂寞难耐的思乡之情。

《史记》用"山泽岩石之间"来形容刘邦曾潜藏过的芒、砀山泽地带，但那里除了海拔156米的芒砀山之外，看不见超过100米的丘陵。而汉水在北部有海拔3000米的秦岭，南部有大巴山，汉水在大巴山的山谷之间向东流淌。汉中是分布在汉水两侧的山间之地。

且说，刘邦毅然带着向他效忠的数万人部队与项伯率领的三万监督军一起从咸阳直接南下至杜县，又南下穿过名为蚀中的峡谷地带，然后到达了汉中。这是后来被称为"子午道"的连接关中和汉中的一条要道。子表示北，午表示南，子午道即南北之道的意思。

在栈道上行军的时候，只能丢下车马步行。所有的辎重都必须扛在士兵们的肩上，因此行军甚为艰难。此时正值晚春，沿途绿茵葱葱，一些不知名的花草绚烂多姿，实在令人怜爱，但从远处传来野猿凄凉的鸣叫声，不禁勾起了这些落魄军士们埋藏在内心深处的那份乡愁。

从咸阳南下过了汉水中游之后，再沿汉水逆流而上直到南郑，直线距离大约是300公里，而秦岭的山路超过海拔2000米。按一日行军10公里的速度来计算，需要三十天，如果是楚义帝元年（前206）、汉元年四月（阳历5月）中旬由咸阳出发的话，五月（阳历6月）中旬可到达南郑。但如果考虑到道路险峻崎岖的行军状况，实际大概要到阳历的7月中旬方可到达。

在行军途中，大量士兵不断逃亡。即便到了南郑，那南北横亘着高山的峡谷地势也不会有太大改观。因此，这些早已听惯沛县浊流潺潺的人们，即使看到湍急清凉的汉水，也依旧能嗅出一股原始气息。

回顾刘邦自入关以来的整个历程，他占领关中以及接受秦王子婴的投降都是怀着创建刘邦集团王朝的梦想的。作为核心人物，刘邦十分乐观，他甚至认真地考虑过只要能把项羽阻止在函谷关外，就可以建立一个以自己为始祖的新王朝，所以这种梦想很快在军事至上的诸位将领间深入人心。在秦人的热烈欢迎之下，刘邦集团以天下统治者的身份度过了欢天喜地的一个多月，然后又突然在一夜之间沦落为狼狈的残兵败将。

围绕如何分享抗秦战争胜利果实的问题，两位楚国的年轻英雄——三十二岁的刘邦和二十七岁的项羽展开了一场对决，结果项羽以压倒性优势取得胜利。即便如此，仍然有数万兵马跟随着看似日薄西山的刘邦一起进入汉中，这也充分显示了刘邦所具有的领导才能和较高威望。

尽管陷入了人生与事业的低谷，但张良、夏侯婴、卢绾、萧何、樊哙等人却依然士气旺盛、斗志昂扬。

张良的自信来源于两个方面：一是整个局势都在他的构想之中运转；二是更加坚信刘邦具备成为天下王者的素质与天资。张良根据天下局势走向，让刘邦完成称霸关中的大业。虽然刘邦的确既丢了面子又失去了关中王的地位，但他却在关中建立了"约法三章"的体制，开启了民族融合的大门，而且避免与项羽之间发生军事冲突，保存了自己的实力，这是迈向新一轮发展的第一步。

萧何也确信刘邦是注定会统治天下的不可多得的人才，而自

## 第十五章　西楚霸王项羽

己也具备辅佐他统治天下的能力。萧何将秦国中央的"律令图书"全部搬出了秦宫。如果没有刘邦，他不可能有这种想法，而正因为有了刘邦，才出于统治天下的目的没收了秦王朝行政文书的核心部分。在刘邦的领导下，仅仅一月有余的管理关中王国的经验，给了萧何前所未有的信心。从刘邦起义以来，萧何就作为刘邦的左膀右臂掌管着整个军团的日常事务。

沛公为汉王，以（萧）何为丞相。

现在担任汉王国丞相的萧何，利用由栈道运来的秦国中央的"律令图书"，一边检查汉中、巴、蜀的民政，一边为即将来临的反攻做好准备。

夏侯婴、卢绾和樊哙的情况却有所不同。对这三人而言，与刘邦的结合是由于紧密的任侠关系，并由此带给他们安身立命之地。与刘邦的相识，让他们开启了一段无与伦比的充实人生，自此之后，无论遇到何种艰难困苦，都不会令他们畏惧退缩。他们充分地燃烧自己，因为他们已经意识到，自己正在与刘邦一起开创着一个前所未有的新天地。

尤其是夏侯婴，他与刘邦一起成为整个集团内部的精神支柱。他与刘邦的不同之处在于，他没有丝毫的权力欲。

并不只是夏侯婴，刘邦集团成员的特性表现在他们仿佛把所有的权力欲都放在刘邦一人身上，他们自己则是那么淡泊寡欲。原本任侠之徒居多的这些人应该具有超出常人的权力欲和野心，刘邦本人亦是如此。他们中的每个人都不惜玩弄权术来追求权力，但在维护集团正常运转的过程中，所有成员的权力欲都被集中到刘邦一人身上。通过集中到刘邦一人身上的权力所散发出的巨大能量不断促成事业的成功，而从中所获取的一切，又都用来满足每一位成员对权力、俸禄、地位以及财富等方面的需求。在此，我们不妨再次引用在第八章中提到的陈平对刘邦集团的评价：

> 大王慢而少礼，士廉节者不来；然大王能饶人以爵邑，士之顽钝嗜利无耻者亦多归汉。

这些人的寡欲在一瞬之间又会转化为强烈的欲望。在上文中，我们提到汉六年（前201）从十二月到正月的两个月间，分封了二十五名大功臣。但是，随后却进入了"日夜争功不决，未得行封"的状态。在争权夺利的恶斗之中，权力分配的机制终于瘫痪了。他们认为刘邦的评判不公，一时间出现了诸将坐于洛阳南宫沙中，相聚谋反的不安局势。

刘邦采纳了张良在敏锐洞察之下提出的合理建议，才算平息了这场风波，但其中反映了刘邦集团由无欲无求向欲望强烈转变的过程。由此可见，这些人所谓的"无欲无求"，只是在对刘邦权力分配感到满意并无条件接受时的"无欲无求"而已。

但是，夏侯婴却有些例外。在刘邦成为关中王，甚至后来成为皇帝之后，他都是以丝毫不丧失自己高傲人格的伙伴身份与刘邦相处的。在除他之外的所有刘邦集团成员都把刘邦尊为大王的时候，唯有夏侯婴依然与刘邦称兄道弟。他以刘邦握有权力为荣，又以能与这样的刘邦平等相待的自己为傲。

如果论为成就刘邦霸业而建立功勋的人物，萧何、张良、韩信三杰堪称首位，这是一个无可争辩的事实。与三杰功劳相当的人大概就是彭越。其次是背叛项羽而投靠刘邦的猛将黥布，以及善用权谋的陈平，其后便要算曹参以下的武将们了。在这里找不到夏侯婴的位置，但是，在连刘邦本人都感到无望、产生动摇的危急时刻，敢于直面危机并表现出不屈信念的夏侯婴，是刘邦不可或缺的战友。

正是在这些人的支持与拥戴下，刘邦迅速找回了自信。

在从咸阳逃出、翻越秦岭断崖绝壁的数月之间，刘邦本人也发生了蜕变。在进军关中之前，他以推翻秦朝作为自己的人生目标。从某一时期开始，他又把精力完全集中到争夺进入关中的优先权上。但是，自从降服于项羽之后，刘邦开始重新认真地审视自己周围发生的一切，他深深感到自己的视野甚为狭窄，仅仅看到了沧海一粟、天下一隅。

当时"天下"这个概念被视为一种意识形态大约是在从春秋至战国时期，是距离秦末汉初大约两百多年前的事。而到了战国中期（即一百年前），"天下"这一概念被正式理解为战国时期诸国之间关系内容的一个实质性概念。如今在秦国和关东诸国的抗争之中，这一概念更被以一种明确的政治学概念的形式来使用。刘邦开始意识到无法审视天下的人便不可能称霸天下。

刘邦的人生目标开始从作为楚国起义军的一支，与项羽一起推翻秦帝国，转变为打败项羽，最终夺得天下。

然而，此时的项羽几乎统领着整个楚国，并以此来号令天下。项羽的战略是完全摧毁秦的皇帝与帝国的统治基础，重新恢复以楚国为中心的旧六国并存的世界。

当时，广阔的秦地由不得民心的章邯、司马欣、董翳三王统治。

占领秦地成为刘邦新制定的第一个战略目标。如果控制了整个秦地，就可以继承曾经号令天下的战国时期秦国的国力。

放眼天下的刘邦的脑海中不断浮现着项梁在章邯的偷袭之下不幸战死、项羽和吕臣不得不退居彭城的场景。他们返回彭城之后才发现怀王已把首都从盱台迁到了彭城。

面对项梁战死后军团失去凝聚力的混乱局面，怀王任命了吕臣之父为令尹、吕臣为司徒、项羽为将军、刘邦等人为郡长。虽然在任何人看来这都属于非常合理的人事安排，但是，这是在形式上唯有怀王具有发言权的情况下所实施的一种非常迅速的夺权行为。

一直苦于不掌实权的傀儡怀王就这样迈出了夺权的第一步。随后他又立下了"先入定关中者王之"的约定。多亏了这条约定，刘邦才可能在降服于项羽之后还能得到汉王的头衔。

在夺权开始阶段订立的"怀王之约"，现在却成为一种可以发挥出巨大威力的名义。刘邦深感对于一名领袖而言，正确把握和理解天下局势将会发挥何等重要的作用。如同"怀王之约"一样，通过打出一个具有名义感召的口号，对天下的分析与洞察才有可能转变为现实中强大的力量。

就像在亭长时期制作过一顶夸张气派的刘氏冠一样，刘邦本来就是一个颇具表演才华、善于表现自己的人。强烈的表现欲使他在集团内部能一直保持主动并把大家紧密地团结在一起，但放眼天下，刘邦立志成为一名争霸天下的英雄。

为了左右天下局势，有必要以未来或者抽象的事物为起点，首创一种精神。而如果提出一些具体的关系，很快就会引发牵扯利害的集团和个人的异常反应，产生各种各样的纠纷。为了避免这种不必要的麻烦和危险,在一些脱离具体利害之处达成某种模糊的一致,将会收到意想不到的效果。虽然刘邦本人也无法做出明确的解释,但他逐渐开始意识到,以怀王故知的身份自居会收获不错的效益。

# 第十六章 反攻

分封完十八王之后，项羽便开赴彭城，刘邦也南越秦岭进入了汉中。

然而，只从军事角度进行考量的项羽的分封，并未真正建立起稳定的社会秩序。

最先出现问题的是齐地。我们在前文已经谈到，陈涉派周市进入齐地，齐国王族田儋在狄县起兵自立为齐王，而后来秦将章邯在临济包围了魏王咎，魏王咎便向田儋请求救援。临济位于魏的大梁西北约40公里处，与齐国相距甚远，但田儋却亲自率援军开进了临济。齐国是一个乡土意识极强的国度，前去救援一个遥远的国家实属罕见。

章邯夜袭魏、齐联军，将其击垮，并在临济城下斩杀田儋。田儋的弟弟田荣率领齐国的残兵败将逃至东阿，但章邯很快急追而至，并包围了东阿。东阿由水路可经沛县直达彭城。项梁亲自率军前来增援田荣，在东阿打败章邯，并乘胜追击向西逃窜的秦军。

但是，被项梁解围的田荣却并未参加此战，而是重新返回了齐国。因为事先得知了田儋的死讯，齐人便拥立战国时期齐国最后一个王——田建的弟弟田假为王。田荣回到齐国之后先去袭击田假，然后立了田儋之子田市为齐王。田假逃往楚国避难。

在项梁军队的强攻之下，一时败退的章邯军重整旗鼓，进行了反击。危急之中，项梁要求田荣前来救援，但田荣却以交出逃往楚国的田假的首级作为出兵条件。当楚国拒绝这一要求之后，田荣也拒绝了派兵增援的请求。项梁在此后的战役中为章邯所败，不幸身亡。

项羽对此耿耿于怀。在分封十八王的时候，他把齐地一分为三，分为胶东、齐、济北三地。项羽将协助自己解救受章邯军围困的赵国的齐将田都封为齐王，田市为胶东王，济北王则封了同样协助过自己的田安。田安是田建的孙子。

自项梁死后，经过一年多的浴血奋战，才最终推翻了秦帝国，项羽对田荣充满怨恨也在情理之中。在项羽艰苦鏖战的岁月里，田荣并未与秦军动过一刀一枪，只是留在齐地忙于扶植自己的力量，培育自己的势力。

与朝夕奋战于抗秦第一线的项羽不同，田荣已在齐国构筑了自己的统治基础。将田荣完全排挤在齐国的新政权之外，对于具有强烈乡土意识的齐国来说，这种做法未免考虑不周。被封为济北王的田安曾协同项羽一起增援赵国。被封为齐王的田都也同样拥有助项羽救赵的经历，他在章邯投降之后又随项羽一起进入秦地。因此这两个齐地的王在齐地并没有自己的统治基础。项羽把齐地一分为三，又封长期远离齐地的人为王，这不能不说是一种对当时局势过于乐观的举措。

## 第十六章 反 攻

结果，田荣杀掉了胶东王田市和济北王田安，赶走了齐王田都，重新统一了三齐地区，并自立为王。

同样，在项羽援救之下才免于灭亡的赵国也出了问题。赵国的双雄——张耳与陈馀还在魏国的时候，陈馀就父事张耳，两人结下了生死与共的刎颈之交。

然而，在秦将章邯对赵国的强大攻势之下，两人的友谊竟化为泡影，甚至成了不共戴天的敌人。张耳是魏著名的大侠，刘邦也在少年时兄事过张耳。项羽仰慕张耳大名，立他为赵王。但项羽既没有察觉张耳与刘邦之间的关系，又过高地估计了张耳的实力，致使自己犯了双重错误。

面对成为赵王的张耳，仅仅被授予三个县的陈馀派遣一位名叫夏说的说客前往齐地，对田荣说：

> 项羽为天下宰，不平。今尽王故王于丑地，而王其群臣诸将善地，逐其故主，赵王乃北居代，馀以为不可。闻大王起兵，且不听不义，愿大王资馀兵，请以击常山，以复赵王，请以国为扞蔽。

陈馀的这段话里存在自相矛盾之处。当初，受陈涉之命，张耳与陈馀占领赵国的时候，他们无视赵王后裔，拥立同伙武臣为赵王。至于田荣，也同样是残杀了战国时期齐国田氏的子孙而自立为齐王的。

秦末之乱是对暴秦统治的战斗，推翻秦帝国、复兴战国时期的诸国，一时时成为各路豪杰所推崇的共同目标。并不仅是各路豪杰，这似乎也是天下百姓的共同愿望。

战国时期的诸国因为不具备抵御秦国强大攻势的力量而相继灭亡了，真正推翻秦国的人，无论是项羽，还是刘邦，都是从与旧六国统治阶层不同的阶层中涌现出来的。的确，日本学界的主流看法认为，项羽的势力是旧贵族统治阶层的继承者。但是笔者认为，旧贵族的统治阶层中不具备能够展开如此强烈、如此广泛战斗的能量。从前文可以看到，与刘邦一样，项羽势力的基础也是相当多样化的。项羽势力的部分基础的确与旧贵族统治基础相一致，但这并不能代表项羽势力的整个基础。

推翻秦帝国、复兴战国诸国是这一时期人们所倡导的一个响亮口号，但是，促使这一伟业大功告成的力量却在超出这一口号之外的范围发挥着作用。为了从根本上理解这一时期的历史状况，有必要具体观察一下现实与理念的微妙差异，以及两者之间的相互作用。

陈馀与田荣都曾高举义旗，但实际行动却与之大相径庭。但我们不能一概称之为伪善者，因为他们本人并未察觉这一矛盾。

在田荣的齐国和陈馀的赵国之间的水乡地带，彭越也起兵与田荣结为同盟。如在第十二章中所述，彭越在钜野泽将一群靠水吃饭的浮浪少年组织起来举兵，还曾协助刘邦攻打过章邯军。在秦末的各种势力中，它是一支与当时具有深厚民众基础、高呼复兴六国口号的氛围相去甚远的队伍。或许是因为彭越的势力范围包含在项羽所辖的九郡之内，不愿其蚕食自己的领地，项羽才没有封彭越为王。

田荣、陈馀、彭越的势力范围位于客王地区和土王地区的东北部，分布在分界线的两侧。这一地区位于中原过去的中心部位，在此次抗秦斗争中，与由楚国领导的主战场遥相呼应，属于第二战场。

## 第十六章 反 攻

田荣举兵的消息，由张良传至正在翻越秦岭向汉中行进的刘邦。

这虽然是个好消息，但对逃兵不断，又处在项伯所率军队监视之下的刘邦来说，这种变化来得太快，使他无法做出迅速的反应。终于到达南郑之后，又传来了田荣就任齐王，并与陈馀、彭越联盟，即所谓中原联盟的消息。此后不久又通过张良转来了田荣发出的檄文，号召诸王对项羽宣战。

在刘邦无法预知的时刻，对项羽发动战争的时机逐渐变得成熟。

刘邦和手下的萧何、夏侯婴、卢绾等人一起商量，他们认为从章邯、司马欣和董翳手中重新夺回三秦之地并不困难，并同时暗示负责监视的项伯，如果重新夺回关中，将让项伯取代章邯出任雍王。这样一来，至少在进攻关中的时候不会遭到项伯的反对。从张良处传来的消息来看，他们意识到并不是没有重新争夺天下的可能性，但让他们有些迟疑的是，在项羽大兵压境时，自己很难与之展开正面对决。

从全局来看，似乎出现了非常有利的态势，但在刘邦周围，却是与之相反的局面，因为即便到达了南郑，刘邦军队也无法阻止士兵们的逃亡。《史记》中这样记载：

> 至南郑，诸将行道亡者数十人。

由此可见，士卒的逃亡甚至扩大到了将领一级。

就在这样的境况下，忽然有一天发生了一件令刘邦感到震惊的事件：丞相萧何不见了！

刘邦为此感到震怒，同时又变得沮丧。自起兵以来，萧何就一直作为自己的副官，负责管辖所有的日常事务。在如此困难的时刻，如果作为自己左膀右臂的萧何也随之逃亡，那么，刘邦集团就只能崩溃了。

然而，数日之后，萧何又回来了。刘邦"且喜且怒"，不禁大骂起萧何来："你为何逃亡？"

"我怎么会逃亡？我是去追赶一名逃亡者。"

"你究竟去追谁？"

"韩信。"

刘邦听到这里更加怒不可遏，不禁破口大骂："迄今为止已经跑了十多名将领，你从未追赶过。现在却说去追赶韩信这样的小人物，谁会相信！"

"此前逃亡的那些将领，无论他们怎么逃亡，我都能找到人替代，但韩信却不同。他是一个无与伦比、举世无双的人。如果大王只甘心做一位区区汉中王的话，韩信没有多大用处，但如果想争霸天下，除了韩信，没有可与之商讨大事的人。请大王决断。"

"我也想争霸天下，怎会在此委屈一生？既然你这么说，就任命韩信为将吧。"刘邦回答道。

但萧何却说："如果只是这样的话，韩信必然不会留下来。"

"那就任命他为大将。"

"万分荣幸。"

可正当刘邦准备立刻任命韩信为大将的时候，萧何又说："大王一向傲慢无礼，现在拜韩信为大将，却像使唤毛头小子一般，这才是孤傲的韩信逃亡的原因。如果真心想任命韩信为大将，就应该选择吉日，设坛斋戒，举行一个隆重的仪式，才有可能留住韩信。"

## 第十六章 反 攻

得到刘邦的许可之后。萧何立刻着手布置拜将仪式的会场。诸位将领都充满期待,每个人都觉得自己会被任命为大将。

等到举行仪式的当天,被任命为大将的竟然是个无名小卒——韩信。这里所谓的大将,位居所有将军之上,《史记》在其他段落中也称"上将军"。《史记》以"一军皆惊"来描述韩信被任命为大将时的情景。

韩信行完参拜之礼,刚刚落座,刘邦马上问道:"丞相数次谈到将军,将军有何种计谋来晓谕寡人?"

"寡人"是战国时期国王的自称。对臣下以"将军"的军职相称,这与刘邦平日的做法完全不同,显得恭敬有礼,向对方充分表达了敬意,完全符合任命仪式的说话方式。

对刘邦的询问,韩信也非常郑重地致以谢意。他充分体会到战国游说家以三寸不烂之舌力挽狂澜的感觉。韩信单刀直入地说:"目前,大王想向东争霸天下,对手应该是项王吧?"

"是的。"

"按照大王自己的判断,在勇气与仁慈方面,大王与项王谁更胜一筹?"

刘邦"默然良久",最后说:"我不如他。"

刘邦的回答正是韩信所期待的。刘邦虽是个傲慢无礼之人,但在重要的场合下,面对如此无礼的质问,他也会认真地思考,认真地回答。

对此,韩信大喜过望,再次郑重地行了参拜之礼。他深深地感到在此人手下,自己的才能可以得到充分施展。

韩信对自己的判断坚信不疑。他具备经略天下的能力,早在项梁渡过淮水的时候,他就参加了项梁的部队。最初跟随项梁、后来为项羽效力的韩信在项羽军中属于元老，还曾一度被升为属于项羽近臣的郎中。韩信是在项羽迫使刘邦投降并成为天下霸主之后开始对他失望而投奔败将刘邦的。让韩信毅然做出如此决断的原因，是项羽对他的多次进言都置之不理，韩信对项羽作为天下主宰者的能力产生了怀疑。

曾经救过韩信性命的夏侯婴非常赏识韩信，他把韩信引荐给了刘邦。刘邦任命韩信为治粟都尉，是掌管辎重的部将，此后便对韩信再无过多留意。真正器重韩信的是萧何，萧何兴致勃勃地倾听了他的进言。

因为有了萧何的力荐，刘邦现在才会认真地听取韩信的意见。这是韩信等待已久的天赐良机。韩信挺起胸膛，感到浑身热血沸腾："我，韩信也认为大王不如项王。"

韩信目光如炬，炯炯有神，眼角的湿润隐约可见。刘邦静静地注视着他锐利的眼神，认真地聆听着。

"但是，我曾是项王的臣下，让我说说项王的为人吧。项王怒目圆睁之时，千名部下都会吓得魂飞魄散。然而项王不能任用良将，让他们发挥自己的才能，此为匹夫之勇。项王对人恭敬慈爱，言辞谦恭和蔼，有人患病，他会唏嘘涕泣，并与之分享食物。但在有人立功应当封爵的时候，他却会在手中把玩印玺直至破烂不堪也不愿授予，此为妇人之仁。"

这就是说，项羽的勇为"匹夫之勇"，项羽的仁为"妇人之仁"。韩信的这种比喻令在鸿门之会上为项羽的气魄所折服的刘邦长舒了一口气。

韩信充分展现了高超的游说之术，但他本人却丝毫没有这种意识。他在项羽手下做了两年多部下，他对项羽的描述是最为形

## 第十六章 反　攻

象，也最为贴切的。

准确而直截了当地阐述自己的观点，是韩信独特的个性。韩信在这一点上属于特殊之人，他具有一种近乎学者的感性。他采用这种说话方式，是因为他为冷静准确地观察事物而做出过努力，并且为自己认识事物的能力感到骄傲。但是，这样的表达方式却会令其周围的凡夫俗子或奸诈小人们感到不安。刘邦则从中看出了韩信性格的弱点，以及他对任何人都拥有的权力欲的一种遗忘。

刘邦一边自然地向前探了探身子，一边暗赞："此人可用。"

韩信继续说道："项王所到之处无不烧杀抢掠，天下人对此怨声载道，百姓不亲近依附，只是畏惧他的淫威而已。徒有霸王之名，实则早已失去民心。"

项羽对楚国以外的人非常残忍，他凭借自己的武力称王称霸，全然不顾天下人心向背。韩信接着说："即使对项羽所立的章邯、司马欣和董翳这三秦之王，秦人也恨之入骨。此三人投降了项羽，而他们手下的二十多万兵卒却遭项羽暗算，被活活坑杀。这样的人竟然厚颜无耻地当上了秦国的王。而大王您却截然不同。大王进入武关，秋毫无犯，废除秦朝苛法，与秦人'约法三章'，秦地百姓没有不希望大王能当秦王的。"

"如果大王东进，只需在三秦之地发出一份檄文，三秦就会成为大王的领地。"韩信加重了语气。

这段话与刘邦等人的分析基本一致，并无多大新意，但因为它出自一个长期置身项羽阵营，又在刘邦集团最艰难时刻投奔而来的人，便具有了很强的说服力。

随后，韩信又说出了一段令人意想不到的话："大王的将领和士兵都是山东之人，他们日夜盼望东归，渴望重回故里。如果顺应他们的思乡之情，率兵东征，定会大获成功。而如果等到天下大局已定，兵士们也在汉中安居乐业的话，一切就完了。现在是做出向东挺进、争霸天下决策的关键时刻！"

这里的"山东"等同于关东，关东士兵的望乡之心正是他们战斗的动力。

这简直就如同哥伦布发现新大陆一样令人兴奋，刘邦等人一直在为已经扩大到将领的逃亡事件感到棘手，但现在士兵因望乡之心而选择逃亡的理由恰恰能够成为争霸天下的动力，这是韩信的逻辑。

迄今为止，刘邦等人的眼光仅仅局限于重返三秦之地、恢复关中王位等找回往日荣光的狭隘范围里。韩信却看得更远，他以出讨中原、争霸天下的目标，将过去属于负面的消极因素转变成正面的积极因素。

刘邦对韩信的进言大喜过望，真有相见恨晚之感。他采纳了韩信的建议，确立了进攻的目标，并将其分配给了相应的将领。

目标确定之后，首先面临的是反攻关中的路线问题。由汉中进入关中，有一条他们刚刚经过的子午道，但其栈道已被烧毁，要想修复将会花费很长的时间和精力，而且沿子午道返回，就会直接面对咸阳，三秦诸王定会团结一致设起坚固的防线。

另外一条路线是褒斜道。这条路线沿秦岭南坡流淌的褒水逆水而上至源头处，越过秦岭，再沿秦岭北坡流淌的斜水而下直至关中盆地。刘邦等人从南郑直接进入关中经由褒斜道是极为自然的，但褒斜道的出口距离雍王章邯的都城废丘很近。废丘又与

## 第十六章 反 攻

咸阳不远,在这种情况下,司马欣和董翳极有可能同时出动前来驰援。

还有一条值得考虑的路线,是从南郑进入褒斜道后,先西折进入现在的凤县一带,然后再经过故道由大散关出陈仓(今陕西宝鸡)。这条线路有许多有利之处。

首先,在进入大散关之前,是在汉中和蜀郡北部穿行,情报不会泄漏给三秦一方。在刘邦被封为汉中王后,萧何就立即掌握、整备了汉中和巴蜀的命令系统,待刘邦在南郑落脚,巴蜀地区的部分物资就已运达南郑。在萧何的努力下,巴蜀和汉中的栈道已开始进行修复。因此,如果采用这条路线的话,到达关中之前,物资和兵源都会得到顺利的补充。

而且,陈仓位于雍王章邯领地的西端,属于整个关中盆地的最西部,由于地形非常狭窄,如果采用这条路线,雍王章邯很难得到塞王司马欣和翟王董翳的支援。事实上,在刘邦军队经这条路线由陈仓攻入关中盆地的时候,负责防御的也只有雍王章邯的部队。

顺便提一句,这条路线是由巴蜀至关中的必经之路。在后来的三国时期,蜀国的诸葛亮向关中反攻的时候也利用了这条路线。他在关中盆地的西部实施自给自足的屯田制时所处的五丈原,就位于从陈仓向东流入关中盆地50公里左右的渭水南岸、褒斜道北部出口的附近地区。这是海拔650米、在山麓上看高度仅为120米左右的小山。

制定了向关中反攻的方针之后,整个军团抑郁烦闷的气氛一扫而光,武将们的变化尤为明显。包括自曹无伤蒙冤而死之后一直郁郁寡欢的曹参也为之大振。曹参也深知,除了让曹无伤一人承担全部责任之外，刘邦集团别无其他生路。曹无伤坦然接受了骂名并微笑着面对死亡，但眼看着同族兄弟蒙受冤屈、自己却苟活于世的曹参一直忧郁不已。

不只是曹参，周勃、周昌、周苛、灌婴、纪信这些身经百战的武将们也变得神采飞扬。一向比较活跃的樊哙更是意气风发，脸上的神情与之前相比简直判若两人。刘邦军团是在初夏由咸阳出发、夏末到达南郑的。而等到韩信提出的方针得以确立、整个军团恢复往日的生气，则大约是在秋意渐浓的时节。

萧何变得更加忙碌起来，但刘邦却在萧何仓促修建的王宫里过着悠然自得的日子。他的工作不过是每隔数日召集军团的主要将领吕泽、夏侯婴、卢绾等人，再加上萧何、曹参和韩信举行一次军事会议。吕泽的弟弟吕释之没有参加军事会议，因为他早在刘邦进入关中之时就返回了沛县丰邑，前去守护刘太公、吕公及其他家人了。项伯，即项缠，从最开始就待在帐外，但他丝毫不介意。对他来说，如果参加了刘邦的军事会议，日后一旦被项羽追究起责任来反而会更麻烦，因此，他便睁一只眼闭一只眼。

刘邦在汉王的宫殿里为韩信留出了一个房间。在这座仓促修建的宫殿里，刘邦身佩玉剑，享受精致的美食。韩信的房间与刘邦的摆设相同，并享用同样的饮食，佩戴同样的玉剑，而且还允许韩信与刘邦穿着相同的服装、同乘一辆马车。如果与后文将要提到的黥布的情况相比，我们可以发现，这不是以刘邦为大王、以韩信为王的待遇，而是让两人享受同等的大王待遇。

给一个新人如此丰厚的待遇，不但让刘邦的部下们感到震惊，就连一向处事冷静的韩信本人也受宠若惊。

"这真是天意!"

韩信发誓用一生来报答刘邦的知遇之恩。此时,在他的心中萌发了对刘邦强烈的从属意识。

刘邦集团的所有人都对刘邦带有强烈的从属意识。韩信所不同的是,他的这种从属意识隐藏在内心深处,在与刘邦的日常接触中并不直接表现出来。例如,萧何、曹参、樊哙等人对刘邦的从属意识时常会从情感中表露出来,会表现为伙伴之间的温情与畏惧之感,而韩信有些与众不同。

笔者在上一章讲到刘邦集团成员所表现出的一种"淡泊寡欲"的特征,并指出这些任侠集团头领的强烈权力欲都暂时集中到了刘邦一人身上。

韩信却不同,他本来就淡泊寡欲。韩信的脑海中闪现着的是天下局势和战略,即使对手是项羽一样的猛将,只要按照自己的谋划,就会摧垮敌方军团,其手中的权力也自会消亡。在韩信的眼中,权力虚无缥缈、脆弱无力。

在面对现实中的权力时,韩信对权力的这种看法又给他的个性带来了独特的色彩。他将具有冷静判断力的头脑奉献给作为知己的刘邦,而为了让自己始终保持清醒冷静的判断力,必须在现实的权力磁场中很好地把控自己的行为。

但是,韩信也是现实中刘邦集团的一名成员,在现实复杂的权力场中缺乏正确确立自己位置的能力,这是韩信的致命弱点。我们还会在后文谈到,在淮阴他受到小痞子们的羞辱,也是由他自身的弱点所致。而作为统帅的刘邦已经依稀看出了这位军事天才的这一弱点。

在刘邦集团中,除了韩信,张良以及后期加入刘邦集团的陈平，对权力也表现出与其他成员不同的姿态。但是，三人对权力的态度又彼此存在着极大不同。

韩信的进言受到了憋屈在南方偏僻山谷中的刘邦集团成员，尤其是武将们的欢迎。刘邦给予韩信特殊的待遇又加速了其计划的进程。韩信在刘邦集团获得了充分展示才华的机会，这对韩信和刘邦集团来说都是极大的幸事。

在当年（前206）八月，旧历的中秋之日，刘邦的军队向关中进发了。气候温暖的秦岭，随着地势的升高，红叶也越发鲜艳多姿。刘邦军队在初夏时节进入汉中时所见到的生疏落寞的山岳风景，如今竟变得如此令人熟悉而眷恋。在秋高气爽中离开南郑向关中进发的刘邦军队可谓士气高涨，斗志昂扬。

刘邦的虎狼之师在曹参的率领下于陈仓大破章邯军，并对向东溃败的敌军穷追不舍，一举包围了雍王章邯的都城废丘。同年八月中旬攻陷咸阳。然后，刘邦向各地派出军马，最终控制了整个关中地区，打败了塞王司马欣和翟王董翳。第二年年初，刘邦军队出函谷关东征，河南王申阳投降了刘邦。

刘邦为了巩固迅速扩大的统治地区，在陕县接见了关外的父老。刘邦曾召见关中父老和豪杰，并发布"约法三章"，如今又直接召集关外的父老来安抚他们。

当时，地方的社会关系是以县为基本的管理单位，官吏由中央选派而来，这些官吏在赴任的各县之中重新指定自己的下属。这些下属实际上是在父老们的主持之下，从地方有权势的人中选拔，然后再由中央派来的官吏正式任命。因此，地方上的豪族往往成为县里重要的下级官吏。

在这种状况下,作为关中王的刘邦直接召集父老,这表现出这个军事政权体恤民情的诚意,因而受到了极大的欢迎。

在这里,与关中地区一样,以"约法三章"为宪法,刘邦集团的人民性也得到了充分的展示。在对秦朝苛法感到疲惫不堪,又对项羽楚国的残忍暴虐无法忍受的民众和地方头领们之中,一时间形成了一股"刘邦热"。

## 第十七章 彭城大战

在刘邦军队出关中前去征讨河南的时候,陈平加入了刘邦集团,这进一步加强了刘邦军队的组织和协调工作。

陈平出身于项羽曾封为河南王的申阳的领地、后为河南郡东部阳武县的户牖乡。这里在战国时期属于魏国,距离刘邦的原籍魏都大梁很近。

陈平身材魁梧,英俊潇洒。在评价男子外貌的时候,从古至今中国都比日本更注重身高的条件。陈平在婚前一直与兄嫂住在一起,骨子里也不乏任侠之气,他与刘邦、韩信等人一样是个从不顾家的男人。

有人曾问陈平的嫂子:"陈平的家境看起来并不宽裕,但体态却饱满健壮,他每天都吃些什么?"一向对游手好闲、不事家务的陈平十分厌恶的嫂子说:"吃什么呀,不就是些麦糠之类的粗食嘛,这种好吃懒做的弟弟没有也罢。"

陈平的哥哥听到这些后,大为不满,一气之下竟然把她给休了。但其实，风传陈平与这个嫂子早就勾搭上了。

我们曾在第七章中谈到，同乡一位有钱人张负看中了陈平的外貌和社交能力，把自己的孙女许配给了陈平。因为陈平家境贫寒，他举行婚礼所需的费用和彩礼都是由张负承担的。婚后，张负在资金方面也给了陈平极大的帮助，即所谓"赍用益饶，游道日广"。

与张家联姻之后，陈平如鱼得水，人际关系日趋广泛。

陈涉在起义获得成功、自立为张楚王之后，派周市去安抚魏地，立魏咎为魏王。陈平至临济拜见魏咎，被任命为太仆。因为夏侯婴也曾被任命为刘邦身边的太仆，足见陈平作为一名新人，应该是得到了特殊的待遇。

陈平马上给魏咎献计献策，却未被采纳。魏咎的部下因嫉妒陈平，便向魏王进谗言诽谤，陈平只好逃亡。等到项羽终于降伏了秦将章邯，挺进关中的时候，陈平加入了项羽军队，并被授予卿的爵位。卿在古代官制中属于人臣的最高位，对陈平来说也应该算相当高的职位，但有注释称其不参与具体的政务。

刘邦出了汉中，攻占三秦，在开始继续东征的时候，曾为赵将的殷王司马印举起了反叛项羽的大旗。因此，受项羽之命，陈平率兵攻打殷王，殷王再次投降了项羽。为奖赏陈平此次的战功，项羽任命陈平为都尉，并赐金二十溢。刘邦曾将金百溢交给张良，让他用来作为活动经费，以使自己原本仅有的巴蜀王的领地又增加了汉中。因为金百溢为刘邦打开了通往霸主之路的大门，所以二十溢绝非一笔小数目。

然而，在刘邦响应田荣等人的号召举兵平定关中，又出函谷关准备继续东征的时候，司马印又投降了刘邦。项羽开始对陈平

第十七章 彭城大战

迫使殷王投降之事产生怀疑，准备追究陈平等人的责任。惊恐万分的陈平立刻将二十溢金和都尉的大印装入箱内，派人还给项羽，自己又一次逃亡，投靠刘邦的东征部队。陈平通过旧友魏无知的引荐，在脩武拜谒了准备前去进攻彭城的刘邦。魏无知大概是陈平最初寄身于魏王咎时期的熟人，从他的魏姓来看，很有可能是魏国王族中人。

《史记》在这里记载了将陈平引荐给刘邦的人的姓名，实属罕见，但实际上，在这种场合下一定需要一个中间人。在地域辽阔的中国大地上，彼此在相隔数百公里之外的地区生活，人们的相遇和相知需要通过中间人介绍。更何况像刘邦这种有身份地位的大人物，绝不会轻易面见素不相识的人。

就像张良曾凭借自己与项伯的关系救助过面临困境的刘邦一样，这种通过人际关系来处理事务，再建立更广泛关系的方法，对政治家来说是至关重要的。在交通和信息传播都不如现代发达的古代中国，人际关系发挥着更为重要的作用，刘邦本人就是以这种人际关系所建立起来的任侠社会作为立足点，来培育并壮大自己的势力的。

且说，结束了与陈平礼节性的会面和会餐之后，刘邦说："好了，回房间吧！"但陈平却说："臣是因事而来，所言之事不能超过今日。"

成为大王的臣下，无论身份如何首先都要面见大王。最初的会面结束后，当刘邦说出"去房间好好休息"之类的客套话后，陈平却以"所言不可以过今日"为由，要求当天就向刘邦献策。或许是陈平仪表堂堂的外貌起了作用，也或许是因为刚从项羽身边前来投靠的韩信的确表现不凡而使刘邦对这类人物都另眼相看，刘邦竟然非常爽快地答应了他的请求。

听过陈平的进言，刘邦大喜过望。得知陈平曾被项羽任命为楚国的都尉，当天，刘邦就命陈平作为"参乘"与自己同乘一驾马车，并授予他护军都尉的职位。护军是监督全军的职位，属于刘邦的亲信要职。

得知这一切的诸位资深将领无不感到气愤："大王，难道从楚随便跑来一个不明身份的士兵，您都不先探明他的才能，就让他与您同乘一驾马车，还让此人来监督我们这些老人吗？"

刘邦听到这一番话，反而对陈平更是信赖有加。刘邦平常对自己喜爱的部下们的进言一向采取虚心倾听、勇于纳谏的态度，但在对自己的判断深信不疑的时候，他却是刚愎自用、独断专行的。

在此不妨将时间向后推移一下，刘邦再次进攻关中之后，萧何却留在汉中，在汉中、巴蜀各地发出布告，致力于保障军需物资的供给。待刘邦开始东征后，萧何进入关中，以东部大都市栎阳取代咸阳为都，制定了"法令约束"。这部"法令约束"是在此前发布的"约法三章"的宪法之下，在基本沿用秦法的基础上对其进行一定修订后制定的。据《史记·萧相国世家》记载：

> 为法令约束，立宗庙社稷宫室县邑，辄奏上，可，许以从事；即不及奏上，辄以便宜施行，上来以闻。

由此可见，包含宗庙、社稷、宫室、县邑等在内的广义上的行政基础都是由萧何一手制定的。

萧何制定"宗庙、社稷"，与《高祖本纪》中记载的汉二年（前205）二月刘邦提出"除秦社稷，更立汉社稷"的条令有关。

## 第十七章 彭城大战

宗庙是帝王的庙宇。社稷的"社"指土地神,"稷"指谷神,从当时的语境来看,社与稷两者加起来相当于日本的出生地守护神。各地的土神受到当地民众的崇拜,而这些土神都统辖于王朝的社稷。

前文我们提到,刘邦出函谷关东征,降伏了河南王申阳,又在陕县接见了关外父老。之后,就立刻取代秦社稷,建立汉社稷。

因为到此时才算"除秦社稷",所以在此之前,秦地仍然保存着秦的社稷。也就是说,在刘邦建立汉社稷之后,刘邦的汉国才向天下宣称,自己已从楚大王项羽手下的一个地方政权,开始走向继承统一王朝秦的社稷的全国政权。

以前,刘邦对政治学中的原则和形式,或者说"名分"所具有的重要性缺乏足够的认识。但是,在深深体会到怀王之约所发挥的奇特效应后,刘邦开始对名分问题表现出极大的兴趣。

萧何原本就注重现实与具体性的要素,大概在这一问题上,刘、萧两人所见略同。刘邦等人由此开始展现出并不局限于一个军事集团的另一副面孔。

刘邦对萧何的才能愈发信赖。刘邦挺进中原后,萧何留守关中,他卓越的行政才能得到了充分发挥。

萧何的一大功绩是将刘邦集团占领的诸侯王国按照郡县制度进行了重新整编。此前塞王司马欣、翟王董翳、河南王申阳和殷王司马卬相继投降,现在西魏王豹又加入了刘邦的汉国。萧何将前面四王的领地分别改编成陇西、北地、上、渭南、河上、中地、河南、河内等郡。因为刘邦集团在东征过程中无暇将能干的将领们分封为诸王,刘邦和萧何就利用这一机会,有意识地将占领区的行政制度逐渐向旧秦帝国的模式靠拢。

萧何曾经是位能干的秦朝官吏，他在沛县担任主吏掾（功曹掾）的时候，监察官曾在政务评比中给予他泗水郡众卒史第一的评价。卒史是指隶属于郡中最高长官郡守、从事实际业务的官员。监察官的政务评比是以郡为单位进行的，郡下属的县的官吏也是考核对象之一，作为县中的官吏，萧何也按照郡卒史一级的官吏参加了政务评比。被评为郡卒史中的第一名，就等于敲开了晋升为县令、郡守等高官的大门，但是萧何不愿离开沛县，便推辞了这一人事安排。

作为一名秦朝的官吏，萧何非常了解秦朝行政与法制的优势，他从楚人的角度出发，在继承这些行政与法制的基础上，又对其做了进一步的发展。

萧何已没收了秦朝丞相和御史府中的律令图书，掌握了文书行政的核心内容，然后发布了根据刘邦王朝的需求加以修改的"法令约束"，建立了宗庙、社稷、宫室、县邑等行政基础，又在此之上制定了作为集权统治体制核心的郡县制度。

刘邦在攻陷咸阳之时，派将军薛欧和王吸等人至沛县丰邑去迎接父亲刘太公和吕雉，以及后来成为惠帝的儿子和成为鲁元公主的女儿。

刘邦自秦二世元年（前209）末在沛县揭竿而起以来，已经度过了将近四年的时光，如今他已掌握了曾以绝对优势地位统治关东六国的秦地。从萧何的能力和秦地民众拥护自己的状况来看，刘邦确信以秦地为自己的大后方来称霸天下的日子已经不远了。刘邦太想将成为天下大王的自己展现在父亲面前。

此外，自一年前在占领秦朝宫殿与定陶女子戚姬相识以来，

## 第十七章 彭城大战

虽然刘邦对吕雉的感情已经产生了微妙，不，是决定性的变化，但他对吕雉立下的功绩依旧心存感激。在奋起反秦的紧要关头，吕氏家族没有从自己的族人中选择领袖，而是推选了刘邦，这与吕雉的力荐是密不可分的。这一点刘邦非常清楚。

刘邦急切地盼望与家人相见，而且在他控制了秦地之后，项羽很有可能要以他的家人作为人质。

在此之前，曾一度随刘邦入关的王陵趁项羽分封十八王之机，返回了他原本的根据地南阳。为了邀请这员猛将一起同行，薛欧和王吸的部队选择了与入关相反的路线，从武关出南阳，再从南阳进入韩地，准备奔沛县而去。薛欧、王吸、王陵都是丰邑出身，也是与刘太公意气相投的伙伴。

然而，得知这一消息的项羽派兵在与韩地交界的阳夏予以阻击，薛欧和王吸的部队一时无法前行，直到后来刘邦的主力部队出函谷关降伏了河南王申阳之后，项羽在韩地的军队也受到损失，薛欧和王吸才又开始向沛县进发。

此时，项羽为镇压田荣而被牵制了大量兵力。田荣与赶走常山王张耳的陈馀，以及位于项王楚国北部、齐赵两国之间的梁的彭越遥相呼应，又听说刘邦由汉中进攻关中，并占领了此地，项羽更是火冒三丈。

在这个关头，又是张良发挥了很大的作用。张良按照刘邦的旨意，给项羽寄去一封信，内容是说："汉王只想夺回本该获得的关中王之位，别无他意。如果遵守怀王之约，让刘邦得到关中王位的话，他绝不敢越过函谷关进攻关东。"

张良又将田荣和彭越宣布反叛并号召刘邦响应的檄文一同寄

给了项羽，说："田荣的齐国联合陈馀的赵国，意欲灭亡楚国。"

这是对田荣、陈馀和彭越三人背信弃义的做法。得到密告而对刘邦表示信任的项羽不再顾及刘邦军队的动静，而把心思全部放在了讨伐齐国的战役上。

可以说，刘邦和张良通过向项羽揭发齐、赵两国共同反楚的内幕，而使项羽心中与他们的嫌隙增大。

项羽立志讨伐齐国，是因为痛恨受项梁救命之恩的田荣袖手旁观，致使项梁兵败身亡，但他中了刘邦的圈套，则完全是因为对张良的信任。

归根结底，左右项羽一切行动的是他的情感。确实，他对齐国叛逆行为的痛恨并不仅仅是出于私怨。但是，把它付诸兴师问罪的行动之时，项羽却缺乏客观判断时局的能力。自举兵以来，在鸿门之会、分封刘邦为汉王等种种事项上，张良常常假扮项羽和刘邦调解人的角色，将刘邦从危难之中解救出来。说句过激的话，张良利用了项羽对他人格上的信任，背叛了项羽。遗憾的是，项羽自始至终也未察觉。项羽心中对抗秦勇士、韩国名门出身的公子张良怀有的那份敬意，让他丧失了冷静判断大局的能力。

刘邦与项羽一样，属于感情丰富之人，但他的感情却时常与权力欲紧密地结合在一起。为了扩大自己的权力，刘邦近乎天才般地具备既让感情自由奔放又能严格抑制的双重判断力，而且运用自如。

此前，刘邦会见并安抚完陕县父老之后，一度返回了关中。在关中调整好部队后，为与项羽决战而离开了秦地，就在此时，西魏王豹由河东前来投靠了刘邦。同年（前205）三月，刘邦又

## 第十七章 彭城大战

降伏了殷王司马卬，他的势力范围由整个关中地区扩大到河东、河南和河内，即三河地区。

自汉元年（前206）八月由汉中出发以来，经过同年九月、汉二年十月、十一月、十二月、正月、二月、三月，仅仅八个月的时间，刘邦就占领了关中和相当于其前哨阵地的三河地区。刘邦的势力范围已经超过了以往秦国固有的领土。

三月，刘邦军队从平阴渡口南渡黄河，到达了洛阳。

据《史记·项羽本纪》记载，刘邦"部五诸侯兵"攻打彭城，但五诸侯具体指哪五国的问题，自古以来就争论不休。

至此，本书以直接介绍《史记》原文的形式谈论了刘邦与诸侯作战的过程。刘邦军依次降伏了塞王司马欣、翟王董翳、河南王申阳、殷王司马卬，而且西魏王豹自愿加入了刘邦汉国。因此，自然会产生"五诸侯兵"就是该五王之兵的看法，《史记》最早的注释之一——徐广注也持这一观点。

但是，这个看似简单的问题却成为后世论争的焦点。泷川龟太郎博士的《史记会注考证》将参与这一争论的人总结如下：首先是徐广、裴骃、应劭、韦昭、如淳，以上为早期的注释；其次是颜师古、司马贞、张守节、刘攽、吴人杰，以上为唐宋时人的注释；最后是王念孙、王先谦、全祖望、汪中、赵翼、梁玉绳、董教增，以上为清人的注释。

连颇有名望的清朝考据学大家们的大名也被罗列于此，当然，这些大家们也都在标榜他说有误，唯有自己的说法最为正确，并提出了新说。

在早期注释的论争中存在诸多实际性的问题，如：因为当时已立了韩王信，他是否应名列五王之中；因为雍王章邯为汉军所围而被孤立，但有可能从他所辖的领土中征用他原来的部队参战，所以雍王章邯或许也应计算在内；西魏王豹是自愿参加的，他与其他四王的情况应该有所不同，等等，这些都是值得探讨的问题。

然而，进入唐代之后，情况有所变化。颜师古认为此时刘邦已经控制了整个关中地区，五诸侯是指除此地之外的诸侯，即常山、河南、韩、魏和殷。常山王张耳被陈馀驱逐出境，投奔了刘邦，他的手下应该有随军，他可以算作五诸侯之一。

到了清代，梁玉绳认为五诸侯指韩、魏、齐、赵、衡山。而董教增却认为是指韩、赵、魏、齐、燕，即指除了楚和已灭亡的秦之外战国时期诸国的后裔，他认为是指后文的"引天下兵"之意。当时，项羽为了讨伐齐、赵，已离开了彭城，而齐、赵据说也在刘邦的统领之下。但是，燕、衡山等国距离遥远，这些夹杂着错综复杂利害关系的小国自然不会参加刘邦的军队。无视这些具体的问题，而称楚国之外的天下诸国都参加了刘邦的对楚战争，简直就是谬论。遗憾的是，泷川龟太郎却赞成这一观点，而且近期日本的《史记》翻译家们也以这种观点为主流。

纵观上述学说的展开，可以简单地发现一种现象：早期的注释一致认为五诸侯应该仅限于关中诸侯，而随着时代的推移，各种注释中五诸侯的范围逐渐扩大，最终趋向于刘邦统率整个天下进攻项羽的彭城。

这种现象的背后隐藏着刘邦才代表正统和正义、天下从最初开始就倾向刘邦的一种观念，而这种观念的形成应该来源于《汉书》对历史认识的框架。虽然《史记》立《项羽本纪》和《高祖本纪》，对两者在历史上所发挥的作用基本保持了客观正确的认

## 第十七章 彭城大战

识,但到了东汉班固撰写《汉书》时,就把项羽归入了与刘邦部下同等待遇的列传之中,贬低项羽的历史作用,这是产生上述历史认识的背景。

《汉书》记载的内容基本来源于《史记》,但由于它在结构上进行了调整,使得人们对这一时期的历史认识开始产生变化。可以说,班固的王朝中心史观与后世正统的中华思想相连接,逐渐歪曲了历史事实。

本书论及的刘邦的出生年月、名讳、家庭关系等问题都与这种历史认识的变化密切相关。按照笔者的理解,班固埋下的伏笔,到了三国魏、东西晋神秘主义哲学盛行的时代,变得更具倾向性,并随着后来时代的不断发展而继续演进。

那么,五诸侯究竟指哪些诸侯?如果不畏于上文所介绍的参加论战的大学问家们的说法,回答其实极为简单。

本书注意到,被刘邦占领的地区已被编入陇西、北地、上、渭南、河上、中地、河南、河内等八郡。在这八郡之中,陇西、北地、上、渭南、河上、中地等六郡属于原三秦之地,其中包括雍王章邯所辖的领地。此时,雍王章邯为刘邦军队所围,被孤立在废丘,原本在他统治之下的地区已被重新编入郡县。

上述三秦王的六郡之地,再加上被编入河南郡的河南王申阳和编入河内郡的殷王司马卬,是为五王八郡,此五诸侯八郡之兵都在刘邦的控制之下。

五诸侯八郡之地是刘邦直接发号施令的地区。五诸侯兵再加上本为友军,但不受刘邦直接统率的西魏王豹的军队,这是当时刘邦的兵力。

当刘邦率领五诸侯之兵联合西魏王豹的部队渡过平阴渡口到达洛阳的时候，新城县的"三老"董公拜倒在刘邦的队列之前，向刘邦上奏楚义帝为项羽所杀的消息。我们在前文已多次谈到，当时在里、乡、县中活跃着代表民意的父老，父老的三位代表被称为三老。

刘邦一直非常重视与父老们的直接接触，这也是为了重视他们所代表的民意。刘邦自受家乡沛县父老的拥戴担任沛公（沛县令）以来，在关中与父老"约法三章"，又在关外的陕县安抚了关外的父老。不要说秦帝国，就是其他诸国也没有一个像刘邦这样有意识地主动接触父老的大人物。

尊重父老所代表的民意是刘邦的真心，也是他摆出的姿态。

刘邦倾听董公上奏的仪式在庄严隆重的气氛中举行。

实际上，这一消息不可能越过刘邦而先传入一个普通父老的耳中，因此董公的上奏本身可能就是刘邦或刘邦阵营事先设计好的一场表演。但不管怎么说，刘邦牢牢掌握了代表民意来谴责项羽残暴行为的名义。

刘邦听到义帝被杀的消息之后，光着膀子大哭，如丧考妣。这是自己亲人死亡时的一种仪式。刘邦为义帝发丧，连续三天亲临葬礼，葬礼在肃穆的气氛中进行。刘邦是个很会见机行事的人，他在动情地参加由张良和郦食其等人仓促决定举行的葬礼中，俨然变成了一名替天行道者。

刘邦那铿锵有力的话语传遍了军队，那悲愤激昂的情绪感染了全体下属。他们恸哭一场之后，骄傲地举起兵戈，向东发誓要为楚义帝报仇。一时间全军士气高涨，群情激奋。

刘邦又向诸侯们派去使者，向其宣称：

## 第十七章 彭城大战

> 天下共立义帝，北面事之。今项羽放杀义帝于江南，大逆无道。寡人亲为发丧，诸侯皆缟素。悉发关内兵，收三河士，南浮江汉以下，愿从诸侯王击楚之杀义帝者。

如前章所见，"寡人"自古以来都是王的自称，这完全是一种位居诸侯王之上的大王的口吻。实际上，为进攻项羽的彭城，必须沿黄河或济水而下，而这里称沿长江和汉水而下（"南浮江汉以下"）是因为项羽把义帝的首都定为湘江（长江支流）上游的郴县，这是一种无视项羽的彭城而把郴县作为楚都的表达方式。

刘邦派往各处的使者收到了很大的效果。据《史记》记载，刘邦趁此时机率领五诸侯之兵东征，其兵力达五十六万人。为刘邦派去的使者所动，各地的武装力量像潮水般涌向刘邦军队，刘邦军宛若行进在无人的旷野之上，迅速迫近了华北平原的东部地区。

此时，项羽在城阳打败了齐的田荣，逃至平原的田荣为当地居民所杀。平原位于齐国西部与赵国的交界地区。项羽残酷地镇压了田荣的残兵，又向齐地深处进军。因为田荣的弟弟田横又收数万残兵在城阳起兵，项羽只好留在齐地继续作战。

汉二年（前205）四月，趁项羽出兵在外之际，汉军攻入了彭城。在此次的作战部队中，从关中直接征用的秦兵占据了相当大的数量。

此前，刘邦军队在由南阳向武关急行军之际，因为组建精锐部队，所以精简了部分兵力，而决定南下汉中之后，在险峻陡峭的山路跋涉的途中，又有一定数量的楚人相继逃亡。在反攻三秦并占领三秦之地的过程中，刘邦动员了大量秦人参军入伍，而且在三河诸王率领的军队中也几乎见不到楚人的影子。

刘邦一向以楚人自居。这场战役本该是楚人刘邦率军击败了同为楚人的项羽，但结果却给人以北方军队占领楚国首都的印象。北方人占绝大多数的刘邦军以不甘受楚人统治的形式杀到了项羽的楚国首都彭城。

在这里，见到的是北方人向南方楚人复仇的怒火。刘邦军队趁项羽出兵在外，轻而易举地占领了彭城，整个军队，下到每一名士兵都为自己强大的力量所陶醉。他们痛饮胜利的美酒，个个烂醉如泥，完全陷入失控状态。楚王项羽宫中的一切珍奇财宝都归入刘邦军队。据《史记》记载：

> 收其货宝美人，日置酒高会。

刘邦是被《史记》以"好酒及色"而特书一笔的享乐主义者，取得如此空前的大捷，连他自己都飘飘然不知所以了。

刘邦认为这下可以要了项羽的命，就连张良等智囊也被这次的大捷冲昏了头脑，丧失了应有的警戒心。

但是，刘邦原本的部分军队却仍然保持着相对冷静的头脑。比如，吕泽的军队仍然驻守在过去的根据地下邑，并未进驻彭城；王陵对迎接刘邦家属的任务尽忠职守，命手下镇守在丰邑；韩信虽放弃了对整个军队的控制，但绝不允许自己的直属部队出外寻欢作乐。可以说，一部分军队仍然保持着往日整齐严格的军纪。

项羽在与田横的战役中得知了彭城沦陷的消息。

紧急的情报触动了项羽如猛兽般的神经，他天才般敏锐的军事才能开始行动起来。

## 第十七章 彭城大战

作为楚人中一介小吏的刘邦率领以秦人为主的杂牌军践踏并蹂躏了楚国。项羽的脑海中,浮现出在彭城王宫沉溺于美酒与女人的刘邦和五诸侯五十六万大军醉生梦死的丑态。奇袭一支没有任何戒备的敌军,无需太多兵力。于是,项羽把进攻齐军的任务交给部下,自己迅速组建了一支三万人的精锐部队向彭城急速进发。

据《史记》记载,项羽打败田荣之后,率兵退至齐楚的边境地带,田横起兵反叛,"项王因留,连战未能下"。因为田横在钜野泽西岸布阵,所以可推测,项羽在东岸布阵。项羽从这里南下进入鲁县,再沿泗水南下出胡陵。胡陵与沛县北部相邻,项羽从沛县县城西部悄悄夜行,出了彭城西部的萧县。在黎明来临之际,项羽的三万精锐部队从西部开始大举袭击彭城的刘邦军。

刘邦军受到了出其不意的猛攻,只想到即使项羽军队万一袭来,也只能从北部进攻的刘邦军被从天而降的攻击打得不知所措。五十六万仓皇逃窜的兵卒只恨自己跑得不够快,甚至连身边的战友都会被视为阻挡自己逃亡的障碍物。

士兵们逃进流入彭城的谷水和泗水,项羽军在这里"杀汉卒十余万人"。溃不成军的刘邦军继续向南部逃窜,本打算在散落于平原的丘陵地带重整队伍,但项羽军却不给他们丝毫喘息的机会,乘胜追击这些残兵败将,并到达了距离彭城西南50公里的睢水河岸的灵璧。被逼上绝路的十余万汉兵纷纷跳入睢水,死尸残骸将睢水堵塞。

刘邦军被打得落花流水。

项羽的楚军团团围住了刘邦的大营,正在刘邦穷途末路准备认命的时候,忽然,大风从西北部而起,一时间狂风大作,"折木发屋,扬沙石,窈冥昼晦,逢迎楚军"。楚军大乱,刘邦率数十骑人马乘机逃跑了。

此时,一位名叫丁固的楚将执意追击,一直将刘邦追至彭城西部,并与之"短兵接"。进退维谷的刘邦情急之下"披发而顾",大喊道:

两贤岂相戹哉!

"两贤"是两位任侠贤者的意思。丁固的外甥是"为气任侠,有名于楚"的季布。刘邦在走投无路之时,对丁固说:"我们都是任侠世界之人,为何对我苦苦相逼?"于是,丁固"引兵而还","汉王遂解去"。

这段逸闻被记录在《史记》之中是因为日后还有下文。

刘邦打败项羽夺得天下之后,丁固来求见刘邦。不管怎么说,他是刘邦的救命恩人,即使被封为诸侯也不为过。但没想到,刘邦却把丁固五花大绑带至军中,声称:"丁固是项王臣下中的不忠者,让项王失去天下的人就是丁固。"

刘邦竟当众斩杀了丁固,理由是:"使后世为人臣者无效丁公。"

刘邦向丁固诉任侠之情而捡了一条命,但日后自己却又否定了这种任侠之情。不管怎么说,刘邦向天下公开透露的如果没有丁固网开一面自己便性命难保的事是千真万确的。

昨日还率领着五十六万大军的刘邦,现在却带领区区数十骑向沛县西郊的丰邑奔去。因为丰邑应该有在对楚宣战前受命去驻守,保护刘邦父亲、妻子和儿女的王陵。如果说在项羽三万精锐部队的追击下,仅有数十骑人马的刘邦一路直奔丰邑完全是出于亲情,这或许是一种过度解读吧。

## 第十七章 彭城大战

然而，项羽立刻派兵到丰邑扣押了刘邦的家人。刘太公、吕公、吕雉等人在这时成为项羽军中的人质，但极为偶然的是，刘邦在途中竟然遇见了因与家人走散而四处流浪的儿子刘盈和他的姐姐。

刘邦让两个孩子乘上了自己的马车，但身后的敌兵在步步逼近，逃亡的马匹开始变得缓慢，刘邦多次将两个孩子踢下马车。但是，每当他把孩子踢下车，作为御者的夏侯婴都会停下马车，把孩子抱上来。刘邦简直气急败坏，前后十余次想杀掉夏侯婴，但夏侯婴并未在意，依旧淡定地驾车疾行，最终脱离危险来到了丰邑。

顺便说一句，在彭城吃了败仗的刘邦的逃亡目标是沛县。如果单说沛县，一般是指沛县县城，然而，丰邑也是沛县的一个村落，这个沛县实际上也能解释为丰邑。而从《史记》夏侯婴列传的记载里也能证实这个沛县是指丰邑。

夏侯婴并未将此事告诉任何人，但这件事却在两颗幼小的心灵中留下了无法根除的创伤。他们也一直试图隐瞒这一切，但后来终于还是让他们的母亲吕后知道了。这在一向刚毅果敢的吕后的心头如同插上了一把锋利的尖刀，这道留在心上的伤疤直到她临终都没有愈合。

王陵在与项羽派来的军队的对峙中死守着丰邑。在与王陵会面的时候，刘邦已完全从项羽的手下败将恢复到与之对抗的一方霸主的姿态。他认真听取王陵的汇报之后，做出了重返起义之前潜藏的芒、砀山泽，与过去的伙伴们会合的决定。

他们首先奔赴的目标是下邑。下邑是吕氏家族原有的根据地，现在由曾参加刘邦东征的吕泽率领着一支完好无损的军队驻守。吕泽不但是刘邦的大舅子，而且是一名优秀的武将。与吕泽率领的正规军会合，使刘邦得到了喘息之机。

据《史记·高祖本纪》记载："当是时，诸侯见楚强汉败，还皆去汉复为楚。"留在刘邦阵营的，只剩下萧何控制的三秦和同盟军魏豹，除此之外的天下诸侯都归属于项羽，听从项羽的指挥了。身为残兵败将头目的刘邦能够重新成为当时的一大军事集团，吕泽功不可没。

即便如此，下邑在项羽楚国之内不过是个针尖大小的据点而已。

《史记·留侯世家》中对当时的状况留下了一段非常有趣的记载。

刘邦在彭城大战中为项羽所败而寄身于下邑的时候，刘邦下马，靠在马鞍上问："我想把关东之地送给有为之人，谁能与我一起建立功业呢？"

张良上前答道："九江王黥布是楚的骁将，但他与项王不和；彭越曾与齐王田荣联手在梁地抗击项羽。可向此二人派去急使。汉王的将军之中，唯有韩信能委以重任，独当一面。如果大王想赠送关东之地，应该送给他们三人，这样则有望击破楚国。"

刘邦以天下本为老子所有的口吻，放出了要把其中一部分送给"可与共功者"的狂言，但实际上，当时的刘邦仅率领少得可怜的兵卒，在项羽的地盘找到一个死里逃生的缝隙，连滚带爬地逃到吕泽驻守的水乡地带，才算得到一丝喘息的机会。现在竟然狂妄地声称要把并不属于自己的领土"送给"他人。单从这种意义上来说，这段记载也极为有趣。

但是，是否果真存在上述记载所谈到的事呢？这为我们留下

## 第十七章 彭城大战

了探讨的空间。

下马倚鞍、畅谈天下局势的刘邦好像舞台上英姿威武的英雄形象。如果刘邦果真以这般强势的姿态做戏的话，至少当时他的部下们会对他投来怀疑的目光。因此，这里所描写的刘邦形象大概是陆贾之类的御用写手们在事后杜撰出的一个传说，这种判断应该不会有太大的出入。

首先谈下韩信，韩信的确在之后的军事行动中先后攻陷魏、赵、齐，建立了可与项羽、刘邦三分天下的强大势力，但在此时，他还没有可以让人预见其未来的卓越表现。

彭越在日后的历史舞台上确实发挥了重大作用，而且最终并未拒绝归顺刘邦，这与上述史料的描述基本一致。但是，在这一时期，彭越从属于田横，但史料中没有田横，却只有彭越之名，这不得不让人产生疑问。

因此，在这段史料记述的对话中，有相当一部分是事后预言性的内容，只有有关九江王黥布的内容是在下邑确实发生的事。

在这里，张良提到九江王黥布是楚的骁将，但他与项王不和。黥布在项羽楚国中是一位非常重要又比较特殊的人物。

项羽军中的最高统帅原本主要由项氏家族、项氏的妻族，或者与项梁、项羽有某种关联的人组成。其中虽有像齐国的重要武将，后来加入项羽军的司马龙且之类的人物，但他们属于少数派，而且都直属于项羽，并没有保留自己独立的地盘。

与之不同，黥布原本是楚国旧都寿春一带的无赖之徒。这一带属于保持古老传统的非汉人的居住地，或许黥布本人也是这一民族出身，他从年轻时期开始就以任侠闻名于世。或许与黥布的这一背景有关，他不但拥有自己独立的战斗集团，而且被项羽封在故乡九江，拥有自己的地盘。从这一点来说，他与刘邦有些类似。

黥布是楚国军中的冠军，顾名思义，他是堪称首位的武将，项羽一统天下时，他为楚军冲锋陷阵，取得了一次又一次的胜利。在项羽统一天下后，他与项羽不和的消息被刘邦的情报网获取。

两人不和的原因虽然不详，但笔者推测，或许是从黥布受项羽之命在江南杀害楚义帝开始的。只是无法马上断定这究竟是由于黥布的正义感，还是权力欲，或者是对项羽统治天下的能力产生了怀疑。

对项羽这次进攻齐国的命令，黥布以生病为由并未参加，只派手下数千人马跟随而已。

如果按照《史记》记载的内容来看，刘邦在当时就接受了张良的建议，制定了三分天下，即项羽为一分，刘邦为一分，黥布、彭越、韩信合为一分的策略，但实际上，他却还没有想出由谁来担任策反黥布的重任，以及推进此事的办法。

刘邦不禁脱口而出："都是一群废物！如此下去怎能争霸天下！"

"非常冒昧，不知陛下在说什么？"

说话的是谒者随何。谒者相当于接待来宾的秘书一职。随何自告奋勇地承担了策反黥布的重任。

随何不但有雄辩之才，善于察言观色，而且胆量过人。刘邦不禁转怒为喜，派遣了一支二十人的使团，让他们出使淮南，说服黥布。

就这个使团的派遣时间和地点的问题，据《史记·留侯世家》记载，是在刘邦率残兵寄身下邑之时，而在《史记》的其他段落中，又说是在稍晚时期的虞。

## 第十七章　彭城大战

刘邦在下邑与吕泽的正规军会合之后，一边潜伏在由下邑、虞县、砀县与芒县组成的三角形的顶部的砀郡山泽地带，一边收编过去的旧友和逃亡于此的流民，而且制定了暂时避免正面冲突、潜身于项羽视野之外，待局面调整之后再立刻直奔荥阳的计划。

这是在短时间内迅速完成刘邦曾经走过的最初在丰邑建立集团，然后再从下邑到芒、砀山泽扩大任侠队伍的道路。

考虑到这一过程，可以推测刘邦派遣随何出使黥布的时间大约是在虞县调整态势之后。到了这时，刘邦才终于看清天下的形势，并有精力采取积极出击的对策。《史记·留侯世家》中关于刘邦在下邑时期就已开始重整旗鼓、号令天下的记载，应该是按照刘邦集团的意图在事后重新进行的改写。

刘邦组建了一支二十人的使团。按照他以往的性格，原本想组建一支超过百人的大型使团，但此时早已没有这个能力。即便如此，刘邦也尽了最大努力拼凑出装点门面的阵势。

见到随何来访，黥布派出太宰，即主厨来款待他们。与项羽关系微妙的黥布虽然想与刘邦保持良好的关系，但在前途未卜的现阶段他无意立刻接近刘邦集团，只从物质上给了使团最大限度的款待。

就这样，随何在山珍海味的热情招待之下，度过了三天无聊的时光。

第四天，随何通过太宰要求面见黥布。随何说："大王殿下一直不肯见我，大概是认为楚强汉弱吧，这正是我前来的原因。请让我拜见大王，如果我说得有理，那就是大王想要听到的；如果我说得不对，就请大王将我们二十人公开处决，也可向楚国项羽表明大王的忠心。"

对于随何来说，胜败在此一举，而对黥布而言，也确实没有什么损失。黥布对这一请求产生了兴趣，因此答应了随何的见面请求。

随何为了这次会谈已经豁出了性命。

当时，刘邦能够掌控的仅仅是以驻扎在下邑的吕泽军为核心的山泽地带的流民盗贼。虽然项羽因与田横作战而被牵制了兵力，但如果项羽军的骁将黥布也出兵讨伐刘邦的话，稍用点儿力，就会在关中的援军到来之前轻而易举地歼灭刘邦。

与习惯正规作战的项羽不同，黥布是出身于水乡地带的无赖之徒，他是一名熟知刘邦军队习性的武将。在两军实力相差悬殊的现状下，黥布是一个比项羽更让刘邦惧怕的对手。如果随何无法说动黥布的话，刘邦集团的前途将会十分暗淡，等待刘邦和他的追随者们的，就只能是陷入项羽和黥布的合围歼灭战了。当然，摆在雄辩家随何面前的也将只有死路一条。

随何开始了激烈的辩论。

"大王与楚的项羽之间有何种关系？"

这种在任何人都能明白的明确事实中夹杂问句的方式，是战国以来说客们的惯用手法。

"我是侍奉霸王项羽的臣子。"

在被问到这一问题之后，黥布的语气中掺杂着些许苦涩。

"大王和项羽在义帝手下是地位同等的诸侯，现在却心甘情愿地对项羽行臣下之礼，大概是认为项羽势力强大，足以将自己的封国托付于他吧。"

随何先强调了在以义帝怀王为正统的体制中，项羽和黥布地位相等的问题。随何认为两人原本并不是君臣关系，黥布臣服于

## 第十七章 彭城大战

项羽只不过是由于力量不足。按照随何的理论，如果这样的话，即使黥布背叛了项羽，也不会受到任何道义上的谴责。

怀王的确是项梁拥立的傀儡，但既然这个傀儡被赋予了形式上的正统性，那么，即使项羽统一了天下，也不过是与黥布地位等同的一个诸侯而已。

黥布是在项羽集团中以常居冠军的战功才获得现在地位的。他的地位实际上不是由义帝，而是由项羽授予的，但是，随何以形式逻辑的方式把黥布和项羽之间的关系给切断了。

而且，重要的问题是，当时在项羽与黥布之间已经出现了不和谐的声音。如果事实并非如此的话，打着义帝旗号的随何会立刻被黥布收押，然后送交项羽，并被当众处决。

随何又说："项王讨伐齐国，亲自背着板筑，身先士卒。在这种情况下，大王应该动用全国的军队，亲自率领，充当楚军的急先锋才对。而汉王刘邦攻打彭城，项羽还未从齐国还兵，大王就应该率领全军渡过淮水，与汉军在彭城之下日夜奋战。"

然而，黥布却按兵不动，意图观望局势，见风使舵。性格暴躁的项羽是绝不可能原谅这种行径的。随何击中黥布的痛处之后，开始喋喋不休地讲述汉军所具备的有利条件。

据《史记》记载，刘邦保证统一天下之后，授予黥布淮南之地。这完全就是在画大饼。刘邦答应授予对方的，既不是他自己手中之物，也不是靠他当下的力量能够夺得的。在我们这些凡夫俗子的认知中，无论如何也无法理解刘邦为何能做出这种画大饼的承诺，但刘邦把统治天下的正统性都集中到了义帝一人身上，他认为自己受到委托，具备了谴责杀害义帝的项羽的正统性。

在当时，除了项羽和刘邦，没有任何人公开声称自己拥有统治天下的权利。作为西楚霸王的项羽是凭借自己的实力，企图统治天下；而刘邦标榜大义来统治天下的主张却是非常重要的。被项羽楚国的强大势力围困在水乡地带，又不知能否与关中援军会合，在宛若一只穷途末路的落难之鸟的境况之下，刘邦撒下了一张占据天机的大义之网。

在随何的雄辩之下，黥布似乎打开了一片崭新的视野。其实日后能否与项羽和平相处，黥布本人也并无太大信心。黥布暂且答应考虑与刘邦结盟的问题，而且因为事关重大，他与随何相约，双方绝不可泄露秘密。

黥布并未做出最后的决定，但就在此时，项羽派来催促黥布立刻出征的使者却到了。

随何自到来之后，通过贿赂太宰收集了大量有用的情报。在得知项羽所派使者到来之后，随何下定了做人生一搏的决心。

随何闯入了项羽使者郑重传达命令的席间，而且悠然地端坐在为项羽使者设置的上座之上。对于随何出人意料的做法，连黥布也变得惊慌失措，不住地朝他这里张望。可是随何说道："九江王黥布已经加入了汉王刘邦的阵营。怎会接受楚的命令呢？"

黥布"愕然"，一时不知如何回答。楚的使者愤然而起，一脚踢翻了座席。

随何却显得沉着冷静："事已至此，应立刻斩杀楚的使者。"

黥布只好杀掉楚使，然后举兵进攻项羽的军队。为此，项羽亲自率兵到芒、砀、下邑的山泽地带讨伐刘邦，而派项声和司马龙且去攻打黥布。

面对项羽大军的包围，刘邦率领少量人马，充分利用自己熟知水乡地形的有利条件，与之展开了顽强的战斗。虽然进入了现

## 第十七章 彭城大战

代所谓的游击战,但分散在山泽地带以打鱼和抢夺为生的流民们却大力支持刘邦军,这在整个战局中起到了很大的作用。数月之间,刘邦一直在翘首盼望关中援军能早日到来。

而黥布却被项声和司马龙且的讨伐军击败。

当黥布在随何的引荐下投靠刘邦的时候,刘邦的本部还设在山泽地带。得知黥布来见后,刘邦坐在凳子上,一边让侍女为他洗脚,一边召见了黥布。本来应该是两个地位平等的诸侯之间的会面,现在黥布却遭受了下人的待遇。《史记》记载:

(黥)布大怒,悔来,欲自杀。

连袭击刘邦的兵卒都没带来的黥布,只能长叹自己的落魄无助,在羞愧难当之间本想自杀了断,但等与刘邦会面结束,回到为他安排的住所之后,"帐御饮食从官如汉王居"。即他房间的摆设、饮食、身边的随从都与刘邦级别相同。

(黥)布又大喜过望。

这里淋漓尽致地展现了刘邦看破对方处境和心理后掌控人心的手腕。刘邦从年轻时期开始就慷慨大方,经常破费款待伙伴们。以前曾经靠给韩信与自己同等的待遇卖了很大人情,现在又用同样的方式牢牢掌握了黥布。刘邦就是这样有着周到严密的计划,同时也有对自己手下人的慷慨与仗义。楚国名列榜首的骁将脱离了项羽阵营,这是这一时期刘邦所取得的最大成果。

刘邦进入荥阳之后,留守关中的萧何"发关中老弱未傅悉诣荥阳"。

萧何送到刘邦身边的大部分关中兵都是老人和少年，从直接的战斗力来看是甚为微弱的，但萧何却另有打算。刘邦在攻打彭城之时动用的大部分兵力都来自关中，彭城大败后，人们徘徊在是逃散为流寇，还是重新参加刘邦军队的选择之间，萧何通过把他们的亲属送到荥阳，为这些士兵指明了抉择的方向。曾经战败流亡的士兵们为了去见自己的亲人，像潮水般涌向荥阳，刘邦的军队"复大振"。

在以关中兵为主的荥阳军营中，收编并带回大量残兵的韩信的指挥权得以确立，并收到了良好的效果。韩信率领军队在"京、索间"大破楚军，阻止了楚军向关中进发的脚步。刘邦则成功地占领了向中原进发的桥头堡——荥阳。

可以说，自彭城大败逃往下邑、芒、砀的山泽地带后，一直到在荥阳及其西部的军事要塞成皋与关中援军会合，开始扭转战局的数月间，是刘邦最为艰苦的时期。

就连刘邦在鸿门之会降服于项羽的时候，他还拥有项羽无法简单将其击败的有利条件：刘邦拥有确保自己行为正当性的楚怀王之约；有最先进入关中迫使秦王投降的战绩；还有秦地民众的广泛支持，而且对刘邦的支持并不仅仅停留在民众的情感之上，刘邦集团已经通过掌握父老和秦朝官吏的方式，在现实中逐渐形成了自己的统治基础。同时，虽然不及项羽号称百万的大军，但刘邦也有着相当规模的正规军队追随在其身边。

但是，如今刘邦手下兵卒的数量与几乎统治半个天下、将自己完全置于包围之中的项羽军队相差百倍。虽然没有留下可以推测刘邦当时能集结多少兵力的资料，但可以想见，自愿加入刘邦军的人数不会太多。

## 第十七章　彭城大战

但是，刘邦终于熬过了长达数月的艰难蛰伏，等到在荥阳、成皋与萧何派来的援军会合的时候，刘邦又拥有了可以与项羽重新对抗的最低条件。

据《史记·黥布列传》记载，从刘邦身处下邑到与黥布一起进入成皋，大约相隔数月时间，笔者认为这一记载正确反映了当时的实际情况。然而，在《史记》的年表中却记载说刘邦于当年四月在彭城溃败，次月就已到达荥阳。这显然是试图抹杀刘邦在山泽地带曾与一些无赖之徒交往的事实而事后改写的。因为如果按照这样的时间表，关中的援军无论如何也不可能赶到荥阳。

在这段艰苦的时期，刘邦并不只是一门心思地考虑如何躲避项羽的扫荡以及与关中援军会合的问题。的确，在率领少量部下持续从彭城到丰邑，再从丰邑到下邑逃窜的最初几天里，他的脑海中除了拼命逃亡之外，不可能再装进任何其他的东西。但是，如前文看到的一样，在从下邑向其西部虞县转移的过程中，刘邦又重新开始审视天下局势，开始考虑自己在其中所处的位置和奋斗的目标。

萧何、张良、韩信等杰出的部下们正是因为这一点，才一致认为刘邦是天授之人，因为他总能把握天下的动向。这直接或间接地驱动刘邦成为天下的主角，同时又因为以他为主角而推动客体天下发生转变。刘邦总是在天下与自我的双向关系，即中国台湾地区学术界经常提到的"互动关系"中思考和行动。

刘邦并不仅仅要完成军事上的课题，更重要的是，同时还酝酿着帝国的统治体制。仅仅取得军事上的胜利是十分虚幻且短暂的。即使是西楚霸王项羽，也因自己攻占了彭城而几乎陷入崩溃，这一教训刘邦刻骨铭心。

其实刘邦能在荥阳和成皋成功阻止项羽西进的最大原因，是萧何完全掌控着关中，以及他从整个关中征召来的援军。刘邦始终相信萧何的才能和忠诚，数月之间他在山泽地带咬紧牙关，坚持游击战术，终于争取到了与萧何派来的援军会合的时机。

刘邦在狭隘的荥阳、成皋一带坚持抵御项羽的围困，而把掌管后方关中的大权完全托付给了萧何。细细想来，这难道不包含着相当大的危险因素吗？

就当时关中地区在整个天下所处地位的问题，《史记·货殖列传》留下了这样的记载：

> 关中之地，于天下三分之一，而人众不过什三；然量其富，什居其六。

刘邦占据的荥阳、成皋之地不过像悬挂在关中这条大鮸鳒鱼鼻尖上的一块肉饵而已，如果有谁切断了两者之间的关系，肉饵就会轻易地变成其他小鱼的美餐。

据《史记·萧相国世家》记载：

> 汉三年（前204），汉王与项羽相距京、索之间，上数使使劳苦丞相。

即刘邦依靠萧何选送来的援军与韩信指挥作战的能力，在荥阳南部的京县和索县附近抵挡项羽进攻的时候，不断地派使者去关中慰劳萧何。

当时，一位名叫鲍生的人为萧何献计说：

> 王暴衣露盖，数使使劳苦君者，有疑君心也。为君计，

## 第十七章 彭城大战

莫若遣君子孙昆弟能胜兵者悉诣军所，上必益信君。

萧何采纳了这一建议，"汉王大说"。

正是在萧何默默无私的奉献之下，刘邦才脱离险境，并羽翼日渐丰满，慢慢开始具备争霸天下的条件，而这个忠心耿耿的人却遭到了刘邦无端的猜疑。

刘邦不断地加固肉饵与鲛鳒鱼之间的联系，就这一问题，《史记·高祖本纪》记载如下：

六月，立（孝惠）为太子，大赦罪人。令太子守栎阳，诸侯子在关中者皆集栎阳为卫。

这是让出征关东的各诸侯家的儿子都集中到栎阳去守卫太子，从而加强太子的权威，同时让他们作为人质来制约出征将领们的行动。

于是，以刘邦为大王的体制在关中地区得到了公认。换言之，现在与刘邦对抗，并不只是人际关系范围内的不忠诚，更是抛弃大义的背叛行为。

被立为太子的刘盈，即后来的汉惠帝，就是数月之前刘邦在彭城战败途中多次从马车上踢下去的那个孩子，当时年仅七岁。无论从人情方面还是从能力方面来说，册立这个太子都显得过于牵强，但其中却隐藏着一个事实。

孝惠是刘邦和吕雉所生的男孩，因为彭城大败，吕雉、刘太公与管家审食其一起被项羽逮捕，成为项羽军中的人质。在立太子的时候，即当年六月，刘邦还未到达荥阳，其军队的中坚力量是吕泽率领的部队。自刘邦起义以来一直与他分居的吕雉已成为项羽军中的人质,在这种状况下,刘邦与吕氏家族之间的联系在不断减弱。

考虑到这一情况,依然处于项羽军包围之中的刘邦采取这一大胆的人事任命,难道不正是想把眼前军事上的重要人物——吕泽牢牢地笼络在自己阵营之中吗?刘邦采取的这一非常手段,是巩固未来帝国统治基础的良策。

可以推测,当时刘邦的情人戚姬已经怀上了他的儿子刘如意。撇下自己未来最疼爱的儿子不顾,而册立数月前曾险些抛弃的刘盈为太子,这是刘邦违背个人意愿的一种痛苦选择。最终以"万事如意"之意为戚姬所生的儿子取名为"如意",充分体现了刘邦对这个儿子的格外器重与宠爱。

围绕立刘盈为太子一事所展现出的刘邦与吕氏家族,尤其是与吕泽之间的关系问题,本书基本沿袭了数年前在东京都立大学就学的郭茵提出的新观点。

# 第十八章 韩信活跃的舞台

在随何的努力下，刘邦成功切断了黥布与项羽阵营的关系，而且通过在从中原通往关中的门户荥阳、成皋一带与萧何从关中选派来的援军会合，暂时稳定住了局势。

由秦地参军的残兵败将们收到汇聚在荥阳的亲人们的召唤，而其他各地参军的人则因被集中在栎阳的亲人们的关系，开始大量返回刘邦阵营。

有了在彭城大战中惨败，以及一边召集残兵，一边为躲避项羽军攻击而在山泽地带迷茫徘徊的经历，刘邦集团内部核心骨干之间的凝聚力得到了进一步加强。尤其是对韩信的指挥作战才能，曹参表示心服口服，而灌婴、周勃等刘邦的嫡系武将们也都感到自愧不如。

将刘邦集团核心骨干们团结在一起的重要因素是任侠式结合，这种结合一眼看上去似乎具有两种完全相反的性格，即坚固封闭的性格，以及广泛笼络能为集团做出贡献的优秀人才的开放性格，这在刘邦集团的内部同时并存。因为韩信的直属部队在占领彭城之后依然保持着严格的军纪，而且又击败了准备攻克荥阳后继续挺进关中的项羽军队，从而确立了韩信在刘邦集团内部的威信。

但是，这一时期项羽军队仍然保持着绝对的优势，战无不胜的楚军击败刘邦只不过是时间问题。

刘邦军队依靠的是萧何从关中补充来的兵力和物资，还有自秦国以来储存在荥阳敖仓的大量粮食。同时他们还期望齐国的田横、赵国的陈馀，以及以钜野泽为中心展开游击战的彭越能在后方骚扰项羽军。

此时，刘邦的势力范围实际上是以战国时期的超级大国秦国的疆域为基础，从他与自赵至齐的华北势力遥相呼应来对抗楚国的局势来看，基本以战国时期的楚国为中心，只对魏、韩有一定影响力的项羽反而处于劣势，这是刘邦阵营对前景感到乐观的理由。

然而，刘邦却忽略了楚国民众所具有的强烈反秦意识。实际上，不要说项羽，就是楚国的士兵们也都对以秦国继承人的身份来攻打楚国的刘邦怀有极大的不满和敌意。

而且，刘邦对自赵至齐的华北势力与自己遥相呼应的期待也过于乐观。这些华北势力根本就没有真心想与刘邦联手的打算。自刘邦彭城大败之后，赵、齐就与刘邦决裂而与项羽言和了。赵国的陈馀本来就对刘邦收留流亡的张耳一事非常不满。只有彭越一人没有抛弃抗击章邯军队时的盟友刘邦，但彭越集团不过是一个尚未确立起自己独立势力范围的游击组织而已。

在这种状况下，刘邦军队拼命坚守荥阳、成皋一带，顽强抵御着项羽军队的进攻。

使整个战局发生巨大变化的是魏王豹，他背叛了刘邦，投向项羽。自刘邦吃了败仗以来，他的同盟军们纷纷投降了项羽。魏王豹一直没有背叛刘邦，这在精神上给予了刘邦极大的支持。但此时，他以探望病中的父母为由，离开了荥阳军营，返回自己的领地，并投靠了项羽。

因为魏王豹在最关键的时刻背叛了处境艰难的刘邦，所以史书中对他轻描淡写。这是否符合当时的历史真相，的确有值得商榷的余地。

魏王豹即位的过程如下：

魏豹和哥哥魏咎都是战国时期魏国的王族。秦始皇灭了魏国之后，原被封为宁陵君的魏咎被废为庶人。陈涉将陈作为首都，建立张楚政权之后，魏咎便很快投靠了陈涉。

陈涉派魏人周市前往魏国，魏人纷纷背弃秦国，拥戴周市。于是，陈涉准备立周市为魏王，却遭到了周市的拒绝。周市召回还在陈的魏咎，拥立魏咎为魏王。

章邯打败陈涉之后，在临济包围了魏咎的魏军。魏咎与章邯签订投降协议之后，声称魏的民众无罪，一切由自己承担，便引火自焚了，而魏豹逃往楚国。魏豹从怀王那里得到数千兵马，重返魏地，展开了游击战，"下魏二十余城"，又率精兵跟随项羽一起由函谷关进入关中，被项羽封为西魏王。但是，魏豹仅仅是个西魏王，因为当时项羽占据了原来魏地的东半部分，将包括大梁在内的重要地区都置为自己的辖地，这招致魏豹的不满，他才前去协助刘邦。

为挽救魏国民众而引火自焚的哥哥魏咎选择了最具王族风

范的死法，而弟弟魏豹的所作所为也是出于战国时期魏国王族的自尊。这种自尊使他没有背弃溃败的刘邦，一直跟随刘邦来到了荥阳。

如上文所见，公然提出反抗项羽的诸侯也不过只有齐国的田横和赵国的陈馀两人而已，他们也都在刘邦惨败彭城之后背弃了他。只有在钜野泽进行游击战的彭越还算一支可以依靠的力量，但他算不上保有特定领地的诸侯。魏豹作为一名拥有贵族血统的诸侯，以刘邦盟友的身份在最危难的时刻始终支持并追随在他身边，这在名、实两方面都具有非常重要的意义。如果刘邦能从这个角度认可魏豹的价值，并给予他公正的待遇，是完全可以避免魏豹的背叛行为的。

刘邦完全明白魏豹为何离开自己。他立刻找来郦食其，说道：

缓颊往说魏豹，能下之，吾以万户封若。

"缓颊"，即婉言劝解，这个词真实地反映了刘邦当时的语气。这并不是为了惹得下属一笑而已，而是因为魏豹有时真的不好伺候。刘邦的意思是让郦食其对魏豹动之以情，让他改改固执的脾性。刘邦认为魏豹的问题就出在他那魏国王族的自尊心上。

但是，魏豹的自尊也是他那颗任侠之心的表现。魏豹王族的自尊与刘邦庶民的自尊终究没有走到一起。而在这里，刘邦对郦食其的许诺是，如果能让魏豹明白"真正的任侠之心"，将以"万户"作为封赏。这种说法非常有趣，在刘邦的内心深处，展示任侠之心是可以等价报偿的。

接受刘邦命令的郦食其也是一个个性十足的人。

在《史记》中，他以一个不识时务的儒者身份出现。汉三年

## 第十八章　韩信活跃的舞台

（前204），刘邦在荥阳遭受项羽军猛攻的时候，郦食其提出如果分封六国诸王的子孙为王的话，他们一定会感恩戴德地拥立刘邦为大王或皇帝。

暴虐的秦国灭亡六国，造成了天下大乱的局面，如果让六国君主的子孙恢复其君主地位，天下就会恢复太平，这是合情合理的。这是当时流行的最为普遍的正统说，占据着主流地位。这种言论于秦楚战争初期确实在现实中发挥了作用。

但是，秦国统一天下有着明确的现实基础。如今虽然因强行实施统一而引发了天下大乱，但并不是只要恢复到秦国统一天下之前的状态就万事大吉那么简单。郦食其的这条建议被张良批得体无完肤，而后人对郦食其的印象基本都源于这一事件。

然而，在刘邦作为楚的别动队转战河南的时候，郦食其求见，向刘邦提出了一个颇具现实意义的建议，那就是进攻秦国粮草储备基地陈留，并和其弟郦商一起参加了战斗。

两人在初次会面的时候，郦食其谴责刘邦肆意无礼的行为，这并不是一个迂阔儒者所能做到的。虽然只是一个很有名的逸闻，但考虑到这对理解郦食其的为人具有非常重要的意义，特在此做一介绍。

郦食其托人介绍，在高阳拜见了刘邦。

当时，刘邦坐在凳子上，一边让两个侍女给他洗脚，一边接受郦食其的谒见。郦食其进了屋，看到这般情形，"长揖不拜"。

"揖"是双手伸到胸前拱手行礼，与"拜"相比，属于程度较轻、主客平等的一种礼节。因为刘邦没有行正式之礼，郦食其也以平等的礼节相回应。而且郦食其又说："足下是想助秦攻打诸侯，还是想率领诸侯打败秦呢？"

刘邦骂道："竖儒！天下苦秦已久，为何说些助秦攻打诸侯之类的荒唐话呢？"

"如果想聚众讨伐残暴无道的秦国的话，谒见长辈也应该有一定的规矩吧。"

于是，刘邦赶紧停止洗脚，站起身，整理衣装，将郦食其让至上座，并为自己刚才的失礼表示道歉。

郦食其是个具有与刘邦类型不同的任侠精神的人，他这种重视礼节、讲究礼仪的任侠精神在这一时期王族出身的任侠诸侯中可以得到共鸣。刘邦把郦食其派往魏国，后来又派往齐国，实在是非常正确的决策。

但是，魏豹却没有被郦食其说服：

人生一世间，如白驹过隙耳。今汉王慢而侮人，骂詈诸侯群臣如骂奴耳，非有上下礼节也，吾不忍复见也。

魏豹不愿与"非有上下礼节"的刘邦交往的理由，真实地反映了他的本心。虽然魏豹也是一名任侠之徒，但王族出身的他无法容忍不重礼节之人。庶民出身的任侠和王族出身的任侠当初相互携手，共同度过了最为艰难的时期，但到此时却决绝地分道扬镳。然而，魏豹与跟自己属同一类型的任侠之徒郦食其或许非常投缘，因此十分坦诚地表达了自己的心情，而且他的原话十分幸运地如实保留在史书之上。

魏王豹与刘邦还留下了一段不可思议的逸闻。刘邦和吕雉所生、刘邦驾崩后继承帝位的惠帝英年早逝。其后，年幼的少帝恭即位，四年后被杀；继而同样年幼的少帝弘即位，不想也在四年后被杀。然后即位的就是文帝，其母实际上是魏王豹的后宫女子，而且好像还曾受到过魏王豹的宠爱。

这段故事被《史记》的《外戚世家》毫不避讳地记录了下来。外戚是皇帝母系的亲属，在记载外戚历史的《外戚世家》中记载了文帝母亲不幸的命运。

在得到刘邦宠爱的众多女人之中，有一位后来被称为薄太后的女子。因为刘邦的正房是吕皇后，所以在吕后生前，她从未被称为皇后，但到了吕后死后，因她的儿子孝文帝继孝惠帝、少帝恭和少帝弘之后，登上了皇帝之位，她才开始被称为皇太后。

顺便提一句，孝文帝、孝惠帝之类都是他们死后的谥号。除刘邦外，西汉皇帝的谥号都含有一个"孝"字，因此使用省称时，则孝惠帝称惠帝、孝文帝称文帝。

薄太后的父亲是吴国人，战国时期与魏王宗室的女子魏媪通奸，生了薄姬。后来魏国为秦国所灭，到了各地诸侯奋起反抗秦朝统治、魏豹被立为魏王之后，魏媪便把女儿送入了魏豹的后宫。

当魏媪让曾经预言刘邦将夺得天下的许负看过女儿的面相后，她预言薄姬将会生下天子。当时，魏豹正在与刘邦联手攻打项羽，听了这个预言，他认为自己与薄姬所生的儿子将会登上帝位。确实，由于薄姬就在魏豹的后宫，这是一个非常自然合理的推断。

暗自欣喜的魏豹决意与刘邦决裂，归国自立，又与楚国握手言和。

刘邦派韩信打败魏豹，成为俘虏的薄姬被送入"织室"，被关押在强迫劳动的女囚工厂。不久，好色的刘邦就来到女囚的房间，物色容貌姣好的女子。刘邦看中了薄姬，下诏送入后宫，但后来的一年多竟然把她忘得一干二净。

很久以前，还在魏的后宫之时，年轻的薄姬与管夫人、赵子儿"相爱"。她们三人发下了"先贵无相忘"的誓言。但是，当管夫人、赵子儿都得到刘邦的宠爱后，她们却完全忘了薄姬。

有一天，当刘邦正在河南宫的成皋台游玩闲逛的时候，两人忽然想起了与曾为女囚、现又不受刘邦宠爱的可怜的薄姬之间所立下的誓言，便嘻嘻哈哈地调侃着。对她们来说，如今地位悬殊的薄姬是多么可悲啊！听到这些话的刘邦向她们仔细询问之后，"心惨然，怜薄姬，是日召而幸之"。

只见过刘邦一次面、后来竟有一年多被置之不理的薄姬，从因身份不同而被过去"相爱"伙伴的怠慢之中感到了世态炎凉。这时，薄姬说："妾昨夜梦见苍龙盘踞在我的腹部。"

苍龙是指天子。实际上此时刘邦还不是天子，但他说："这是你将要富贵的预兆。我让你的这个预兆变为现实。"

就这样，一夜临幸之后，薄姬生下了后来的文帝。这就是成为皇帝前被封在代地而被称为代王的文帝出生的秘密。

《史记》还留下了"其后薄姬希见高祖"的记载。

刘邦一生中爱过许多女人，有八位皇子。其中，与吕雉所生的孝惠帝是西汉王朝的第二代皇帝。

刘邦曾竭力想让自己深爱的戚姬所生之子刘如意来继承帝位，但刘邦死后，戚姬与如意都为吕后所杀。《史记》详细地记述了戚姬被残杀的过程。

刘邦与曹夫人所生的长子刘肥被封为齐王。其他几个儿子也都被授予王位，其中代王最不受宠。薄夫人本人不过是刘邦心血来潮时宠幸的妃子而已，这个皇子受封的代地是当时抗击匈奴的

## 第十八章 韩信活跃的舞台

最前线。此前刘邦给那个合不来的二哥授予的就是代地。

如此不受宠的儿子能够继承西汉王朝的帝位，完全是围绕着刘邦的宠爱与嫉妒、围绕着帝位的权术与策略等各种要因组成的激烈宫廷斗争中的一个奇迹。

而有关八位封王的儿子的记载也包含着不可思议的内容。长子刘肥是曹夫人的儿子，惠帝是吕后的儿子，如意是戚姬的儿子，文帝是薄夫人的儿子。而淮南王长的母亲是赵王张敖后宫的美人。如上所见，作为刘邦夫人而被记载下来的这五个人，每人都只有一个儿子。其他的儿子，如梁王恢、淮阳王友、燕王建则都是"诸姬"之子。在"诸姬"之中也未留下有谁生过多子的记录。

另外，作为刘邦的女儿而被记录下来的，也只有吕后所生的鲁元公主一人，而没有任何其他女儿的记载。虽然因为是女儿，即使实际上有过也有可能没有留下记载，但《史记》暂且不论，而在《汉书》中对西汉皇帝的女儿，即被称为"某某公主"的她们都有非常详细的记载，所以即使《史记》中出现了遗漏，《汉书》也有可能会补上。但实际上，《汉书》中对刘邦女儿的记载也只有鲁元公主一人，这确实有些不可思议。

因此可以认为，刘邦的孩子仅有一个女儿和母亲各异的八个儿子。如果是这样的话，或许其中隐藏了许多为争夺皇位而展开的残酷激烈的纷争与纠葛。遗憾的是，目前没有留下任何可以探讨的线索。

虽然在这里显得有些遥远，但必须说明的是，前文提到的在惠帝与文帝之间先后被杀的两个儿皇帝的问题。让第一位少帝恭继任帝位并杀了他的是吕后，而让后一位少帝弘即位的也是吕后，杀他的是刘邦的庶长子刘肥的儿子刘兴居和夏侯婴，此事发生在吕后死后。刘氏家族内部在这一时期已埋下了同室操戈惨剧的种子。

言归正传，有关薄夫人和文帝的故事，是为了说明这对由受人冷落而最终贵为皇帝和皇太后的母子的因缘而引用的。其中的内容虽然不能完全相信，但也未必都是编造出来的。根据这种说法，文帝的母亲出身魏豹后宫，这种由"残花败柳"所生的儿子竟成为西汉王朝中兴之祖的逸闻，在后来的朝代里是绝不可能被载入正史的。从这种意义上来说，这段逸闻是当时不为刻板的封建礼教所束缚，在豁达开明的氛围之下留下的珍贵产物。

这段故事也说明了魏豹背叛刘邦的原因。如此说来，魏豹因为贸然听信了一个与自己毫不相干的预言而背叛了刘邦，一个轻浮冒失的人物形象跃然纸上。

且说，魏豹的叛离给了刘邦沉重的打击，刘邦所面临的问题有二：

第一，是现实中的威胁。当时，刘邦在相当于关中门户的洛阳东部的荥阳、成皋一带，挡住了项羽军队进攻关中的步伐。但如果陈馀的赵国和魏豹联手合作，进攻关中的路线就会被打通。因为陈馀与寄身于刘邦处的昔日挚友张耳现在已是一对不共戴天的仇敌。很难说项羽、陈馀、魏豹三者不会结成同盟。如果三者之间的路线被打通，刘邦就将面临生死攸关的危机。

第二，是大义名分的形式问题。起初，项羽分封张耳为赵国的王（常山王）。张耳在陈馀的进攻下，逃离赵国，投奔了刘邦。刘邦非常爽快地接受了他，并给予优厚的待遇。理由大概是刘邦曾经受到过魏国大侠张耳的关照，但更重要的原因是，刘邦希望在自己的手下形成一种诸侯云集的局面。此前已经形成了原赵国

## 第十八章 韩信活跃的舞台

之王张耳和现魏国之王魏豹追随其后的局面，再加上九江王黥布，刘邦的权威和地位可与项羽相提并论，但目前这种形式上的权威与地位却瓦解了，在大义名分的基石上出现了一道裂痕。

面对危机，刘邦做出了重大决断。他将担负抵御项羽军队入侵重任的韩信派去讨伐魏豹。

韩信是淮阴人。淮阴位于淮水下游，与当时的黄海海岸的直线距离有70公里左右。在略微上游的地方，淮水最大的支流泗水从西北方向注入淮水，以水量充沛而著称的淮水缓慢悠然地从淮阴街头的北侧流过。

司马辽太郎注意到韩信时常运用与水有关的独特战术，他结合韩信少年时期经历来进行的解读确属卓见。

韩信少时一贫如洗。据《史记·淮阴侯列传》记载：

> 贫无行，不得推择为吏，又不能治生商贾，常从人寄食饮，人多厌之者。

韩信不但贫穷，而且是个无赖之徒，因此不能被推举为官吏。这大概是事实。但是，同样"贫无行"的刘邦却在年轻时就被提拔为亭长，这值得关注。

《史记》中明确记载，在出任亭长之前，成为通缉犯的刘邦经常带着一帮狐朋狗友到大哥家混饭吃。实际上比韩信更为无赖的刘邦都被推举为官吏，而韩信却不能，这说明刘邦一直活跃在广泛的人际关系网中，而韩信却是一头特立独行的孤狼；刘邦在任侠伙伴中拥有一定的声望，而韩信却没有，确切地说，韩信就没有追求这种声望的欲望。其结果，声望较高的刘邦得到了萧何等权贵的推荐，韩信却无人引荐。

《史记》还记载了后来韩信在淮阴南昌亭亭长家中寄食数月之久，因遭亭长妻子厌恶而被逐出家门的经历。与韩信不同，一向善用手腕的刘邦正是通过负责掌管治安和接待过往宾客的亭长之便，与社会上的无赖之徒们保持了良好的关系。而不谙人情世故的韩信数月寄食在亭长家中，或许是在亭长身边担任了求盗之类的官差。后来成为司马迁挚友的任安也曾穷困潦倒，以作为出仕捷径的求盗一职升至亭父，又升为亭长，最终升任中央的高官。而韩信没有权贵做后台，同样做过求盗，但也止于求盗，甚至连亭长也没做过。

在淮水与泗水合流的淮阴的街头流传着天下各种信息。淮泗流域是当时抗秦战争的重要舞台。

由陈涉起义掀起的早期反秦战争是在从蕲县至陈城（郢陈），即淮水流域西北部的颍水和睢水流域展开的。本书将这一地区称为颍水、睢水带状地带。与情报稍微滞后、真假信息混杂的泗水流域的刘邦相比，在颍水、睢水带状地带和泗水系月牙形水乡山泽地带交会处的韩信能更快、更准确、更直接地得到各种信息。

早期抗秦战争被章邯镇压之后，新的战场便移到了泗水流域。

在泗水流域分布着项梁击败秦军的东阿，彭越作为根据地的钜野，刘邦揭竿而起的沛县，张良隐匿的留县，被拥立景驹为楚王的秦嘉占领、后来又被项羽定为西楚首都的彭城，项梁和项羽曾转战过的下相，韩信的故乡淮阴等与秦楚战争的重要英雄们有着紧密联系的这一地带，即本书所谓的泗水系月牙形水乡山泽地带。

反秦战争的主战场从旧楚地的淮水流域向楚地东部泗水流域转移的情况随时都能传入韩信耳中，但这些信息自然也是鱼龙混杂的。

这些信息虽在韩信的脑海中显得有些杂乱，但他也开始形成

## 第十八章 韩信活跃的舞台

了一定的概念。新的信息与这种概念发生任何关系都会左右韩信行动的取舍与选择。

韩信对这些信息总是非常认真地倾听，但却很少与提供信息的人或其他友人谈论。素来沉默寡言的韩信，即使偶尔发表一些感想，也会被淹没在众多饶舌者的聒噪之中，他在大脑中经过反复推敲得出的对时局的正确判断与透彻认识，也会被视为吹牛而成为笑柄。韩信变得更加沉默，他与在同夏侯婴、卢绾等人的谈笑风生中勾画天下蓝图的刘邦形成了鲜明对照。

韩信也算得上一名任侠之徒，这可从南昌亭长接受他寄居家中数月之久、与项羽军中猛将钟离昧交情匪浅等方面来推测。南昌亭长之所以接纳韩信，是因为他常常能正确地分析、判断时局。韩信回报亭长之物胜于所得，他没有必要感恩。后来韩信以楚王的身份据有包括淮阴在内的领地时，特意招来那个亭长并赏给他"百钱"。即使在当时，"百钱"作为楚王报答以往恩情的酬金也实在是个小数目。

"你是个小人，好不容易帮了别人，却在中途又将人家赶走。"韩信如是说。

当被南昌亭长逐出家门的韩信在淮水河边以钓鱼充饥的时候，一位洗衣女因怜悯他而送给他一些食物。在后来的数十天中，洗衣女天天给韩信送来食物。韩信表示日后定当重谢，但那位女子却生气地答道："我这么做，并不是为了得到你的酬谢！"成为楚王之后，韩信以"千金"答谢了这位女子。

从前吕不韦把千金交给当时在赵国为人质的王子子楚，即后来的秦始皇之父，从而成功地帮他登上了秦王宝座。韩信以同等的酬金给了洗衣女，履行了他从前的诺言。

这种爱憎分明的做法非常符合韩信的性格。这与在各种场合下随机应变的刘邦截然不同。韩信有他自己的信条与道德观，不会因时间的变化而改变。青年时期的韩信就平静、坚定地相信自己终会成为楚王之类的人物，从那时起，他就做出一副楚王的样子，而到真正成为楚王之后，他仍然以年轻时的价值观待人接物，不改初衷。

韩信身材魁梧，在普遍比较矮小的楚人中间，他那健硕挺拔、腰佩长剑、漫步街头的英姿显得格外耀眼。

一天，当韩信正在淮阴街头一个集市上漫步的时候，数名地痞流氓拦住了他的去路。其中一人对韩信说："别看你身材高大，腰佩刀剑四处招摇，内心却是个十足的胆小鬼。"

地痞流氓们更得寸进尺地说："如果有种，你就拿着刀剑刺我；如果不敢，就从我的胯下爬过去。"

韩信盯着这帮地痞流氓看了一眼，一瞬之间，地痞流氓们的神情开始显出了慌乱与恐惧。但就在此时，韩信却慢慢弯下了硕大的身躯，从地痞的胯下爬了过去。

这就是著名的"韩信受胯下之辱"的故事。

《史记》记载当时"一市人皆笑信，以为怯"。而韩信本人却处之泰然，他认为胸怀大志的自己理应避免陷入这些琐碎无聊的小事之中。

《史记》对人物成名前的逸闻进行了详细的描述，其中着墨最多的是项羽、刘邦、韩信和陈平，其次是张良、彭越和黥布。这些逸闻成为理解这些英雄豪杰的性格为人及其整个生涯的重要线索，尤其是韩信，他布衣时期的逸闻是一把了解其人生经历的宝贵钥匙。

## 第十八章 韩信活跃的舞台

刘邦派遣了以韩信为总司令的军团前往魏国。曹参、灌婴等优秀武将也参加了这支部队。

后来刘邦在给手下武将们论功行赏时,大家一致认为曹参的军功位居第一。灌婴在刘邦集团内部被评为与沛县出身的刘邦亲信——周勃、樊哙等人军功基本相同的武将。周勃和樊哙属于刘邦从小培养起来的武将,而灌婴却不同,他出身于距离沛县较远的荥阳。后来张良曾对刘邦的论功行赏提出异议,他说:"今陛下为天子,而所封皆萧、曹故人所亲爱。"因此,非沛县出身的灌婴能够在军功上与周勃、樊哙平起平坐,实际上他所立的军功很有可能远在此二人之上。

当时,韩信的军团中应该配备了最优秀的武将。但是,还应该有一些较为重要的保留。这是因为司马迁在《曹相国世家》的最后,对曹参的情况发表了自己的看法:

> 太史公曰:曹相国参攻城野战之功所以能多若此者,以与淮阴侯俱。及信已灭,而列侯成功,唯独参擅其名。

即相国曹参攻城野战的功劳之所以如此多,是因为他与淮阴侯韩信一起外战的缘故。韩信作为谋反者被诛灭之后,曹参一人独享了所有军功。这的确堪称一个极为公正的评价。

韩信率兵向魏国进发之后,魏豹在蒲坂集结大军,准备阻击从对岸临晋渡河的韩信军队。南流的黄河与东流的渭水交汇,在转而向东之前的河的东岸就是蒲坂。魏豹统治下的地区在向南奔流的黄河东岸的汾水流域。

南流的黄河河道十分狭窄,浑浊的河水在陡峭的峡谷中盘旋急流,适宜渡河的地点非常有限。在这一河段,如果由关中而至的话，从临晋至蒲坂几乎是唯一的渡河路线。

韩信在临晋竖起大量军旗，做出了集结船只和部队的假象，然后从上游的夏阳用木筏强行渡了河。

夏阳的对岸是注入黄河的汾水，沿汾水逆水而上就可以直接进攻魏豹的西魏国首都——平阳。

韩信首先攻占了位于魏豹军队驻守的蒲坂和西魏首都平阳中间的要冲——靠近盐池的安邑，安邑是河东郡郡府的所在地。仓皇返回进攻韩信的魏豹，中了严阵以待的韩信军的埋伏，吃了败仗，魏豹被降服。

顺便提一句，在班固的《汉书》中，留下了一段《史记》所没有的引人注目的记载。

因为魏豹拒绝了郦食其让他重返刘邦阵营的劝说，汉王刘邦便以韩信为左丞相，与曹参、灌婴等人一起攻打魏国。郦食其回来之后，刘邦与郦食其有过一段对话。

刘邦问道："魏的大将是谁？"

"是柏直。"

"那小子乳臭未干，不是韩信的对手。骑兵的将领是谁？"

"是冯敬。"

"他是秦将冯无择的儿子，是个贤才，但不是灌婴的对手。步兵的将领是谁？"

"是项它。"

"他不是曹参的对手。好啦，不用担心了。"

这里把汉的大将韩信与魏的大将柏直、汉的骑兵将领灌婴与魏的骑兵将领冯敬、汉的步兵将领曹参与魏的步兵将领项它三组将领的军事才能进行比较，因为汉军在所有方面都胜过魏军，所以汉军必胜无疑。这里描写了远离战场千里之外的刘邦详尽掌握战役细节的统帅风范。

这虽然是一段精彩生动的描述，但几乎可以断定，完全是后人的杜撰。它或许就出自班固本人之手。战争的胜负是由各种综合因素来决定的，并不取决于一种单纯的数字计算。事实上，决定汉军最终取得胜利的是韩信利用声东击西的战法，出其不意地从夏阳强渡，然后在安邑伏击了魏豹的军队。

杜撰这段对话的目的，首先是为了宣扬刘邦的军事才能和他对部下的了如指掌，其次是贬低后来谋反的韩信的功绩，并希望给予曹参和灌婴较高的评价。

这种篡改历史的苗头实际上在《史记》中已可以看到了。《史记》在正面描写这一战役的时候，当然是以韩信为主角，但在《外戚世家》中却留下了"汉使曹参等击虏魏王豹"的记载。即使"曹参等"的说法没有错误，但也已经出现了一定的偏差。

言归正传，接到韩信军队胜利的消息，刘邦又命令前赵国王张耳与韩信一起去攻打北方的赵、代两国。韩信攻打魏豹是在汉二年（前205年）八月，两个月之后的后九月（闰九月），韩信击败了代军。从夏阳到代的直线距离大约630公里。平均每天需超过10公里的急行军，其间，至少还包括了与魏豹、与代国夏说之间的战役。

韩信在取得对魏国的胜利之后，刘邦让他们挑选精兵送往荥阳，在对代国取胜之后亦如此。韩信每次获胜后，都会把精兵输送给刘邦，而自己却对剩下的弱兵加急训练，再去迎接下一场战斗。

在这两个月的时间里，韩信占领了太行山山脉与南流的黄河之间几乎相当于今天山西省的广大地区。

刘邦又向韩信下令去讨伐控制太行山山脉东麓的陈馀的赵国。

攻克代国的汉二年后九月的下一个月，即汉三年十月，受刘邦之命，韩信南下至太原，东行穿过井陉峡谷，准备插入赵国的心脏地带。

在韩信平定的相当于今山西省的地区与陈馀控制的今河北省地区之间，横亘着险峻陡峭的太行山脉，连接两地的是井陉峡谷。

连接山西太原和河北石家庄的井陉峡谷，号称天下之险，其狭窄的山道连绵不绝。陈馀集结了号称二十万的大军把守在井陉山口，严阵以待。

李左车向陈馀进言："听说，汉将韩信西渡黄河，俘虏了魏豹，生擒了我赵国派往代国的夏说，在代的阏与血战。如今韩信和张耳一起来攻打赵国。他乘胜而远离故土、深入敌方作战，锐不可当。"

李左车首先强调了韩信远征军的长处，但是，远征军自然有它的弱点："远离故土千里之外，孤军奋战的军队很难保障给士兵补充足够的粮食，而且，在敌占区勉强收集的柴火，也无法让士兵吃上像样的饭菜。"

李左车还注意到远征军在辎重补给方面存在的弱点："井陉之道，车辆无法并行，骑兵也不可列队行进。细长的队伍在数百里的狭长山谷中行进，运送食粮的辎重部队必然会被安排在队列的尾部。请足下给臣三万奇兵，臣从小道切断其辎重部队与作战部队之间的联系，足下深沟高垒，加强防御而不与其决战，迫使韩信进不能战，退不能还，臣率领的奇兵截断韩信军的尾部，其粮食补给就会非常困难。不出十日，便可献上韩信和张耳两人的首级。"

李左车的意见实在是中肯。

但是，身为儒者的陈馀一向自诩自己的军队为"义兵"，不好玩弄阴谋诡计。他说："我听兵法中说，十倍于敌人则围之，两倍则与之战。现在韩信军队号称数万，实际不过数千而已。他们千里迢迢来攻打我军，现在一定疲惫不堪。如果今天避而不战，今后真来了大军，又将如何？诸侯们会以为我怯战，日后定会轻视并攻打我。"

韩信因担心在进入井陉峡谷之后辎重部队会受到攻击而犹豫不前，特派奸细去打探情报，得知陈馀的战略之后，韩信大喜。

如今，太行山脉已变成了秃山，但当时，不要说在缓坡上，就是在高高耸立的悬崖绝壁上也可见星星点点的绿色。经过白天在阴暗弯曲的峡谷中行军，在距离出口井陉口三十里，即一日行程可达的10多公里处，韩信下令驻军扎营。

深夜，韩信让两千名轻骑兵各拿一杆赤色旗帜，沿着小道来到可以俯视赵军的山上隐藏起来。

"决战的时候，我军佯装败退。赵军见我军败走，定会倾巢而出追赶我们，趁此时机，你们迅速进入赵军壁垒，拔掉赵军旗帜，竖起汉的赤旗。"

韩信又给了这两千人少许便餐，说："打败赵军之后，大家再饱餐一顿！"

当时诸位将领根本不相信韩信之言，只敷衍地应了一声"诺"。

韩信又选出一万名士兵令其先行，在河的对岸布下背水之阵。背水之阵是兵法中的大忌。诸将认为如果受到了赵军的攻击，他们将会在没有逃生之路的情况下遭到全歼，因此感到万分恐惧。

韩信却说："赵国已占据有利地形作为防御，他们想凭借地利进行决战。他们准备等我军出了峡谷，再依靠人多势众在平原地带一举歼灭我军。因为他们害怕我军重新撤回峡谷进行抵抗，大军无用武之地，所以未见我方大将旗标，他们不会轻易出击。"

赵军看到韩信的一万名士兵布下了背水之阵，以为韩信不懂兵法，便开始大声嘲笑起来。

黎明时分，韩信竖起大将旗标，击鼓进军，出了井陉口。赵军打开军门，准备已久的军队发动了大举攻势。经过一段时间的激战后，韩信军队故意丢下旗标，向布下背水之阵的友军方向仓皇败走。赵军不知是计，以为自己已经获胜，为了求得战功，全军都争先恐后地跑出壁垒奋力追击。

韩信军队现在就是一支背水之军，根本没有退路。乘着赵军与拼死决斗的韩信军队展开激战的间隙，两千名轻骑兵迅速冲进赵国的壁垒，拔下赵军旗帜，换上汉军赤旗。赵军见无法攻破韩信的军队，准备暂时退回壁垒的时候，却发现两千杆赤旗在壁垒上方迎风飘扬。

遭到突袭的赵军误认为赵的将军已被汉军全部俘虏，一时方寸大乱，开始溃败。诸将虽斩杀逃兵，想要重整旗鼓，此时却已成不可收拾的残局。韩信军队借势两面夹击，结果大破赵军。陈馀也在向南逃窜100多公里的钜鹿北部的泜水河畔被杀。

战斗结束之后，韩信军的诸将献上敌军首级和俘虏，大摆庆功宴。

诸将问韩信："兵法上说，布阵要右后靠山陵，左前对水泽。将军则与之相反，布下背水之阵，而且又说打败赵军后一起会餐。

## 第十八章 韩信活跃的舞台

当时我们并不服气，但结果却取得了胜利。这是何种战术？"

韩信答道："这也在兵法之内，只是诸君未察觉而已。兵法不是说'陷之死地而后生，置之亡地而后存'吗？我从荥阳带来的精锐部队基本都送回汉王刘邦身边了，现在我率领的大多是在魏、代战役获胜后征召的新兵。这就像在指挥一帮乌合之众作战。只能把他们置于穷途末路的绝境，让他们豁出性命去死战，除此之外别无良策。只要给他们留下逃亡的一线生路，大家便会仓皇逃窜，结果将一事无成。"

"原来如此，完全明白了。我们真是望尘莫及。"

面对诸将的提问，韩信并未故弄玄虚，而是坦率回答、耐心解释。

韩信在短短三个月的时间里，长驱直入，先后攻克了魏、代、赵三国，从而使华北的形势发生了巨变。究竟是一鼓作气，乘势进攻剩下的燕、齐两国，还是暂时巩固加强在魏、代、赵三国的统治？或者放弃进攻同样在对抗项羽的齐国，直接南下去给项羽施加压力呢？对于韩信来说，制定下个行动目标成为重要的课题。

韩信诚恳地礼遇为陈馀献策的李左车，虚心向他求教。起初以败军之将不言兵为由而断然拒绝的李左车发现韩信是真心尊重自己，这才开始发表看法。李左车的建议是，韩信军队的强大已传于天下，而实际上，此时士兵们却疲惫不堪。应该首先休整养兵，把精力放在加强对赵国的统治上。同时向燕国派去使者，迫使燕国屈从，等燕国屈从之后，再派人出使齐国。这是要充分利用名动天下的韩信军威的策略。

韩信采纳了李左车的建议，首先成功地迫使燕国服从。他又向刘邦派去使者，恳请任命张耳为赵王，这个请求得到了批准。

当时，黄河在距现在的入海口西北150公里左右处注入渤海湾。在其与现在的黄河河道，即当时的济水之间，分布着面积广大的低湿地带，这里的人口十分稀少。

在黄河以南地区，其东半部为齐国占领，西半部在楚国的控制之下。以前，黄河以北的华北平原地区基本以易水为界，南部为赵国占领，北部为燕国占领，如今，黄河以北的整个大平原地区都已置于韩信的掌控之下。

顺便提一句，燕太子丹送别暗杀秦始皇的刺客荆轲之时，也是在易水河畔道别的。在那个时期，易水就是燕国南部的国境线。

韩信占领黄河以北地区之后，项羽时常派奇兵渡过黄河来攻打赵国。韩信一边安抚占领地区，一边向南派兵阻击敌军，还要征召新兵为荥阳的刘邦补充兵力。韩信就像一头吃着干草挤出乳汁的奶牛一样，将征来的新兵先放在自己的军中，将其训练成老兵之后再送至荥阳，不断支持着刘邦的军队。

向曾在汉中的南郑认真倾听并采纳自己的计谋，并给予自己与大王同等待遇的刘邦奉献一切，这在韩信看来是理所当然的事情。在大大小小的战斗中，运用高超的战术，以弱胜强，让韩信体味到了前所未有的喜悦和人生的意义。

在此期间，关中的萧何也接连不断地向荥阳运送兵员和物资。但是，荥阳的刘邦军队却没有什么大的作为。

# 第十九章 荥阳的攻防

在前文中，我们用鮟鱇鱼鼻尖上吊着的肉饵来形容被项羽楚军围击的荥阳一带的刘邦军前线据点，非常形象生动。

如前文所述，此时刘邦军中自芒、砀根据地以来组成的嫡系部队的占比已经非常有限，与之相对的，本为刘邦敌国的关中三秦地区的士兵却在刘邦军中占据了很大比例。因萧何将秦地的老幼都送至荥阳，所以关中三秦地区出身的残兵们陆续汇集至此，刘邦军队虽一时士气大振，但就其战斗力而言，根本无法与彭城大战后以楚人为主的项羽的精锐部队相抗衡。

在韩信指挥荥阳防卫的初期阶段，刘邦军还曾在野战打败过项羽军，但自从韩信去讨伐魏豹以后，留在荥阳的刘邦军却仅限于守城战。

刘邦占领荥阳抵御项羽的战略本身是高明的。

刘邦年轻时带民夫去咸阳出差经过荥阳的时候，就已经感到这里是内陆地区水运与陆运的枢纽，是黄土高原和华北平原地区物资交流的结点。

而且,在彭城惨败之后,如果直接逃入关中的话,就会陷入秦王刘邦与楚霸王项羽对抗的局面。如果控制了河南郡,再能保住与河内郡隔岸相望的荥阳,至少可以在形式上保有统领三秦、河南、河内五诸侯八郡,又与魏豹同盟的大王地位。竭力保住这个名义上的地位,是刘邦在天下局势的变化中处于主导地位的必要条件。

于是,如前文介绍过的一样,在韩信取得奇迹般的胜利之后,他控制了战国时期魏、韩两国在黄河以北以及整个赵国的领土,刘邦借此成为统治比五诸侯八郡之地更为广阔地区的大王。

如果按照《史记》年表来看,韩信打败赵国的陈馀是在汉三年(前205)年初的十月,也就是说,彭城溃败大约半年之后,韩信就控制了这一广阔地区。而且如上文所述,韩信在外征战的过程中,接连不断地将手下精兵输送到刘邦的身边。

关中的萧何也陆续向荥阳运送兵员和物资。在此期间,刘邦在荥阳的军队迅速得到增强,但他们却并没有什么大的作为。

据《史记·高祖本纪》记载:

> 汉王军荥阳南,筑甬道属之河,以取敖仓。

敖仓是秦朝为大量储存粮食而设置的粮仓。在储存大量由水路运至的粮食时,为保持干燥,敖仓都修筑在河岸的小高坡上。为了取敖仓的粮食供应荥阳,刘邦修筑了甬道。所谓甬道,就是为了保障安全而在两侧筑起防护墙的道路。

在持续大约半年的攻防中,这条甬道时常被项羽军队切断。项羽逐渐减少了与田横交战的频率,而把战争的矛头直接转

## 第十九章 荥阳的攻防

向刘邦。从田横的角度来看,因为韩信打败了自己的盟友——赵国的陈馀,控制了黄河以北的地区,所以产生了如何应对的新问题。项羽与田横之间的紧张气氛出现了缓和的契机。

在项羽的强攻之下,刘邦军队遭遇了大麻烦。甬道陷入瘫痪,项羽一举包围了荥阳。

如此一来,刘邦几乎无计可施,一筹莫展。视刘邦为楚人叛徒的项羽的士兵们群情激昂,士气旺盛,韩信也无力渡过黄河来歼灭项羽军队,以解荥阳之危。韩信在攻打西魏、代、赵三国的时候,基本都是只要打败了国君与其身边的势力,战斗就宣告结束。但此时的楚国却不同,楚国上下同仇敌忾,连民众都成为反汉的力量,在他们眼中,汉就是卷土重来的秦。

在荥阳遭到围困,成为孤城之后,萧何也束手无策。单纯只是确保关中发挥提供兵源与补给基地作用的萧何,身边没有一名像样的武将,而且从函谷关经狭窄的山路向东方输送援兵本身就是一个极为冒险的赌博行为。

刘邦绞尽脑汁,在走投无路之下,向项羽提出讲和。但与在鸿门亭的降服不同,此次讲和附加了荥阳以西为汉、以东为楚的条件。

据《史记·项羽本纪》记载,项羽本打算接受这一条件与其和谈,却遭到了范增的反对。范增认为,现在打败刘邦易如反掌,如果这次再心慈手软地轻易放过他,日后一定追悔莫及。因此,项羽改变了主意。而《史记·高祖本纪》只简单地提了一句,称项羽没有接受这次讲和的条件。

在《史记》的描写中,范增作为项羽阵营的首席智囊,因为认为刘邦早晚要成为天子,所以坚持主张要除掉他。反之,项羽却被描写为虽刚毅勇敢，但常常轻易就中了刘邦圈套的无能之辈。然而，尽管范增一直扮演劝诫项羽愚蠢行为的角色，但在史料中，除了起义初期他曾奉劝项梁打消自立为楚王的念头，而去寻找并拥立战国楚王的子孙为王之外，却再未见他提出过其他任何具体的方案。这与对刘邦阵营智囊——张良、陈平、韩信等人的描述截然不同。

这大概是因为《史记》直接采用了在其成书之前就已形成的以范增作为预言刘邦将登上帝位的丑角形象来编纂的故事。既然连敌方的智囊都预言刘邦将会成为天子，这难道不是证明刘邦具有正统性的一种手段吗？

从这种状况来看，项羽很有可能一开始就拒绝了刘邦的请求。因此，同样是《史记》的记述，《高祖本纪》的记载是真实的。

刘邦陷入了一筹莫展的困境，而帮助刘邦摆脱困境的人是陈平。

我们曾在第十七章中谈到，陈平在脩武加入刘邦军队的时候，由于刘邦任命他为监督全军的护军都尉，因此招来长年跟随在刘邦身边的武将们的强烈愤慨，而在彭城惨败之后，刘邦在荥阳集结各路兵马之时，又提拔陈平为副将军。

这次，诸将同样没有保持沉默。灌婴、周勃等元老级武将接连不断地在刘邦面前诋毁陈平。

"平虽美丈夫，如冠玉耳，其中未必有也"。他们说陈平曾经与嫂子通奸，他在魏、楚两国都未得到信任，最终才来降汉，其举止十分可疑。而且陈平"受诸将金，金多者得善处，金少者得恶处"，他根据贿赂的多少来决定手中的人事安排。

"陈平是个反复无常的乱臣贼子！"灌婴、周勃等人向刘邦控诉道。

如此一来，连刘邦也开始怀疑起陈平，他找来陈平的引荐人魏无知，并向他责问。无知答道："臣向大王推荐的是他的才能，而陛下询问的是他的品行。现在即使我推荐了竭力守约、力行孝道的高尚之人，却无助于决定战场上的胜败，这种人对陛下也没有用处。臣推荐的是善出奇谋之人，关键的问题是他的计谋是否真正有利于国家，至于他与嫂子通奸、接受贿赂之类，都是些微不足道的琐碎小事。"

刘邦又招来陈平，向他直接问道："先生替魏做事不成，仕楚又不成，现在跑到我这里来，这是诚信者的做法吗？"

陈平答道："臣侍奉魏王，但他未听取我的意见，因此臣离开魏去侍奉项王。项王不能相信他人，他信任的不是项氏家族之人，就是妻族的兄弟们，即使有奇谋之士也不能任用，于是臣离开楚。听说汉王知人善任，便来投奔大王。臣身无分文地来到这里，没有钱财就没法做事。如果臣的计谋有可用之处，请大王采用；如果认为无用，那些钱财都在这里，将全部奉还，我也会引身而去。"

刘邦向陈平致歉，又将他护军都尉的官职升为护军中尉，仍然让他监督全军。诸将这才停止了争吵。

陈平玩弄权谋是理所当然的事，他的做法不但受到了肯定，而且还赢得了刘邦的信任。陈平正是刘邦所需要的心腹之人。萧何和韩信驻军在外，他们尽忠职守地辅佐刘邦。而陈平则不同，陈平就在刘邦身边，作为刘邦幕后的影子，成为他统一天下的得力助手。

言归正传，刘邦讲和的要求遭到项羽的断然拒绝。在粮草断绝、荥阳被围的情况下，刘邦军队陷入了困境。

刘邦向陈平求教。陈平指出，因项羽的性格缺陷而致使项羽集团在构造上存在弱点。他说："项羽对其部下的赏赐很吝啬，且不公平，同时易听信谗言。其结果，项羽真正信赖的人也不过范增、钟离昧、司马龙且和周殷等少数几个人而已。如果臣用数万斤黄金去进行离间，让他们君臣相互猜疑，楚军内部便会自行解体。此时汉军乘机发动攻势的话，定会打败楚军。"

刘邦认为言之有理，便交给陈平黄金四万斤。

战国末期，秦国欲利用离间计，谋杀阻止秦统一天下的核心人物信陵君时，使用了黄金一万斤，而刘邦此次却拿出四倍的黄金给了陈平，而且令其随便使用，从不过问如何支出。

结果，在陈平的离间之下，项羽产生了军中重臣有人在勾结刘邦的猜忌。为了确认事情的真相，项羽向刘邦军中派去了使者。实际上，项羽此时已经陷入了陈平等人设下的圈套。

项羽的使者到来之后，刘邦特意摆上丰盛的太牢宴，并与使者同席就座，但看到楚的使者之后，故作震惊地说："哎呀！我以为是亚父的使者，怎么是项王的呢？"于是，撤下了摆在桌上的太牢之食，换上了粗茶淡饭。

所谓太牢之食，是指天子和诸侯在举行社稷祭祀时供奉的牛、羊、猪等三种食材俱全的最高级食物。"亚父"是地位仅次于父亲的人的意思，是项羽军中最受尊敬的范增的尊称。

使者返回军营后，如实地向项羽做了汇报，项羽果然开始对范增大起疑心。此时，范增提出了一举攻克荥阳的建议，但开始怀疑范增的项羽惧怕其中有诈，没有答应。得知项羽对自己产生

## 第十九章 荥阳的攻防

疑心之后,范增非常愤怒,他说:"天下大事已定,君王好自为之吧,我告老还乡了!"

范增在返回彭城的途中,因背上生了毒疮,未至彭城便客死他乡了。

以上是《史记》记载的整个事情经过,事实也基本如此。但是,仅仅接待使者的态度变化,就能使项羽对范增产生疑心,这也把项羽描写得过于简单幼稚了,其实以往的中国学者中也有人对此提出过质疑。的确,如此幼稚拙劣的计谋,就连小孩子也未必能轻易骗过,竟然还被当作一大奇谋代代相传,这难道不令人发笑吗?因此,笔者推测,实际上刘邦阵营或许使用了更为阴险狡诈的手段离间了项羽与范增,但却隐瞒了实情,而一味地贬低项羽的判断力,由此产生了上文的说法。

在陈平使用离间计之后,刘邦暂时算松了口气。但是,围困却并未解除,粮食也消耗殆尽。在无法指望萧何增援和韩信救援的情况下,刘邦已成为一只坐以待毙的笼中之鸟。在这种困境下,陈平又献上了另一个奇策。

这个奇策是乘刘邦的替身在荥阳东门向项羽投降之际,刘邦本人从西门逃走,然后经过成皋直奔关中。

当然,项羽军队不可能被如此拙劣的伎俩轻易迷惑。因此,演绎一场世间少有的异常景象,然后让刘邦利用这一刹那的间隙成功脱险,这才是陈平的计谋。

针对这一事件,《史记》有多处记载,我们在此特引用最为简洁的《高祖本纪》的记述:

> 汉军绝食,乃夜出女子东门二千余人,被甲,楚因四面

击之。将军纪信乃乘王驾，诈为汉王，诳楚，楚皆呼万岁，之城东观，以故汉王得与数十骑出西门遁。

这些身披甲胄、排成队列被送出城外的两千余名女子是怎样被选出来的？又是怎样向她们解释当时状况的？她们是怀着怎样的心情跑出城外的？诸如此类问题，《史记》只字未提。而且在汉军突围之时，当楚军发现这支军队实际上是由女子组成的部队后，他们采取了怎样的行动，史料也未留下任何说明。

荥阳城的粮食已经消耗殆尽，城中的男女老幼或许都已做好了面对死亡的准备。作为牺牲品而献到楚军面前的这些女子也许感觉到了一丝生的希望。当已经厌倦了长期乏味的包围战的楚军摩拳擦掌、准备大战一场的时候，突然发现将要与之短兵相接的竟然是一群毫无抵抗能力的女子，整个战场肯定在一瞬之间陷入了异常混乱的魔鬼世界。就在此时，伪装成汉王的纪信乘坐着汉王的马车，出了城门。如果只是汉王的马车出了城门，楚军不可能立刻解除包围。但是，在上述混乱失常的状态下，当传出汉王投降的消息之后，整个楚军都放弃了职守，全部涌到东门。

在拯救了刘邦和汉军的这场大赌局中，有两位重要人物。

一位是装扮成刘邦向楚军投降的纪信。纪信是在鸿门之会时与刘邦一起从会场脱身的四名亲信之一。其他三人分别是樊哙、夏侯婴和靳强。就纪信假扮汉王出城投降的经过，《项羽本纪》中留下了较为详细的记载：

> 纪信乘黄屋车，傅左纛，曰："城中食尽，汉王降。"楚军皆呼万岁。汉王亦与数十骑从城西门出，走成皋。项王见纪信，问："汉王安在？"信曰："汉王已出矣。"项王烧杀纪信。

## 第十九章 荥阳的攻防

另一个人就是陈平。就陈平在此次赌局中的表现,《陈丞相世家》中留下了非常简单的记载：

> 陈平乃夜出女子二千人荥阳城东门，楚因击之，陈平乃与汉王从城西门夜出去。

通过上文简略的记述，可以得知这场赌局中的魔术大师是陈平，但却无法从史料中推测出当时"数十骑"的随从人员名单。只是可以肯定，樊哙、夏侯婴和靳强三人一定名列其中。此外，大概还有张良、郦食其、黥布和周勃等人。

当时，刘邦集团主要分为掌握关中入口的刘邦、关中的萧何，以及控制魏、代、赵的韩信这三大力量。跟随韩信的曹参、灌婴等人，在韩信占领赵国之后的一段时间里曾经返回到刘邦身边。因为关中似乎没留有像样的将领，所以在随刘邦和陈平一起从荥阳脱险的数十骑随从中，应该包括了相当一部分得力干将。

陈平的奇谋挽救了刘邦集团核心骨干们的性命。这不但加深了刘邦对他的信任，而且确立了他在集团内部的重要地位。

此时，刘邦把指挥荥阳守备部队的大权托付给了周苛、枞公和魏豹。魏豹虽一度背叛过刘邦，但让他担任守备部队的首脑，大概是为了达到强调部队被置于诸侯统率之下的效果吧。但是，周苛和枞公却以昔日的叛徒难与之共同守城为由，杀了魏豹。

刘邦平安抵达关中之后，又重新整编了东征军，准备重返荥阳。

就在此时，袁生为刘邦献上了一个重要计谋。"袁生"是指一个姓袁的名士。《史记》中有一个名叫袁盎的人的传记，其中有"父故为群盗"的记载。袁生大概就是袁盎之父。

袁生说:"汉与楚在荥阳对峙数年之久,汉时常陷入困局。如果君王出武关,项羽必会引兵向南迎击,而如果大王坚壁清野,与之展开持久战,我军在荥阳、成皋的战局就能够得到扭转。同时令韩信等巩固河北和赵地,联合燕、齐的势力,那时君王再去荥阳也不晚。如此一来,楚国只能多方应战,力量被分散,我方则能得以休整。之后再战,定会打败楚国。"

刘邦采纳了这一计策,沿进入关中时的路线逆行,进入南阳。随后,刘邦命令在南方颇有根基的黥布去动员各地的割据势力。

如果从当时天下的大局来看,荥阳周围的局势开始慢慢向有利于刘邦的方向发展了。因为在韩信的努力下,魏、代、赵等荥阳北部的地区已经置于刘邦统治之下。

因此,此时刘邦进入南阳,通过直捣项羽楚国侧腹的方式,开辟了新的局面。刘邦手下的黥布在楚国南部发展自己的地盘,使项羽不可坐视不管。

以从关中到中原的门户荥阳和成皋为中心,北有韩信,南有刘邦亲自统率,形成了刘邦势力三面夹击项羽楚国的局面。

至少从形势上来看,整个局势似乎一下子开始往对刘邦阵营有利的方向倾斜。但事实上,就连最重要的中央军都粮草匮乏,作为总指挥的刘邦本人也刚刚才死里逃生,如此状况下的整个刘邦集团依然脆弱无力,根本不堪一击。

而且,在抵达南阳的刘邦军中,除了数十骑久经沙场的勇将之外,都是在关中临时招募的新兵。当时关中的人口虽堪称占据天下的三分之一,但精锐士兵首先被章邯征用,其余又被刘邦在彭城大战中消耗殆尽,另外,在荥阳围困战中,萧何也已尽最大的努力从关中选派了援军。因此,能供突然逃回关中的刘邦组编成部队的,都是在体格和训练上极为劣等的士兵,关中的兵源终于枯竭了。

据《汉书·食货志》记载,这一时期,农民们普遍成为被征调粮食、强迫劳役,甚至被掠夺的对象,在这种状况下,一场可怕的饥荒开始疯狂地蔓延起来:

> 凡米石五千,人相食,死者过半。

粮食殆尽,一石米被标上五千钱的价格,这是相当于平时十倍左右的价钱。百姓间相互残杀,争食人肉,人口数量降至半数以下。

刘邦准许秦地百姓贩卖子女,让他们迁徙到蜀地和汉中去找活路。虽然这场饥馑究竟蔓延到何种程度不甚明了,但从刘邦令人们移居蜀地和汉中的情况来看,秦地的确已经呈现出一派人间地狱的惨状。

虽然出现了刘邦优于项羽的局势,但其内部依然存在着如此重大的问题,如果当时项羽放弃攻打前往南阳的弱旅刘邦军,而是乘势攻克荥阳、成皋,然后再进攻关中的话,大概会出现完全不同的结果吧。

项羽没有进攻关中的最大因素,是考虑到几乎完全控制了黄河以北地区的韩信有可能南下。如果项羽进入关中而韩信趁机南下,楚国的势力就会被分割为东西两部分。项羽大概是认为与其去冒这么大风险,不如先消灭刘邦,只要抓住刘邦本人,一切就会迎刃而解。

项羽放弃了进攻关中的策略,选择了直接攻打南阳的刘邦军。或许项羽认为打败进入自己领地西部的刘邦轻而易举。多年来为刘邦的计谋所玩弄、吃尽苦头的项羽的个人感情，应该是驱使他采取这一行动的最大理由，但是，他却犯了一个重大的战略性错误。

只需最后一击就可轻易攻陷关中门户的项羽，最终率领主力部队直奔刘邦驻守的南阳郡府——宛，但没想到，刘邦按照原定计划，避开正面冲突，深挖沟渠，高筑壁墙，展开了持久战。

在两军对峙的过程中，战局开始发生变化。一直受到项羽压制的彭越行动起来了。据《史记·高祖本纪》记载：

> 是时彭越渡睢水，与项声、薛公战下邳，彭越大破楚军。

下邳是与彭城直线距离约70公里的要地，我们在前文已经提到，张良在暗杀秦始皇失败之后，曾在这里潜藏了一段时间。

彭越原来的根据地在钜野泽周围，即本书所谓的月牙形水乡山泽地带的北端。现在彭越在这一地带的南端——楚的首都彭城附近大败楚军。为项羽军队镇压而转入地下的彭越在这里出现并打败楚军，表明其地下组织的活动已经扩散并覆盖到这一地区。

在此情况之下，项羽不得不解除对刘邦军队的包围，率军调头前去攻打彭越，刘邦乘机返回了成皋。

项羽击败了彭越，又转而向西攻陷荥阳，杀了受刘邦委任镇守荥阳的周苛和枞公。

我们已在第二章中谈到，当时，项羽非常赏识英勇善战的周苛，想将其收降，他对周苛说："到我的军中做一名将军，怎么样？我会任命你为上将军，并封你三万户食邑。"

面对项羽的正式邀请，周苛大骂道："你赶快向汉军投降吧，否则将成为汉军的俘虏！你根本就不是汉军的对手！"

## 第十九章 荥阳的攻防

盛怒之下的项羽把周苛扔进沸水烹杀了,同时也杀了枞公。

前不久,纪信自告奋勇地做刘邦替身而被项羽烧死。而如前文所见,非军人的随何豁出性命进行斡旋,使黥布加入了刘邦阵营。

刘邦确实牢牢地笼络了部下们的心,他们可以为了刘邦赴汤蹈火。这是刘邦无与伦比的制胜法宝。我们虽然很难解释刘邦如此得人心的理由,但是,刘邦集团的每一位成员恐怕都感觉到,正是刘邦赋予了他们生命的意义。

刘邦集团的大部分成员都出身于社会的最底层,而且是通过任侠关系结合起来的无赖之徒,这些一向被社会蔑视的人因为与刘邦生活、战斗在一起,突然摇身一变登上了领导统治整个社会的舞台。难道不是这种天翻地覆的变化赋予了他们生命的价值,培育了他们不惜用生命来捍卫刘邦的坚定决心吗?

项羽攻陷了荥阳,当他包围了由刘邦守卫的成皋之后,刘邦再次逃亡。《史记·高祖本纪》十分简略地记述了这一过程:

> 汉王跳(逃),独与滕公共车,出成皋玉门,北渡河,驰宿脩武。

滕公指的是夏侯婴。玉门是成皋的北门。在脩武驻扎着离开赵国首都南下、作为刘邦侧路援军的韩信军的大本营。

就这一事情的经过,《项羽本纪》的记述也大致如此,由于两部本纪的记载过于简略,我们无法得知刘邦当时为何只与御者夏侯婴一人一起从成皋脱险。

与从荥阳脱逃一样,刘邦的这一行为同样给他带来了巨大成果。但是，如果考虑到可能发生的危险，这绝不是一位王者在一般情况下所应该采取的行动。我们大概可以推测当时也同样发生了不得不让他铤而走险的紧急战况。

但是，刘邦此次的逃亡有着一个明确的目的。《史记·淮阴侯列传》对后来发生的事情有如下描述：

> 晨自称汉使，驰入赵壁。张耳、韩信未起，即其卧内上夺其印符，以麾召诸将，易置之。信、耳起，乃知汉王来，大惊。

军门内部的一切事务都由统率全军的将军来独自裁决，此所谓"军中闻将军令，不闻天子之诏"。"军中"与日常社会不同，它是只以军事需要为目的而组成的另一个世界，在日常社会中极为普通自然的行为，在这里却时常会受到处罚，甚至被处决。军中的大小事最终虽然由将军来决断，但也不能说一个小兵就完全不能行使这份权力。当时，刘邦或许随身携带着证明自己为重要使者的符节，但即使是特使，他也没有资格随便闯入正在就寝的将军的卧室，途中或许会遭到盘问甚至扣押。试想一下，如果韩信对刘邦存有半点贰心，对于刘邦的上述行为，完全能以"可疑分子"的借口加以处罚。看来刘邦具有完全掌控韩信的自信。

在韩信和张耳起床之前，刘邦以从他们的寝室中夺得印绶和符节的方式，完成了对韩信军队的人事调遣。刘邦命令张耳"北益收兵赵地"，命令韩信"收赵兵未发者击齐"。而刘邦本人的状况，《史记》记载如下：

> 汉王得韩信军，则复振。

刘邦命令张耳在赵国北部征发新兵，让韩信率领手下的新兵

## 第十九章　荥阳的攻防

前去攻打齐国，自己则掌控了韩信帐下训练有素的精锐老兵。

韩信乖乖地服从了这一蛮横的命令，踏上了东征齐国的征程。韩信之所以如此，一方面是因为他对刘邦有着一种皈依感，另一方面则是因为不断挑战艰难战役而获得的成就感，已成为他的精神支柱。

在派韩信去攻打齐国的同时，刘邦又立刻采取了另一措施。他派郦食其出使齐国，建议两国友好地建立同盟关系。齐国马上接受了这一建议。

齐国与刘邦断绝关系是因为刘邦在彭城大战中惨败而齐国"反"的缘故。但是，这里所谓的"反"字不过是齐国否认了刘邦拥有宗主权而已，实际上齐国最大的仇敌是项羽的楚国。

自田荣战败身亡之后，其弟田横率领残兵败将与项羽作战，多亏项羽转而与刘邦对决，才使他成功地收复了齐国以往的疆土。后来，他拥立田荣之子田广为齐王，自己以宰相的身份掌握了齐国的实权。齐国与刘邦有着共同的利害，对齐国而言，这次关系的改善期待已久，姗姗来迟。

韩信在东征途中的黄河渡口——平原津得知了汉齐言和的消息。韩信打算停止进军，但他帐下的说客蒯通却进言道："将军奉诏正式讨伐齐国，汉王暗中又派密使拿下齐国，但并没有下发中止讨齐的诏书，如果将军不按照正式的诏书去讨伐齐国的话，便算是抗旨犯上，因此，现在只能去攻打齐国。况且，作为使者的一介书生郦食其凭借三寸不烂之舌便可攻下齐国七十余城，而将军率领数万之众用一年多的时间才攻克赵国的五十余城。将军数年间的功劳难道不如区区一介书生吗？"

韩信采纳了蒯通的建议，从平原津渡过黄河，进攻齐国。

当时，齐国在接受刘邦提出的和解并联合抗击项羽的建议之后，全国上下沉浸在一派节日的喧嚣之中。他们以为如此一来，多年来项羽楚国的威胁将会解除，完全放松警惕的齐国在韩信军队进攻之前没有任何防备。韩信的军队从平原而下，一举攻克历城（今山东济南）之后，直奔齐国的国都临淄。

齐王田广认为郦食其背叛了自己，他愤怒地说："如果你能阻止汉军，我就让你活命，否则，我烹了你！"

郦食其的回答则非常有趣："办大事的人不会谨小慎微，有大德的人不会在乎责备，老子我不会再为你去说什么！"

这正如刘邦本人认为的，在统一天下的崇高事业面前，任何牺牲都在所难免，在统一天下的巨大价值面前，不需要任何多余的解释。为实现刘邦统一大业不惜舍弃自己生命的郦食其最终被烹杀了。

这里丝毫看不出郦食其对刘邦因疏忽而导致自己丧命所产生的怨恨。这位"好读书""家贫落魄"，曾沦落为看守里门的小吏，却不屑与当地乡绅行对等之礼，因得"狂生"之名的郦食其的形象跃然纸上。

刘邦或许对郦食其下达了和议达成之后立刻返回的命令，然而，郦食其游说成功后却未如预期：

> 田广以为然，乃听郦生，罢历下兵守战备，与郦生日纵酒。

和议结束之后，齐国举行了和谈成功的庆功宴。如果没有这场热闹的宴会，郦食其应该早已返回到汉王身边。但是，即便如此，刘邦或许并没有告诉他即使达成和议，自己也不会取消进攻的命令。

## 第十九章 荥阳的攻防

总而言之，刘邦欺骗了齐国。正因为如此，他才没有命令韩信放弃进攻齐国的计划。蒯通的判断是正确的。如果当时韩信停止了进攻齐国的军事行动，日后定会被追究违抗指令的罪责。

齐国的首都临淄很快就被攻陷，齐王田广一直溃败到潍水东岸的高密。潍水是在山东半岛向北流入渤海湾的河流。齐的国土是由包括泰山在内的高大雄伟的山脉与环绕在其周围的平原，以及山东半岛东部的低矮山系与环绕在其周围的平原这两大部分组成的，而潍水正好处在这两个区域的分界线上。

面对席卷齐国西半部广大地区的韩信军队，项羽派遣司马龙且为将军，率领号称二十万的大军救援齐国。

能否打败韩信，对改变项羽和刘邦之间的力量对比有着决定性作用。在荥阳和成皋眼看就要把刘邦逼至绝境的情况下，最终功亏一篑，令其得以脱身，而每次又会生出各种各样的麻烦。可以想见项羽是何等看重这场战役。

史书中记载这一时期最多的兵力是鸿门亭项羽所率领的百万大军，其次是刘邦在进攻彭城时率领的八郡五诸侯的五十六万大军，再次是项羽和刘邦最终决战时韩信率领的三十万大军。其他还有陈馀为对付韩信所动用的二十万大军，以及齐国的田间在历城为抗拒项羽和刘邦而预备的二十万大军。

从上述情况来看，司马龙且所率领的二十万大军，是一个国家在危急存亡时刻所能动用的最大限度的兵力。

但是，需要注意的是，除刘邦的五十六万大军之外，这里所列举的数字都附有"称"或"号"等字，这并未表示正确的兵员数字。

例如，项羽在鸿门亭所率领的百万大军，只是号称而已，实际只有四十万，当时与其对峙的刘邦的二十万人实际也不过十万而已。因此，刘邦在进攻彭城时所率领的五十六万大军似乎是当时能动用的最大兵力。在合理的"称"或"号"之中自然应该有它一定的标准，从相对的角度来看，确实带有某种客观性。

司马龙且原本是齐国的将军，因项梁曾在东阿救援齐王田荣的缘故，参加了楚军。他对刘邦和韩信欺骗齐国的行径极为愤慨。

司马龙且率二十万大军与韩信军相隔潍水对峙。

夜里，韩信命人用暗中准备好的一万余个沙囊堵住了潍水的上游。第二天一早，韩信率兵渡过潍水，与齐楚联军交战，然后佯装战败，引兵逃窜。见此情形，楚军争先恐后地奋力追赶，就在此时，韩信命人打开沙囊做成的堰堤，河水奔涌而至，于是，"龙且军大半不得渡"，楚军因而大败。

后来，当韩信向刘邦讨要齐国假王称号的时候，暴跳如雷的刘邦在张良和陈平的劝阻下应允的故事已众人皆知。

此前，刘邦派韩信去攻打齐国之后，自己率领从韩信手中夺得的精兵来到黄河岸边，准备渡过黄河与项羽军队交战。但后来采纳了郎中郑忠的建议，面对黄河以南的项羽军队，采取增强守备，既给对方施加压力，又要避免正面冲突的战略方针。同时，刘邦交给自己的总角之交卢绾和族人刘贾两万步兵和数百骑兵，让他们从白马津渡过黄河，进入楚地。

卢绾、刘贾与彭越联合，在燕县城郭的西部打败了楚军。燕县是旧南燕国之地，位于白马津的西南方，不是人们熟知的位于北方的燕国。就这样，卢绾、刘贾和彭越的联军攻克了项羽控制之下的"梁地十余城"。

　　他们每攻克一个楚军据点,就把楚军储备的粮食全部烧光。忍无可忍的项羽亲自率兵前去讨伐彭越,彭越难以招架,只好仓皇逃走。而刘邦则利用这一间隙,迅速渡过黄河,重新占领了成皋。

# 第二十章 陈下决战

韩信攻陷了齐国，在卢绾、刘贾军队的增援下，一直展开游击战的彭越也开始进行正规作战，这大大改变了原本以项羽为主导的天下形势。

在《史记·项羽本纪》中记载，项羽为讨伐彭越东征之后，刘邦率兵渡过黄河，重新夺回成皋，驻军在广武山，将敖仓控制在己方手中。项羽镇压了彭越，重新返回之后，在广武山分为东西两个阵营，与刘邦相持数月之久。

广武山分为东西两个部分，其间有山谷为界。人们习惯上称东广武山的城址为霸王城，西广武山的城址为汉王城，据说直到现在，当地的农民们仍时常能捡到当时的铁镞和铜镞。

韩信占领了魏、代、赵、齐，彭越的势力范围又扩展到整个梁地，天下的形势虽已明显地向刘邦一方倾斜，但以荥阳、成皋为中心的局部形势却并无太大改观。

刘邦在黄河以北的脩武经过一段时间的观望与休整，在时间

广武山。左为汉王城,右为霸王城。山谷指向黄河(© CPC.photo)

渐渐流逝的过程中,摸索到了可能制服项羽的方法,开始准备与项羽展开正面的决战。这体现了这位汉军统帅的胆识与气魄。

当然,这也是项羽求之不得的事情。就这样,这几个月的两雄正面对决,成为楚汉战争中最为精彩的场面。

当项羽撤离梁地之后,彭越又开始出来骚扰梁地,并切断了楚军的运输线。为此大动肝火的项羽搭起一个高台,将刘邦的父亲刘太公放在上边,开始对刘邦喊话:"现在你若不赶紧投降,我将烹了太公!"

刘邦答道:"我与项羽一起受命于怀王,'约为兄弟'。既然我们是兄弟,我的父亲也是你的父亲,如果你实在要烹了自己的父亲,也请分我一杯羹吧!"

项羽勃然大怒。原本在怀王手下时,项羽与刘邦地位悬殊,项羽是统帅项梁的侄子,而刘邦不过是项梁的臣下而已。两人根

## 第二十章 陈下决战

本不可能"约为兄弟"。

善于运用权术的怀王或许对全体部下说过"望诸君如兄弟般一起奋勇杀敌"之类冠冕堂皇的话，但是，因为来得过于突然，项羽一时倒无力反驳。

刘邦的回答实在绝妙，他在两军阵前宣布两人曾"约为兄弟"，因为当场无法推翻，所以项羽失去了烹杀刘太公的权利。

后人时常把上述事件作为刘邦对家人冷酷无情的具体实例，但笔者却不以为然。事实上，刘邦对父亲怀有强烈的敬爱之情。刘邦恰恰凭借他绝妙的应对能力，挽救了父亲的性命。

刘、项双雄终于可以在相隔不远的距离内对视了。自打从关中返回后，刘邦历经两年半的战乱，似乎终于要有结果了。只是眼前的这场战局却陷入僵持，不见进展。年轻人被迫服兵役，老人和少年们为运送物资而疲于奔命。在无法打破僵局的情况下，项羽又开始向刘邦喊话："天下汹汹，骚乱乏匮已持续数年之久，都是因为你我二人，我愿向汉王挑战，决一雌雄！"

刘邦大笑，一口回绝："我宁可斗智，而不斗力。"

于是，项羽派出壮士向汉军挑战。汉军中有位北方骑马民族出身之人，因其出生地而被称为楼烦。射箭高手楼烦先后射杀了三名前来挑战的楚军壮士。

项羽大怒，亲自披甲持戟前来挑战。楼烦正准备射他，项羽突然怒目圆睁，大吼一声，楼烦吓得浑身发抖，不敢正视项羽，再也不敢拉弓，赶紧逃回壁垒躲了起来。

刘邦问对手为何许人，答曰项王，刘邦大惊。既然项羽已亲自出来面对一名士兵，刘邦当然也不能置之不理。

刘邦站在城墙上，冲着山谷对面的项羽，列举了他的十大罪状：

始与项羽俱受命怀王，日先入定关中者王之，项羽负约，王我于蜀汉，罪一。

项羽矫杀卿子冠军而自尊，罪二。

项羽已救赵，当还报，而擅劫诸侯兵入关，罪三。

怀王约入秦无暴掠，项羽烧秦宫室，掘始皇帝冢，私收其财物，罪四。

又强杀秦降王子婴，罪五。

诈坑秦子弟新安二十万，王其将，罪六。

项羽皆王诸将善地，而徙逐故主，令臣下争叛逆，罪七。

项羽出逐义帝彭城，自都之，夺韩王地，并王梁楚，多自予，罪八。

项羽使人阴弑义帝江南，罪九。

夫为人臣而弑其主，杀已降，为政不平，主约不信，天下所不容，大逆无道，罪十也。

吾以义兵从诸侯诛残贼，使刑余罪人击杀项羽，何苦乃与公挑战！

其实，刘邦看似义正词严的指责，多半是基于形式逻辑的歪理。

刘邦指责项羽违背了怀王之约，这还算是一条言之有理的主张。但是，既然在鸿门之会上已经承认了项羽的领导权，而且也已正式表示降服，刘邦现在又拿它作为理由来指责项羽，实在有些牵强。如果项羽不是杀了卿子冠军宋义，率领楚军成功地救援赵国，恐怕怀王和刘邦也会遭到秦军镇压，作为叛逆者而被斩首示众吧。刘邦指责项羽在救赵获胜后没有向怀王复命，而刘邦本

# 第二十章 陈下决战

人在占领秦国之后，也没有向怀王复命的任何打算，反而以执掌盟约、号令天下的姿态，号召诸侯们到关中会盟。刘邦指责项羽冷遇战国王族的子孙，但项羽分封诸王之时，还真有几位战国王族的子孙受封，然而，后来刘邦夺得天下、分封诸王的时候，却并无一人为战国王族的子孙。

可以说，在刘邦指责项羽的众多理由中，除了暴虐之外，没有一条理由有确凿的根据。况且，项羽的暴虐也是在反抗秦朝暴政的过程中实施的，可以说刘邦等人是最终的受益者。

但是，此时的项羽虽怒不可遏，却并没有据理力争，也未给予应有的反击。结果，时至今日，刘邦的这些指责反倒被视为合理正当的了。

为刘邦精彩的演技所彻底击败的项羽满腔怒火，无法辩驳，只好突然拿出为预防刘邦使用卑劣手段而隐藏的弩弓，向刘邦射去。结果，项羽又扮演了一个卑劣下作的倒霉角色。

刘邦被射中胸部，但为了让部下们安心，他摸着脚大喊："这恶棍射中了我的脚趾！"

刘邦返回军营，躺在病床上，但张良执意要他亲自去慰问军中官兵。为了不让敌方得知刘邦受伤的消息，身负重伤的刘邦巡视军中，但因伤势过重，他并未返回汉王城，而是直接去了成皋。

在广武山相持数月的双雄对峙就这样结束了。

就在此时，项羽接到了司马龙且被韩信军击败的报告。他不禁惶恐起来，特派盱台人武涉前去说服韩信，劝他背叛刘邦，成为一支独立的力量，但未获成功。

这一时期，韩信的地位确实不稳。我们已在前一章中提到，在武涉到来之前，韩信就因要求得到齐王的封号，而让刘邦大发雷霆。

当时，刘邦在关中置社稷，在形式上以号令五诸侯的大王身份自居，即便韩信被任命为齐王，他也不可能与汉王刘邦平起平坐。刘邦同意任命与韩信同行却并未立过战功的张耳为赵王，却对任命韩信表现得如此不情愿。如果仅从韩信的功绩来看，无论如何都应该封他为齐王。

最大的问题是任命韩信为作为大国的齐国之王，这让刘邦感到了忧虑。在项羽和刘邦最后决战之际，韩信调动了三十万大军。这个数字远远超过了在阳夏固守城池的刘邦直属部队，不难推测，韩信的支援为十万疲惫不堪的刘邦军提供了强大助力。对于经常把精锐部队输送给刘邦，而自己却以新兵为主要力量迅速攻克魏、代、赵、齐等强国的韩信的军事才能，刘邦怀有嫉妒和恐惧的双重心理。

让刘邦无法容忍的是，未等自己任命，韩信就主动来索要那个已成为事实的齐王位置。

从另一方面来说，韩信视刘邦为知己，士为知己者死，这是男儿一生的荣耀。而且自彭城大战以来，他就开始对刘邦的军事指挥能力产生了疑问。韩信坚信欲完成统一天下大业的刘邦需要自己，如果没有自己，汉王将无法实现这一夙愿。

这是一个十分危险的征兆。韩信的内心与大脑之间是割裂开的。他的内心完全服从于刘邦，可以说，为刘邦排除一切艰难险阻是他生命的价值所在。但是，他的大脑却又认为刘邦的能力远在自己之下。

之前曾劝说韩信攻打齐国的帐下说客蒯通，以及现在项羽派来的武涉，两人都在竭力劝说韩信将内心与大脑合而为一。的

## 第二十章 陈下决战

确,如果此时韩信自立的话,他将拥有超过汉王刘邦和楚王项羽的强大势力。

但是,韩信没有这种权力欲。

韩信无疑是个军事天才,而且当刘邦在汉中裹足不前之时,他最早向刘邦提出应该争霸天下,并指出争霸的条件已经形成,他对政治的卓越判断力也由此可见。

在刘邦的军营之中,具有卓越政治判断力的还有张良和陈平。张良在天下大局及人际纠葛这两方面都展现了出类拔萃的判断力,而陈平则主要在后一种判断力上超群绝伦。在集团内部争权夺利的旋涡之中,陈平常常以明哲保身的原则,做出一个又一个正确的判断。

韩信大概是与陈平截然相反的人,在他天才般的政治和军事判断力中,却没有自我的元素。韩信可以正确地判断时局并提出切实可行的应对方案,但从未考虑到这一对策的执行结果会给自己带来何种影响。

刘邦从广武山退居成皋之后,战局一直处于胶着状态。虽然因韩信征服了齐国,天下形势开始向有利刘邦的方向发展,但是,从齐国的角度而言,韩信是用欺诈的手段窃取了齐国。要想齐国上下团结一心,形成进攻项羽楚国的态势,还需要一定的时间。

在长达一年的持久战中,使两方实力对比慢慢出现逆转的,是在以粮食供给为主的物资战线上的差距。刘邦阵营依靠的是虽已相对疲软凋敝,但却号称占当时天下人口和领土三分之一左右、经济实力"什居其六"的秦地。这一地区已完全掌握在萧何手中,物资运输处于安全顺畅的状态。

而楚军的运输线却常常受到来自彭越的威胁,彭越最终在砀郡一带确立了自己的霸权地位。彭越的势力范围已经扩展到从魏国大梁东郊的陈留、外黄至睢阳的广大地区,项羽的粮食供给线已危机四伏。

荥阳是黄河以南物资运输的重要枢纽,由北向南的黄河、济水、睢水以及鸿沟都是汇集到这一枢纽的水路。现在在这些水路中,北部的黄河、济水在韩信的控制之下,睢水则在彭越的控制之下,至此,从楚地来的补给路线的四分之三都已落入汉的手中。

尤其是睢水,因为它连接着荥阳和楚国的国都彭城,具有至关重要的意义。由于睢水处于彭越的控制之下,楚地几乎已陷入瘫痪状态。

在刘邦阵营之中,萧何、韩信和彭越在保持自己独立势力范围的同时,又服从于刘邦的统率,而在楚国能够按照自己的独立判断来行动的却只有项羽一人。唯有为巩固南方地盘而被派往淮南地区的周殷表现出一定的作为,但周殷也在汉派来的黥布的策反之下,在最后阶段背叛了项羽。

项羽坚信只要刘邦敢在自己面前直接对决,便可以打败他。正是在天下大势向刘邦有利的方向倾斜的这一时期,与刘邦在荥阳、成皋的战线是项羽最后的希望,也是他最终的赌注。

但是,由于彭越不断地骚扰后方,军粮正逐渐枯竭。如果不尽快歼灭彭越,连剩下的最后一次机会也有可能丧失,项羽陷入了进退两难的困境。

项羽叫来大司马曹咎等部将,把荥阳、成皋的防守任务交给他们,并一再叮嘱说:

## 第二十章 陈下决战

> 谨守成皋，则汉欲挑战，慎勿与战，毋令得东而已。我十五日必诛彭越，定梁地，复从将军。

这是一个极为郑重的嘱托。虽然是对自己的臣下，但项羽却使用了"复从将军"这样像对待上级般的郑重口吻。"毋令得东而已"，即只要楚军的防线不被攻破，就算作战成功。

项羽相信在自己前去讨伐彭越的日子里，只要能守住抵抗刘邦的阵线，楚军就会看到希望。但是，项羽这个近乎恳求的指令却没有被遵守。

刘邦军队果然多次来向楚军挑战，但都未得到楚军的回应。为此，汉军派人故意侮辱楚军，曹咎终于忍无可忍，立刻强渡汜水去攻打汉军。在楚军渡河途中，汉军发起了猛烈攻击，结果大破楚军，"尽得楚国货赂"，大司马曹咎、长史董翳、塞王司马欣都在汜水岸边刎颈自尽。

此时，项羽已在陈留、外黄打败了彭越的军队，到达了砀郡的郡府睢阳，得知楚军战败的噩耗之后，他慌忙返回。汉军将楚军勇将钟离眛围在荥阳以东，还差一步就要完全突破楚军防线的时候，项羽率军及时赶来，汉军"尽走险阻"，战局又重新进入了僵持阶段。

但是，时局已经发生了巨大的变化。项羽的军粮行将告竭，他在万不得已的情况下外出东征，岂料就在这一间隙，连仅有的粮草储备也被汉军抢光，他只好丢下已夺回的梁地仓皇返回前线。而且，之前一直忙于处理齐国内政而腾不出手的韩信，也正式投入对楚国的大规模作战中。项羽的处境变得更为艰难。

坚信能置项羽于死地的刘邦先返回关中，在首都栎阳召开宴会慰问父老,将败将塞王司马欣的首级挂在街市上示众。塞王之前的都城就在栎阳。

此次,刘邦在栎阳停留了四天。据《史记·高祖本纪》记载,当时"关中兵益出"。将塞王司马欣枭首示众,是为讨伐项羽举行的最后总动员。

这次战斗在所有的史料中,都是楚汉攻防战中具体描述的最后内容。但是,这次会战发生的具体时间,《史记·项羽本纪》认为是在两军最终和谈之前,而《史记·高祖本纪》认为是在大约一年前刘邦在广武山大骂项羽之前。

从当时整个战局的发展状况来考虑,曹咎等人的败北给了项羽军队最致命的打击,因此,笔者认为《项羽本纪》的记载更客观地反映了当时的状况,而且,刘邦将塞王司马欣的首级悬挂在栎阳街市的时间也可作为这一观点的旁证。枭首示众是做给与败将有关的民众们看的,如果经过一年的时间,败将的首级不可能完整保存,而且枭首示众的仪式效果也一定很微弱。

引发这场战斗,使楚汉战局进入最终转捩点的,是活跃在梁地的彭越。在项羽出外作战之际发生的这次战役,致使楚军失去军粮和装备,陷入了困境。刘邦向项羽提出了释放父亲刘太公等人的要求。据《史记·项羽本纪》记载:

> 是时,汉兵盛食多,项王兵罢食绝。汉遣陆贾说项王,请太公,项王弗听。

此时,汉方率先与项羽进行交涉大概是事实。但是,如果仅单方面要求释放刘太公,肯定无法进行谈判,所以,其中应该有某种交换条件，但任何史书中都没有提到这项交换条件。

后来，汉方又派一位名叫侯公的人提出了新的讲和条件，项羽接受了条件，同意释放刘太公。因此可以推测，在陆贾为使者的时候，也同样提出了某种条件，只是项羽没有接受才导致和谈破裂。

之所以做出上述推测，是因为侯公进行的和谈之中存在令人甚为费解的问题。

首先，是实际达成的和谈条件。对此，《史记·项羽本纪》记述如下：

> 汉王复使侯公往说项王，项王乃与汉约，中分天下，割鸿沟以西者为汉，鸿沟而东者为楚。项王许之，即归汉王父母妻子。军皆呼万岁。汉王乃封侯公为平国君。匿弗肯复见。曰："此天下辩士，所居倾国，故号为平国君。"

即汉王又派侯公去说服项王，项王便与汉签订了和约。主要内容是，双方中分天下，鸿沟以西为汉，鸿沟以东为楚，而且项王还释放了作为人质的汉王的父母妻子。

刘邦的母亲早已亡故，这里却说"父母妻子"，对此自古以来众说纷纭。有人说是指岳母，也有人说只是表示家人的一种习惯说法。

侯公提出的和谈条件，明确以鸿沟为界，将天下一分为二，其西部为刘邦的领土，东部为项羽的领土。

首先出现的问题是，在这个"天下"之中，是否包括韩信占领的赵国、齐国，以及鸿沟以东彭越活动的范围。如果按照文字来解释，赵国、齐国和彭越的活动范围都包含在以鸿沟为分界线的天下以东的范围内。即使强词夺理地声称赵国和齐国已保有一国的领土而不包含在内，那么，至少彭越的活动范围应该包括在鸿沟以东项羽的领土之内。因此，即使仅从这一点来看，和谈条件也是大大有利于项羽的。

其次是此次和谈的条件与一年多前刘邦陷入困境时所提出的和谈条件相对比的问题。因为上次和谈的条件是以荥阳为分界线，以西为汉，以东为楚，所以，以鸿沟为分界线的本次和谈只是把颍川和陈两郡归入汉方而已。如果考虑到战局变化，对比两次讲和的条件，不难看出此次由汉方向楚方提出的条件是大大有利于楚方的。

从上述分析中，我们可以推测出如下状况：

在这次交涉中，最先派陆贾提出释放刘太公等家人要求的时候，也应该提出了和谈的条件，但因为这个条件如实地反映了现实中刘、项双方的实力对比，对楚方非常苛刻，所以，和谈以破裂告终。但是，第二次侯公向楚方提出了完全反映刘邦强烈要求释放刘太公等家人的愿望而对楚方有利的条件，楚方才接受条件，使双方和谈成功，归还了被扣押在项营的刘邦所有家人。但是，后来刘邦却单方面撕毁了和约，前去追击遵循和约而撤兵的项羽军队。

《史记》与《汉书》在记载汉单方面撕毁由自己提出的和约时，都说这是刘邦听从了张良和陈平建议的结果。但是，从达成上述和谈的整个过程来看，我们可以推测，汉方从一开始就没有表现出遵守这项和约的诚意。

因此，前面引文中有关侯公的记载，应该解读如下：汉王封负责此次和谈的侯公为平国君，并将其隐藏了起来，使楚的使者无法与之再次会面。他对部下说："此人为天下辩士。他待在哪国，

## 第二十章 陈下决战

就会使哪国倾覆，因此封他为'平国君'。"

人们对该史料通常都解释为，在和谈之后，侯公就从刘邦等人身边隐去了，然而，侯公的所有行为都完全是在维护汉方的利益，因此，如果说他隐身而去，那只能是针对楚方。

即便笔者关于此点的解释或许还存在问题，但总而言之，因为迎回了刘太公等家人，侯公被封为"平国君"，即平定敌国之人。多亏了侯公的功劳，刘邦终于获得歼灭项羽的条件。

在一年多的时间里，刘邦对项羽的优势在起伏不定的博弈之中，随着时间的不断流逝而慢慢扩大。但是，只要刘太公等人在项羽手中，刘邦一方就无法迈出最后决战的一步。

汉四年（前203）的最后一个月，即九月，刘太公和吕雉等人终于回来了。下一个月，即十月，是汉五年的第一个月。在汉四年九月后的三个月，即汉五年十二月，项羽自杀。从这一期间形势发展所需要的时间来看，汉军开始追击楚军与"伪和约"的缔结之间，相隔应该不长。

与刘邦军进攻项羽军相关，存在着两个问题。

第一是既然已经提议缔结了和约，但又单方面毁约的问题。就这一问题，《史记》和《汉书》的记载都是刘邦原本打算忠实地履行和约，但后来因为听取了张良和陈平的建议，才决心讨伐项羽。但是，这只是给后人或外人的解释，或者说借口，因为在刘邦集团的内部，很难以因为张良和陈平的劝说而推翻了刘邦的正式决定来进行解释。

第二是仅靠刘邦单方面的力量不可能歼灭项羽的问题。如果没有彭越和韩信的协同作战，刘邦很难在平原战中打败项羽的军队。因此，有必要设定一个与彭越、韩信两军共同歼灭项羽的会师地点。如果项羽军队撤退到楚地后方，将很难彻底将其歼灭，相反，如果时间设定得太早，又无法保证彭越和韩信两军能够在约定的时间到达会师地点。况且，如果在缔结和约之后马上毁约，也很难给出让彭越和韩信接受的解释。因此，该问题与第一个问题也存在关联。

也就是说，由刘邦一方提出的和约被项羽一方所接受，但在刘邦家人得以返回之后，马上撕毁和约前去追击项羽军，不要说对彭越和韩信两军，就是对刘邦的直属部队也很难拿出具有说服力的理由。但是，这又不是在缔结和约与进攻项羽军之间，简单地设置一定的间隔时间就能解决的问题，况且这还会给予项羽军队在楚地重整旗鼓、东山再起的喘息之机。

这种难题是如何得以解决的呢？遗憾的是，目前并未留下可供考察的任何史料。在此，笔者想从各种可能性中来推测刘邦的解决方案。

在此次和约之中，规定了鸿沟以西是刘邦一方的领土，以东为项羽一方的领土，而且刘邦为了确认项羽忠实地履行协议，还做出了在他后面行动的决定。为此，刘邦一方面动员自己的直属部队，另一方面又通告彭越和韩信两军，命令他们做好万一项羽撕毁和约的战斗准备。

楚军返回东方的路线大致有沿济水、睢水或鸿沟而下的三条路线，但其中，沿济水而下的路线在彭越和韩信的控制之下，沿睢水的路线则必须从彭越势力的正中央穿过，因此，留给项羽的只有第三条沿鸿沟向东南而下的唯一一条路线。

这条路线是项羽剩下的唯一一条运输线，基本可以断定他会经这条路线返回楚国。然而，即使这条路线，也时常受到威胁，使项羽军队陷入"兵罢食绝"的境地。

这条路线的西侧是韩国的领土。

刘邦在攻打彭城的时候，曾封自己的部下韩信为韩王。这个韩王信是韩国王族的子孙，与现在已是齐王的楚国淮阴出身的韩信不是同一个人。韩王信与逃亡而归的刘邦军队会合，一起来到荥阳镇守。在刘邦以牺牲两千名女子和将军纪信的代价逃出荥阳之时，韩王信与周苛一起驻守荥阳。荥阳城被楚军攻陷之时，周苛因辱骂项羽而遭烹杀，韩王信则投降了项羽。

后来，韩王信逃离楚军，重新回到刘邦身边，刘邦不但原谅了他，而且又任命他为韩王，但这个韩王只停留在名义上，实际上他仍在刘邦麾下，参加了以成皋为中心的前线防御部队。

从这种状况来推测，虽然从名目上来说，鸿沟以西的韩国属于刘邦阵营的领土，但实际却不在其控制之下，可以说鸿沟以西的平原地区，是项羽可以勉强保持优势的地带。

另外，这条路线的东侧是彭越的控制范围。项羽在此次返回楚国之前，曾对彭越控制的领地展开了大扫荡。如前文所述，项羽与率领留守部队的曹咎等人约定自己将在十五日内歼灭彭越，他也的确很快平定了从陈留、外黄，东到睢阳一带的广大地区，但由于曹咎等人没有谨守命令而造成重大失策，致使留守部队在汉军的攻势下惨败。

由于项羽丢下了逐渐被平定的梁地，匆忙返回广武山战场，这一地区又立刻重新成为彭越的势力范围。据史书记载，彭越迅速攻占了以昌邑为中心的"二十余城"。而此前项羽攻克的梁地城池也不过是外黄以东的"十余城"，此时彭越的势力已扩大到远远超过项羽扫荡之前的广大地区。

此时此刻,已陷入困境的项羽竭力想避免再与彭越发生任何争端。因此,项羽军队应该是避开彭越重新占领的鸿沟东侧地区而经由鸿沟西侧,向东南方向撤退。对此,如果以项羽违犯了鸿沟西侧为刘邦领土的和约而进行谴责的话,就可以成为攻打项羽的理由。

在这条路线途中的鸿沟西侧,是曾为旧楚国首都与陈涉张楚政权首都的陈。如果在陈县附近攻打项羽军,他们就只能滞留陈县进行抵抗,而在这里让项羽军潜逃的可能性极低。

刘邦与张良、陈平经过深思熟虑之后,制定了联合彭越、韩信两军,在陈县对项羽军实施夹击的战略。于是,刘邦分别派人转告彭越和韩信,命令各部队集结到陈,大举歼灭违反和约而在鸿沟西侧行军的项羽军。

一直尾随在项羽军队身后的刘邦军谴责项羽违反和约,在距陈北部35公里的阳夏追赶上项羽军,并拉开了战争的序幕。首战是在刘邦驻扎的阳夏和项羽驻扎的陈的正中间的固陵打响的。彭越和韩信两军均未参战,刘邦军大败,只好退至阳夏固守城池。

刘邦曾对忠心耿耿的萧何的去留产生过怀疑,此时他最为惧怕的,应该是韩信的背叛。

如果说韩信迅速平定齐国是在刘邦设置的和谈圈套下取得的战果,那么,继在赵国一举歼灭陈馀二十万大军之后,又再次击垮项羽派来的由猛将司马龙且率领的二十万身经百战的精锐部队,这些赫赫战功可都是韩信凭借过人的战略天才获得的。

## 第二十章 陈下决战

如今如果韩信背叛刘邦而自立为王，历经三年楚汉战争蹂躏而日渐凋敝贫瘠的楚地会顷刻间成为韩信的囊中之物。如此一来，不仅项羽的势力宛若风中之烛，而且刘邦军与韩信军将在鸿沟之畔的陈直接对决。在军事才能方面，刘邦显然不是韩信的对手。而此时的韩信也与彭越一起，均未理会刘邦让他们集结至陈、共同歼灭项羽的号令。

为此，陷入窘境而深感焦虑的刘邦向张良问道：

诸侯不从约，为之奈何？

刘邦在此所说的"诸侯不从约"甚为有趣。显然这一时期，连刘邦本人也已感到自己无权向身为诸侯的彭越和韩信发号施令。

当时，彭越把从梁地二十余城征收的"谷十余万斛"送给刘邦，但对要他直接参战的邀请却回答道：

魏地初定，尚畏楚，未可去。

这里所说的魏地大致与梁地同义。终于占领的梁地仍然处于动荡不安的状态，彭越的选择在情理之中。

一斛相当于十斗，即百升。当时的一升大约为0.2公斤。如果假设十余万斛为十五万斛，就是300万公斤，即3000吨，这次彭越送给刘邦的粮食数量非常大。可见作为刘邦的同盟军，彭越已做出最大努力。

而史书中却并未留下韩信对刘邦的"约"做出何种反应的记载，其实，彭越只是刘邦的盟友，而韩信才是刘邦的臣下。身为盟友的彭越不但做出了反应，而且还给予了直接的援助，但身为臣下的韩信却无视指令，刘邦对韩信的看法自然会发生改变。

从韩信的角度而言，因为在占领齐国的过程中存在刘邦欺诈毁约的背景，他需要一定时间才有可能彻底清除齐国的不安定因素。此次刘邦又使用同样的伎俩来对付项羽，这大大影响了韩信的决断。

我们已在前一章谈到，在进攻齐国的时候，由于刘邦的欺诈行为，致使其正直诚实的部下郦食其被烹杀，成为牺牲品。司马辽太郎在其《项羽与刘邦》一书中提到，在韩信和郦食其之间有一种独特而奇妙的友情，不得不佩服杰出的文学家所具有的敏锐直觉。

韩信与郦食其，一位是天才般的武将，一位是耿直迂腐的儒生，两人生活在完全不同的世界，经历着完全不同的人生，但他们都拥有淡泊名利、无私无畏的性格，与众多被陈平形容为"顽钝嗜利无耻"的刘邦部下以及善于迎合权贵的陈平等人完全不同。郦食其成为刘邦玩弄阴谋诡计的牺牲品，而韩信却踩着他的尸体登上了齐王的宝座，这就像咒语一样缠绕着他，摧残着他的心灵。如今，刘邦又命令自己再次背信弃义，这使韩信的忠诚心开始变得淡漠。武涉的劝说与蒯通的忠告一定又重新萦绕在他脑海之中。

但是，作为一名政治家，韩信此时的举棋不定完全是一种幼稚且两不讨好的表现。韩信的势力已经发展到可与刘邦、项羽三分天下的地步，那么，留在他面前的就应该只有两条路：一条是立即按照刘邦的指令行事；另一条是斥责刘邦再次以背信弃义的方式对待项羽，建立自己独立的政权。

且说，对于刘邦的询问，张良答道：

## 第二十章 陈下决战

> 楚兵且破,信、越未有分地,其不至固宜。君王能与共分天下,今可立致也。即不能,事未可知也。君王能自陈以东傅海,尽与韩信;睢阳以北至谷城,以与彭越。使各自为战,则楚易败也。

据《史记》记载,刘邦接受了张良的建议,向韩信、彭越传达了上述旨意之后,两人立刻派兵前来增援。

赐予韩信的"自陈以东傅海"的领地,具体来说,基本相当于整个楚地;而赐予彭越的"睢阳以北至谷城"的领地,却是彭越凭借自己力量已经占领的整个梁地。

《史记》中所记载的张良的建议是否真实存在过虽然不得而知,但至少可以说,《史记》中记述的这一建议纯属诡辩。

刘邦保证把楚地赐予韩信、梁地赐予彭越,那么,已经被韩信控制的齐地归谁所有呢?

上次在韩信向刘邦索要齐国假王地位的时候,刘邦特意派张良去为韩信举行了真王的任命仪式,那么,如果刘邦此次真诚地履行自己的承诺,韩信就应该在原有的齐王的基础之上,再同时得到楚王的地位。

问题出在张良所说的"信、越未有分地"。因为此言为张良对刘邦所说,所以向韩信和彭越传达的也只是"授予韩信楚地,授予彭越梁地"的旨意。但是,身为齐地真王的韩信一定认为自己将领有齐、楚两地。

然而,等事成之后,刘邦从韩信手中夺回齐地,只将楚地授予韩信,而因为张良的"信、越未有分地"之言,这种毁约的行径至少在后人眼中变成了正当的行为。因此,《史记》所记载的张良的建议很有可能是事后加进去的。

韩信起初没有响应刘邦的号令，而后来又决定服从命令，这意味着他在迟疑之后又决定承认刘邦的主导地位。但是，刘邦却无法原谅韩信的这种迟疑。

解决完上述问题，为了围攻正将刘邦困在阳夏的项羽军队，韩信和彭越一定是马不停蹄地急行军。此时，项羽军队将陈城作为自己的大本营。

但不可思议的是，这一阶段刘、项两军对峙的战场突然冒出个"垓下"的地名。垓下是位于陈城东南部约260公里的一个小村落。

据《史记·项羽本纪》记载，得到了刘邦的承诺后，韩信和彭越都回复道："请今进兵。"便到达了"垓下"。此时，刘贾的军队、彭越的军队，以及听取黥布的劝说而背叛项羽的楚将周殷的军队全都会合在了"垓下"。

上述记载与《史记·高祖本纪》大致相同。

原本应该在楚国西部的中心城市陈城会师的刘邦一方的各支部队，为何要在距离此地约260公里的一个小村落处会合呢？

如果认真地阅读史料，谁都有可能产生这一疑问，但实际上，它却成了自《史记》成书两千年以来只有极少数优秀学者才注意到的"小问题"。

例如，曾任中国社会科学院近代史研究所所长的范文澜就当时的状况分析认为，项羽和刘邦决战的战场应该在追随而至的刘邦遭项羽反击而大败的固陵附近，即现在的河南省鹿邑县附近，这实在是个值得注意的独到见解。范文澜是位在中国古典学的各个领域都颇有造诣并取得过巨大成绩的实证派学者,他的见解绝不会是一时的突发奇想,一定是基于实证的根据,但由于当时范文澜把自己研究的重心转移到中国近代史领域,而他的这一见解也只是发表在他撰写的中国通史之中,并没有在学术界引起太大的关注。

近年,由范文澜的观点出发,北京大学的辛德勇对该问题进行全面分析之后,发表了具有划时代意义的见解。

辛德勇首先从当时的历史地理状况出发,重新对刘邦与项羽的决战很有可能是在阳夏附近展开的问题进行了认真细致的考证,同时又注意到,在《史记》中存在大量刘邦的部下们在陈或"陈下"参加对项羽的决战的记载。他指出,当时一般以"某下"的说法来表示在某一城市或某城之下的意思。因此,《史记》的《高祖本纪》和《项羽本纪》中记载的"垓下",应该是指与阳夏南部接壤的陈城的城下,即"陈下"。

如果当时项羽在"陈下",其北部有阳夏的刘邦军,东部有颐乡的灌婴军,南部有从城父进攻而来的刘贾和周殷军,形成了从三面包围陈城项羽军的态势。这个包围圈只在西部有一个缺口,但是,如果项羽向西逃亡的话,他就会完全失去他作为大本营的楚地,陷入更加被动绝望的境地。

辛德勇的这一见解正确地反映了当时历史和战争的状况,至此,以与当时的主战场陈城相距甚远的"垓下"作为项羽和刘邦最终决战地的旧说完全被推翻。

本书唯一与辛德勇见解不同的是,辛德勇认为鸿沟以西完全在刘邦的势力范围之内,"陈下"是指鸿沟以西陈城的附近之意。而笔者则认为,在鸿沟以西的韩国境内并未建立起刘邦的霸权地位,鸿沟附近的地区反而项羽处于相对优势,当时项羽就驻扎在鸿沟西岸的陈城之内。而且,如我们在后文还会谈到的一样,从历史文献学和文献批判的角度来考虑,以辛德勇的这一观点为起点,会产生出在同一部《史记》之中,为何存在将"垓下"与"陈下"同时作为项、刘二人战场的疑问。

在辛德勇的努力下,复原的最后决战的真相如图所示。

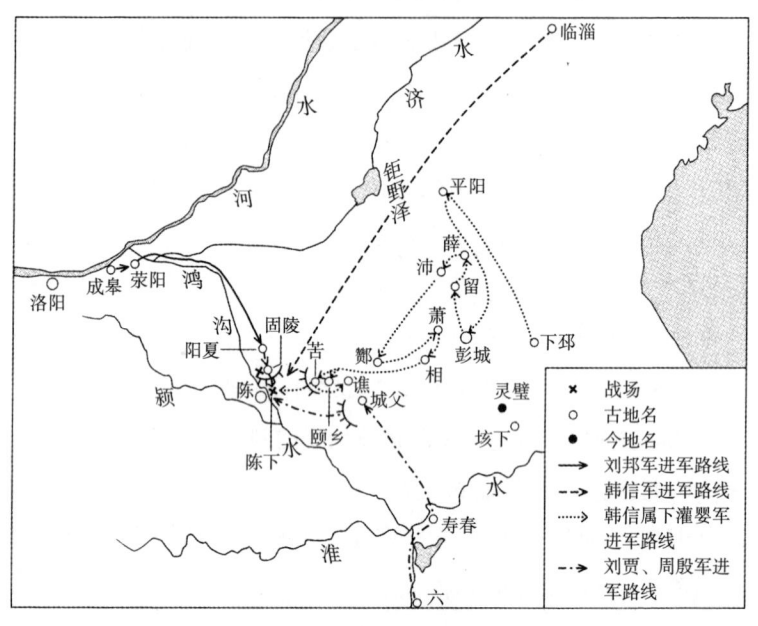

陈下之战。(辛德勇《论所谓"垓下之战"应正名为"陈下之战"》一文所附地图)

为遵守与刘邦签订的和约,项羽军从荥阳、成皋前线撤退,在沿鸿沟向东南方退兵的途中,遭到了刘邦军队的追击。刘邦军到达阳夏,并号令彭越、韩信、韩信手下的灌婴、刘贾、黥布、周殷等各路兵马向陈城周围靠拢,准备一举歼灭项羽军。但是,

## 第二十章 陈下决战

彭越和韩信两军并未参加这次战役,其他各路军马也是姗姗来迟。在这种情况下,项羽军在曾为旧楚国都的陈城重整旗鼓,在固陵向刘邦军发起了猛烈的反击,结果大败刘邦。

刘邦只好躲进阳夏固守城池,然后为敦促韩信和彭越两军参战,许愿将封两人为楚地和梁地之王,此招果然应验。刘邦在此之前已经许诺封黥布为淮南王,受黥布劝说而背叛项羽的周殷等也和刘贾一起从南部奔赴决战的战场。

据《史记·高祖本纪》记载,汉五年(前202)十二月,刘邦"与诸侯兵共击楚军,与项羽决胜垓下"。如前文所述,这里的垓下应指陈下。《史记·高祖本纪》对随后的战况记述如下:

> 淮阴侯(韩信)将三十万自当之,孔将军(孔熙)居左,费将军(陈贺)居右,皇帝在后,绛侯(周勃)、柴将军(柴武)在皇帝后。项羽之卒可十万。淮阴先合,不利,却。孔将军、费将军纵,楚兵不利,淮阴侯复乘之,大败垓下。

也就是说,当时,项羽军为韩信军所击败。在军事力量上处于劣势的项羽军在吃了败仗之后,只好躲进陈城固守城池。

陈城位于项城以北约40公里之处。项城是项氏祖先世代居住的地方,也是项羽度过幼年时期的地方。仅仅在五年前,项羽在赵地击败了眼看就要彻底镇压住关东诸国反叛力量的秦国名将章邯,从而为反秦力量创造了起死回生的机会,后来又在四年前以西楚霸王的身份号令天下,而现在,他在父辈世代居住的地方遭到了刘邦所率领的诸侯军的围困,陷入进退维谷的境地。

在《史记·项羽本纪》中留下了如下记载:

> 项王军壁垓下，兵少食尽，汉军及诸侯兵围之数重。夜闻汉军四面皆楚歌，项王乃大惊曰："汉皆已得楚乎？是何楚人之多也！"

刘邦军队的所有将士都在吟唱着委婉动听的楚歌。难道汉军已经占领了整个楚地吗？入夜时分，听着由四面传来的此起彼伏的楚歌，充满疑惑而难以入眠的项羽怅然坐在营帐内开始饮酒。

我们不妨把《史记》中流传下来的项羽与虞美人诀别的著名场面如实地转抄如下：

> 项王则夜起，饮帐中。有美人名虞，常幸从；骏马名骓，常骑之。于是项王乃悲歌慷慨，自为诗曰："力拔山兮气盖世，时不利兮骓不逝。骓不逝兮可奈何，虞兮虞兮奈若何！"歌数阕，美人和之。项王泣数行下，左右皆泣，莫能仰视。

当天晚上，项羽亲率八百骑趁夜突围，向南而逃。第二天黎明，察觉出来的汉军派灌婴率领五千骑奋力追击。

项羽渡过淮水，终于逃至位于陈城东南约280公里的东城，但却在这里刎颈自尽。汉军为邀功而争相抢夺项羽的尸体，"相蹂践"，以致"相杀者数十人"，最后有五人各得项羽的一部分尸体。于是这五人，即吕马童、王翳、杨喜、杨武、吕胜，因功受赏，被封为侯。

如果我们回顾一下整个战局，汉二年（前205）四月，在彭城受到项羽军毁灭性打击之后，刘邦一边潜藏在下邑、砀、芒的水乡山泽地带，一边重新整编部队，然后挺进由关东进入关中的

## 第二十章　陈下决战

门户——荥阳、成皋一带，并在这里布下了防御阵线，又在萧何由关中选送的援军的协助下，勉强在这一地区形成了可与项羽大军抗衡的态势。

后来，在汉三年（前204），整个战局由项羽的优势逐渐进入僵持状态。在两千名女子、纪信、周苛的牺牲下，刘邦从荥阳逃往关中，此时虽很微弱，但整个战局却开始发生转变。随后刘邦接受建议，放弃了重返荥阳、成皋战场的打算，进入南阳。趁项羽追击刘邦之际，彭越在梁地不断扩充自己的势力，这成为整个战局的第一次转机。

接着，返回成皋的刘邦又越过黄河，来到北岸的脩武，夺取为支持刘邦军队而远离赵国要冲之地南下的韩信的军权，将一部分部队交与刘贾和卢绾，令与彭越协同作战。结果，两人攻克"梁地十余城"，这成为整个战局的第二次转机。

顺便说一句，刘贾是刘邦的远亲，总角之交的卢绾是可以随便出入刘邦寝室的密友，正如"虽萧、曹等特以事见礼，至其亲幸，莫及卢绾"的记载一样，刘邦视卢绾为亲兄弟。刘邦在人事任命上一向采取人尽其才的能力主义原则，而到了此时，他已经有了可以任人唯亲的资本。

彭越与卢绾、刘贾的协同作战，极大地动摇了项羽在梁地的统治根基。趁项羽忙于讨伐彭越等人之际，刘邦又重新返回成皋，占据了广武山。项羽只好匆忙从梁地掉头，刘、项两军"俱临广武而军，相守数月"。从整个战局的发展过程来看，时间大致在汉三年（前204）的年末到汉四年年初之间。

参阅《汉书》的纪年，刘邦在汉三年五月从荥阳逃脱，从成皋进入关中之后，兵出南阳，引诱项羽军队，又趁项羽去讨伐骚扰梁地的彭越之际，在同月重新返回成皋。随后刘邦又在七月从成皋出逃，越过黄河，逃至脩武，成功地接管了韩信军队，重新壮大自己的力量之后，再次进入成皋。其后，刘、项两军在东西广武山对峙达数月之久。虽然《汉书》没有明确记载两军对峙开始的时间，但从其书写的方式来推测，大概是在汉三年九月前后。尽管我们无法完全相信《汉书》的纪年，但这一部分的记载正确地反映了当时的事态。刘、项双雄在东西广武山直接对峙的时期，大概是在从汉三年九月至汉四年十月或十一月的两三个月之间。

此时，刘邦在西广武山布阵，项羽在东广武山布阵，两者隔着一道今天以"鸿沟"为名的峡谷对峙。当然，这条鸿沟与两人订立和约时作为分界线的鸿沟不是同一个地方。在这里，刘邦凭借自己精湛的口才，痛斥项羽的十大罪状，使得项羽在盛怒之下将其射伤，扮演了一个卑鄙下作的角色。这次事件以各自不同的形式由小变大，逐渐开始影响两军的士气。

此后，因被项羽射伤，刘邦返回关中静养。在此后一年的时间里，樊哙作为将军，掌握着西广武山守备军的指挥权，与项羽继续对阵。在《史记·樊哙列传》中留下了"以将军守广武一岁"的记载。

截至此时，刘邦一直都在战争的最前线与项羽直接对峙。两者的交锋成为整个楚汉战争的主轴，刘邦是反楚势力盟主的证据也就在于此。但是，由于项羽暗箭伤人事件的发生，出现了即使刘邦暂时离开也不用担心会影响军中士气的局面。也就是说，项羽已经降至与刘邦部下樊哙对等的地位。就这样，在汉四年（前203）一年的时间里，刘邦退出了正面战场，这给他创造了可以冷静思考判断天下形势的条件。

# 第二十章　陈下决战

我们已在第十八章中谈到，在楚汉战争的余暇之间，刘邦在河南宫成皋台的后宫里偶尔听到管夫人和赵子儿的对话，突然召幸备受冷落的薄姬，结果生下了后来的文帝。虽然无法断定这个河南宫究竟是在成皋还是在洛阳，但大致可以确定，这段时期刘邦就已不再参与军事行动，而主要待在宫中过着奢华的帝王生活。

此外，刘邦与项羽直接对峙的战局周围也发生了重大变化。在汉二年（前205）年末左右，刘邦派韩信打败了魏豹，又在第二年年初攻陷了赵国。天下形势开始向有利于刘邦的方向发展。由于关中的萧何，荥阳、成皋的刘邦，魏、代、赵的韩信这三方势力遥相呼应，精诚合作，从大局来看，刘邦一方的综合实力已经超过了项羽军，而且萧何和韩信也一直在尽最大努力向刘邦军队输送兵员和物资。

汉四年年初，韩信又一举攻克了齐国，形成了三分天下的局面。此后，花费一年左右的时间，巩固了顽强抵抗汉军的齐国的统治基础之后，韩信开始正式步入对项羽作战的正面战场。由此，刘邦才终于迎来了自彭城大战惨败以来，历时两年半左右的楚汉战争的尾声。

终章

# 西汉王朝的建立与改写的历史

汉五年（前203）十二月，一直被称为"垓下之战"的陈下之战以汉军大获全胜而告终。据《史记·高祖本纪》记载：

> 斩首八万，遂略定楚地。

在陈城遭到毁灭性打击的楚军四处逃窜。刘邦率领诸侯一路讨伐楚军的残兵败将，到达鲁国之后，又返回定陶夺去了韩信的军权。《史记·高祖本纪》就当时的状况记述如下：

> 还至定陶，驰入齐王壁，夺其军。

就同样的史实，《史记·淮阴侯列传》的记载是：

> 项羽已破，高祖袭夺齐王军。

大概这个记载更接近实际的状况。

刘邦袭击了歼灭项羽军的最大功臣韩信的军队。笔者认为这是刘邦周密计划后的举措。刘邦亲自率领"诸侯兵"前去讨伐已经四处逃窜、没有任何抵抗能力的项羽军队其实是一个伏笔,这是为了防备诸侯们卷入其中,发生不测。

当然,如果正面发生冲突,双方都会伤亡惨重。因此,刘邦从表面上预先通告韩信自己将去拜访,然后率领少量军队直接进入了韩信的军营。

但即便如此,在汉朝正史的《史记》中仍然留下了"袭"的记载,这一点非常重要,即刘邦袭击了韩信军队,夺取了他的指挥权。

刘邦的权力欲、判断力及决断力都要远超韩信。自刘邦夺得韩信军队的那一刻起,他的权威就已经扩展到整个天下。

在陈下大捷之后的第二个月,即汉五年(前202)正月,诸侯将相们一致上书拥戴刘邦为皇帝。在《汉书·高帝纪》的记载中,此事由韩信、韩王信、黥布、彭越、吴芮、张敖、臧荼等人联名上书。这大概是事实。

对于诸侯与臣下们的上书,刘邦说:

> 寡人闻帝者贤者有也,虚言亡实之名,非所取也。今诸侯王皆推高寡人,将何以处之哉?

但群臣异口同声地说:

> 大王起于细微,灭乱秦,威动海内。又以辟陋之地,自汉中行威德,诛不义,立有功,平定海内,功臣皆受地食邑,非私之也。大王德施四海,诸侯王不足以道之,居帝位甚实宜,愿大王以幸天下。

后来，刘邦推辞再三，但诸侯将相不肯退让，刘邦"不得已"，只好说：

> 诸侯王幸以为便于天下之民，则可矣。

就这样，受到众臣拥戴的刘邦在"汜水之阳"登上了帝位。汜水之阳即定陶。从《史记》年表来看，时间为汉五年二月甲午。

刘邦之所以再三推辞，是为了分别确认天、地、人的意愿。这并不单纯只是谦让。通过群臣的意愿，确认了他登上帝位符合天的意志、地的要求、人的愿望。

随后，成为皇帝的刘邦立刻举行了分封诸侯的仪式。据《史记·高祖本纪》记载：

> 义帝无后。齐王韩信习楚风俗，徙为楚王，都下邳。立建成侯彭越为梁王，都定陶。故韩王信为韩王，都阳翟。徙衡山王吴芮为长沙王，都临湘。番君之将梅铛有功，从入武关，故德番君。淮南王布、燕王臧荼、赵王敖皆如故。

刘邦登上皇帝位，是诸侯将相们真心的愿望与恳求。他们希望登上帝位的刘邦能重新确认自己的地位，刘邦也立刻满足了他们的要求，分封了诸王。

当时，刘邦将"丹书铁券"赐予每位被封王的人。"丹书铁券"是用朱砂书写的铁契，是古代帝王赐给功臣世代享受优遇或免罪的凭证。陆贾的《楚汉春秋》留下其具体内容如下：

> 使黄河如带，太山如砺，汉有宗庙，尔无绝世。

即使人间万世如梭，奔腾汹涌的黄河细如丝带，高耸入云的泰山微如砺石,只要汉代的宗庙延续不绝,您的子孙将永远继承您的伟业。"丹书铁券"上记下了上述永世传承的誓约书。在庄严的仪式上,接受了"丹书铁券"的诸王个个感激涕零,更坚定了臣服于汉王朝的决心。据《史记·高祖本纪》记载:

　　天下大定,高祖都雒阳,诸侯皆臣属。

　　群臣请求刘邦登上帝位是在汉五年(前202)正月,而在定陶即位并迁都至洛阳是在同年的二月。自秦二世元年七月(前209年8月)开始的天下乱局,到了汉五年二月(前202年2月)才算停息。这是一场前后历时六年半之久的大动乱。
　　后来,曾被项羽封为临江王的共敖之子共驩发动了叛乱,但数月之后便被镇压,同年五月,刘邦准许被征召的士兵们解甲归田,重归故里,同时命令各地认真落实给这些士兵们的优惠待遇以及对有功之人的特殊恩典。

　　刘邦在洛阳南宫召集群臣,举行了盛大的宴会。席间,已表现出帝王气度,但又不失率真性格的刘邦询问群臣:

　　列侯诸将无敢隐朕,皆言其情。吾所以有天下者何?项氏之所以失天下者何?

刘邦曾在故乡兄事过的任侠前辈王陵代表众人答道:

　　陛下慢而侮人,项羽仁而爱人。然陛下使人攻城略地,所降下者因以予之,与天下同利也。项羽妒贤嫉能,有功者害之,贤者疑之,战胜而不予人功,得地而不予人利,此所以失天下也。

终　章　西汉王朝的建立与改写的历史

刘邦为人慷慨大方，这是刘邦集团，尤其是他的嫡系成员们共同的看法。

但是，这种慷慨大方只针对他能控制的对象，这与强烈的权力欲紧密结合在一起，而且他的这种权力欲并不只表现为贪欲，更表现为对现实力量关系的直观洞察力和机敏的组织能力。凭借这种独特的能力，在彭城大战惨败给项羽之后，刘邦能以最快的速度重整旗鼓，开始实践将天下置于自己掌中的构想。这的确是堪称"天授"的独到本领。

> 公知其一，未知其二。夫运筹策帷帐之中，决胜于千里之外，吾不如子房。镇国家，抚百姓，给馈饷，不绝粮道，吾不如萧何。连百万之军，战必胜，攻必取，吾不如韩信。此三者，皆人杰也，吾能用之，此吾所以取天下也。项羽有一范增而不能用，此其所以为我擒也。

张良、萧何、韩信为人间的英才，刘邦自己则是天授的英才。

前文提到，群臣说刘邦出身"细微"（低微），而这种率真的言辞能够完好保留，这在后代是难以想象的。这正是《史记》的魅力，也是那个时代的魅力，但同时也表明，那些上奏的群臣也绝非上层出身。

出身于韩国宰相世家的张良属于特例，曹参和萧何出身地方官，至于其他臣子，则出身于比"起细微"的刘邦更为卑贱的阶层。就是这些人，如今成为列侯与将军，这一奇迹的发生是他们出生入死地奋斗与团结协作的成果。宴会的那晚是在皇帝与臣子们充分享受胜利的喜悦与成就之中度过的。

彭城大战之后，刘邦在两年半多的时间里，将与项羽对决的焦点放在荥阳、成皋、广武山一带的关中防卫前线。到了最后一年，刘邦把广武山的作战指挥权交给樊哙，自己则腾出闲暇，在洛阳宫中召集张良、陈平等人，从更广更远的视角来探讨整个战局。

在洛阳，存在着一个以刘邦从秦宫中发现的定陶女子戚姬为首的庞大后宫。从那时开始，洛阳就已经发挥了一定的国都作用。到战争接近尾声之时，刘邦选择洛阳作为国都是一件顺理成章的事。

在与关中防卫阵线保持协作关系方面，洛阳发挥了国都的作用。现如今，定都洛阳意味着今后在王朝内部也同样要保持一种协同作战的关系。

刘邦打算将国都长久设在洛阳。在政权中枢部门中占据多数的出身关东（即函谷关以东）的干部们大力支持这一主张。

但就在此时，一位名叫刘敬的齐人却力排众议，竭力主张关中在地理上的优越性，张良也从地缘政治的角度强烈支持这一方案。张良的说辞颇具说服力。于是，刘邦采纳了这一建议，当天便出发去了关中。

将都城移至关中，意味着刘邦与武将们的蜜月期也宣告结束。
已在军事上占据至高无上地位的刘邦就任了皇帝，而且在把都城移至关中的过程中，他也逐渐在行政上掌握了至高无上的权力。

只是，刘邦在行政上获得至高无上权力的过程，与一直在项羽军营作为人质的吕后的归来紧密联系在一起，因此呈现出一些复杂的状况。吕后权力的强化与皇位继承问题纠缠在一起，这对

终　章　西汉王朝的建立与改写的历史

汉朝政权的构造产生了重大影响。

当然，这属于之后的历史问题。与离开洛阳、以关中作为刘邦政权中心的统治构造问题相关联，我在这里想谈谈刘邦逐步肃清昔日战友的问题。

如上文所见，刘邦在分封重要功臣们为诸侯之时，曾与他们立过只要汉王朝存在就会永远保障他们地位的誓言。但从他与这些诸侯之间的纠葛来看，无法断言这种誓言不是一时的表演。

然而，在七年之后的汉十二年（前195），刘邦与臣下之间订立的所谓"白马之盟"中，记载了这样的文字：

非刘氏而王，天下共击之。

当时，继承番君长沙王吴芮王位的吴臣仍然保持着王位。即使因为吴臣是少数民族的王而与其他诸王状况不同，但他保有王位的事实无法改变，因此，这个"白马之盟"存在一些疑问。但至少可以说，到那时为止，除长沙王之外，其他诸王的王位都已遭褫夺。

本书曾提到，刘邦没能让自己疼爱的儿子继承汉朝帝位，而最终是那个因一时冲动而降生人世的不得宠的文帝登上帝位。在这之中，包含着刘邦家族之间的自相残杀以及阴险毒辣的权力斗争。

这一系列的事件虽然都发生在迁都关中后的历史之中，但在此之前就已经埋下了伏笔。

最后，笔者想就有关刘邦的史实与作为记录的史书之间紧张而复杂的关系做一分析。

首先是有关年号历法的问题。

有关中国历法的解释一向是个复杂难解的问题，但近期在平势隆郎的一系列研究之下，面貌大为改观。其研究成果可简单整理如下：

在这一时期，就历法而言，整个中国大致已经形成了统一的认识。正如我们现在能简单地计算出今天的五百天之后为何年何月何日一样，因为当时的人已经形成了对历法的统一认识，所以也可以简单地完成同样的计算。但问题是，在这个历法体系之中，一年究竟始于何日，却因为各地割据政权的不同而各自相异。

因为一年的第一天为正月朔日，所以称为正朔。各地割据集团根据首领的决定，使用相同的正朔，这被称为"奉正朔"。

平势氏把这个"立正朔"或"奉正朔"的问题作为一个正统观的问题来综合把握，从而为理解中国古代的历法打开了一扇具有划时代意义的大门。

把问题的焦点集中到本书关注的这一时期，平势氏从正统观的理念出发，认为秦灭亡之后，楚义帝、项羽、刘邦立刻在短期内各即帝位，设定了各自的年号。但堀敏一认为这一时期项羽和刘邦并未即帝位。而笔者则认为，这一时期项羽和刘邦均据有大王之位，因此也设定了自己的年号。

依笔者之见，"立正朔"首先是一个与集团观念认同相关的问题，设立了"正朔"的集团通过建立正统观念，不断强化集团在观念认同上的包容性，随着其实力的发展，最终确立为独一无二的帝国所拥有的排他且一元化的包容性。

终　章　西汉王朝的建立与改写的历史

历法的问题原本就是一个如此单纯的问题，但因史料中存在未作任何解释的多元化历法，致使在现实中演变出了难以理解的复杂问题。

为了更为简单地解决问题，我们在此仅以某个集团官方文书的日期为基准来考察历法。换言之，为了避免问题变得混乱复杂，我们从这一集团人事档案（即官方履历）的"正朔"日期标准来理解此集团在观念认同上的状况。

"惟汉三年大并天下"（赵力光编，《中国古代瓦当图录》，文物出版社，1998）

其次，从这种观点出发，本书在此想整理一下刘邦集团人事基准"正朔"的变化问题。

在此，特引用一个非常重要的史料。这是从地下挖掘出来的瓦当（即筒瓦的头部）上记载的文字：

惟汉三年大并天下。

瓦当的阅读顺序是，先从右半部由上至下，再从左半部由上至下。如上文所述，据《史记》等文献史料记载，汉并天下是在所谓的汉五年。像青铜器这类具有古董价值的物品有时难辨真伪，但一片简单的瓦头上的文字应该不会是伪造之物，因此，这里明确表明汉朝是在"汉三年"统一天下的。

从这片瓦当的文字来看，刘邦统一天下的时间在当时的确被称为"汉三年"。

这一事实表明，《史记》和《汉书》所记载的年月（即纪年）

是后来重新设定的。在第十七章中，笔者曾特意提出并强调刘邦在所谓的汉二年（前205）二月废除秦社稷、建立汉社稷的问题。这一事件意味着此时是作为秦帝国继承者的汉王朝的起点。在此之前的所谓汉，不过是被项羽分封在以南郑为都城的汉中的一个地方王国而已。

当时，作为一个地方王国的汉，承袭了以十月为岁首的秦历，所以将建立汉社稷的所谓汉二年的下一年岁首，即所谓的汉三年十月定为刘邦王朝的元年，此后，一直到刘邦统一天下，这个历法实际上都被视为刘邦集团的正式历法。

如果仅限于刘邦集团内部的话，上述的问题可解释如下：

如前文所述，在刘邦集团内部，业务能力超强的萧何从起义初期开始就已全盘掌管着整个集团的文书行政，他通过详细记载了日期、人名、地点、要件以及各种行政级别的文书，把握着集团行动的核心。作为日期记载标准的历法也随着刘邦集团性质的变化而有所不同。

刘邦起义初期的历法应该是沿用秦历，或者是以刘邦集团起义的时间作为起点的历法。因为他起义的时间是在秦二世元年（前209）九月，这一时点仍然沿用秦朝的历法，而将下月（十月）作为沛公元年十月的设定是最聪明合理的，当然，这只是一种推测，实际状况究竟如何，我们还不得而知。

其后，如刘邦先后从属于秦嘉拥立的楚王景驹、项梁及项梁拥立的楚怀王一样，其历法也有可能发生了多次改变。

至少在项梁拥立楚怀王的时期，刘邦集团很有可能使用了楚怀王的历法。其次，在刘邦进入关中迫使秦朝投降的时期，他也有可能设立了作为关中王的"沛王历"。在这里之所以暂时采用"沛王历"的名称，是因为王朝的国号一般都是以该王朝最初兴起的地点，或者最初得到的领地名称来命名的。《史记》中将"沛王历"的起始时间，即秦二世四年岁首的十月作为汉元年十月来使用，但由于刘邦集团以"汉"相称至少也应该在被项羽分封为汉之后，因此这完全是一种将时代前置的做法。在楚义帝怀王元年正月，刘邦被封为汉王，这个时间是刘邦真正的汉王历的起点。

再次，还有一种历法以"沛王历"二年二月废除秦社稷、设置汉社稷作为起点，将第二年即"沛王历"三年十月来作为刘邦王朝元年的十月，即所谓的"关中王"元年十月。在前文引用的瓦当中，记入了根据上述历法而来的日期，这表明这个历法在当时确实被使用过。

所谓汉三年十月具体日期的推算可参考，相当于"沛王历"三年十月的"关中王"元年十月，实际就是原本应该作为统一王朝的汉王朝的元年十月，如果就当时的实际状况而言，汉王朝历法开始计算的时间最早只能追溯到"关中王"元年十月，即公历的公元前205年。但是，刘邦统一天下后，在秦朝历法之后不允许加入楚怀王和项羽的历法，因此，采用了继秦历之后立刻接上汉历的方式，即将本书称之为"沛王历"的历法直接改换成汉朝历法来使用了。

现在我们使用的年表，采用的都是汉王朝在某一时期将楚怀王与项羽的历法删除之后重新制作的历法。但是，这个"沛王历"即使因为楚怀王之约而得到了正当化，但它也不过是关中王的历法而已，况且，这个关中王的地位和由此而定的历法也随着鸿门之会上刘邦向项羽降服而中断。因此，至少自西汉王朝的某一时期开始一直沿用至今的这个由"沛王历"直接改换而成的汉历，与当时的实际状况相去甚远。

就这样，当时实际存在的各种历法后来被统一置换成同一种历法，而且又顺应历史的发展变化，再次被统一为另一种新的历法。

目前，在有据可查的范围之内，在《史记·高祖功臣侯者年表》中仍然存在以刘邦起义那年作为"前元年"的历法。而后来将本书所谓的"沛王历"的元年十月，即公历公元前207年十月直接改换为汉元年十月的历法，就是现在《史记》和《汉书》中所保留的历法。显然这是经过后代整理重建的新历法。

可以说，改写历史的操作几乎遍及中国古代王朝的所有史书。《史记》实际上是中国史书中改写最少的一部例外之作，但即便如此，《史记》也仍然存在这种问题。

第二是项羽和刘邦最终决战的战场由"陈下"被改写为"垓下"的问题。

如上一章所述，辛德勇揭开了这个《史记》中的千古之谜。笔者在这里想探讨的是，这是在何时、由谁进行改写的。

首先，我们先按照文献学的常规，根据《史记》所记载的决战地"垓下"与"陈下"或"陈"的前后逻辑分别进行探讨。

如前文所述，有关这一问题的主要史料，来源于《史记》的《高祖本纪》和《项羽本纪》，而且其记载的内容也大致相同。即韩信、刘贾、彭越、周殷和黥布等"会"或者"大会"垓下。

为探究此问题，除没有传记的周殷之外，我们可以从韩信、刘贾、彭越、黥布的传记中发现，除了记载黥布在垓下"破"项羽之外，其他各传的记载也都是"会"或者"大会"于垓下。

与此不同，将决战战场记为陈或者陈下的史料有：

蛊达"破项羽军陈下"。

樊哙"围项籍于陈，大破之"。

夏侯婴"复常奉车从击项籍，追至陈"。

灌婴"与汉王会颐乡。从击项籍军于陈下，破之"。

靳歙"击项悍济阳下。还击项籍陈下，破之"。

如果说在垓下作战的是一流武将的话，这些在陈下作战的武将大致都属于二流。但是，就垓下的情况来看，除黥布之外，没有留下有关战况的具体记载，而只是留下"会"或者"大会"之类的文字，但陈下的情况却大为不同，史料中留下了在陈下相当详细的战况记载。

由上述状况可以推测，原本作为陈或陈下的记载在某一时刻全被改写为垓下了。这种改写大概首先是在《高祖本纪》和《项羽本纪》中进行的，然后是在本纪中此次战役出现姓名的武将们的传记中展开的。但是，这种改写没有扩展到本纪未见其名的二流武将们的传记之中。

这种推测的依据来自有关这场决战的核心人物——韩信的记载。在《高祖本纪》《项羽本纪》以及韩信本人的传记之中，都记载着他"会"或"大会"于垓下，但是，在曹参的传记《曹相国世家》中却有如下记载：

韩信为齐王，引兵诣陈，与汉王共破项羽，而参留平齐未服者。

从上述史料可见，将陈下改写为垓下的修订工作并未扩展到曹参的传记之中。

因此，我们可以得出原本在陈下进行的项羽和刘邦的最终决战大概在某一时刻被全部改写为垓下的假设。但是，提出这种假设会面临一些具体问题。

首先是《汉书》的情况。实际上，在阅读《汉书》的过程中，我们可以发现其状况与《史记》大致相同。因此，我们推测这种改写工作应该是在《史记》成书之前或《汉书》成书之后进行的。

其次是找出上述改写的原因，这似乎更加困难。

从现存的所有将陈下作为决战战场的史料来看，因在陈下遭到项羽军的反击，刘邦军不得不在阳夏固守城池，后来在韩信军的增援之下，刘邦才终于得到了喘息的机会。显然这种记载方式明确地表明歼灭项羽军的最大功臣是韩信。因为这种记载会让刘邦感到丢脸，所以才产生了希望含糊其辞地说明这一过程的念头。我们在第十七章中谈到了所谓"五诸侯"的构成也随着时代的改变而发生了变化，而如果含糊其辞地记述这一过程的话，或许希望后人产生项羽军在受到刘邦袭击之后狼狈逃窜，在逃至距离陈下很远的垓下时遭到韩信致命打击的说法。

当然，上述论述纯属推测，并没有确凿的证据。但是，如果这种推测切中要害的话，我们可以认为改写"垓下"的记载来源于汉朝建立之后、《史记》成书之前，汉朝中央采用的对当时战况所做的重新解释。在这种情况下，正式且公开的史料中全部采用了决战地点在垓下的说法，而在一些细微之处却如实地保留了证明陈下为决战地的史料，这大概是司马迁做出的最大限度的挣扎与抵抗。

在《史记》的记载中存在相当程度的重复与矛盾，这是自古以来受人诟病之处。中国传统的学问家们一向认为，与《史记》相比，对这些重复与矛盾进行整理的《汉书》的价值更高。但是，从笔者理解的角度出发，《史记》中保存这些重复与矛盾的记载，恰恰证明了司马迁是一名优秀且难得的历史学家，正是《史记》为我们探索历史真相留下了极为珍贵的线索。

司马迁收集到的史料本身就已经包含了一定改写的成分，也因此偏离了当时的历史状况，而再经过《汉书》时而有意、时而武断的改写之后，它的记载距离当时的历史状况越来越远。

我们可以推测，在《史记》《汉书》中所见的历史记载上的各种矛盾与混乱，都是因为在多元要素的相互碰撞下发生了从秦向汉的历史转变，最终从汉王朝的统一性角度出发进行改写而造成的。

# 参考文献

小倉芳彦《入門 史記の時代》(ちくま学芸文庫，1996)

関也雄《中国考古学研究》(東京大学出版会，1956)

鶴間和幸《フアーストエンペラーの遺産——秦漢帝国》(講談社《中国の歴史》第三巻，2004)

西嶋定生《秦漢帝国——中国古代帝国の興亡》(講談社学術文庫，1997)

林巳奈夫編《漢代の文物》(京都大学人文科学研究所，1976。朋友書店，1996覆印)

平勢隆郎《新編史記東周年表——中国古代紀年の研究序章》(東京大学出版会，1995)

平勢隆郎、尾形勇《中華文明の誕生》(中央公論社《世界の歴史》第二巻，1998)

堀敏一《中国通史》(講談社学術文庫，2000)

松丸道雄等編《中国史1》(山川出版社《世界歴史大系》，2003)

宮崎市定《東洋における素朴主義の民族と文明主義の社会》(平凡社東洋文庫，1989)

宮崎市定《中国史》上下(岩波書店，1977—1978)

伊藤徳男《史記十表に見る司馬遷の歴史観》(平河出版社，1994)

伊藤徳男《〈史記〉と司馬遷》(山川出版社，1996)

小川環樹、今鷹真、福島吉彦訳《史記列伝》全五冊(岩波文庫，1975)

小川環樹、今鷹真、福島吉彦訳《史記世家》全三冊(岩波文庫，1980—1991)

奥崎裕司《項羽・劉邦時代の戦乱》(新人物往来社，1991)

小竹文夫、小竹武夫訳《史記》全八冊(ちくま学芸文庫，1995)

貝塚茂樹《史記——中国古代の人々》(中公新書，1963)

郭沫若著，野原四郎、佐藤武敏、上原淳道訳《中国古代の思想家たち》上下(岩波書店，1953—1957)

河地重造《漢の高祖》(人物往来社，1966)

司馬遼太郎《項羽と劉邦》全三冊(新潮文庫，1984)

相田洋《異人と市——境界の中国古代史》(研文出版，1997)

高島俊男《中国の大盗賊 完全版》(講談社現代新書，2004)

田中謙二、一海知義《史記》全三冊(朝日選書，1996)

鶴間和幸《秦の始皇帝——伝説と史実のはざま》(吉川弘文館，2001)

鶴間和幸《始皇帝の地下帝国》(講談社，2001)

永田英正《項羽——秦帝国を打倒した剛力無双の英雄》(PHP文庫，2003)

野口定男、近藤光男、頼惟勤、吉田光邦訳《史記》全三冊(平凡社《中国古典文学大系》，1968—1971)

平勢隆郎《中国古代の予言書》(講談社現代新書，2000)

平勢隆郎《〈史記〉二二〇〇年の虚実——年代矛盾の謎と隠された正統観》(講談社，2000)

福井重雅《陸賈〈新語〉の研究》(汲古書院，2002)

福井重雅《漢代儒教の史的研究——儒教の官学化をめぐる定説の再検討》(汲古書院，2005)

藤田勝久《司馬遷とその時代》(東京大学出版会，2001)

藤田勝久《司馬遷の旅——〈史記〉の古跡をたどる》(中公新書，2003)

堀敏一《漢の劉邦——ものがたり漢帝国成立史》(研文出版，2004)

水沢利忠、尾崎康、小沢賢二解題，覆印国宝南宋本《史記》全十二冊(汲古書院《古典研究会叢書 漢籍之部》，1996—1998)

宮崎市定《史記を語る》(岩波新書，1979)

籾山明《秦の始皇帝——多元世界の統一者》(白帝社，1994)

参考文献

吉川忠夫《秦の始皇帝》(講談社学術文庫，2002)
吉本道雅《史記を探る——その成り立ちと中国史学の確立》(東方書店，1996)
李開元《漢帝国の成立と劉邦集団——軍功受益階層の研究》(汲古書院，2000)

稲葉一郎《秦始皇帝の巡狩と刻石》(《書論》二五，1989)
上田早苗《漢初における長者——〈史記〉にあらわれた理想的人間像》(《史林》五五—三，1972)
江村治樹《「賢」の観念より見たる西漢官僚の一性格》(《東洋史研究》三四—二，1977)
大櫛敦弘《秦代国家の穀倉制度》(《海南史学》二八，1990)
大櫛敦弘《関中・三輔・関西——関所と秦漢統一国家》(《海南史学》三五，1997)
大櫛敦弘《歩行と乗車——戦国秦漢期における車の社会史的考察》(高知大学人文学部人間文化学科《人文科学研究》一〇，2003)
貝塚茂樹《漢の高祖》(《貝塚茂樹著作集》第六巻，中央公論社，1977)
郭茵《漢初の南北軍——諸呂の乱を手がかりに》(《東洋学報》八二—四，2001)
郭茵《呂太后の権力基盤について》(東京都立大学人文学部《人文学報》三二五，2002)
郭茵《劉邦期における官僚任用策》(東京都立大学人文学部《人文学報》三三五，2003)
郭茵《諸呂の乱における斉王と大臣たち》(《中国史学》一四，2004)
楠山修作《呂公についての一考察》(追手門学院大学《東洋文化学科年報》一〇，1995)
高木智見《古代中国における肩脱ぎの習俗について》(《東方学》七七，1989)
高木智見《古代中国の儀礼における三の象徴性》(《東洋史研究》六二—三，2003)
高村武幸《前漢末属吏の出張と交際費について——尹湾漢墓簡牘〈元延二年日記〉と木牘七・八から》(《中国出土資料研究》三，1999)
東晋次《漢代任侠論ノート（一）（二）（三）》(《三重大学教育学部研究紀要》五一、五二、五三，2000—2002)

藤田勝久《戦国·秦代の軍事編成》(《東洋史研究》四六—二，1987)

藤田勝久《〈史記〉呂后本紀にみえる司馬遷の歷史思想》(《東方学》八六，1993)

藤田勝久《〈史記〉項羽本紀と秦楚之際月表——秦末における楚·漢の歷史評価》(《東洋史研究》五四—二，1995)

藤田勝久《秦始皇帝と諸公子について》(《愛媛大学法文学部論集 人文科学編》一三，2002)

增淵竜夫《漢代における民間秩序の構造と任俠的習俗》(《中国古代の社会と国家》,岩波書店，1996)

增淵竜夫《戦国秦漢時代における集団の約について》(《中国古代の社会と国家》,岩波書店，1996)

宮崎市定《遊俠に就いて》(《アジア史研究》第一卷，東洋史研究会，1957)

甘怀真《中国古代君臣间的敬礼及其经典诠释》(《台大历史学报》三一，2003)

周振鹤《两汉时期方言区划》(《中国历史文化区域研究》，复旦大学出版社，1997)

辛德勇《论所谓"垓下之战"应正名为"陈下之战"》(《中国社会科学院历史研究所学刊》第一集，2001)

田余庆《说张楚——关于"亡秦必楚"问题的探讨》(《历史研究》，1989)

# 后　记

撰写本书的冲动起于我曾工作过的东京都立大学由目黑旧校舍迁至八王子市新校舍的时期。

自此以来，本人历经十余年的岁月，从《史记》的本纪到世家、列传，认真研读了大量相关史料。在反复多次阅读《史记》的过程中，对鸿门之会、白马之盟、楚怀王之约，以及刘邦留给吕后的颇具预言性的遗嘱等过去被视为构成这一时期历史的核心要素疑窦丛生。

本书相当于笔者反复阅读《史记》之后的最终感想与心得。

在整个过程中也曾多次改变过看法。例如，起初最令我怀疑的楚怀王之约是否存在的问题，后来基本得出了肯定的回答，但反之，鸿门之会等其他问题却是疑云更浓。

而且，通过将《史记》与近二百年后班固撰写的《汉书》的记载进行一一比对，又探索了后人对《史记》《汉书》注释内容的变化，我终于能够更为全面、立体地看待事物。

我在本书中主要致力于解读在时间与空间上既多元又统一的中国历史的真实状况。

在很多情况下，中国古代史呈现的是在本质上趋于多元多层、在观念及形式上又趋于统一的形态，反之，也有采用作为实质存在的中央集权的行政结构，以及作为形式存在的地方自治的形式。为了探讨具有这种特性的中国古代史，本人尝试用多元多层的透视法对史料展开结构性解读。

本书通过这种方法对当时的历史进行了大胆复原，其中部分内容或许因为已经超越了历史学的范畴而不得不忍受批评。例如，在秦军包围魏国大梁之际，在从大梁逃难至丰邑的难民中，发现了曹参的族人，并且指出他们是曹参、曹无伤以及最初与刘邦结婚的曹夫人的亲戚；还有在刘邦以亭长身份第一次去咸阳出差时，曾提到一位与他同行的名叫王吸的亭长，并说他是王陵的亲戚，这些都没有直接的史料为据。但是，与之相类似或具有相同意义的状况肯定发生过，这一点大概能够得到大家的理解吧。

所幸的是，近些年来在中日两国出现了从新的视角出发，对《史记》进行探讨并提出众多崭新见解的各种研究。其中，笔者本人也从本书参考文献中介绍的藤田胜久、平势隆郎、郭茵、田余庆、辛德勇等人的研究中得到了很大启发，在此特向他们的教诲致以谢意。

笔者在完成了本书整体构思后的2004年5月，因得到中国社会科学院历史研究所的资助，再次对以沛县、彭城（今江苏徐州）为中心的地区进行了实地考察。本书刊载的从沛县至魏国大梁（今河南开封）的水路——丰沛运河的照片就是当时的成果之一。

后　记

　　笔者在是年5月15日抵达沛县，第二天早晨与一同参加考察的山东省社会科学院外事处的姚东方副处长、沛县侨办的王学稼科长等人用完早餐，走出食堂的时候，无意间仰望天空，竟然看见空中恰好飘浮着只能形容为龙的云朵。

　　当天，沛县举行了庆祝刘邦诞辰2250周年的祭奠活动，拍摄的照片下方是祭奠活动所使用的广告气球。回想起当时那种不可思议的兴奋与感动，特将此照片刊载于此。

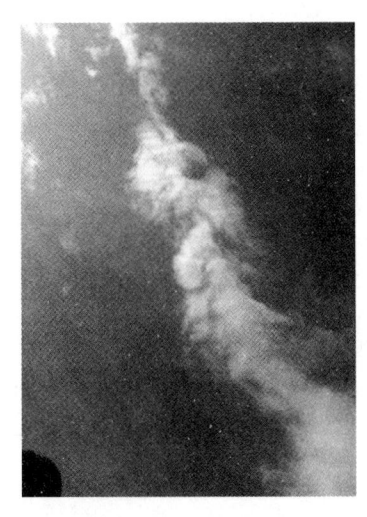

2004年5月16日于沛县。左下方是刘邦诞辰祭奠活动的广告气球。（笔者摄）

　　而在本书中刊登的广东省开平华侨宅邸与武关这两张照片，是由笔者多年好友、中国面类文化研究所所长坂本一敏拍摄的。这些都是十分珍贵的照片，对他应允刊登在本书的盛情深表谢意。

图书在版编目（CIP）数据

刘邦 /（日）佐竹靖彦著；王勇华译. -- 北京：北京联合出版公司，2020.10（2025.2重印）
ISBN 978-7-5596-1601-2

Ⅰ.①刘… Ⅱ.①佐…②王… Ⅲ.①汉高祖（前256-前195）—传记 Ⅳ.①K827=341

中国版本图书馆CIP数据核字（2020）第080273号

Copyright © 2020 by Beijing United Publishing Co., Ltd.
All rights reserved.
本作品版权由北京联合出版有限责任公司所有

## 刘　邦

作　　者：[日]佐竹靖彦
译　　者：王勇华
出 品 人：赵红仕
出版监制：刘　凯　马春华
选题策划：联合低音
责任编辑：马　旭
封面设计：渡　非
内文排版：聯合書莊

关注联合低音

北京联合出版公司出版
（北京市西城区德外大街83号楼9层　100088）
北京联合天畅文化传播公司发行
北京美图印务有限公司印刷　新华书店经销
字数330千字　880毫米×1230毫米　1/32　15印张
2020年10月第1版　2025年2月第6次印刷
ISBN 978-7-5596-1601-2
定价：78.00元

版权所有，侵权必究
未经书面许可，不得以任何方式转载、复制、翻印本书部分或全部内容。
本书若有质量问题，请与本公司图书销售中心联系调换。电话：（010）64258472-800